第七册

宋高宗紹興三年癸丑起
宋高宗紹興二十五年乙亥止

續資治通鑑

卷一百十二
至一百三十

中華書局

續資治通鑑卷第一百十二

賜進士及第兵部尚書兼都察院右都御史總督湖北
湖南等處地方軍務兼理糧餉世襲二等輕車都尉　畢　沅　編集

宋紀一百十二　起昭陽赤奮若（癸丑）正月，盡九月，凡九月。

高宗受命中興全功至德聖神武文昭仁憲孝皇帝

紹興三年　金天會十一年。（癸丑、一一三三）

1 春，正月，丁巳朔，帝在臨安。

2 是日，權河南鎮撫使翟琮及權知虢州董振，以山寨餘衆入潼關。後二日，琮入西京，僞齊留守孟邦雄方醉臥，遂俘其族以歸。

3 庚申，襄陽鎮撫使李橫破潁順軍，降僞齊知軍事、拱衞大夫、明州觀察使蘭和。後二日，敗僞齊兵于長葛縣。

4 甲子，命尚書戶部侍郎姚舜明往建康總領大軍錢糧，用都督江、淮、荆、浙諸軍事孟庾請也。時諸軍屯建康者，歲用錢糧五十餘萬，皆戶部財計，故命舜明領之。庾又言降授右武大夫、和州防禦使馬擴通曉軍務，請以爲參議官，從之。

5李橫復潁昌府。

先一日，橫引兵至城下，僞齊京西北路安撫使趙弼固守，橫率將士急攻之，至日城陷，巷戰不勝，遂遁去。劉豫聞橫兵至，急遣先鋒將董先使拒敵。先出京城，殺擄數百人，奪騎數百，走翟琮軍，琮以先爲鎭撫使〔司〕都統制。

6乙丑，詔曰：「廷尉，天下之平也。曹劌謂小大之獄，雖不能察，必以情，爲忠之屬，可以一戰。不其然乎！可布告中外，應爲吾士師者，各務仁平，濟以哀矜。天高地卑，福善禍淫，莫遂爾情，罰及爾身。置此座右，永以爲訓。臺屬憲臣，常加檢察，月具所平反刑獄以聞。三省歲終鈎攷，當議殿最。」

7金人破金州。

先是宣撫處置使張浚，召本司都統制、節制興·文·龍州吳玠，金·均·房州鎭撫使兼本司同都統制王彥，利州路經略使兼知興元府劉子羽，會于興元，約金人若以大兵取蜀，卽三帥相爲應援。子羽聞敵至，諭彥，俾以強弩據險邀之；彥習用短兵，屢平小盜，不以子羽言介意。金州之西有姜子關，乃承平時商旅由子午谷入金、洋之路。金聲言取姜子關路入漢陰縣，故彥頗分兵守之，既而完顏杲本名薩里罕，舊作撒離喝。自上津疾馳，不一日至洵陽境上，召漢陰統制官郭進，以三千人乘流夜發，遇于沙隈。金人捨騎來攻，戰十合，金人見進軍少，晡時，步卒並進，塵埃蔽日，進力戰，敗死。彥曰：「敵所以疾馳者，欲因吾糧食以入蜀耳。」卽盡焚儲積，退保石泉縣。金人入金州，彥退趨西鄉。會浚遣幹辦官甄瑶持手書督彥清野來會，遂踰西鄉。

8 初，神武副軍都統制岳飛在江州，軍中糧乏，江西安撫大使李回，分其軍之半萬二千屯江州、筠州、臨江、興國軍，而命飛以餘軍卽吉州屯駐，言于朝。丁卯，詔飛卽以兵赴行在。

9 己巳，尚書吏部侍郎兼侍講席益試工部尚書兼權吏部尚書，中書舍人兼侍講陳與義試吏部侍郎。

10 庚午，詔大宗正司自廣州還行在，以嗣濮王仲湜兼判大宗正事，奉濮安懿王神主及諸宗室俱行。

11 癸酉，初復大火之祭，配以閼伯，歲以辰戌月祀，用酒脯。

12 戊寅，神武中軍統制楊沂中請以所選水軍五百人創置第六將，許之。時中軍纔五千人也。

13 庚辰，用禮官議，歲以春秋二仲，遣宗室環衛官于法惠寺行望祭諸陵之禮。時庶事草創，位牌但以白木黃紙爲之，紹興末乃改作。

14 壬午，詔：「禁衞、神武、三衙諸軍、御前忠銳、宰執親兵，並支雪寒錢。」

15 二月，丁亥朔，陞桂州爲靜江府，以帝嘗領節度故也。

16 辛卯，置廣西提舉買馬司於賓州，俸賜視監雜司。凡買馬事，經略司毋得預。仍命撥本路上供、封樁、內藏錢各二十七萬緡，欽州鹽二百萬斤，爲買馬費，以左朝請大夫新知建昌軍李預提舉。

17 陝西都統制吳玠，與金兵遇于眞符縣之饒風關。

先是知興元府劉子羽，聞金州破，卽遣統制官田晟守饒風關，拒金人來路，且馳檄召玠。時宣撫司未有行下，玠曰：「事迫矣，諸將不能辦，我當自行。」直祕閣、主管機宜文字陳遠猷請曰：「敵舉國而來，其鋒不可當；宣撫既命分守，各有守地，何苦遠赴！萬一不勝，悔之無及。」玠不聽，自河池一日夜馳三百里。中道少止，子羽移書曰：「敵旦夕至饒風嶺下，不守此，是無蜀也。公不前，子羽當往。」玠卽復馳，與金人遇。玠軍纔數千人，益以洋州義士萬三千人。玠先以黃柑遺完顏杲曰：「大軍遠來，聊奉止渴。今日決戰，各忠所事。」完顏杲大驚，以杖擊(地)曰：「吳玠，爾來何速耶！」時金房鎭撫使王彥自西鄉以八字軍來會。

諸軍見援至，稍弛，玠怒，欲斬壕寨將；將走降金人，告以虛實，且言：「統制官郭仲荀地分雖險，兵寡弱易敗。」乃縱所掠婦人還山寨，而自蟬溪嶺遶出關背，夜以輕兵襲取之，仲苟果退走。金人既得山寨，遂乘高下鬬饒風，而以精兵夾攻南師之背，南師盡卻，玠斬之不能止，凡六日，關破。吳玠收餘兵趨西縣，王彥收餘兵奔達州，四川大震。

18 癸巳，都司檢詳官奏下營田法於諸路行之，悉以陳規條畫爲主。其江北無牛之地，仍用古法，以二人拽一鋤。凡授田，五人爲甲，別給菜田五畝爲廬舍、稻場，初年免田租之半。兵屯以使臣主之，以歲課多寡爲殿最。

19 戊戌，詔：「要郡、次要郡守臣帶兵馬鈐轄、路都監者並罷。」

20 己亥，金元帥府上言：「承詔賑軍士，臣恐有司錢幣將不繼，請自元帥以下有祿者出錢助給之。」金主曰：「官有府庫而取於臣下，此何理耶！其悉從官給。」

21 金監軍完顏杲入興元府，經制〔略〕司劉子羽焚其城而遁。

初，饒風關破，子羽與吳玠謀守定軍山。玠憚子羽，遂西；子羽亦退屯三泉縣，從兵不及三百，與士卒同粗糲，至取草木芽蘖食之，遺玠書曰：「子羽誓死於此，與公訣矣。」時玠在興州之仙人關爲守備，得書而泣。其愛將楊政大呼軍門曰：「節使不可負劉待制，不然，政輩亦舍節使去。」玠乃從麾下由間道與子羽會于三泉。金游騎甚迫，玠夜視子羽，方酣寢，傍無警呵者，曰：「此何時，而簡易乃爾！」子羽慨然曰：「吾死命矣，夫何言！」玠泣下，復往守仙人關。子羽約玠共屯三泉，玠曰：「關外，蜀之門戶，不可輕棄。金人所以不敢輕入者，恐玠議其後耳。若相與居下，敵必隨入險，則吾勢日蹙，大事去矣。今經略既下，玠當由興州、河池遶出敵後褒斜山谷，如行鼠穴；敵見玠遶出其後，謂將用奇設伏，邀其歸路，勢必狼顧。吾然後據險邀擊，可使遁走，此所謂善敗者不亡也。」子羽以潭毒山形斗拔，其上寬平有水，乃築壁壘，凡十六日而成，其衆稍集。既而統制官王俊又以五千人至，于是軍勢復振。

22 乙巳，河南鎮撫司統制官李吉敗僞齊兵於伊陽。

初，孟邦雄既爲鎮撫使翟琮所執，而邦雄之黨梁進者復爲劉豫守，襲琮所寓治鳳牛山寨，琮設伏擊之，盡殪。

23 庚戌，襄陽鎮撫使李橫爲神武左副軍統制、京西招撫使。

初，橫既進兵，僞齊右武大夫、和州防禦使、添差陳（鄭）州兵馬鈐轄牛皐，武德大夫、知汝州彭玘，各以所部兵與橫會。橫以便宜命皐爲蔡、唐州鎮撫使，玘知汝州，（言於朝，故有是命，）仍賜橫武翼郎以下告身三百，遂以皐爲左武大夫、安州觀察使。橫又言：「臣已起兵撫定，剋復神京，請命重兵宿將進屯淮西，按兵無動，以揚聲援。」詔同都督江、淮、荆、湖諸軍事孟庚，淮東宣撫使劉光世，江東宣撫使韓世忠措置。

24 王庶責江州，未行，張浚復起庶爲參謀官，使詣巴州措置梁、洋一帶。庶至，急散榜梁、洋境上，招其軍民，不數日，遠近來會。巴之北境卽米倉山，下視興元出兵之孔道。始，金人破金、商，無所得，已失望；完顏杲至金牛鎭，不見兵，疑有伏，自以深入，恐無歸路。及聞庶在巴州，吳玠陽爲軍書會諸將，欲斷歸路，敵邏得之，且野亡所掠，食少，乃引兵還興元。

25 三月，丙辰朔，禮部尙書洪擬兼權吏部尙書。

26 (庚申)，初命神武後軍統制兼都督府都統制巨師古以所部萬人屯揚州。

27 甲子，資政殿學士、江西安撫大使、知洪州李回落職，提舉江州太平觀。回老而慢，其下多縱弛，帥(司)屯兵數萬，皆招收潰賊；既無所憚，又軍食不足，恣其所爲，郡民夜不解衣，惟恐生變。宣諭官劉大中至江西，奏回專權廢法，且縱其子右宣教郞滐預政受金，及多辟親黨攝官，凡二十餘事。於是江西轉運副使吳革、韓琼並罷，而滐勒停。

28 京西招撫使李横傳檄諸軍，收復東京。詔横自武功大夫、袁州防禦使特遷右武大夫、忠州觀察使。

29 己巳，徽猷閣待制、知平江府李擢試尙書工部侍郞，赴行在。

30 潁昌捷奏至。詔李横再進翊衞大夫，加賜空名告身一百，京西山寨並聽横節制。劉豫聞横入潁昌，遣使詣都元帥宗翰求援。横等軍本羣盜，雖勇而無紀律，見齊師所遺子女金帛，乃縱掠數日，置酒高會，金人聞而易之。豫遣其將李成以二萬人迎敵，金遣左都監宗弼援之，敗之於京城西北牟駝岡。橫等軍無甲，皆敗走，敵亦不敢深逐也。潁昌復破，參議官穀城譚世則爲敵所執，令其招橫；橫不答，世則遇害。

31 壬午，進韓世忠開府儀同三司、充淮南東路宣撫使，泗州置司。

朝廷以李橫進節（校者按：節字衍。）帥〔師〕，議遣大將，以劉光世兵不練而世忠忠勇，故遣之。仍賜世忠廣馬七綱，軍士甲千副，激賞銀帛三萬匹兩，又出錢百萬緡，米二十八萬斛，爲半歲之用。

32 （甲申）初，江西安撫大使司將官李宗諒、燕鎬，以所部叛于筠州，引兵侵瀏陽諸縣，李剛〔綱〕爲湖南安撫使，遣兵擊降之。詔：「宗諒、鎬戮于市，其衆分隸諸軍。」

33 夏，四月，丁亥，武翼郎、閤門宣贊舍人知虢州董震爲武節大夫、貴州刺史、權商·虢·陝州鎭撫使。震言：「敵兵侵蜀，臣見調本軍三千人自豐陽而西，絕敵糧道。萬一四川將帥不能堅守，墮其謀計，思之寒心。今山東富庶如昔，金人重兵亦不在彼，望朝廷乘此機會，興師深入，可以破僞齊之巢穴，兼牽制金人取四川之兵矣。」

34 尚書左僕射朱勝非以母憂去職。

35 己丑，韓世忠言：「近被旨措置建康府江南、北岸荒田，以爲屯田之計。沿江荒田雖多，大半有主，難以如陝西例，乞募民承佃。」都督府請如世忠議。乃蠲三年租，田主有訟則歸之，滿五年不言，給佃人爲永業。於是詔湖北、浙西、江西皆如之；尋又免科配徭役。

36 駕部員外郎韓膺胄論：「刑罰輕重，國祚短長繫之。望追法仁祖舊章，凡獄官失入死者，終身罰之，雖經赦宥，永不收敍。」帝曰：「此仁祖之事也，其仁民詳刑如此乎！」乃命有司申嚴行下。

37 辛卯，起復劉光世爲檢校太傅、江東宣撫使，屯鎮江。

時光世與韓世忠更戍，世忠至鎮江城下，而姦細入城，焚其府庫；光世擒而鞫之，皆云世忠所遣，於是訴於帝。江東統制官王德請于光世曰：「韓公之來，獨與德有隙耳，當身往見之。」其下皆謂不可，或請以騎行，德不聽。世忠大驚，謂德曰：「公誠烈丈夫。曩者小嫌，各勿介意。」因置酒結歡而別。

38 金人去興元。

自金人入梁、洋，蜀中復大震，劍南諸州皆爲徙治之計。宣撫處置使張浚，亦下令移潼川軍，聞者皆憤，或取其榜毀之。利州路經略使劉子羽遺浚書，爲言己在此，敵必不南，浚乃止。

完顏杲留屯中梁山踰月，始自斜谷去興元。子羽與吳玠謀以兵邀之於武關，不及。斜谷路狹，惟可單行，故凡所掠獲，悉棄之於路。浚遣統制官王浚復洋州、興元府。

杲既還鳳翔，乃遣十餘人持書與旗來招子羽、玠，子羽盡斬之，惟留一人使還，曰：「爲我語之，欲來即來，吾有死耳，何可招也！」玠亦遺杲書，以大義責之，杲乃止。

39 壬辰，移都督府於鎮江，照應江、淮兩軍機務，於是建康府榷貨務都茶場亦移鎮江。

40 癸巳，慶遠軍承宣使、神武前軍統制王𤫉（璦）爲捧日天武四廂都指揮使兼淮南宣撫司都統制，仍詔神武後軍統制巨師古、御前忠銳將崔增、李捧等並受韓世忠節度。於是世忠始去神武左軍都統制，專爲宣撫使。

41 乙未，宣撫處置司訓練官杜福邀金人于興元南龍潭，降其軍四百。

42 丙申，僞齊將李成以衆二萬攻虢州，陷之。鎮撫司統制官謝皋與之遇，舉刃示敵曰：「此吾赤心也，汝宜視之！」遂剖心而死。權鎮撫使董先率餘兵二千奔襄陽。

43 戊戌，湖南安撫使折彥質所遣統領官劉深以兵至鼎州。

時鼎寇楊么，衆益盛，僭號大聖天王，旗幟亦書此字，且用以紀年，又以兵二萬人寇公安縣。彥質言么之勢不減曹成，望朝廷勿輕此賊，乃命彥質督潭、鼎、荆南兵討之。是日，湖北統領官顏孝恭亦以千九百人至鼎州城外。

44 庚子，詔改昭慈獻烈皇太后謚曰昭慈聖獻皇后。

45 詔：「復五帝、日月之祀，其禮視四方帝，祀以四立日，黃帝以季夏之土王日。春秋分朝日、夕月禮如感生帝。」

46 辛丑，荆南統制官羅廣以所部三百五十人至鼎之城西，而軍食不繼，於是潭將劉深、鄂將顏孝恭，皆引所部去；後二日，廣亦引兵北還，由是不克討。然賊徒屢抗，多被殺，人心頗搖，乃肆僞赦，立鍾相少子子義爲太子，自楊太以下皆臣事之。

47 壬寅，詔：「昭慈聖獻皇后同姓親遷秩二等，異姓一等。」甲辰，封起復鎮潼軍節度使、開府儀同三司、醴泉觀使孟忠厚爲信安郡王，丙午，封哲宗美人慕容氏、魏氏並爲婕妤，皆用后大祥推恩也。

48 錄故太師文彥博孫緯世等三人並爲迪功郎。

緯世父太僕卿維中，建炎中從帝渡江，至湖州而死，至是用守臣汪藻請而命之。

49 丁未，神武副軍都統制岳飛，遣統領官張憲、王貴分道擊虔寇彭友、李滿，獲之。飛自至虔州，日破一寨，賊徒震恐。友等先據龍泉，至是乃敗。

50 戊申，武節大夫、明州觀察使、浙西兵馬鈐轄史康民將所部至行在，以康民爲御前忠銳第九將。

51 西南蕃武翼大夫、歸州防禦使、瀘南夷界都大巡檢使阿永，獻馬百有十二匹，瀘州以聞，詔押赴行在。

阿永，乞第子也。元豐間，乞第既效順，願歲進馬以見向化之心，官以銀繒賞之，所得亡慮數倍。其後阿永所中之數，歲增不已，政和末，始立定額。每歲冬至後，蠻以馬來州，遣官視之，自江門寨浮筏而下，蠻官及放馬者九十三人，悉勞饗之，帥臣親與爲禮。諸蠻從而至者幾二千人，皆以筏載白椹、茶、麻、酒、米、鹿·豹皮、雜氈蘭之屬，博易于市，留三日乃去。馬之直雖約二十千，然揆以銀、綵之直，則每匹可九十餘千，自夷酋已下所給馬直及散犒之物，歲用銀帛四千餘匹兩，鹽六十（千）餘斤。銀則取於夔之涪州及大寧，物、帛則果、遂、懷安。凡馬之死於漢地者，亦以其直償之。

52 辛亥，御前忠銳第七將徐文叛，奔僞齊。

文以所部屯明州城東，朱師閔將至，文覺之，夜以所部泛海舟而遁。未明，至定海縣，忠銳第八將、武德郎趙琦以本軍沿海拒敵，文乃去。沿海制置仇悆率諸將追之，不及。

53 壬子，起復檢校太傅、江東宣撫使劉光世再起復，以光世丁內艱故也。

54 五月，乙卯，帝諭大臣曰：「朕省閱天下事，日有常度。每退朝，閱羣臣及四方章奏，稍暇即讀書史，至申時而常程皆畢，乃習射，晚則復覽投匭封事，日日如是也。」

55 丙戌，武翼郎、閤門宣贊舍人、權河南鎮撫使翟琮爲利州觀察使。

琮言道路梗澁，緩急無兵救援，請亦隸宣撫處置使張浚，許之，遂詔有司以米二萬石餉琮軍，且及李横、牛臯、彭玘會兵牽制。時朝廷方嘉横敢勇向前，命横等直至京城，或徑往長安，與撫司夾擊。

江西安撫大使趙鼎奏：「襄陽居江、淮上流，乃川、陝襟喉之地，以横鎭撫，誠爲得策。今聞横、臯共起兵往東京，又聞僞齊亦會金人及遣李成領衆西去；恐緣此紛擾不定，横烏合之衆，將不能禦，則決失襄陽，川、陝路絶，江、湖震動，其害可勝言哉！近有自襄陽來者，言横正緣乏食兼無衣，則其出兵固非得已。望詔有司時有資給，使横衣食足，則不假他圖，然後責其守疆待敵，不得因小利出兵，則可久之計矣。」帝覽鼎奏，始憂之。于是蜀口金騎已退，而董先、牛臯皆失守南奔，行在未知也。

56 丁巳，遣樞密院計議官任直淸往襄陽、商、虢、河南撫諭，仍賜河南鎭撫司黄金百兩，爲祭告諸陵之費。

57 己未，權河南鎭撫使翟琮、權陝虢經略使董先言：「今歲臣等首同李横東擊僞齊，京城震恐，復以無援，引兵而歸，思之痛迫。臣等所管之地，東至鄭州，西至京北，南涉僞境，北臨大河，亦得兩國虛實。但西南去宣撫司三千餘里，東南去行在四千餘里，外無應援，內乏糧儲，勢力孤絶。望選委重臣，于行朝宣撫司之中屯駐一司，以爲聲援。」詔報已令韓世忠充宣撫使，領大軍屯淮南。

58 辛酉，詔築第百間以居南班宗室，仍以睦親宅爲名。

59 故朝請大夫歐陽棐贈直祕閣，以元祐黨人故也。

60 錄故樞密副使包拯曾孫嗣直爲迪功郎。

61 (丁卯)，神武中軍統制楊沂中以大軍至桐廬縣，而魔賊繆羅與其徒八人已就招。詔沂中招捕餘黨；宣諭官胡蒙，請榜諭其徒，能自首者免罪。既而沂中捕斬其徒九十有六人，詔沂中以舊官領保信軍承宣使。

亂之始作也，鳳林巡檢、保義郎章甫，淳安尉、右迪功郎曹作肅，指使、保義郎徐詹，皆爲所害；後各官其家一人。

62 乙亥，天申節，韓世忠進生鹿，帝不欲卻，諭輔臣，將放之山林以適物性。

63 樞密院言：「已遣使詣大金議和，恐沿邊守將輒發人馬侵犯齊界，理宜約束。」詔：「出榜沿邊曉諭，如敢違犯，令宣撫司依法施行。」

64 丙子，金房鎮撫使王彥遣兵復金州。

初，金兵既還，彥遣本司統制官、武節郎許青，以所部千三百人出漢陰縣，京西南路安撫使周貴迎戰，青引兵橫擊，大敗之，貴僅以身免，遂復金州。又敗金兵于洵陽，乃棄均、房去。時軍食益艱，張浚乃以彥兼宣撫司參議，駐兵達州，而留統制官、武功大夫格禧以兵三千守金、房。

65庚辰，江西安撫大使趙鼎言：「岳、鄂爲沿江上流，控扼要害。鄂州雖有帥臣及軍萬餘，其間大半皆烏合之衆，以至器械未備，萬一有警，難以枝梧。欲候虔賊既平，令岳飛以全軍往岳、鄂屯駐，不惟江西藉其聲援，可保無虞，而湖南、二廣亦獲安妥。」詔俟飛平江西、湖廣賊畢聽旨。時朝廷聞李橫失利，乃詔橫等屯駐，非奉朝旨，毋得進兵。

66辛巳，罷宣撫司便宜黜陟。

初，張浚既受黜陟之命，事重者敕行之。參知政事席益、簽書樞密院徐俯大不平，指以爲僭。及是浚還行在而王似等代之，故有是旨。

67故承議郎胡端修，贈直祕閣，以元符上書入籍故也。

68六月，甲申朔，榮州防禦使、神武後軍統制巨師古除名，廣川編管。

初，師古以所部屯揚州，淮南宣撫使韓世忠令移屯泗上，師古稱疾不出，世忠怒，劾之。詔統領官高舉將其軍還行在。

69丙戌，復置六部架閣庫。

自崇寧間何執中爲吏部，始建議置吏部架閣官。其後諸曹皆置，凡成案留部二年，然後畀而藏之，又八年，則委之金燿門文書庫。

70 尙書吏部侍郎韓肖胄爲端明殿學士、同簽書樞密院事，充大金軍前奉表通問使；給事中胡松年試工部尙書，充副使。肖胄子孫官七人，松年五人。

丁亥，入辭，肖胄言：「今大臣各徇己見，致和戰未有定論。然和議乃權時宜以濟艱難，他日國步安強，軍聲大振，理當別圖。今臣等已行，願毋先渝約。或半年不復命，必別有謀，宜速進兵，不可因臣等在彼間而緩之也。」

肖胄母文氏，聞肖胄當行，爲言：「韓氏世爲社稷臣，汝當受命卽行，勿以老母爲念。」帝聞之，詔特封榮國太夫人以寵其節。

71 庚辰，宣撫處置使張浚奏捷，且請赴行在，詔王似、盧法原督使趣赴任，仍降詔撫存蜀中，王彥特放罪，復往金州控扼。時浚方論卻敵之功，將佐幕客皆以便宜遷秩。既而似、法原俱至蜀，浚遂與寶文閣直學士洪州觀察使（校者按：洪州觀察使五字衍。）劉子羽、參議官·左通議大夫王庶、主管機宜文字·兵部員外郎馮康國、鼎州團練使·提舉江州太平觀劉錫、左朝散郎·利州路提點刑獄公事馮檝權樞密院計議官，偕行俱東。

72 甲午，神武前軍統制兼淮南宣撫司都統制王𤫉爲荊南府、潭、鼎、澧、岳、鄂等州制置使。

時鼎寇楊么復犯公安、石首二縣，先五日，命湖南安撫使折彥質會荊·鄂·潭·鼎統制官辛太、崔邦弼、任安、杜湛之衆往討之。彥質數請濟師，乃命瓊總舟師以行，遣忠銳第一將崔增、神武後軍統領高進以所部五千從瓊，又命韓世忠、劉光世各以舟五百與之，仍持五月糧以行，凡湖南、北兵並受瓊節度。時知岳州范寅數〔敷〕遭內艱，以策獻于湖南安撫使折彥質以聞。詔下其議，命王瓊行之。

已而瓊請招安金字牌。帝曰：「近來賊盜踵起，蓋黃濳善等專務招安而無弭盜之術，高官厚祿以待渠魁，是賞盜也。么跳梁江湖，罪惡貫盈，故命討之，何招安爲！但令瓊破賊後，止戮渠魁數人，貸其餘可也。」乃給黃榜十道，自么及黃誠、劉衡、周倫、皮眞並近上知名頭領不赦外，脅從之徒，一切不問。如從中自併及頭〔投〕首領（校者按：領字衍。），當議優與推恩。

73 己亥，罷沿海制置司，以海舟三百付明州守臣李承造總領，和州防禦使張公裕同總領；仍命公裕居定海縣，以總領海船所爲名。

74 （乙巳），初，韓世忠之軍建康也，詔江東漕臣月給錢十萬緡，以酒稅、上供、經制等錢應副。至是劉光世移屯，又增月樁錢五萬六千緡，轉運判官、直祕閣劉景眞等告之于朝，詔通融應副。自呂頤浩、朱勝非並相，以軍用不足，創取江、浙、湖南諸路大軍月樁錢，以上供、經制、係省、封樁等窠名充其數，茶鹽錢蓋不得用，所樁不能給十之一二，故郡邑多橫賦於民，大爲東南之患。

75 丙午，詔：「內外從官各舉宗室一人，以備器使。」

先是右承事郎、知大宗正丞謝伋條上宗室五事：曰舉賢才以強本支，更法制以除煩苛，擇官師以專訓導，繼封爵以謹傳襲，修圖牒以辨親疏。始，岐獻簡王仲忽爲宗官，多所建白，論者以爲立法太嚴。自渡江後，南班宗室纔六十三員，學官久闕，襲封之典遂廢，宗正有寺無官，故伋言之。時已用伋議，復置宗正少卿，因有是命，惟襲封不行。

76 丁未，詔：「卽駐蹕所在學置國子監，以學生隨駕者三十六人爲監生，置博士二員。」

77 江東宣撫使劉光世引兵發鎭江。

時淮南宣撫使韓世忠屯登雲門，光世懼其扼己，改途趣白鷺店；世忠遣兵千餘襲其後，光世覺之，乃止。旣而光世奏世忠掠其甲士六十餘人，帝尋遣使和解，仍書賈復、寇恂事賜之。

78 戊申，武功大夫、高州刺史、樞密院準備差使王林，以所部充御前忠銳第十將。林，劉光世部曲也，忠銳第九將史康民薦其才，自承州召還，而有是命。

79 己酉，神武副軍都統制岳飛自虔州班師。

80 壬子，右宣教郎王忠民至行在，宰相呂頤浩、簽書樞密院事徐俯見之皆拜，舍于政府。忠民上疏力辭新命，且言：「臣爲大金舉兵，故自上大金國主三表，爲辨理乞還二帝，本心報國，非求名祿。」帝不許。忠民以告置于櫝中，藏之七寶山下。既見所奏留中，力懇求去，遂依商、虢鎮撫使董先于軍中。

81 癸丑，川陝宣撫司以三泉縣爲大安軍，以武臣种友知軍兼縣事，文臣爲判官兼縣丞。

82 自陝西既破，買馬路久不通，至是榮州防禦使、知秦州、節制階、文軍馬吳璘，始以茶綵招致小蕃三十八族以馬來市，西馬復通。

83 秋，七月，丙辰，呂頤浩言：「行宮北門未成而役夫少，欲于忠銳第八將范溫麾下，擇不堪出戰二百人助役，且令溫自董之。」帝曰：「不可。四方聞之，以爲使將帥舍甲兵而事營繕，非今日整兵經武之道。」

84 己未，置博學宏詞科，用工部侍郎李擢奏。其法，以制、詔、書、表、露布、檄、箴、銘、記、贊、頌、序十二件爲題，古今雜出六題，分三日試。命官除歸明、流外、進納及犯贓人外，願試者以所業每題二篇納禮部，下兩制攷校。堪召試者，每舉附省試院收試，上等改京官，除館職，中等減三年磨勘，下等減二年，並與堂除；奏補出身人，以賜進士及第、出身、同出身爲三等之差。著爲令。

85 初置提舉孳生牧馬監官，於饒州置司，俸賜視雜監司，合〔令〕樞密差幹辦官三員，本路給廐卒二百人，仍令統制官王進以所部護之。時益市馬於廣西，故先擇牧地鄱陽，置官提舉。

86 庚申，權商虢鎭撫使董先奏虢州失守，待罪，詔先兼京西招撫司都統制，屯襄陽。

87 乙丑，尚書省言韓肖胄已至泗州，齊國館伴官兵未到。時神武諸軍護送者二千人，乃詔都督府以輕舟濟其軍食。

肖胄至汴梁，僞齊劉豫欲見之；副使胡松年曰：「見之無害。」豫之臣欲令以臣禮見，肖胄未有以答，松年曰：「皆大宋之臣，當用敵禮。」豫不能折。既見，松年長揖豫，敍寒溫如平生。豫欲以君臣之禮倣之，松年曰：「松年與殿下比肩事主，不宜如是。」豫問：「主上如何？」松年曰：「聖主萬壽。」豫曰：「其意何在？」松年曰：「主上之意，必欲復故疆而後已。」豫有慚色。

88 丙寅，尚書考功員外郎兼權監察御史朱異宣諭浙東、福建還。異出使九月，閱所按吏凡八人，薦士張九成等十二人。

89 丁卯，詔錄用太祖、太宗、眞宗、仁宗、英宗、神宗六朝勳臣自曹彬至藍元振三百二十人子孫。

先是徽猷閣待制宋伯友言：「艱難以來，中原隔絕，功臣子孫，凋喪殆盡，乞訪其後，量材錄用。」故有是旨。其後得趙普、（趙）安仁、范質、錢若水諸孫，皆官之。

90己巳，樞密院計議官、權監察御史薛徽言宣諭湖南還。徽言出使九月，閱所按吏十六人，薦士劉延年等三人。

91庚午，詔：「無職田選人及親民小使臣，並給茶湯錢十千，職田少者通計增給。」

先是御筆增選人、小使臣俸以養廉，輔臣進呈，帝諭以「今飲食衣帛之直，比宣和不啻三倍，衣食不給而責以廉節，難矣。宜變舊法以權一時之宜。」戶部尚書黃叔敖言：「文武官料錢，各有格法，不可獨增選人、小使臣；乞令提刑司均州縣職田於一路，通融應副，無職田及職田少者增支。」從之。

92癸酉，宰相呂頤浩，參知政事席益，簽書樞密院事徐俯，以旱乞罷政，帝曰：「與其去位，曷若同寅協恭，交修不逮，思所以克厭天心者！」頤浩等乃復視事。

時以旱故，詔羣臣言闕政。禮部尚書洪擬曰：「法行之公，則人樂而氣和；行之乖，則人怨而氣偏。試以小事論之：近時監司守臣獻羨餘則黜之，徐康國、侯彭老。宣撫司獻則受之，是行法止及疎遠之臣也。有自庶僚爲侍從，臥家視事，未嘗入謝，得美職而去；洪炎。若鼓院官移疾廢朝，則斥罷之；廖邦傑。是行法止及冗賤之官也。榷貨〔酤〕立法甚嚴，犯者籍家財以充賞；而大官有勢者，連營列陳〔障〕，公行酤賣，則不敢問；是行法止及孤弱之家也。小事如此，推廣而言之，則怨多而和氣傷可知矣。」疏奏，帝嘉納。

93甲戌，神武中軍統制兼提舉宿衞親兵楊沂中自嚴州還，以沂中兼帶御器械。武功大夫、忠州團練使、閤門宣贊舍人、御前忠鋭第四將范溫以所部充神武中軍左部統領。

94乙亥，朱勝非起復舊官，守尚書右僕射、同中書門下平章事兼知樞密院事，特命睿思殿祗候陳彥臣宣押赴行在。

95詔神武副軍（都）統制岳飛選兵三千人移戍廣州。

96丙子，以久旱，詔諸路監司分按州縣，親錄囚徒以察寃滯。

97己卯，詔左武大夫、忠州防禦使、知秦州張榮以所部赴行在。

98庚辰，輔臣奏事，呂頤浩言雨足，帝曰：「日者亢旱，朕甚憂之，以稽事無望矣。今霑足如此，殆將有秋。春秋二百四十二年，書大有年者纔一，書有年者再而已。以此知豐登之難得也。」先是自六月丙午不雨，帝命議獄刑，弛力役，進素饍，及是雨乃足，翼日，帝始御玉食焉。

99八月，丙戌，初，忠鋭第八將徐文既叛去，以所部海舟六十，官軍四千三百，泛海至鹽城縣，遣使臣闞中納款於僞齊，具言沿海無防禦之人，可以徑至二浙；且圖駐蹕所在軍馬之數，因密州草橋鎮巡檢包德聞於劉豫，豫大喜。是日，授文防禦使、知萊州，以海艦二十益其軍，令犯通、泰等州，且至淮南與大軍會合。

100 戊子，金主以趙㮮誣告其父昏德公謀反，命誅㮮及其婿劉彥文。初，金人欲令其父子對質，會蔡條〔絛〕力辨其誣，乃止。【考異】繫年要錄作六月丁未，今從今〔金〕史本紀作戊子。

101 己丑，命神武副軍都統制岳飛赴行在，仍命飛以精卒萬人留戍江州。

102 壬辰，川、陝等路宣撫處置副使王似言：「川、陝諸州應奏獄案，乞用便宜指揮，酌情斷下，如張浚例。」許之。

103 甲午，帝謂大臣曰：「元祐黨人固皆賢，然其中亦有不賢者乎？」呂頤浩等曰：「豈能皆賢！」徐俯曰：「若眞元祐黨人，豈不賢！但蔡京輩，凡己之所惡，欲終身廢之者，必名之元祐之黨，是以其中不免有小人。」帝曰：「若黃策之類是也。」俯曰：「黃策乃元符末上書狂直被罪，始，天下皆稱之。如策比者，無慮十餘人，策不能固窮守節，陷於非義。其中亦有議論前後反覆，姦惡猥瑣，竄名其間，如楊畏、朱師服數人耳。」策以直祕閣、通判嚴州，受賕抵罪，故帝及之。

104 故降充寶文閣待制王觀，追復龍圖閣學士。

105 乙未，詔：「河南鎭撫使翟琮，且在襄陽府屯泊，聽候朝旨。」時梁、衞之地，悉淪僞境，琮屯伊陽之鳳牛山，爲僞齊所逼，孤立不能敵，率部曲突圍奔襄陽。京西招討使李橫以聞，故有是命。

103 權商虢鎮撫使董先，言有官軍及老弱七千在襄陽，而李橫兵已衆，恐不能贍給，乃命先赴行在，先遂以其衆依趙鼎于江西。

107 戊戌，金主詔曰：「比以軍旅未定，嘗命帥府自擇人授官；今並從朝廷選法。」

108 己亥，以信安郡王孟忠厚爲禮儀使，奉神御並詣溫州。

109 甲辰，詔曰：「比者雨暘弗時，幾壞苗稼，朕方寅畏怵惕；又復地震，蘇、湖益甚，朕甚懼焉。蓋天降災，其應必至，皆朕失德，不能奉順乾坤，協序陰陽之故。咨爾在外大小之臣，有能應變弭災，輔朕不逮者，極言無隱。」

110 時已命諸路憲司起發州郡所負積年禁軍闕額錢，是日，帝諭輔臣，恐不便於民，速令除放，遂以手詔付有司，自建炎以來皆蠲之。

111 乙巳，詔：「復置史館，以從官兼修撰，餘官兼直館、檢討，若著作佐郎有闕，依元豐例差郎官兼領。」先是著作官全闕，以都官員外孔端朝兼權著作佐郎，至是吏部討論而有此命。

112 己酉，侍御史辛炳言：「叨綴日參，見宰執有留身奏事者。臣竊謂天下有大利害，政事有大因革，人才之黜陟，賞罰之勸懲，相與敷陳於陛下之前，蓋有不容不公者。留身之際，何所不有！恐分朋植黨之漸，爲害滋大。欲望降旨，自今三省、樞密院朝殿進呈，訖不得留身，違者許御史臺彈奏。」

113辛亥，嗣濮王仲湜請諸州宗室，各以行尊者一人檢察月俸錢米，許之。渡江後，宗子散居四方，故仲湜以爲請。

114是月，韓肖胄等始至雲中，見金國都元帥宗翰議事。

115九月，癸丑，祕書少監孫近請命前宰執供具建炎四年二月以前時政記，仍令修注官補建炎以來起居注，命百司日以朝廷所施行事報祕書省，進奏院，月報亦如之。

116初，僞齊侍御史盧載陽上議，陳結南夷擾川、廣之策，劉豫遣通判齊州傅維永及募進士宋囦等五十餘人自登州泛海，册交趾郡王李陽煥爲廣王，且結連諸溪洞酋長，金主遣使毛都魯等二十餘人偕行。

117（丙辰），時行宮外朝止一殿，日見羣臣，省政事則謂之後殿，食後引公事則謂之內殿，雙日講讀于斯則謂之講殿。至是梁朽，前榮且壞，命有司繕治之。乃權御射殿，極卑陋，茀屋裁三楹，侍臣行列，巾裹觸棟宇。

118戊午，特進尚書左僕射、同中書門下平章事兼知樞密院事、都督江·淮·荆·浙諸軍事呂頤浩罷，爲鎭南軍節度、開府儀同三司、提舉臨安府洞霄宮。

頤浩再相凡二年，侍御史辛炳劾其不恭不忠，敗壞法度。及頤浩引疾求去，殿中侍御史常同因論其十罪，大略謂：「頤浩循蔡京、王黼故轍，重立茶鹽法，專爲謀利，一也。不於荆、淮立進取規模，惟務偷安，二也。所引用非貪鄙俗士卽其親舊，三也。民訴訟有再至者輒罪之，四也。贓吏呂應問、韓禧皆滿數萬，頤浩旣受女謁，遂令移獄，欲罪元按官司，五也。臺諫論事不合己意，則怒形于色，六也。近兩將不協，幾至交兵，不能辨曲直以申國威，而姑息之，七也。其心腹最喜者擢置臺屬，使采臺中議論，八也。近者地震，抑而不奏，及降詔求言，又不引去，九也。每會親黨夜飲，男女雜坐，比言者論罷都漕司，遽託病乞出，十也。陛下未欲遽罷頤浩者，豈非以其有復辟之功乎？臣謂功出衆人，非一頤浩之力。縱使有功，宰相代天理物，張九齡所謂不以賞功者也。」疏入，因改命。

119庚辰，神武副軍都統制岳飛自江州來朝，賜金帶、器甲。飛養子雲，年尚少，帝亦以戰袍戎器賜之。

120辛酉，川陝宣撫司統領官吳勝，敗僞齊兵于黃堆寨。

初，陝西同統制軍馬楊政，率諸軍深入至淸水縣，命勝與統領官楊從儀、程俊等率忠義人進討。僞涇原第八將嚴千，以甲軍千人，騎五百，築蓮花城，勝急擊攻之。翼日，第十將宋師閔復以騎二千來援，勝等追殺無遺，獲所部將十餘人，師閔僅以身免。勝還至臘家城，復與敵遇，步將從義郎彭晟戰死。準備將、承信郎賀吉，爲賊所獲，曰：「吾不死於敵手。」遂自殺。是役也，將士死者百二十有三人，皆贈官，錄其子。

121 丙寅，詔：「自今執政許留身奏事，如宰臣例。」

122 端明殿學士、江南西路安撫大使兼知洪州趙鼎爲江南西路安撫制置大使兼知洪州，中衞大夫、武安軍承宣使、神武副軍都統制岳飛落階官，爲鎭南軍承宣使、江西沿江制置使，戍江州。飛言：「本路兵久不訓習，乞留五千人屯洪州，二千人屯虔州、南安，餘軍並隨軍訓習。」詔飛、鼎同議。

先是飛在洪州，與江南兵馬鈐轄趙秉淵飲，大醉，擊秉淵幾死，帥臣李回奏劾之。及是帝戒飛止酒，飛遂不飲。

始，統制官傅選屯江州，李山知蘄州，皆受回節度。飛受命，奏乞選、山皆爲本司統制，於是飛始能成軍。江東宣撫使劉光世，與秉淵素厚，奏秉淵還建康以避之。

時飛軍月費錢十二萬二千餘緡，米萬四千五百餘斛，詔漕臣曾紆津致錢糧，爲軍中五月之費，而鼎督趣之。回與飛不協，至鼎，推誠待之，飛亦心服。

123 信安郡王孟忠厚上昭慈聖獻皇后改謚册于溫州太廟，不改題神主。

124 戊辰，帝謂輔臣曰：「議者多言諸大將不宜益兵。漢高祖定天下，諸將兵至十數萬，未嘗以爲疑，故能成功。今劉光世、韓世忠兵纔各五萬，張俊不滿三萬，議者已患其多，此不知時宜也。」席益曰：「方用兵之時，御諸將當如高祖，削平之後，待功臣當如光武。」前三日，詔以忠銳第九將史康民、第十將王林所部益俊軍，又令第二將張守忠受俊節制，故言者及之。

125 己巳，權刑部侍郎章誼試兵部侍郎，大理卿李與權權刑部侍郎。

126 壬申，自軍興以來，機速事皆以白劄子徑下，有司既報行，然後赴給、舍書押降敕；其後擬官、獄斷〔斷獄〕、皆然，兩省之職殆廢。至是中書舍人孫近言：「國家倣唐舊制，分建三省，凡政令之失中，賞刑之非當，其在中書，則舍人得以封還，其在門下，則給事得以論駁。蓋先其未行而救正其失，則號令無反汗之嫌，政令無過舉之迹。今給、舍但書押已行之事，雖欲論執而成命已行，非設官本意。望申嚴舊制，應非軍期急速不可待，勿報；應給、舍書讀，如無封駁，令畫時行下。」

127 詔：「神武後軍見在行在官兵八千人，並撥隸神武（右軍）都統制張俊。」

128 乙亥，江東宣撫使劉光世爲江東、淮西宣撫使，置司池州；淮南東路宣撫使韓世忠爲建康、鎭江府、淮南東路宣撫使，置司鎭江府；神武前軍統制、荊南府·潭·鼎·澧·岳·鄂等州制置使王𤫊爲荊南府、岳、鄂、潭、鼎、澧、黃州、漢陽軍制置使，置司鄂州；神武副軍都統制、江西制置使岳飛爲江南西路、舒·蘄州制置使，置司江州。賜光世錢十萬緡，爲營壘費。仍命世忠措置所部沿江至平江府、江陰軍沿海地。侍衞親軍步軍都指揮使、武泰軍節度使、主管殿前司公事郭仲荀爲檢校少保、知明州、兼沿海制置使，神武中軍統制、提舉宿衛親兵楊沂中兼權殿前司公事。仍詔仲荀以紹興府、溫、台、明州爲地分，自帥府外，應統兵官並得節制。

始，諸將擁重兵而無分定路分，故無所任責。朱勝非再相，始議分遣諸帥各據要會，某帥當某路，一定不復易。

129 戊寅，祕書省正字陳祖言請修建炎以來日曆，從之。

130 庚辰，集英殿修撰蘇遲權尚書刑部侍郎。

131 詔神武副軍（都）統制、江西制置使岳飛所部改爲神武後軍，以飛爲統制。

132 僞齊遣將與知光州許約合兵圍固始縣，知縣事孫暉將所部遁去。淮西宣撫使劉光世，遣統制官酈瓊等救之，未至，會淮西安撫使胡舜陟命準備將領、承議郎洪邦彥以鄉兵來援。辛巳，賊棄城走。

133 是秋，金都元帥宗翰悉起女直土人散居漢地，惟金主及將相親屬衛兵之家得留。

續資治通鑑卷第一百十三

賜進士及第兵部尚書兼都察院右都御史總督湖北湖南等處地方軍務兼理糧餉世襲二等輕車都尉　畢沅　編集

宋紀一百十三　起昭陽赤奮若（癸丑）十月，盡閼逢攝提格（甲寅）六月，凡九月。

高宗受命中興全功至德聖神武文昭仁憲孝皇帝

紹興三年金天會十一年。（癸丑、一一三三）

1冬，十月，壬午朔，詔曰：「昨者出自朕意，分遣使人，授以手歷，澄清諸道。逮胡蒙等還朝，偶緣他事相繼而去，皆非有失使指。慮四遠不知其由，妄意揣摩，將已行之事，苟簡滅裂，顛倒紛紜，民受其弊，未還二使，不無疑慮，動輒畏縮，甚失臨遣之意。三省可速行下諸路所陳利害，令監司郡縣遵守，舉薦人材，取旨錄用。」時劉大中、明橐未還，恐郡邑觀望，故有是詔。

2禮部尚書兼權吏部尚書洪擬罷，爲徽猷閣直學士、提舉江州太平觀，以殿中侍御史常同論其阿附王黼，在銓曹專任胥吏故也。先是帝以地震求言，擬與其子駕部員外郞興祖偕上封事，論朝廷紀綱不正，語侵在位者，繇是父子繼罷。

3 癸未，朱勝非等上吏部七司敕令格式一百八十八卷。自渡江以來，官司文籍散佚，無所稽考。議者以爲銓法最爲急務。會廣東轉運司以所錄元豐、元祐吏部法來上，洪擬等乃以省記舊法及續降指揮詳定，至是成書。

4 戊子，尙書工部侍郎李擢試禮部尙書，權刑部侍郎蘇遲權工部侍郎。

5 庚寅，吳玠加檢校少保，以總兵累年，捍禦有功也。

6 甲午，大理國請入貢且賣馬，帝諭大臣曰：「令賣馬可也；進奉可勿許，安可利其虛名而勞民乎！」朱勝非曰：「異時廣西奏大理入貢，事可爲鑒。」帝曰：「遐方異域，何由得實！彼云進奉，實利賈販。第令帥臣、邊將償其馬直，當價則馬當繼至，庶可增諸將騎兵，不爲無益也。」

7 尙書吏部員外郎劉大中宣諭江南路還，以舉刺官吏、申明利害、平反獄訟、科撥財賦爲八册來上。大中出使僅一歲，所按吏二十人，薦士十六人。

8 己亥，僞齊陷鄧州，以其將齊安上知州事。

9 辛丑，南丹蠻犯觀州。

初，南丹州刺史莫公晟，政和間獻地于朝，以爲廣西兵馬鈐轄，既而逃歸。會武節郞黃昉知觀州，遣兵略其部族，公晟怒，聚衆數百人，以是夜圍觀州，焚寶積監。廣西經略使劉彥適調融州土丁將兵往救之，公晟已去。昉坐免所居官。

10 癸卯，詔：「自紹興元年正月朔以前，因羣寇殘破、占據去處乘時作過之人，限旨到日將已受詞訴絕結，毋得枝蔓，日後毋得受理。」時言者以爲自軍興以來，郡民往往乘勢剽劫，其罪大而考驗明白者，固已就戮；然牽聯黨與，蔓及平人，或挾仇規利，轉相告訴，人情不安，故有是命。

11 襄、鄧、隨、郢等州鎮撫使李横，棄襄陽，奔荆南。

時僞齊將李成既得鄧州，而劉豫之衆有歸襄陽者，横以爲寇至，且軍食不繼，隨引兵遁，成入襄陽。知隨州李道聞之，亦棄城去，豫以其將王嵩知隨州。

横之去襄陽也，欲依解潛以俟命，其參謀官直龍圖閣趙去疾，屬官右宣教郎閻大鈞，勸使歸朝待罪。横曰：「我有烏合之衆，所至自謀衣食，人皆謂我爲賊。萬一諸鄰不見納，柰何？」二人曰：「我亦官軍也，何至是？」已而湖北安撫使劉洪道果拒之，横大怒，欲殺二人，二人呼曰：「江西帥趙樞密可歸也。」横猶未決，而趙鼎已遣糧舟至，其衆遂安。時權商虢鎮撫使董先，蔡州信陽軍鎮撫使牛皋，先已渡江至洪州；鼎復以銀數千兩犒横之衆，且檄知黃州鮑貽遜迎勞于境上。横大喜，以所部如洪州。

12荆、潭制置使王𤫉，率水軍至鼎口，與賊遇。賊乘舟船高數丈，以堅木二尺餘，剡其兩端，與矢石俱下，謂之木老鴉。官軍乘湖海船低小，用短兵接戰，不利，𤫉爲流矢及木老鴉所中，退保橋口，留統制官崔增、吳全當下流，親將神武全〔前〕軍萬餘人陸行趨鼎州。

13僞齊引兵犯郢州，守將李簡棄城去，劉豫以荆超僞知郢州。超，班直也，豫才而用之。

14丙午，左承議郎、主管亳州明道宫王公彦進秩二等，以元符上書入籍故也。自是黨人見在者皆還官。

15戊申，詔：「今後省試並赴行在。」

自諸路置類省試，行之纔二舉，議者以爲姦弊百端，且言：「本朝省試，必於六曹尚書、翰林學士中擇知舉，諸行侍郎、給事中擇同知舉，卿監爲參詳官，館職、學官爲點檢官，又以御史監視，故能至公至當，厭服士心。今盜賊屏息，道路已通，若以此試復還禮部，不過括諸漕司所費輸之行在，則必裕然有餘矣。」詔檢正累降指揮，申嚴行在〔下〕，於是遂罷諸路類試。

16庚戌，復置宗正少卿一員，太府、司農寺、軍器、將作監各復置丞一員，太府、大理左斷刑、右置獄各復增丞一員。

17是月，僞齊將王彦先自亳州引兵至北壽春，揚兵淮上，有南渡意。江東、淮西宣撫使劉光世駐軍建康，扼馬家渡，遣統制官酈瓊以所部駐無爲軍，爲濠、廬聲援，賊乃還。

18 十一月，丙辰，執政進呈修運河畫一。帝曰：「有欲以五軍不堪出戰士卒充此役者固不可，又有言調民而役之者滋不可，惟旁郡廂軍壯城捍江之屬爲宜。至於廪給之費，則不當吝。」朱勝非曰：「開河似非急務，而饋餉艱難，故不得已。然時方盛寒，役者良苦，臨流居民，悉當遷避。至於畚揷所經，泥沙所積，當預空其處，則居民及富家以僦屋取資者，皆非所便，恐議者或以爲言。」帝曰：「禹卑宮室而盡力乎溝洫，浮言何卹焉！」

19 己未，詔：「王𤩽所部帥司并諸州軍，並權聽𤩽節制。」以𤩽言湖南、北安撫使折彥質、劉洪道不肯濟師也。

彥質聞命，上疏言：「靖康中任河東宣撫使副（副使），𤩽係臣部下兵官，兼曾體量行遣，嫌怨灼然。若使平時部屬偏裨，一旦加乎其上，緩急聽其憑淩，竊恐有虧國體。」詔：「彥質與𤩽同心討賊，如托故避事，致有疏虞，當議重行竄責。」

20 庚申，罷楚州吳城縣爲鎮。縣自兵火後，居民纔八十餘家，故廢之。

21 禮部員外郎虞澐，請銓試初出官人，以經義、詩賦、時義、斷案、律義爲五場，就試人十分取七，榜首循一資，從之。

22 癸亥，詔：「諸路上供錢物，令戶部歲終舉劾稽違侵隱去處。」

23 武德大夫、高州刺史、閤門宣贊舍人、御前忠銳第一將崔增，右武大夫、忠州團練使、荆潭制置司水軍統制吳全，與湖寇遇于陽武口，死之。

時荆潭制置使王𤫙將水軍，以前二日至下芷江口，翼日，知鼎州程昌寓亦至，共議取周倫寨。又翼日，增、全至陽武口，遇賊軍船，皆寂然無聲，呼之不應，增等以爲空舟也，令湖海船倚梯而上。賊兵奄出，官軍遂敗，死者不知其數，增與全皆死。時統制官任士安，以萬人屯赤沙湖，阻水不能救，賊收其弓矢甲胄，欲西襲官軍，𤫙遂并將增兵。後贈增一階，加果州防禦使，贈全二階，加忠州防禦使，錄其子。

24 甲子，端明殿學士·同簽書樞密院事韓肖胄、工部尚書胡松年使還，詔肖胄等速赴行在。

自帝卽位，遣人入金，六七年未嘗報聘；至是都元帥宗翰始遣安州團練使李永壽、職方郎中王翊等九人與肖胄偕來。

25 丙寅，金以伊蘭舊作移懶，今改。路饑，賑之。

26 甲戌〔乙亥〕，詔復司馬光十科舉士之制，令文武侍從官歲各舉三人。

27 戊寅，荆潭制置使王𤫙以兩遇賊皆敗，二將俱死，鬱鬱無憀。會得江北警報，欲移師鄂州防江，程昌寓曰：「江北實無事，乃李橫自棄襄陽；鄂州孤城，亦冀公速來少安爾。今二橋已就，事功垂成，大軍一還，難以復合，願公少留，共破三寨。若鄂州有警，疾馳尚可及也。」璦不聽。是日，璦引大軍還鄂州，留統制官王渥、趙興及湖南將馬準、步諒四軍，權聽昌寓節制。於是昌寓移屯上芷，決賊隄四百丈。

28 十二月，壬午，武翼大夫、吉州刺史、統制鼎州軍馬杜湛爲湖北路兵馬副都監，修武郎、閤門祗候、添差統制軍馬彭筠充東南第八將。

筠本與劉超合，有進士禼（禹）輔者，爲張用所略；後輔入筠軍中，與進士路居正勸筠立功歸朝廷。時超據澧州，程昌寓遣兵擊之，不勝。輔等令筠以藥紙爲書，陳破賊計，密遣安鄉縣（監）稅劉汝舟持指（詣）湖西，乞掩殺超，昌寓亦遣使臣齎蠟書報之。超爲筠所襲，走敗，筠以所部詣昌寓降。昌寓有戰士、鄉兵合九千餘人，用湛爲總帥，至是昌寓奏湛屢立奇功，筠臨敵宣力，故皆擢之。既而錄輔之勞，亦以爲連州文學。

29 癸未，金賑哈蘭舊作曷懶，今改。路饑。

30 壬辰，右迪功郎、新監廣州寘口場鹽稅吳伸再上書請伐劉豫，且言：「今兵權所付，不過二三人，其有道家所忌，則趙括之徒可憂；其有戰勝而驕，則武安君之禍可戒。」又言：「古人師克在和，今陛下將士雖衆，孰講廉、藺之歡？則將帥之賢愚，不卜而可知也。今之主將，無非營私背公、蠹國害民之徒，廣回易，擅榷酤；所至州郡，則恣無厭之求，民力爲之耗減，廣收無用之兵以益請糧之數，則財賦之得失，不卜而可知也。今國家所賴者，止知有西北之兵，不知有東南之士，又況諸軍無非潰亡之徒，子女既足，金帛亦豐，邊境暫寧，則偷安以干廩食，至于臨敵，豈不潰亡！此士卒之能否，不卜而可知也。今重兵皆在江南，而輕兵獨當淮右，萬一敵人掠我淮甸，對壘江旁，縱未南渡，兩軍相持，積以歲月，必有存亡。夫金人雖強，實不足慮；劉豫雖微，其禍可憂；臣以爲先擒劉豫，則金人自定。金人反覆，陛下知之詳矣；今又割中原以假劉豫，是并吞之謀已兆，而危亡之禍將及，豈可不爲之計！今使命將至，不可中輟，萬一厚有需求，臣願陛下陽許陰違，俟其還報，乘其不疑，一怒親征，劉豫可擒也。」

31 癸巳，詔：「修蓋殿宇，迎奉祖宗神御赴行在。」

32 甲午，詔：「李横、翟琮、董先、李道、牛皋，並聽岳飛節制，以圖後效，仍令横等即江州屯駐。」初，横之在襄陽也，岳飛遣統領官張憲招之，不從。及横自黃州渡江，飛責横不相從之意，横引罪而已。於是道、皋已在江州，飛皆用爲統制，就將其軍，惟横等留南昌如故。

33 己亥，詔：「自今冬祀、夏祭、祈穀、雩祀，正配位並用犢。」從太常請也。自巡幸以來，常祀天地以少牢，至是輔臣請復太牢以祭。事既行，博士王普，言故事惟大享明堂用太牢，乃止用犢。

34 丙午，金使李永壽、王翊至行在。

永壽等倨甚，右文殿修撰、都督府參議官王倫假吏部侍郎，即館中與之計事。倫爲翊道雲中舊故，翊漫不爲禮。少頃，詔賜永壽等衾褥，傳旨勿拜，倫曰：「上嘉公輩遠來，特命倫相勞，此殊恩也，宜拜以謝。」永壽始拜。

35 丁未，直龍圖閣、知鼎州程昌寓，以掩擊王善、劉超之功，陞集英殿修撰。時王瓊已去，昌寓亦將所部還鼎州。

36 戊申，初，江西統制官傅樞赴行在，而所部在虔州，制置使岳飛移其軍往江州屯駐。樞與飛故有隙，其弟統領軍〔官〕機與飛軍統領官王貴亦不平。機軍〔單〕騎赴洪州，軍行至長步，其右軍部將元通率其徒千餘人遁去，進犯英州，掠范瓊女而去，又圍南雄州。事聞，詔本路帥司招捕。趙鼎奏戮機，詔貸死，送飛軍前自效，既而通受廣東經略使季陵招安。

37 己酉，金使李永壽、王翊入見。宰執分立御榻左右，工部尚書胡松年、假吏部侍郎王倫立于東朶殿，神武右軍都統制張俊、神武中軍統制楊沂中、帶御器械劉光烈、韓世良立于殿西壁，俊等皆裹巾、戎服、佩劍。永壽等先進書于殿下，見畢陞殿，傳語館伴使副趙子晝、楊應誠同上國書。匣乃朝廷自造，幣帛亦預蓄以待之。永壽請還劉豫之俘及西北士民之在西南者，且欲畫江以益劉豫。既退，命客省官賜酒食于殿門外，辭亦如之，其從者七人亦許至殿門，賜翊金帛皆如永壽之數。

殿中侍御史常同言：「先振國威，則和戰常在我；若一意議和，則和戰常在彼。靖康以來，分爲兩事，可爲鑒戒。」帝因從容語戒〔武〕備曰：「今養兵已二十萬有奇。」同曰：「未聞二十萬兵而畏人者也。」

38 是歲，金元帥右都監宗弼引軍攻和尙原，拔之。

時宣撫處置副使王似、盧法原同在閬中，乃命分陝、蜀之地，責守于諸將。自秦、鳳至洋州，以利路制置使兼本司都統制吳玠主之，屯仙人關；自金、房至巴、達，以鎭撫使兼本司參議同都統制王彥主之，屯達州；自文、龍至威、茂，以降授武略大夫、知綿州兼綿、威、茂州、石泉軍沿邊安撫使劉錡主之，屯巴西；自洮、岷至階、成，以熙河路馬步軍總管、統制熙秦軍馬關師古主之，屯武都。

先是金人決意入蜀，遂攻和尙原，統制吳璘以無糧不能守，拔寨棄去。

紹興四年 金天會十一年。（甲寅、一一三四）

1 春，正月，辛亥朔，帝在臨安。

2 乙卯，龍圖閣學士、樞密都承旨章誼爲大金軍前奉表通問使，給事中孫近副之。

時議和不定，乃遣誼等請還兩宮及河南地，命右文殿修撰王倫作書於金都元帥宗翰所親耶律紹文、高慶裔，且以資治通鑑、木棉、虔布、龍鳳茶遺之。

3戊午，知鼎州程昌寓遣統制官杜湛，與荆湖制置使王𤫉所留統制官王渥等共引兵擊楊太，己未，破其〔眞〕皮寨，獲其舟三十艘。湖中小寇始懼。

4先是金以韓企先爲尚書左丞相，召至上京，金主見之，驚異曰：「朕疇昔嘗夢此人，今果見之！」於是議定制度，損益舊章，企先博通經史，知前代故事，或因或革，咸取折衷焉。甲子，以改定制度宣示中外。

5丙寅，金主如東京。

6是日，金李永壽、王翊辭行，賜鞍馬器幣及其屬銀帛有差。翊日，永壽發臨安，詔通問使章誼等偕行。

7自張浚召還，而川陝宣撫處置副使王似、盧法原，人望素輕，頗不爲都統制吳玠所憚。帝聞之，己巳，賜三人璽書，略曰：「羊祜雖居大府，必任王濬以專征伐之圖；李愬雖立殊勳，必禮裴度以正尊卑之分。傳聞敵境尚列屯兵，宜益務于和衷，用力除于外患。」時玠爲檢校少保，位遇寖隆，故有是詔。

8癸酉，輔臣進呈張浚奏：「四川自七月以來，霖雨、地震，蓋名山大川久闕降香，乞製祝文付下。」帝曰：「霖雨、地震之災，豈非重兵久在蜀，調發供饋，椎膚剝髓，民怨所致，當修德撫民以應之，又何禱乎！」

9浚漕河，以漕運不通故也。詔：「役兵得遺物者，以十分之四給之；河中遺骸，聽僧徒收瘞，數滿二百，給度牒一道。」統用二浙廂軍四千餘人，月餘而畢。

10乙亥，徽猷閣待制、知鎮江府胡世將試尚書禮部（侍郎），祕書少監劉岑權刑部侍郎兼吏部侍郎，兼權禮部侍郎鄭滋改權刑部侍郎。

11降通山縣爲鎮。

12丁丑，召江西制置大使趙鼎赴行在，將以代席益也。鼎守洪都踰再歲，戢吏愛民，盜賊屏息，一方賴之。

13戊寅，臨安府火。

14是月，秦州觀察使、熙河蘭廓路馬步軍總管關師古叛，降僞齊。

時師古自武都率選鋒軍統制李進、前軍統制戴鉞求糧于僞地，襲大潭縣，掩骨谷城，叛將慕容洧拔寨遁去。師古深入至石要嶺，遇敵兵，與戰，大敗。師古旋師大潭，內懷慚懼，單騎降於豫。自此失洮、岷之地，但餘階、成而已。

15二月，辛巳朔，張浚至潭州。

時鼎寇楊太既爲官軍所敗，其黨漸散，賊防之甚嚴，隣居失覺者，其罪死；間有得達官地，保甲又利其財而殺之。知鼎州程昌寓，乃募人能降者與獲級同，故降者稍衆。浚至，遂留左朝散郎、權樞密院計議官馮檝爲荆湖撫諭，俾同安撫使折彥質措置招安。會岳州進士王朝倚在賊寨脫歸，自言知賊虛實，詔赴都堂審問。後數日，有旨令王瓔與彥質招安。然賊方恃水出沒，其所據北達公安，西及鼎、澧，東至岳陽，南抵長沙之界，春夏耕耘，秋冬攻掠，跳梁自如，未有降意也。

16 乙酉，簽書樞密院事徐俯兼權參知政事。

17 軍賊檀成犯長楊縣，荆南鎮撫使解潛遣統領官、秉義郎、閤門祗候胡免捕斬之。成本澧州官軍，後從雷進于慈利縣，忠翊郎、澧州沿邊都巡檢使雍從善嘗與成戰，成執而磔之，至是就戮。時羣盜田政自襄陽引兵破夷陵，潛命峽州統制、策應夔路軍馬王恪往擊之，斬其首。政，宜城人也。後贈從善三官，錄其家一人。

18 戊子，監察御史明橐宣諭嶺南還。橐出使一年三閱月，所按吏二十有七人，薦士朱敦儒等二十人。凡五使，所按吏總七十有九人，薦士五十有七人。而劉大中所劾多大吏；橐、朱異所舉多聞人。又，薛徽言銳于有爲，而橐、大中數言公私利弊，惟胡蒙奉承大臣風旨。

19 壬辰，工部尚書兼侍讀兼權吏部尚書胡松年試吏部尚書。

20 乙未，詔參知政事、同都督江、淮、荆、浙諸軍事孟庾赴行在，本府統制官姚端、李捧、王進，並以所部偕還；惟張雲屯平江，李貴屯建康如故。

21 丙申，試尙書吏部侍郎兼侍講兼直學士院陳與義移試禮部侍郎，胡世將權刑部侍郎，劉岑移吏部。與義以兼直院，故免劇曹。

22 辛丑，金左都監宗弼自寶雞侵仙人關。

先是金既得和尙原，利州路制置使吳玠度金人必深入，乃預治壘于關側，號殺金坪，嚴兵以待。玠弟秦鳳副都總管璘在階州，移書言：「殺金坪之地，去原尙遠，前陣散漫；宜益治第二隘，示必死戰，則可取勝。」至是宗弼果與其陝西經略使完顏杲，齊四川招撫使劉夔，率十萬騎並進，攻鐵山，鑿崖開道，趣仙人關；既至，據高嶺爲壁，循東嶺東下，直攻南軍。玠自以萬人當其前，璘率輕兵由七方關倍道而至，轉運凡七日，晝夜不息。統制官郭震爲宗弼所襲，破其寨，南軍累敗，玠斬震以徇，金人復攻之。

23 丙午，知樞密院事張浚至行在。

初，浚行至嚴州之新城，復上疏引咎求罷。殿中侍御史常同入對，論：「浚五年在外，誤國非一，用李允文、王以寧、傅雱諸人，爲荆湖害；以曲端、趙哲之良將，皆不得其死。以至擅造度牒，鑄印記，賜赦減降，出給封贈、磨勘綾紙之類，皆有不臣之迹。及被召，盡掠公私之財，選精兵自衞出蜀。雖膏斧鉞，不足以謝宗廟。若早正典刑，示天下不復用，則陝右之地，不勞師而自復矣。」

侍御史辛炳素憾浚，亦論浚誤國犯分：「富平之役，趙哲轉戰用命，勢力不敵而潰，浚乃誅哲，致其徒怨叛。又信王庶一言，殺曲端於獄中，端之部曲又皆叛去，其後日夜攻打川口，公行文檄求端於浚者是也。和尙原之戰，（王）萬年之功爲多，浚乃抑之，萬年怨憤叛去，與哲、端潰卒力窺川口，金人特因之耳。又用趙開營財利，行榷茶鹽及隔槽酒法，苛細特甚，內結人怨，西蜀之不亡者幸也。凡朝廷所除監司郡守至，輒不許上，必己所命乃得赴。張深以老乞退，則令五日一赴宣司治事，此例安出哉！甚者擅肆赦宥，一歲凡再，自古便宜未有如是之專者也。湖南、北非浚地分，乃遣李允文、王以寧，假以便宜，肆行生殺，遂亂兩路。敗事而歸，不自知罪，猶移文令葺治府第，浚謂樞廷之權爲己家物乎？既被召，盡刷四川之財以行，尙敢託言那撥隨軍錢物應副解潛、程昌寓，欲以要功，不知錢何所從出哉？沿路劄下荆、峽諸州，計置箭簳各數百萬；又言如難計置，卽具因依回報，是徒欲求進，不卹民力之困也。浚聞罷之始，則遷延不行，中則疑而有請，欲俟至潭州，道路無虞而後造朝，近又奏乞至衢州留數日修治器甲，今聞政府虛位，則至衢州一日而行，星夜兼程，不復留滯，何前緩而後急？」疏入，不報。

前一日，炳以急速請對，論：「浚爲黃潛善所知，自興元曹官一二年間引爲侍從。及金人有窺江南意，乃避禍遠去，引一時小人如劉子羽、程唐輩誅求聚斂，四川騷然。陛下初許浚便宜黜陟，蓋以軍事在遠，不欲從中制也。浚輒立招賢館，有視龍圖閣之命，以孺人封號封參議官之妾。陛下常遣中使撫問，浚乃與之加秩，勞其遠來，其狂悖甚矣。陛下遣郎官持節召之，浚乃偃蹇遷延，既到鼎、澧間，擅差撫諭官騷擾州縣。所爲一至於此，望賜罷黜，明正典刑，以爲人臣跋扈之戒。」

浚至行在，詔浚隨行軍馬盡付神武中軍統制楊沂中，遂行錢物隸內藏爲封樁激賞庫。浚既見，遂赴樞密院治事。

24 三月，辛亥朔，川陝宣撫使〔司〕都統制吳玠敗金人于仙人關。

初，金右都監宗弼連戰未決，玠遙與宗弼相見。宗弼遣人謂曰：「趙氏已衰，不可扶持，公來，當擇善地百里而王之。」玠謝曰：「已事趙氏，不敢有貳。」

金人遣生兵萬餘擊玠營之左，玠分兵擊卻之，敵怒，擁衆乘城。玠遣統制官楊政以刀槍手深入，統制官吳璘以刀畫地，謂諸將曰：「死則死此，敢退者斬！」金人分爲二陣，宗弼陣于東，將軍韓常陣于西，南軍苦戰久，遂退屯第二隘。時軍中頗有異議，欲別擇形勝以守，璘曰：「方交而退，是不戰而卻也。吾度此敵走不久矣。」政亦言于玠曰：「此地爲蜀扼塞，死不可失，當守以強弩，彼不敢捨此而攻關。」玠從之。

金人進攻第二隘，人被兩鎧，鐵刃相連，魚貫而上，璘督士死戰，矢下如雨，金兵死者復踐而登。完顏杲駐馬四視久之，曰：「吾得之矣！」翼日，命諸軍併力攻營之西北樓，統領官隴干姚仲登樓死戰，樓已欹，仲以帛爲繩，曳使復正；金人以火焚樓柱，仲取酒滅之。玠又遣政與統領官田晟以銳兵持強力（長刀）大斧擊其左右，夜，布火四山，大震鼓隨之。壬子夜，壘中大出兵，遣右軍統領王慶及王武等諸將分紫白旗入金營，金兵驚潰，將軍韓常射損左目，敵不能支，遂引兵宵遁。右軍統制張彥劫橫山寨，斬千餘級。玠遣統制官王浚設伏河池，扼其歸路，又敗之。

是舉也，金人決意入蜀，自完顏杲已下，皆盡室以來；既不得志，遂還鳳翔，授甲士田，爲久留計，自是不復圖蜀矣。

金人之始入也，玠檄召金房鎭撫使王彥、熙河路總管關師古來援；師古已叛，彥亦不至，獨綿、威、茂、石泉軍安撫使劉錡以所部會之。玠聞師古叛，幷其軍麾下，厚資給焉，由是玠軍益以精強。

25 戊午，端明殿學士、江南西路制置大使趙鼎參知政事。時鼎已召未至。

26 壬戌，參知政事、同都督江、淮、荆、浙諸軍事孟庾自鎭江至行在。

27 癸亥，侍御史辛炳試御史中丞，中書舍人唐煇試左諫議大夫。

28 禮部侍郎兼侍講、權學士院陳與義言：「明堂之禮，有漢武汾上之制，紹興元年，實已行之。若再舉而行，適宜于今事，無戾于古典。」太常丞詹公薦、博士劉登亦言：「古人巡幸，自非封禪告成，未有行郊祀者。今歲若且祀明堂，實得權時之義。但紹興元年，止設天地祖宗四位，不嘗設皇祐百神。議者疑郊與明堂當間舉。」帝乃命有司條具明堂典禮以聞。

[29]乙丑，檢校少保、奉國軍節度使、知樞密院事張浚罷，爲資政殿大學士、左通奉大夫、提舉臨安府洞霄宮。

時辛炳、常同論浚不已，帝未聽。二人因錄所上四章申浚，浚懼，即移疾待罪，且以呂頤浩在相位時書進呈，帝乃釋然。炳又言：「前此人臣，未有如浚之跋扈僭擬、專恣誤國、欺君慢上者，浚兼有衆惡，望早賜竄黜。」同亦論奏如炳言，故浚遂罷。未幾，謫福州居住。

[30]癸酉，龍圖閣直學士、知湖州汪藻上所編元符庚辰以來詔旨二百卷，詔送史館。

[31]夏，四月，庚辰朔，制授吳玠定國軍節度使、州〔川〕陝宣撫副使。玠因除宣副，遂移鎮、加恩，帝賜以所御戰袍、器甲，且賜親筆曰：「朕恨阻遠，不得拊卿之背也！」

玠素不爲威儀，既除宣撫副使，簡易如故。常負手步出，與軍士立語，幕客請曰：「今大敵不遠，安知無刺客！萬一或有意外，豈不上負朝廷委任之意，下孤軍民之望哉！」玠謝曰：「誠如君言。然玠意不在此。國家不知玠之不肖，使爲宣撫，恐軍民之間有冤抑無告者，爲門吏所隔，無由自達耳。」幕客乃服。

32 癸未，寶文閣直學士、宣撫處置使參議官劉子羽，責授單州團練副使、白州安置；寶文閣學士、宣撫處置使參議官程唐，落職，提舉江州太平觀，本州居住。

33 丙戌，吳玠與金人戰，敗之，遂復鳳、秦、隴州。

34 戊子，神武左副軍統制李橫，以襄陽失守，于國門待罪，詔放罪。橫與蔡、唐州、信陽軍鎮撫使牛皋、商、虢州鎮撫使董先，自南昌隨趙鼎赴行在，詔以其軍萬五千人屬神武右軍都統制張俊。皋見帝，因陳劉豫必滅之理，中原可復之計，乃命皋復往江州，聽岳飛節制。

35 庚寅，置孳生牧馬監于臨安府。

36 庚子，詔江東宣撫使劉光世遣兵巡邊。

初，襄陽既爲僞齊將李成所據，川、陝路絕，湖、湘之民亦不奠居。朱勝非言：「襄陽上流，襟帶吳、蜀，我若得之，進則可以蹙賊，退則可以保境。今陷于寇，所當先取。」帝曰：「今便可議，就委岳飛何如？」參知政事趙鼎曰：「知上流利害，無如飛者。」鼎因奏令淮東宣撫使韓世忠以萬人屯泗上爲疑兵；令光世選精兵出陳、蔡，庶幾兵勢相接。

37 癸卯，諫議大夫唐煇言：「伏見川陝宣撫司捷奏再至，謂敵兵盡去。臣竊思金人之來，擁衆十餘萬，是欲必得四川。然則方遣使議和而進兵攻取，此其素謀久矣。李成之在襄陽，蓋與川、陝之師相表裏，今不得志於川、陝，必與李成合兵，或侵荆南，或窺淮甸，必不肯一戰遂已。望申敕諸帥，整軍旅，遠斥堠，備禦加嚴，則爲盡善。廟堂于上流及淮甸，宜講求所以戰守之策，尤不可緩。」乃命三省、樞密院講求戰守之策，仍劄沿江諸帥嚴加備禦。

38 丁未，以忠銳第一將隸神武軍。初，崔增從荆南制置使王𤫙討楊么，遇賊，戰死，𤫙因請其軍自隸，許之。

39 是月，金主至自東京。

40 五月，辛亥，直龍圖閣、知建康府呂祉乞存舊行宮以爲便殿，許之。

41 御史中丞辛炳言：「竊見祖宗朝宰相執政，員數稍多，每有所施設，必都堂聚議，參訂可否而行之。故仁宗皇帝時，雖有西夏元昊之叛，而晏然若無事者，以韓琦、范仲淹輩同心協濟也。臣得諸搢紳之間，咸謂頃者駐蹕會稽，猶聞大臣每日會議，至三至四。自呂頤浩再相，專權自私，會食外往往各於閣子押文字，雖軍旅之事，差除之屬，亦有不同相關決者。陛下遭時多艱，四方未靖，一日二日萬幾，盡以付之二三大臣，間有橫議害政者，不旋踵而逐去之，政欲廟堂之上同寅協恭，可否相濟，以贊中興之業也。願詔大臣上體宵旰之意，每一號令之出，一政事之施，人材之進退，賞罰之勸懲，凡有涉於利害者，必商榷參訂，審得其當，然後言于陛下而行之，盡復昔時會議故事，以踵前古都俞之風。僉論既諧，宜無乖謬。

茲事體大，惟陛下留意。」壬子，詔劄與三省、樞院。

42 川陝宣撫司奏敵兵自鳳翔退走，詔劄與沿江諸帥、神武諸軍，仍出榜曉諭。

43 甲寅，江西制置使岳飛復郢州。

初，飛既出師，詔淮西宣撫使劉光世發精兵萬餘人援之。飛率統制官王萬等自鄂渚趨襄陽，右僕射朱勝非許迄事建節，且命戶部員外郎沈昭遠往總軍餉。參知政事趙鼎，請帝親筆詔監司、帥守餉飛軍無闕。飛將發，命軍士毋得殘民，禾稼皆秋毫不敢犯。遂引兵攻襄陽，軍聲大振。

44 乙卯，詔：「荆、浙、江、湖通接邊報州軍，並置撥鋪，每二十里爲一鋪，增遞卒五人，日增給食錢，月一更替。文書稽違，如傳送金字牌法抵罪。提舉官常切檢點。」

45 辛酉，淮東宣撫使韓世忠奏，本軍統兵官武功大夫、貴州刺史劉光弼乞陞差，帝謂輔臣曰：「光弼必光世之家，茲事未便，恐光世疑也。」

世忠與光世交惡不已；至是世忠自揚州入朝，殿中侍御史常同言：「二臣蒙陛下厚恩，若不協心報國，一旦有急，其肯相援！望分是非，正典刑，以振紀綱。」帝以章示二人。他日，帶御器械劉光烈召帶御器械韓世良食，世良拒之，世忠見帝，因及其事，帝曰：「世良等內諸司耳，設有不和，罷其一可也。至如大將，國家利害所係，漢賈復、寇恂以私憤幾欲交兵，光武一言分之，卽結友而去。卿與光世不睦，議者皆謂朝廷失駕馭之術，朕甚愧之。」世忠頓首請罪，曰：「敢不奉詔。他日見光世，當負荆以謝。」帝以其語諭輔臣，然二人卒不解。於是光弼更領夔州路兵馬都監兼知黔州，仍舊從軍。

46 甲子，參知政事孟庾兼權樞密院事。

47 甲戌，國子監丞王普上明堂典禮未正者十二事：其二，先薦牛，後羊豕；其三，尊罍之數；其四，升祠祭法酒於內法酒之上；其六，禮官冕服，舊自七旒以下，凡三等，今增爲四等；其七，皇帝未後詣齋室，非三日齋之義，請改用質明；其八，行事官致祭，勿給酒；其九，以侍中、中書令等侍立待閤門官；其十，設席，升煙，奠册，勿以散吏；其十一，樂曲先製譜，後撰詞，非是，請倚詞製譜；其十二，皇帝還位，當歌大呂以易黃鍾；皆從之。其一，請以玉爵易陶匏；其五，言三禮圖祭器制度不合古，請用政和新禮改造；皆未克行也。

48 詔：「神武右軍選精銳軍馬三千人戍虔州，專一措置虔、吉一帶盜賊，權聽江西帥司節制。」先是岳飛出師，已破賊首鍾十四等十餘寨，至是其徒周十隆等出沒未已，遂命將官趙祥、李昇以所部往討之。

49 是月，江南西路、舒、蘄、黃、復州、漢陽軍、德安府制置使岳飛引兵復襄陽府。初，僞齊將李成聞郢州失守，乃棄襄陽去，飛進軍據守，遂復唐州。

50 六月，乙未，給事中胡交修試尚書刑部侍郎。

51 太白晝見，經天。

52 戊戌，詔：「神武軍、神武副軍統制、統領官並隸樞密院。」

53 辛丑，詔：「祖宗正史、實錄、寶訓、會要，令史館各抄二本，一進入，一付祕閣。」

54 丙午，帝謂執政曰：「岳飛已復襄、郢，尼瑪哈（舊作粘沒喝。）聞之必怒。況今正是六月七〔下〕旬，便可講究防秋，儻敵人尚敢南來，朕當親帥諸軍迎敵。若復遠避爲泛海計，何以立國耶！」

55 權尚書吏部侍郎劉岑改戶部。

56 是月，江西制置使岳飛復隨州。

初，飛令前軍統制張憲引兵攻隨州，月餘不能下。神武後軍中部統領兼統〔制〕置司中軍統制牛皋請行，乃裹三日糧往，衆皆笑之，糧未盡而城拔，生執其知州王嵩送襄陽府，磔于市。飛之復襄、郢也，選鋒軍統制董先頗有功。先、皋皆久在京西，故飛以爲將。

57 熒惑犯南斗。

58 是夏，金都元帥宗翰、右監軍希尹自雲中之白水泊，左副元帥宗輔自燕山之望國崖，左監軍昌自祁州之麻田大嶺避暑。宗翰、希尹尋入見金主，右都監宗弼自鳳翔還燕山府，率宗輔往會之。遷西京樞密院于歸化州。

先是劉豫移書於金元帥府曰：「徐文一行久在海中，盡知江南利害。文言：『宋主在杭州，其候潮門外錢塘江內有船二百，宋主初走入海時於此上船。過錢塘江，別有河入越州，向明州定海口迤邐前去爲昌國縣，其縣在海中，宋人聚船積糧之所。今大軍可先往昌國攻取船糧，還趨明州城下奪取宋主御船，直抵錢塘江口。今自密州上船，如風勢順，五日夜可抵昌國；或風勢稍緩，十日或半月即可至矣。』」至是，諸將會議，宗翰堅執以爲可伐，宗弼曰：「江南卑濕，今士馬困憊，糧儲未豐，恐無成功。」宗翰曰：「都監務偷安爾！」宗輔亦謂豫所言不可行。後迄如宗弼言。

續資治通鑑卷第一百十四

賜進士及第兵部尚書兼都察院右都御史總督湖北湖南等處地方軍務兼理糧餉世襲二等輕車都尉　畢　沅　編集

宋紀一百十四 起閼逢攝提格（甲寅）七月，盡十二月，凡六月。

高宗受命中興全功至德聖神武文昭仁憲孝皇帝

紹興四年 金天會十二年。（甲寅、一一三四）

1 秋，七月，戊申朔，吏部尚書兼侍講胡松年充端明殿學士、簽書樞密院事。

2 徽猷閣待制、知臨安府梁汝嘉試尚書戶部侍郎兼知臨安府。

3 己酉，龍圖閣學士、知鎮江府沈與求復爲吏部尚書。

4 建昌軍亂，殺知軍事、左朝請郎劉滂。

建昌兵素驕，邀取無藝，滂以法裁之。及是市肆聚博，羣卒掠取不從，遂毁撤其肆，毆傷其人，滂杖而責償之，衆憤。兵馬監押沈敦智，以俸緡代償，且以言激衆，軍士修達、饒青等相與作亂，殺滂及其家，通判軍事張棫、判官趙不停皆死。賊遂脅寓居左中大夫、提舉亳州明道宫張義叔權軍事，盡刺強壯爲兵，欲縱掠傍郡，義叔諭止之，乃嬰城自守。

滂，東陽人，嘗爲太常博士，用近臣詹義、汪藻、李公彥薦，守建昌軍，及是遇害。

5 癸丑，水賊楊欽攻鼎州杜木寨，破之。

時折彥質自湖南報制置使王𤫉，以爲賊三不可招。𤫉乃遣兵踐其禾稼，賊乘大水攻寨，破之。中訓郎、鼎州遊奕將許筌爲所殺，官軍死者不可勝數，賊愈增氣。

6 乙卯，祠部員外郎范同言：「師克在和。大抵剛果豪健之士，以氣相高，始由小嫌，寖成大釁。然古之賢將，急公家，棄私讐，捨怨忘憤，終成令名者，蓋不乏人。陛下拔用才傑，禮遇勳賢，備極榮寵，固將憑藉忠力，掃除腥穢，一清寰宇，恢復祖宗之業。而道途竊議，以爲將帥忘輯睦之義，記纖介之怨，或享高位而忌嫉軋己，或恃勳勞而排抑新進。審如是，他日必有重貽聖慮者。欲望明示至意，及其細微，易於改圖，使之視春秋諸卿以爲戒，追漢、唐名將而踵其跡，豈惟社稷是賴，而勳名寵位，尤享始終，亦陛下保全之德也。」詔劄與諸將帥。先是劉光世、韓世忠久不協，而岳飛自列校拔起，頗爲世忠與張俊所忌，故同及之。

7 甲子，江西、安、復等州制置使岳飛復鄧州。

時李成既遁去，與金、齊合兵，屯鄧州之西北。飛遣統制官王貴出光化，張憲出橫林，前二日至城下。成兵來戰，統制官董先出奇要擊，大敗之。成黨高仲入城據守，將士蟻附而上，遂克之。飛移屯德安府。

8 丙寅，神武右軍統領官趙詳等引兵入建昌軍，執叛兵，誅之。

先是朝廷命詳自虔州進兵，而江西制置使胡世將亦遣左朝請大夫·本司參議官侯懿、中軍統領官邱贇與之會。前一日，懿等至城下，權軍事、左中大夫張羲叔遣叛兵劉淨等就招。翼日，軍中脅從者六百餘人解甲出城，其首謀猶不出。懿等縱兵入城，賊敗走，追殺五百餘人；時降者尚懷反側，懿盡誅之。既而羲叔待罪於朝，士民言其有撫定之勞，乃詔放罪。於是叛兵所掠金帛子女，多爲懿所取而去。

9 辛未，龍圖閣學士·樞密都承旨章誼、給事中孫近使金國還，入見。

初，誼等至雲中，與都元帥宗翰、右監軍希尹論事，不少屈。金人諭令亟還，誼等曰：「萬里銜命，兼迎兩宮，必須得請。」乃令金吾衞上將軍蕭慶受書。

初，誼等之行，論李永壽所需三事，金人互有可否，獨畫疆一事未定。而宗翰答書，又約以淮南毋得屯駐軍馬，蓋欲畫疆以益劉豫也。

誼等還，至睢陽，爲豫所留，以計得免。帝嘉勞久之。

乙亥，龍圖閣學士、樞密都承旨章誼試刑部尚書，給事中孫近試尚書吏部侍郎兼直學士院。

10 執政進呈趙詳已平建昌叛兵，帝曰：「官兵旣入城，寧免玉石俱焚？」趙鼎進曰：「未必敢肆殺戮，恐須劫掠耳。」帝愀然不悅曰：「斯民無辜，遽遭此禍，其令有司優恤之。」

11 丁丑，劉豫聞岳飛復襄陽，遣使乞師於金主以求入寇，金主以方遣韓肖胄、章誼來聘，未可起兵。齊奉儀郎羅誘上南征議於豫，豫大悅，以誘爲行軍謀主。

是月，豫調登、萊、沂、密、海五郡軍民之兵二萬人，屯密之膠西縣，集民間之舟大小五百，裝爲戰艦，以其閤門宣贊舍人、知密州劉某充都統領，叛將徐文爲前軍，聲言欲襲定海縣。

12 八月，戊寅朔，宗正少卿兼直史館范沖入見。帝云：「以史事召卿。兩朝大典，皆爲姦臣所壞，若此時更不修定，異時何以得本末！」沖因論熙寧創制，元祐復古，紹聖以降，弛張不一，本末先後，各有所因，不可不深究而詳論。帝云：「如何？」對曰：「臣聞萬世無弊者道也，隨時損益者事也。祖宗之法，誠有弊處，但當補緝，不可變更。仁宗時，大臣如呂夷簡之徒，持之甚堅，范仲淹等初不然之，議論不合，遂攻夷簡，仲淹坐此遷謫。及仲淹執政，猶欲伸前志，久而自知其不可行，遂已。王安石自任己見，盡變祖宗法度，上誤神宗，天下之亂，實兆於此。」帝曰：「極是。朕最愛元祐。」帝又論史事，沖對：「先臣修神宗實錄，大意止是盡書王安石過失，以明非神宗之意。其後蔡卞怨書其妻父事，遂言哲宗紹述神宗，其實乃蔡卞紹述王安石也。至哲宗實錄，亦聞盡出姦臣私意。」帝曰：「皆是私意。」沖對：「未論其他，當先明宣仁聖烈誣謗。」帝曰：「正當辨此事。本朝母后皆賢，前世莫及。道君皇帝聖性高明，乃爲蔡京等所悞。當時蔡京外引小人，內結閹官，作奇伎淫巧以惑上心，所謂逢君之惡。」沖對：「道君皇帝止緣京等以紹述二字劫持，不得已而從之。」帝曰：「人君之孝，不在如此，當以安社稷爲孝之大。」帝又論王安石之姦曰：「至今猶有說安石是者。近日有人要行安石法度，不知人情何故直至如此！」沖對曰：「昔程頤嘗問臣，『安石爲害於天下者何事？』臣對以新法。頤曰：『不然。新法之爲害未爲甚，有一人能改之卽已矣。安石心術不正爲最大。蓋已壞天下人心術，將不可變。』臣初未以爲然。其後乃知安石順其利欲之心，使人迷其常性，久而不知自此，所謂壞天下人心術。」帝曰：「安石至今豈可尙存王爵！」

13庚辰，御札：「參知政事趙鼎知樞密院事、充川陝宣撫處置使。」戊子，趙鼎改都督川、陝、荆、襄諸軍事。先是鼎因奏事言：「臣今於所行，與吳玠爲同事，或當節制之邪？」帝悟，故有是命。

己丑，趙鼎開都督府治事。鼎奏以祕書省正字楊晨、樞密院編修霍蠡、太府寺丞王良存並充幹辦公事，從之。

14辛卯，殿中侍御史張致遠言：「廣東循、惠、韶、連數州，與郴、虔接壤，自鄰國深入，殘破無餘。今則郴寇未殘，韶、連疲於守禦，而廣州之觀音，惠州之河源，循州之興寧，千百爲羣，緋綠異服，橫行肆掠，以衆爲強。吳錫旣還，湖南韓京素稱怯弱，海荒迴遠，奏報稽時。臣聞朝廷遣趙詳一軍招捕虔寇，因降德音，開其自新之路。廣東與虔，犬牙錯境，今號魁首，多是虔人。願推廣於天恩，以撫綏於遐域，令祥〔詳〕與京相爲聲援，諭虔守與廣東帥審處事宜，得強梗而必誅，貸脅從而罔治，乘此軍力，悉務討平。仍嚴養寇之刑，雖去官不宥；大革相聚之弊，每先事而圖。非惟良民不陷於非辜，庶幾陛下得行於仁政。」從之。

15 乙未，左宣教郎、守尚書吏部員外部〔郎〕魏良臣爲左朝散郎、充大金國軍前奉表通問使，武德郎、閤門宣贊舍人王繪爲武顯大夫副之，仍命良臣假工部侍郎，繪假右武大夫、果州團練使。

16 詔以餘杭縣南上下湖地置孳生牧馬監，命臨安府守臣兼提舉。每馬五百匹爲一監，牡一而牝四之，歲產駒三分斃一上下，皆有賞罰。

17 丙申，詔追王安石舒王告。

18 己亥，虔州興國縣南木寨周十隆等千六百人奉德音出降，江西制置司統領官毛佐、王贇、趙恕往受之。未成，官軍掠其婦女；十隆懼，復與其徒奔突水南而去，遂掠汀、循諸州。

19 辛丑，給事中唐煇試尚書禮部侍郎，仍兼侍郎讀（校者按：二字衍。）講。

20壬寅，神武後軍統制、充江南西路·荆南制置使岳飛爲清遠軍節度使、湖北路荆·襄·潭州制置使。

先是神武前軍統制王𤫉，在湖北連年，不能討賊。會岳飛復襄陽賞功，樞密院因言：「楊太等作過日久，先因張浚奏乞招安，特與放罪，許令出首；而遷延累月，終無悛心，理難容貸。𤫉出師踰歲，不能成功，與潭、鼎帥守每事忿爭，不務協心，致一方受弊。」乃詔專委飛措畫討捕，仍令知鼎州程昌寓自上流進兵，湖南制置大使司遣馬準、步諒兩軍聽昌寓節制，荆南鎭撫使解潛亦遣兵船約期進討；命𤫉將所部還江州。飛時年三十二，自渡江後，諸將建節，未有如飛之年少者。

21戶部侍郎兼權臨安府梁汝嘉奏：「明堂行禮殿成，乞提領官以次推賞。」帝曰：「朕愛惜名器以待戰士，土木之功，豈當轉官！但可等第支賞耳。」

22九月，丁未朔，直徽猷閣、主管臨安府洞霄宮富讙爲江南西路轉運副使，應副岳飛大軍錢糧。

23己酉，左中奉大夫、知開州耿自求爲川、陝、荆、襄都督府隨軍轉運副使，趙鼎所辟也。

24荆南制置司統制官王𤫉，以所部叛於鼎州之城外，西奔桃源縣，庚戌，縣寨統制官李皋遣小將龔亨率鄉兵擊敗之。制置使王𤫉遣兵追至桃源，而𤫉已死，乃責皋取敗兵器甲，皋復責亨，亨亦隨叛。會璆聞罷命，而知鼎州程昌寓念亨屢充選鋒，勇而敢戰，作手書招之，亨即復歸。於是知鄂州程千秋遣準備使喚李寶入周倫寨，招安以歸，詔以寶爲進義副尉。昌寓又乞選辰、沅、靖州峒丁牌弩手三百人相兼使喚，從之。

25 庚申，命象州防禦使士街朝享太廟神主於溫州。

26 辛酉，合祀天地於明堂。起復尚書右僕射朱勝非爲大禮使，惟不入殿門，他職如故。

初，紹興宗祀止設天地祖宗四位，至是始設從祀神位四百四十三，用祭器七千五百七十一，祭〔登〕歌樂四十，祭服六十三，玉十，犢四，羊、豕各二十有二，分獻官五十八，奉禮郎四，樂舞工共二百八十七，而五帝、神州地祇，帝不親獻，用崇寧禮也。始議設從祀諸神七百十一位，會議者請裁省，而禮官言：「十二階三百六十位無神名，請每階各設三十五位，每羊豕各二，正備一副，登歌之樂通作宮架之曲。」皆許之。又以祭玉不備，請除蒼璧、黃琮外，依天聖故事用珉。既而得玉甚美，然尺寸不及禮經，乃命隨宜製造。言者請如祖宗故事，權御臺門肆（赦）。議裁省者，以爲宮門地隘，儀衛不能容，乃止。宣赦於常御殿前，三衞班直、宿衞忠佐·忠銳將兵、神武右軍、中軍七萬二千八百餘人，共支錢二百三十一萬餘緡。劉光世、韓世忠、岳飛、王璆四軍，十二萬一千六百餘人，共支錢二十八萬餘緡。合內外諸軍，二百五十九萬餘緡，視元年明堂增支九十四萬餘緡。而宰執、百官諸司給賜，以軍興權住。禮畢，大赦天下。

27乙丑，詔：「三省、樞密院錄黃、畫黃，並依祖宗條例施行。」先是侍御史魏矼言：「國家法度森嚴，講若畫一。凡成命之出，必先錄黃；其過兩省，則給、舍得以封駁；其下所屬，則臺諫得以論列；已而傳之邸報，雖遐方僻邑，莫不如家至戶曉；此萬世良法也。臣竊聞近世三省、樞密院，間有不用錄黃而直降指揮者，亦有雖畫黃而不下部者，紀綱弛廢，莫此爲甚。欲望特詔三省、樞密院，常切遵守舊典，以示至公。自古遇兩院御史詣省院檢察日，除實係機密邊事外，悉令取索點檢，如有違戾，即具彈奏。自古人臣弄權罔上，固自有術，防微杜漸，得不慎哉！惟陛下留神省察。」故有是旨。

28吏部員外郎魏良臣，閤門宣贊舍人王繪，辭往金國軍前通問。帝曰：「卿等此行，不須與人計較言語，卑詞厚禮，歲幣、歲貢之類不須較。見尼瑪哈，（舊作粘沒喝。）可爲言宇文虛中久在金國，其父母老，日望其歸，令早放還。又言襄陽諸郡皆故地，因李成侵犯不已，遂命岳飛收復。」良臣等出，遇神武右軍都統制張俊來白事，俊爲二人言：「有探報，金人大舉，今過南京。」良臣等乞再對，不報。

29初，劉豫既納其臣羅誘南征議，乃遣知樞密院事盧偉卿見金主，具言：「宋人自大梁五遷，皆失其土。若假兵五萬下兩淮，南逐五百里，則吳、越又將棄而失之，貨財子女，不求自得。然後擇金國賢王或有德者立爲淮王，王盱眙，使山東脣齒之勢成，晏然無南顧之患，則兩河自定矣。青、冀之地，古稱上土，耕桑以時，富庶可待，則宋之微賂，又何足較其得失！」金主命諸將議之。旋以宗輔權左副元帥，右監軍昌權右副元帥，調兵五萬人以應豫。又以右都監宗弼嘗過江，知地險易，使將前軍。宗輔下令：「燕、雲諸路漢軍，並令親行，毋得募人充役。」

豫遂命其子僞諸路大總管、尙書左丞相梁國公麟領東西道行臺尙書令，合兵南侵。始議自順昌趨合淝，攻歷陽，由采石以濟。簽軍都制置使李成謂：「簽民兵盡，除山東餉道遼遠，又慮岳飛之軍自襄陽出攻其背，不如沿汴直犯泗州，渡淮，以大軍扼盱眙，據其津要，分兵下滁、和、揚州，大治舟楫，西自采石以攻金陵，南自瓜洲以攻京口，仍分兵東下，掠海、楚之糧，庶爲大利。」於是騎兵自泗攻滁，步兵自楚攻承。

諜報至，舉朝震恐。或勸帝他幸，議散百司，趙鼎獨曰：「戰而不捷，去未晚也。」帝用鼎計。

侍御史魏矼嘗言：「陛下宵衣旰食，將大有爲，而所任一相，未聞有所施設，惟知今日勘當，明日看詳，今日進呈一二細事，明日啓擬一二故人，政務山積於上，賢能陸沈於下，方且月一求去，徒爲紛擾，宜亟從所請以慰公議。」先是右僕射朱勝非，因久雨乞行策免故事以消天變，又以餘服爲請；章十二上，帝許以俟總章禮畢如所請，且有保全舊臣之諭。至是祀明堂已畢，勝非復求去，且論當罷者十一事，砥亦疏勝非五罪，由是得請。

當鼎之爲參預也，嘗與諸將論防秋大計，獨張俊曰：「避將何之？惟向前一步庶可脫。當聚天下兵守平江，俟賊退徐爲之計。」鼎曰：「公言避非策，是也；以天下之兵守一州之地，非也；公但堅向前之議足矣。」鼎蓋陰有所處，故每日留身陳用兵大計，帝意悟，又俊密使〔密使俊〕爲之助。至是決意親征，留鼎不遣入蜀，鼎奏用十月七日西行，許之。然帝方向鼎，已有命相之意矣。

30 戊辰，龍圖閣學士、知靜江府折彥質充川、陝、荆、襄都督府參謀官，不許辭避，用趙鼎奏也。

31 庚午，起復左宣奉大夫、守尙書左僕射、同中書門下平章事兼知樞密院事、監修國史朱勝非，解官持餘服，從所請也。

32 左宣教郎、主管江州太平觀朱震守尙書祠部員外郎兼川、陝、荆、襄都督府（詳議官）。

33 辛未，金人及劉豫之兵分道渡淮。壬申，知楚州、武功大夫、和州防禦使樊序棄城去，淮東宣撫使韓世忠自承州退保鎭江府。

34 癸酉，左中大夫、知樞密院事、都督川、陝、荆、襄諸軍事趙鼎爲左通議大夫、守尙書左僕射、同中書門下平章事兼知樞密院事。

初，鼎奏稟朝辭，帝曰：「卿豈可遠去！當相卿，付以今日大計。」制下，朝士動色相慶。

35甲戌，吏部尚書兼權翰林學士兼侍讀沈與求爲參知政事。

36冬，十月，丙子朔，淮東宣撫使韓世忠奏金及劉豫之兵攻承州、楚州。帝謂輔臣曰：「朕爲二聖在遠，生靈久罹塗炭，屈己請和，而金復用兵，朕當親總六軍，臨江決戰。」趙鼎曰：「累年退避，敵情益驕。今親征出于聖斷，武將奮勇，決可成功。臣等願效區區，亦以圖報。」遂詔神武右軍都統制張俊以所部往援世忠，又令淮西宣撫使劉光世移軍建康，車駕定日起發。

37丁丑，參知政事孟庾爲行宮留守，從權措置百司軍〔事〕務，仍鑄印以賜。庾請即尚書省置司，行移如本省體式，合行事從權便宜施（行），置降賜激賞公使庫如都督府例。又請秘書省、史館書籍，三省、樞密院諸部案牘，各差本司官一員，於深僻處收寄；大理寺、官告、審院、左藏、東西交引、度牒庫、南北庫、都茶、草料場官吏並留；太常、司農、太府寺、將作、軍器監、進奏、文思院、雜買務並量行存留；宗正寺、國子監、敕令所、大宗正司、雜賣場，並令從便。庾又請留臺官一員以警違慢，皆許之。庾乞輟留精兵三千人，分擘使喚，乃命留神武中軍五百人及統制官王進一軍，又令殿前馬步軍司及忠銳第五將、臨安府將兵皆聽庾節制。

38戊寅，洪州觀察使、權知濮安懿王國令士從乞徙神主、神貌往穩便州軍安奉，從之。於是觀〔親〕賢宅宗子，紹興府大宗正司，皆從便避兵矣。

39己卯，太尉、定江·昭慶軍節度使、神武右軍(都)統制張俊爲浙西、江東宣撫使。淮東宣撫使韓世忠以所部至自鎭江，復如揚州。初，帝聞金兵渡淮，再以札賜世忠，略曰：「今敵氣正銳，又皆小舟輕捷，可以橫江徑渡浙西，趨行朝無數舍之遠，朕甚憂之。建康諸渡，舊爲敵衝，萬一透漏，存亡所係。朕雖不德，無以君國子民；而祖宗德澤猶在人心，所宜深念累世涵養之恩，永垂千載忠誼之烈。」世忠讀詔感泣，遂進屯揚州。

初，金兵渡淮，探者未得其實，以爲來兵甚少。趙鼎曰：「金人前入我境，乃以我爲敵國也，故縱兵四掠，其鋒可畏。今行劉豫之境，猶卽其國中也，故按隊徐行，不作虛聲，然亦不足深畏。」

40庚辰，左朝請郎、主管江州太平觀范振添差江南東路轉運判官，右朝散大夫逄汝霖添差江南西路轉運判官，應辦移屯大軍事務。

41癸未，左通奉大夫、福州居住張浚爲資政殿學士、提舉萬壽觀兼侍讀，不許辭免，日下起發。趙鼎言：「浚可當大事，顧今執政無如浚者，陛下若不終棄，必於此時用之。」故有是命。

42 詔沿海制置使郭仲荀兼總領海船。

43 丙戌，詔遣簽書樞密院事胡松年先往鎭江、建康府，與諸將會議進兵，因以覘敵情。帝曰：「先遣大臣，諭以朕意，庶幾諸將賈勇爭先。」沈與求曰：「眞宗澶淵之役，先遣陳堯叟，此故事也。」

詔：「常程事並權住，俟過防秋取旨。」

44 殿中侍御史張致遠言：「車駕總師臨江，乞速降黃榜，須〔預〕行約束，每事務在簡省，稍有配率，許人陳告；仍委侍從、臺諫官覺察彈劾。」從之。

45 詔刑部尚書章誼、吏部侍郎兼直學士院孫近、戶部侍郎劉岑、中書舍人王居正、右司諫趙霈、殿中侍御史張致遠、右司員外郎王縡、樞密院檢詳諸房文字陳昂、吏部郎官汪思溫、度支郎官李元瀹及諸司局官，並令扈從。吏部侍郎鄭滋、禮部侍郎唐煇、刑部侍郎胡交修、起居舍人劉大中、監察御史張絢並留臨安府。於是臺臣檢正、都司郎官，或往軍前，或押案牘往傍郡收寄，在臨安府纔十餘人而已。

46 丁亥，降授右武大夫、和州防禦使馬擴復拱衞大夫、明州觀察使、充樞密院都承旨。擴入對，遂有是命。

翊日，趙鼎奏：「陛下用人如此，何患不得其死力！」帝曰：「擴知兵法，有謀略，不止於闒將而已。」孟庾因奏以擴兼留守司參議官。

47 戊子，胡松年辭行。

48 時淮西宣撫使劉光世密遣屬官告趙鼎曰：「相公本入蜀，有警乃留，何故與他人負許大事？」鼎恐帝意移，復乘間言：「今日之勢，若敵兵渡江，恐其別有措置，不如向時尚有復振之理。戰固危道，有敗亦有成，不猶愈於退而必亡者乎！且金、齊俱來，以吾事力對之，誠爲不侔，然漢敗王尋，晉破苻堅，特在人心而已。自詔親征，士皆賈勇，陛下養兵十年，正在一日。」由是浮言不能入矣。

49 參知政事沈與求兼權樞密院事。

50 太常寺請車駕所過十里內神祠及名山大川，並遣官致祭，從之。

51 嚴州桐廬縣進士方行之獻家財七千緡助軍，戶部乞許行獻納，依例補官，從之。

52 淮東宣撫使韓世忠邀擊金人于大儀鎮，敗之。

初，奉使魏良臣、王繪在鎮江，被旨趣行，乃以是月丙戌渡江，丁亥，至揚子橋，遇世忠，遣使臣督令出界。

時朝廷已知承、楚路絕，乃連僞界引伴官牒付良臣等，令於阻截處照驗，又令淮東帥司召募使臣，說諭承、楚州令放過奉使。良臣等至揚州東門外，遇先鋒軍自城中還，問之，云相公令往江頭把隘。入城，見世忠坐譙門上，頃之，流星庚牌沓至，世忠出示良臣等，乃得旨令移屯守江。世忠留食，良臣等辭以欲見參議官陳桷、提舉官董旼，遂過桷等共飯。【考異】熊克小紀稱世忠置酒與良臣別，盃一再行，流星庚牌沓至，蓋承墓碑之詞，今從王繪甲寅錄。世忠遣人傳刺謝良臣、繪，且速桷等還。桷、旼送二人出北門，繪與桷有舊，駐馬久之，以老幼爲托。晚，宿大儀鎮。

翼日，行數里，遇金騎百十控弦而來，良臣命其徒下馬，大呼曰：「勿射，此來講和。」敵乃引騎還天長，問：「皇帝何在？」良臣對曰：「在杭州。」又問：「韓家何在？士馬幾何？」繪曰：「在揚州，來時已還鎮江矣。」又曰：「得無用計，復還掩我否？」繪曰：「此兵家事，使人安得知！」去城六七里，遇金將聶哷貝勒，舊作聶兒克（孛）堇，今改。同入城，問講和事。且言：「自泗水來，所在州縣，多見卹刑手詔及戒石銘，皇帝卹民如此。」又問：「秦中丞何在？」繪答以「今帶職奉祠，居溫州。」又言：「嘗作相，今罷去，得非恐爲軍前所取故耶？」繪曰：「頃實居相位踰年，堅欲求去，無他也。」又問：「韓家何在？」良臣曰：「來時親見人馬出東門，望瓜洲去矣。」繪曰：「侍郎未可爲此言。用兵、講和，自是二事。雖得旨抽回，將在軍，君命有所不受。還與不還，使人不可得而知也。」

初，世忠度良臣已遠，乃上馬，令軍中曰：「視吾鞭所向。」於時引軍次大儀鎮，勒兵馬

〔爲〕五陣，設伏二十餘處，戒之曰：「聞鼓聲，則起而擊敵。」聶呼貝勒聞世忠退軍，喜甚，引騎數百趨江口，距大儀鎮五里。其將托卜嘉（舊作撻不也。）擁鐵騎過五陣之東，世忠與戰，不利，統制呼延通救之，得免。世忠傳小麾鳴鼓，伏者四起，五軍旗與金旗雜出，金軍亂，弓刀無所施，而南師迭進，背嵬軍各持長斧，上揕人胸，下捎馬足，敵全裝陷泥淖中，人馬俱斃，遂擒托卜嘉。世忠又遣董旼兵往天長縣，遇金人于鵶口橋，擒四十餘人。

53 己丑，禮部尚書（尚書禮部）侍郎唐煇兼權兵部侍郎。

54 金人圍濠州。

55 淮東宣撫司前軍統制解元與金人戰于承州，敗之。

初，金人至近郊，元知之，逆料金人翼日食時必至城下，乃伏百人于路要之，又伏百人于城之東北岳廟下，自引四百人伏于要路之一隅。令曰：「金人以高郵無兵，不知我在高郵，必輕易而進。俟金人過，我當先出掩之。伏要路者見我麾旗，則立幟以待。金人進退無路，必取岳廟走矣，果然，則伏者出。」又密使人伏樊良，俟金人過，則決河岸以隔其歸路。時金人果徑趨城下，元密數之，有一百五十騎，乃以伏兵出，麾旗以招伏要路者，伏兵皆立幟以待。金人大驚，遂向岳廟走，元率兵追之，擒一百四十八人，戰馬器械皆爲元所得。

初，聶呼貝勒既敗歸，召奉使魏良臣等至天長南門外。良臣等下馬，金騎擁之而前。

聶吟憤甚，脫所服貂帽，按劍瞋目謂曰：「汝等來講和，且謂韓家人馬已還，乃陰來害我！」諸將舉刃示之，良臣等曰：「使人講和，止爲國家。韓世忠既以兩使人爲餌，安得知其計！」往返良久，乃曰：「汝往見元帥。」遂由寶應縣用黃河渡船以濟。

右副元帥昌遣接伴官團練使蕭揭祿、少監李聿興來迓。聿興見良臣，問：「所議何事？」良臣曰：「此來爲江南欲守見存之地，每歲貢銀絹二十五萬匹兩。」繪云：「見存之地，謂章誼回日所存之地。」聿興又云：「兵事先論曲直，師直爲壯。淮南州縣，已是大國曾經略交定與大齊，後來江南擅自占據；及大兵到來，又令韓世忠掩其不備。」良臣等云：「經略州縣事，前此書中初未嘗言及，止言淮南不得屯兵，本朝一如大國所敎。」聿興云：「襄陽州縣，皆大齊已有之地，何爲乃令岳飛侵奪？」良臣云：「襄陽之地，王倫回日係屬江南，後李成爲劉齊所用，遂來侵擾。又結楊么，欲裂地而王之。江南恐其包藏禍心，難以立國，遂遣岳飛收復，卽非生事。」聿興云：「元帥欲見國書。」遂以議事、迎請二聖二書授之。揭祿又問：「秦中丞安否？此人原在此軍中，煞是好人。」良臣等對如初。聿興再云：「柰何更求復故地？」繪云：「以中間丞相惠書有云：『既欲不絕祭祀，豈肯過爲慳愛，使不成國。』是以江南敢再三懇告。若或不從，卻是使不成國。」聿興云：「大齊雖號皇帝，然只是本朝一附庸，指揮使令，無不如意。」又云：「此去杭州，幾日可以往回？」繪云：「星夜兼程，往回不過半月。」

聿興曰：「昨日書，元帥已令譯字，一二日可得見矣。」

56 庚寅，詔信安郡王孟忠厚迎奉泰寧寺昭慈聖獻皇后御容往穩便州軍安奉。

57 壬辰，定國軍承宣使、秦鳳路馬步軍副都總管、知秦州兼節制階、文州統制軍馬吳璘爲熙河蘭廓路經略安撫使、知熙州、統制關外軍馬，明州觀察使、環慶路馬步軍副都總管兼知慶陽府楊政爲環慶路經略安撫使、知慶陽府、同統制官關外軍馬兼節制成、鳳、興州，用宣撫使奏也。關師古之叛也，其所部階、成二州猶在，故命璘分領之。自富平敗後，五路之地悉屬僞齊，經略使虛名而已。

58 癸巳，江東、淮西宣撫使劉光世引軍屯建康府。

59 甲午，尚書戶部侍郎劉岑兼工部侍郎，中書舍人王居正兼禮部、兵部侍郎。

60 初令江、浙民悉納折帛錢，用戶部侍郎梁汝嘉請也。

是時行都月費錢百餘萬緡，且撥發軍馬，財無所出，故令民輸紬全折，輸帛者半折見錢，每匹五千二百省，折帛錢自此益重。汝嘉等又請江、浙絲並折見錢，綿半折錢；諸路各委漕臣一員，計綱起發赴行在。

61 遣侍御史魏矼往劉光世、監察御史田如鼇往張俊軍前計事。

是時光世軍馬家渡，俊軍采石磯，帝命趣二人往援韓世忠，而光世等軍權相敵，且持私隙，莫肯協心。矼至光世軍中，諭之曰：「彼衆我寡，合力猶懼不支；況軍自爲心，將何以戰！爲諸公計，當滅怨隙，不獨可以報國，身亦有利。」光世意許，矼因勸之移書二帥以示無他，使爲掎角。已而二帥皆復書交致其情，光世遂以書奏於帝。於是光世移軍太平州。

[62]丙申，金人破濠州，守臣閤門宣贊舍人寇宏棄城走，右宣教郎、通判州事國奉卿爲所殺。

先是宏率軍民城守，城中兵少，大率以三人當一(女)頭，軍民與僧道相參，每十人爲一甲，不得內顧。每一慢道，以二長刀監守，無故上下者殺之。宏晝夜巡行城上，北軍以衝車、雲梯攻城，作鐵鎚，上施狼牙釘，有沿雲梯而上者，槌擊之，頭蓋與腦俱碎，屍積于城下，而北軍來者不止，凡八晝夜不休。宏知不可爲，乃開北門，棄妻子，攜老母與寡嫂棄城而去，士卒從之者七十餘人。宏之出也，聲言發舟，欲以計破敵。奉卿信之，既而乃知欲爲遁計，已登舟，不可入城矣。奉卿尤宏曰：「何不明言於我，攜一妾兩子，而棄之死地耶？」宏以奉卿爲怨己，遂殺之。後以死事聞，贈官與廕。宏既去，權兵馬鈐轄丁成自南門投拜，兵馬都監魏進自東門投拜。金人問：「宏家屬何在？」成曰：「偕去矣。」已而聞爲成所匿，遂斬成於市，取宏、奉卿家屬置于軍中，以其將趙榮知州事。

初，敵圍城急，將官楊照躍上角樓，以槍刺敵之執黑旗者，洞腹抽腸而死，照俄中流矢死。統領官丁元與金人遇於十八里洲，金人圍之，元大呼，告其徒以毋得負國，於是一舟二百人皆被害，無得免者。事聞，並贈承信郎，錄其子云。明年七月丁酉贈官。

63丁酉，執政進呈車駕進發頓宿次序。帝曰：「朕奉己至薄，況此行本以安民，豈可過爲煩擾！又恐州縣以調夫修治道路爲名，並緣爲弊。」趙鼎曰：「朝廷累行約束，丁寧備至。」沈與求曰：「諸將之兵分屯江岸，而敵騎逡巡淮甸之間，恐久或生變，當遣岳飛自上流取間道乘虛擊之，敵騎必有反顧之患。」帝曰：「當如此措置，兵貴拙速，不宜巧遲，機事一失，恐成後悔，宜速諭之。」

64戊戌，帝登舟，發臨安府，奉天章閣祖宗神御以行，主管殿前司公事劉錫、神武中軍統制楊沂中皆以其軍從。帝不以玩好自隨，御舟三十餘艘，所載書籍而已。帝既發，乃命六宮自溫州泛海往泉州。晚，泊臨平鎮。

劉光世乞與韓世忠均支錢糧。帝曰：「諸將之兵，用命則一，其所支錢糧，豈容有異！此皆呂頤浩不公之弊。」趙鼎曰：「朝廷舉措既當，諸將自服。今不公如此，必致紛紛。乞下光世會合得錢米之數然後行。」沈與求曰：「豈唯錢糧，至於賞罰亦然。惟至公可以服天下，故賞則知勸，罰則知畏。」帝曰：「大臣不公，何以服衆！」鼎曰：「苟爲不公，則賞雖厚，人不以爲恩，罰雖嚴，人不以爲威。」帝曰：「朕親總六師，正當公示賞罰。」

己亥，帝次崇德縣。韓世忠遣翊衞大夫、宣州觀察使、本司提舉一行事務董旼，右朝奉郎、直祕閣、本司參議官陳桷，以所俘金兵一百八人獻行在，因言承州陣歿人，乞厚加贈，帝蹙然曰：「使人死于鋒鏑之下，誠爲可憫。可令收拾遺骸，於鎭江府擇地埋殯，仍歲度童行一名照管。」乃詔旼眞除宣州觀察使，桷遷右朝奉大夫、充祕閣修撰，中奉大夫、桐州觀察使解元落階官爲同州觀察使，武功大夫、康州刺史呼延通爲吉州刺史。

庚子，帝次秀州北門外；辛丑，帝次吳江縣。時知縣楊同裒供張以待乘輿之至，民有一家當費三百縑者，其人不伏，械繫之。御史張致遠三上策論其擾民，同竟罷去。

壬寅，御舟次姑蘇；帝乘馬入居平江府行宮。守臣孫祐進御膳，其卓子極弊，且有僧寺題識，帝不以爲嫌。他日，謂趙鼎曰：「朕念往日艱難，雖居處隘陋，飲食菲薄，亦所甘心。若邊境已清，郡邑既定，迎還二聖，再安九廟，帝王之尊固在。」趙鼎曰：「陛下規模宏遠如此，則天下幸甚。」

65 故贈承事郎陳東、歐陽澈，並加贈朝奉郎、祕閣修撰，更與恩澤二資，賜官田十頃。趙鼎進呈韓世忠奏劄，因論建炎之初，黃潛善、汪伯彥擅權專殺，應（校者按：應字衍。）置二人于極典，上曰：「朕初卽位，昧於治體，聽用非人，至今痛恨。贈官推恩，猶未足以稱朕悔過之意，可更贈官賜田。雖然，死者不可復生，追痛無已。」中書舍人王居正草制曰：「嗚呼！古之人願爲良臣，不願爲忠臣。以爲良臣身荷美名，君都顯號。忠臣嬰禍誅，君陷昏惡。嗚呼！惟爾東、爾澈，其殆將有意于忠臣乎！由朕不德，使爾不幸而不爲良臣也。雖然，爾藉不幸，不失爲忠臣，顧天下後世獨謂朕何！此朕所以八年於玆，一食三嘆而不能自已也。通階美職，豈足爲恩，以塞予哀，以彰予過，使天下後世考古之君，飾非拒諫之主，殆不如是。魂而有知，享朕玆意。」

66甲辰，金右副元帥完顏昌召通問使魏良臣、王繪相見，旁有四人，皆衣紗袍、頭巾、毬靴，與良臣等同席地而坐。昌問勞久之，諭云：「俟三二日左元帥來，議事畢，畫定事節，遣汝等歸。」良臣退。於時右副元帥昌在泗州，右都監宗弼在天長，（左）副元帥宗輔尚未至也。

67乙巳，淮西安撫使仇悆遣兵擊金人于壽春府，敗之。

初，親征詔未至，廬州人譁言棄淮保江，悆得旨，急錄以示人，人皆思奮；且遣其子津間道告急，帝命爲右迪功郎。會敵進據壽春、安豐，悆遣兵出奇直抵城下，與守將孫暉合兵擊之，敵戰敗卻去，渡淮，南軍入城。翼日，遂復安豐縣。

68十一月，戊申，胡松年自江上還，入見。帝問控禦之計，松年曰：「臣到鎮江、建康，備見韓世忠、劉光世軍中將士奮勵，爭欲吞噬敵人，必能屛護王室，建立奇勳。」帝曰：「數年以來，廟堂玩習虛文而不明實效，侍從、臺諫搜剔細務而不知大體，故未能靖禍患，濟艱難；非朕夙夜留心治軍旅，備器械，今日敵騎侵軼，何以禦之！」趙鼎曰：「臣等躬聞聖訓，敢不自竭駑鈍，少副陛下責實之意！」

69庚戌，承、（楚、泰）州水寨民兵並與放十年租稅，科役（久），仍發錢米贍之。

時承州水寨首領徐康、（潘）通等遣兵邀擊金兵，俘女直數十。既命以官，尋又賜米萬石。

70壬子，詔曰：「朕以兩宮萬里，一別九年，覬迎鑾輅之還，期遂庭闈之奉。故暴虎馮河之怒，敵雖逞於馮臨（兇殘）；而投鼠忌器之嫌，朕寧甘于屈辱；是以卑辭遣使，屈己通和。仰懷故國之廟祧，至于霣涕；俯見中原之父老，寧不汗顔！比得強敵之情，稍有休兵之議，而叛臣劉豫，懼禍及身，造爲事端，間諜和好，簽我赤子，脅使征行，涉地稱兵，操戈犯順，大逆不道，一至於斯！警奏既聞，神人共憤，皆願挺身而效死，不忍與賊以俱生。今朕此行，士氣百倍。雖自纂承之後，每乖舉錯之方；尙念祖宗在天之靈，共刷國家累歲之恥，殪彼逆黨，成此雋功。念惟夙宵跋履之勤，仍蹈鋒鏑戰爭之苦，興言及此，無所措躬。然而能建非常之功，卽有不次之賞，初詔具在，朕不食言。咨爾六師，咸體朕意。」

71川陝宣撫司統制官楊從儀敗敵於臘家城。

岳飛之取襄陽也，朝廷命宣撫副使吳玠乘機牽制。玠遣從儀以兵入僞地，遇敵，勝之。

72丁巳，詔曰：「朕以逆臣劉豫稱兵南向，警奏既聞，神人共憤。朕不敢復蹈前轍，爲退避自安之計，而重貽江、浙赤子流離屠戮之禍，乃下罪己之詔，親總六師，臨幸江濱，督勵將士。然而興師十萬，日費千金，動衆勞人，俱所不免，每一念此，惻然疚懷！尙覬諸路監司、帥守與夫郡邑大小之臣，夙夜究心，以體朕意，凡借貸、催科有須於衆者，毋得縱吏，並緣爲姦；凡盜賊姦宄輒生窺伺者，務絕其萌，毋令竊發。其或乘時擾攘，恣無名之斂，容姦玩寇，失稽察之方，致使吾民橫罹困苦，有一於此，必罰無赦。候軍事稍定，當遣庭〔廷〕臣，循行羣〔郡〕國。」

73 戊午，簽書樞密院事胡松年兼權參知政事，以沈與求按行江上事〔故〕也。時松江既有備，商賈往來自如，通、泰出納鹽貨如故。帝見士氣大振，捷音日聞，欲渡江決戰，趙鼎曰：「退既不可，渡江非策也。金兵遠來，利於速戰，豈可與之爭鋒！兵家以氣爲主，三鼓既衰矣，姑守江使不得渡，徐觀其勢以決萬全。且豫猶不親臨，止遣其子，豈煩至尊與逆雛決勝負哉！」於是遣與求按行江上，與諸將議可否，始知敵騎大集，其數甚衆。與求回，言沿江居民旋造屋爲肆，敵雖對岸，略不畏之。

74 金人破滁州。於是淮西、江東宣撫使劉光世移軍建康府，淮東宣撫使韓世忠移軍鎭江府，浙西、江東宣撫使張俊移軍常州。

75 己未，資政殿學士、提舉萬壽觀兼侍讀張浚知樞密院事。

浚之未至也，請遣岳飛渡江入淮西，以牽制金兵之在淮東者，帝從之。及入見，帝問鼎：「浚方略何如？」鼎曰：「浚銳於功名而得衆心，可以獨任。」於是帝復用之。

76 辛酉，觀文殿學士、提舉臨安府洞霄宮李綱言：「今劉豫悉兵南下，其境內必虛。倘命信臣乘此機會，擣潁昌以臨畿甸，電發霆擊，出其不意，則豫必大震懼，呼還醜類以自營救，王師追躡，必有可勝之理。非惟牽制南牧之兵，亦有恢復中原之兆，此上策也。朝廷或以茲事體大，則鑾輿駐蹕江上，勢須號召上流之兵，順流而下，旌旗金鼓，千里相望，以助聲勢，則敵人雖衆，豈敢南渡！仍召大將率其全師，進屯淮南要害之地，設其〔奇〕邀擊，絕其糧道，豫必退遁。保全東南，徐議攻討，此中策也。萬一有借親兵〔征〕之名，爲順動之計，委一二大將捍敵於後，則臣恐車駕號令不行，敵得乘間深入，州縣望風奔潰，其爲患有不可勝言者，此最下策也。往歲金人南渡，意在侵掠，既得子女玉帛，時方暑則勢必還師。今劉豫使之渡江而南，必謀割據，將何以爲善後之計哉！今日爲退避之計則不可。朝廷措置得宜，將士用命，則安知敵非送死於我！顧一時機會，所以應之何如耳。望降出臣章，與二三大臣熟議。」

初，張浚之謫福州也，綱亦寓居焉，浚服其忠義，除前隙，更相親善。及浚召入，綱因以奏疏附進，帝曰：「綱去國數年，無一字到朝廷，今有此奏，豈非以朕總師親臨大江，合綱之意乎！所陳亦今日急務，可降詔獎諭。」

77 癸亥，龍圖閣直學士、新除都督府參謀官折彥質爲樞密都承旨，星夜兼程前來供職。降充集英殿修撰、知鼎州程昌寓復徽猷閣待制，充都督府參議官。

78 淮西宣撫司統制官、中亮大夫、同州觀察使、知蘭州王德，與敵遇於滁州之桑根（坡），敗之，生擒十餘人赴行在。

79 甲子，詔曰：「張浚愛君愛國，出於誠心。頃屬多艱，首唱大義，固有功于王室，仍雅志于中原，謂關中據天下上游，未有舍此而能興起者，于敵戰勝之後，慨然請行。究所施爲，無愧人臣之義；論其成敗，是亦兵家之常。矧權重一方，愛憎易致，遠在千里，疑似難明，則道路怨謗之言，與夫臺諫聞風之誤，蓋無足怪。比復召置之宥密，而觀其恐懼怵惕，知〔如〕不自安，意者倘慮中外或有所未察歟？夫使盡忠竭節之臣，懷明哲保身之戒，朕甚愧焉！可令學士院降詔，出榜朝堂。」

80 丙寅，初，河東忠義將軍〔軍將〕趙雲，嘗出兵與敵戰，至是敵執其父福及母張氏以招之，且許雲平陽府路副總管；雲不顧，遂殺福，囚張氏于絳州。久之，雲間道奔岳飛軍中。既而飛遣雲渡河，雲因擊垣曲縣，復取其母。飛以爲小將。

81 己巳，淮西宣撫司選鋒副統制王師晟、親兵副統制張錡復壽春府，執其知府王靖。

82辛未，起復祕閣修撰、知岳州程千秋移知鼎州，左朝奉郎張觷知岳州。

帝覽除目，問觷才術如何，趙鼎曰：「聞其能辦事。」帝曰：「不須更問某人薦，惟才是用。」胡松年曰：「朝廷用人，不可不慎，用一君子則君子進，用一小人則小人進。」帝曰：「君子剛正而易疏，小人柔佞而易親，朕於任用聽察之間，不敢少忽也。」

83知樞密院事張浚往鎮江視師。

時金人於滁上造舟，有渡江之意。趙鼎密爲帝言曰：「今日之舉，雖天人咸助，然自古用兵，不能保其必勝，事至卽應之，庶不倉猝。萬一金人渡江，陛下當親總衞士，趨常、潤，督諸將，乘其未集，併力血戰，未必不勝。或遏不住，則由他道復歸臨安，堅守吳江，敵亦安能深入！臣與張浚分糾諸將，或腰截，或尾襲，各自爲謀，天下事無不集矣。」主管殿前司公事劉錫、神武中軍統制楊沂中見鼎曰：「探報如此，駕莫須動？」鼎曰：「俟敵已渡江，方遣二君率兵趨常、潤，併力一戰以決存亡，更無他術。」錫等聲言曰：「相公可謂大膽。」鼎曰：「事已至此，不得不然。二君，隨駕之親兵也，緩急正賴爲用，豈可先出此言！」錫等乃退。

84金左副元帥完顏昌遣通問使魏良臣、王繪歸行在。

昌擁三百餘騎，遇于塗，問難再三，良臣等答昌如初見聿興之語。昌言：「既欲講和，當務至誠，不可姦詐。況小小掩襲，何益於事！如欲戰，先約定一日，兩軍對敵則可。我國中祇以仁義行師，若一面講和，又一面使人掩不備，如此，恐江南終爲將臣所誤，如向來大軍至汴京，姚平仲劫寨事可見。本朝事體，秦檜皆知，若未信，且當問之。」良臣等以此來有上大金皇帝表、二聖、二后表、丞相、元帥物錄六封，乞留軍前。譯者云：「大金皇帝表可留，他書持去。」

十二月，乙亥朔，尚書吏部員外郎魏良臣、閤門宣贊舍人王繪，至自金國軍前，對于內殿，帝問勞甚渥。

85 侍御史魏矼言：「朝廷前此三遣和使，而大金繼有報聘，禮意周旋，信言可攷。頃復專使尋好，未有釁隙。茲乃劉豫父子造兵端，本謀窺江，初無和意。使人未見國相報書，來自近甸，此而可信，覆轍未遠。今大兵坐扼天險，援師艤舟上流，精銳無慮十萬。彼劉豫挾金爲重，簽軍本吾赤子，人心向背，久當自攜；持重以待之，輕兵以擾之，吾計得矣。惟陛下爲宗社生靈之重，仰順天意，俯從人欲，飭勵諸將，力圖攻守。」帝甚納其言。

86 辛巳，命行宮留守司中軍統制王進以所部屯泰州，防通、泰，應援淮東水寨，權聽帥司節制。

87 僞齊保義郎劉遠特補忠翊郎。

遠，同州人，從劉麟入寇，與其徒六人自盱眙脫身來歸，皆錄之。

88丙戌夜，月犯昴，太史以爲敵滅之象，帝以諭輔臣。胡松年曰：「天象如此，中興可期。」帝曰：「范蠡有言：『天應至矣，人事未盡也。』更在朝廷措置何如耳。」

89丁亥，知福州張守言：「臣聞韓世忠所獻敵俘，已就戮于嘉禾，遠近欣快，不謀同辭。然臣竊謂凡所獻俘，若使皆是金人或他國借助，則宜盡剿除，俾無遺育。至於兩河、山東諸路之民，則皆陛下赤子也，劉豫驅迫以來，必非得已。若臨陣殺戮，勢固不免；至於俘執而至，容有所矜。請凡所得俘內，有簽軍則宜諭以恩信，以示不忍殺之之意，可特貸而歸之；或願留者，亦聽其便。不惟得先王脅從罔治之義，而劉豫之兵可使自潰，後雖日殺而驅之使前，將不復爲用矣。」疏奏，詔獎(之)。

90壬辰，湖北制置司統制官牛皋、徐慶，敗金兵於廬州。

時金增兵復侵淮右，仇悆盡發戍軍千人拒之；既而敗北，無一還者，遂求救於湖北制置使岳飛，飛遣皋、慶率二千人往援。慶，飛愛將也。是日，皋、慶從騎數十先至，坐未定，斥堠報金人五千騎將逼城。時湖北軍未集，悆色動不安，皋曰：「無畏也，當爲公退之。」卽與慶以從騎出城，謂敵衆曰：「牛皋在此，爾輩何爲見侵！」乃展幟示之，金兵失色。皋舞矟徑前，金兵疑有伏，卽奔潰，皋率騎追之，金兵自相踐死，餘皆遁去。時淮西宣撫使劉光世亦遣統制官靳賽，至愼縣而還。

91 丁酉，侍御史魏矼言：「日食正旦，乞下有司講求故事。」帝曰：「日蝕雖是躔度之交，術家能逆知之，春秋日食必書，謹天戒也。矼之言良愜朕意，宜下有司，講求故事，凡可以消變者，悉舉行之。」

92 川陝宣撫副使吳玠奏：「夏國主數通書，有不忘本朝之意。及折可求族屬列御（銜）申上玠，云見今訓練士馬，俟玠出師渡河，即爲內援擊敵，上報國恩。」帝曰：「此皆祖宗在天之靈扶祐所致，亦有以見人心同憤也。」

93 戊戌，責授單州團練副使劉子羽復右朝散大夫、提舉江州太平觀。

時吳玠復辭兩鎭之節，且言：「子羽累年從軍，亦薄有忠勤可錄。念其父韐，靖康間死節京城；今子羽罪雖自取，然炎荒萬里，毒霧薰蒸，老母在家，殆無生理。誠恐子羽斥死嶺海，無復自新，非陛下善及子孫之意。伏望聖慈特許臣納前件官，少贖子羽之罪，量移近地，得以自新。」三省勘會，子羽與吳玠書所論邊事，跡狀可考，乃復元官，與宮觀。翼日，詔玠篤於風義，詔奬諭。士大夫以此多玠之義，而服子羽之知人焉。

94 庚子，金人退師。【考異】日曆：紹興五年正月十二日，樞密院劄子，據劉光世、韓世忠、張浚申，敵馬自十一月二十六日節次從楚州道路遁走。故繫此日。

初，右副元帥完顏昌在泗州，而右都監宗弼屯於竹塾鎭，嘗以書幣遺淮東宣撫使韓世忠約戰。世忠方與諸將飲，即席遣伶人張彀、王愈持橘茗爲報書，略曰：「元帥軍士良苦，下諭約戰，敢不疾治行李以奉承指揮也！」時金師既爲世忠所扼，會天雨雪，糧道不通，野無所掠，至殺馬而食，軍皆怨憤。旋聞金主有疾，將軍韓常謂宗弼曰：「今士無鬭志，況吾君疾篤，內或有變，惟速歸爲善。」宗弼然之，夜，引還。

金軍已去，乃遣人諭劉麟及其弟猊。於是麟等棄輜重遁去，晝夜兼行二百餘里，至宿州，方少憩。

95 辛丑，刑部尙書章誼兼權戶部尙書。

96 癸卯，參知政事沈與求兼權樞密院事。

97 金人去滁州。

是役也，金據滁州凡四十有七日，神武右軍將官盧師迪引兵至竹塾鎭，遇敵，敗之。

續資治通鑑卷第一百十五

賜進士及第兵部尚書兼都察院右都御史總督湖北湖南等處地方軍務兼理糧餉世襲二等輕車都尉畢沅編集

宋紀一百十五 起旃蒙單閼（乙卯）正月，盡六月，凡六月。

高宗受命中興全功至德聖神武文昭仁憲孝皇帝

紹興五年 金天會十三年。（乙卯、一一三五）

1 春，正月，乙巳朔，日有食之。

2 帝在平江。

3 金人去濠州。

初，金右都監宗弼與劉豫之兵既去，乃遣人報其知濠州趙榮。榮率北軍及投拜官兵馬都監魏進偕去，出北門，市人尚未知。少頃，提轄官丁懷等四人，盜庫兵欲作亂，榮聞之，悔曰：「吾棄城而來，無守臣以主州事，安得不亂！」乃以衙兵復入城，懷遁去，執其餘三人，誅之，以錄事參軍楊壽亭權知州事。既而州人不便壽亭之政，奪其印，請兵馬都監孫奕代之。

榮既歸，自是金人在江北者盡去矣。

4丁未，知樞密院事張浚奏：「金人潛師遁去，今已絕淮而北。見行措置招集淮南官吏還任，撫存歸業人戶等事。」

5侍御史張致遠言：「敵騎已遠，緣淮南之人多爲敵所拘，兼於山間水面結集保守，又有中原被簽軍民，意欲投歸，尙留敵寨，及暫時投避在村野者。不速行措置，深慮官軍以襲蕃僞民社、收復州縣爲名，肆行剽掠，妄有殺戮；或執俘級，僥倖賞典，使吾民被害，重於寇盜。乞預降德音，並戒飭黃榜，以付張浚。」詔以章示浚。

6己酉，詔：「淮南州縣官吏擅離職任之人，特與放罪，令依舊還任；其拋棄官物，並與除破。」

7庚戌，御史張致遠乞省并淮南官吏。沈與求曰：「官省則吏省，吏省則事省。今州縣胥吏，未嘗賦祿，皆蠶食百姓而已。淮南凋殘之後，遺民有幾，堪受其擾耶！」

8淮西宣撫司統制官王進薄金人於淮，降其將程師回、張延壽而還。初，金人自六合留，命師回、延壽收（殿）後，二人皆驍將也。淮（江）南（東路）宣撫使張俊謂進曰：「敵既無留心，必渡淮而去，可速進兵，及其未濟擊之。」進與統領官楊忠閔偕往。金人且渡淮，遂薄諸河，金衆悉潰，墮河而死，師回、延壽勢窘而降。初，師回以俊爲浚，既降，乃悟曰：「吾以爲張樞密，乃關西也。」

9 辛亥，淮東宣撫司統制官崔德明敗金人於盱眙。

10 乙卯，張浚自江上還，入見。

11 酉〔丙〕辰，帝謂趙鼎曰：「大臣，朕之股肱，臺諫，朕之耳目，職任不同，而事體則一。或有官非其人，所當罷黜者，卿等急宜以告朕，不必專待臺諫。」

12 戊午，輔臣進呈曲赦淮南事目，帝曰：「敵雖遠去，然南北之民，皆吾赤子，當事兼愛並容之意。中原未復，二聖未還，赦文不可夸大，第使實惠加於兩淮百姓，乃朕指也。」帝又曰：「敵已北退，須當漸圖恢復。若止循故轍爲退避之計，何以立國！祖宗德澤在天下二百年，民心不忘，當乘此時，大作規模措置，朕亦安能鬱鬱久居此乎！」趙鼎曰：「時不可失，誠如聖論〔諭〕。事所可爲者，謹當以次條晝奏稟。」

13 命：「江東帥漕司繕治建康行宮，修築城壁，須管日近了畢，其省庫百司倉庫等，且圖來上，務從簡省，無得取給於民。」時帝將還臨安，故有是旨。

庚申，行宮留守孟庾，言別無職事，乞先次結局；詔留守依舊，其官屬並罷。

14 壬戌，武成·感德軍節度使、開府儀同三司、充鎮江·建康府·淮南東路宣撫使韓世忠爲少保、充淮南東路宣撫使，鎮江府置司。時世忠與劉光世、張俊相繼入覲，世忠奏：「金人退兵，陛下必喜。」帝曰：「此不足喜，惟復中原，還二聖，乃可喜耳。然有一事，以卿等將士賈勇爭先，非復他時懼敵之比，所喜蓋在此也。」

後數日，帝以諭輔臣，趙鼎等贊帝誠得馭將之道。帝曰：「楚用子玉，晉文公爲之側席而坐。今敵騎雖退，然尼瑪哈（舊作粘沒喝。）等輩猶在，朕敢忘此憂乎！」

15 癸亥，參知政事、行宮留守孟庾上表，請車駕還臨安府駐蹕，許之。

16 起復檢校太傅、寧武·寧國軍節度使、開府儀同三司、充江南東路·淮南西路宣撫使劉光世爲少保、充淮南西路宣撫使，置司太平州；太尉、定江·昭慶軍節度使、兩浙西路·江南東路宣撫使、神武右軍都統制張俊開府儀同三司、江南東路宣撫使，置司建康府，俊仍落都統制。詔：「韓世忠、劉光世、張俊各賜銀帛三千匹兩，異姓親補承信郎者二人，一子五品服，有服親封孺人者三人，冠帔五道。」

17 甲子，淮西宣撫司統制官酈瓊拔光州，執其知州、武翼郎許約。

金人之侵淮也，劉光世遣瓊自廬州統兵，聲言過淮，至芍陂，乃摘輕兵由間道趨光州城下。約乘城固守，劉麟亦遣其統領官李知柔以衆援之。瓊說約降，不從，即進兵急攻，城欲破，約勢窮，乃降，遂復光州。後六日，奏至，既而光世以約赴行在。帝謂大臣曰：「約爲劉豫結連楊么及刦張昂山寨，兇逆宜誅。今來歸，朕不欲失信，當貸之。」乃遷約一官，監南劍州鹽稅。

18戊辰，詔：「承州權廢兩縣，（和）、廬、濠、黃、滁、楚州各廢一縣，逐縣各置監鎮官一員。」以民事簡少，省其徭役也。

19己巳，金主殂於明德宮，年六十一，謚曰文烈皇帝，廟號太宗，後增上尊謚曰體元應運世德昭功哲惠仁聖文烈皇帝。

太宗在位十三年，宮室苑籞，無所增益。承太祖草創之後，以杲、宗幹知國政，以宗翰總戎事，旣滅遼、破汴，卽議禮制度，治曆明時，經國規摹，至是始定云。

庚午，安班貝勒舊作諳班勃極烈，今改。亶，承遺詔卽位於柩前。

20壬申，劉光世、韓世忠、張俊入辭，尙書右僕射趙鼎、知樞密（院）事張俊（浚）、參知政事沈與求、簽書樞密院事胡松年侍。帝命光世等升殿，諭曰：「敵南侵，蓋有窺江、浙之意，賴卿等戮力捍敵，使其失律而去，朕甚嘉之。然中原未復，二聖未還，朕心歉然，卿等其勉之！」光世曰：「臣等蒙國厚恩，敢不效死。」鼎曰：「臣聞降人程師回言：逆臣劉豫紿金人，云光世、世忠比失歡，及至淮甸異所聞，其氣已沮矣。」帝曰：「有告朕光世、世忠坐小嫌意不釋然者。烈士當以意氣相許，先國家之急而後私讎，小嫌何足校！昔寇恂戮賈復部將，復以爲恥，深銜之。光武曰：『天下未定，兩虎安得私鬬！』于是並坐極歡，結友而去。光世、世忠縱有睚眦，今日宜釋前憾，結歡如初。」二人感泣，再拜曰：「臣等頃過聽，嘗有違言；至於國事，不敢分彼此。今乃煩君父訓飭，臣等敢不奉詔！」鼎等頓首賀。帝曰：「將帥和，社稷之福也。」命近侍出內金盤尊斝賜光世、世忠、俊，酒一行，並所飲器賜之，陛辭而退。鼎謂與求曰：「將帥國之爪牙，推轂授帥，則聞之矣；天子御正衙，賜巵酒而親勸之，未之前聞。臣聞英宗皇帝于司馬光嘗有是賜，其後淵聖皇帝用李綱，實踵行之。光世等乃蒙恩寵如此，必有以圖報。」詔：「光世妻漢國夫人向氏，俊妻華原郡夫人魏氏，並特給內中俸，如世忠妻例。」

自建帥府以來，俊常以軍從帝行，至是始軍於外，在帝左右者惟楊沂中而已。

21 癸酉，金遣使告哀於齊、高麗、夏；仍詔齊，自今稱臣，勿稱子。

22 齊知濠州馬秦引兵犯光州，承信郎、權主管州事王莘率衆拒敵，淮西宣撫使劉光世遣統制官酈瓊、靳賽以所部援之。

23 甲戌，金主詔中外公私禁酒。

24 二月，丙子，清遠軍節度使、神武後軍統制、充湖北路荊、襄、潭州制置使岳飛爲鎮寧、崇信軍節度使。

岳飛自池州入朝，前一日，御筆賜岳飛銀帛二千匹兩，封其母榮國太夫人姚氏爲福國太夫人，親屬爲承信郎者一人，封孺人者二人，賜冠帔三道，賞淮西之功也。

25 刑部尙書兼詳定一司敕令章誼試戶部尙書。

26 中書門下省檢左（校者按：左字衍。）正主（諸）房公事兼權給事中晏敦復權尙書吏部侍郎。

27 丁丑，帝御舟發平江府，晚，泊吳江縣。

28 戊寅，命祠部員外郎兼權太常少卿張銖奉太廟神主自海道至臨安府，令本府飭同文館安奉；其景靈宮神御祭享事，令溫州通判權管。

29 御舟宿平望鎭。己卯，宿秀州北。庚辰，宿崇德縣。辛巳，宿臨平鎭。壬午，御舟至臨安府行宮，留守孟庾率京官小使臣以上迎於五里外。帝還行宮，賜百官休沐三日。

癸未，詔：「扈從官吏並轉一官資。」

30 樞密院承旨兼都督府參謀官折彥質至行在。

始，趙鼎議遣彥質至川、陝，諭指西帥，而彥質言：「折可求辜負國恩，不能守節；臣之兒女七人，昨在京師爲金人取去，傳聞亦在府州。倘臣以督府上佐驟至川、陝，於職事豈能人人得其歡心！萬一因疑似之迹興暗昧之謗，則臣一身不可自保，況爲朝廷辦事！伏望追寢成命，別賜令詔不行。」遂罷入蜀之議。

31 乙酉，川陝宣撫副使盧法原，言已選銳兵五千，令右武大夫、開州團練使劉錡統領，速赴行在。

32丙戌，尚書右僕射、同中書門下平章事趙鼎守左僕射，知樞密院事張浚守右僕射，並同中書門下平章事兼知樞密院事、都督諸路軍馬。

始議浚以右揆出使湖外平楊么，鼎（陞）左揆，鼎密啓曰：「宰相事無不統，不必專以邊事，乃爲得體。」暨兩制出，浚獨以軍功出（及）專任邊事爲言。帝既以邊事付浚，而改政事及進退人才皆付於鼎矣。

33以岳飛爲荆湖南、北、襄陽府路制置使、充神武後軍都統制，將所部平湖賊楊太，賜錢十萬緡、帛五千匹爲犒軍之費，以湖北轉運判官劉延年充隨軍轉運，及令湖南、江西漕臣薛弼、范振應副隨軍錢糧。飛所部皆西北人，不習水戰。飛曰：「兵何常，顧用之何如耳。」

34丁亥，定國軍承宣使、統制關外軍馬吳璘、武泰軍承宣使、同統制關外軍馬楊政復秦州。

先是川陝宣撫副使吳玠，聞金人侵淮南，遣璘、政乘機牽制。璘等出奇兵，自天水至秦，諭其守顧宣以逆順，宣不肯降，遂攻之，拔其城。金右都監完顏杲聞秦被圍，集諸道兵來援，政復擊敗之。

35戊子，詔都督府以諸路軍馬爲名。

36己丑，帝躬率百官遙拜二聖。自帝出巡，此禮權廢，至是復行。

37奉安濮安懿王神主於紹興府光孝寺之法堂。

38辛卯，徽猷閣待制、都督府參議官程昌寓知江州。昌寓守鼎州六年，賊不能犯，至是就用之。後數月，新守程千秋至鼎州，時湖北兵馬都監杜湛亦改爲都督府左軍統制，千秋因留湛所將蔡兵捍賊。

39壬辰，詔張浚暫往江上，措置邊防，且賜諸路宣撫、制置司手詔曰：「朕以邊圉稍安，遣相臣往行帥〔師〕壘，西連隴、蜀，北泊江、淮，既加督護之權，悉在指揮之域。既難從於中覆，宜專制於事幾。咨爾多方，若時統率，欽承朕命，咸使聞知。」

40丁酉，詔參知政事孟庾、沈與求簽書樞密院事。

41戊戌，詔：「神武中軍見入隊官兵，每五百人爲一指揮，選將校，置兵籍，俟就緒日，取旨賜軍名。」渡江以來，諸小將之兵及招安羣盜，往往撥隸中軍，然無排置之法，至是始舉行焉。

42（是月），僞齊將商元率衆千餘襲信陽軍，成忠郎、閤門祗候、知軍事舒繼明率麾下十三人轉戰，登師陽門，矢盡，被擒。賊誘以美官，繼明罵曰：「吾寧爲大宋鬼，豈汙逆耶！汝速殺我。」驅行至軍北史陂，竟不降，遂遇害。後贈修武郎，官其家一人。荊襄制置岳飛以忠訓郎、閤門祗候催〔權〕隨州兵馬都監李廸知軍事，就戍之。

43乙巳，金謚太祖后唐古舊作唐括，今改。氏曰聖穆皇后，費摩舊作裴散（校者按：散字衍。）滿，今改。氏曰光懿，追册太祖妃布薩舊作僕散，今改。氏曰德妃，烏庫哩舊作烏古論，今改。氏曰賢妃。

【考異】金史后妃傳不載烏庫哩氏。太祖諸子傳云：元妃烏庫哩氏，生梁王宗弼、衞王宗強、蜀王宗敏，是后妃傳失書也。但熙宗本紀，天會十三年追册爲賢妃，而諸子傳作元妃，未知係何時進封也，蓋金史有闕云。

44閏二月，丁未，參知政事沈與求兼權樞密院事。

45龍圖閣直學士、樞密都承旨折彥質試尚書工部侍郎，仍兼都督府參謀軍事。

46壬子，輔臣奏遣中使往溫州奉迎太廟神主事，帝曰：「朕以宗廟在遠，心常歉然。今奉迎神主至行在，當行朝謁之禮。」沈與求曰：「古者征伐，載木主以行。今雖戎輅在行，九廟未復，然因時草創，一行朝謁之禮，亦足以仰慰孝思。」帝曰：「祖宗故事，惟景靈宮則有薦獻，太廟則爇香而已。大禮必簡，所以尙嚴也。」

47乙卯，以參知政事孟庾、沈與求並兼權樞密院事。

時庾自桐廬還行在，與求乞交割密院職事與庾兼權，帝顧趙鼎曰：（「已與卿議定，今參知政事並兼權樞密院矣。」鼎曰：）「樞密非故也，自五代時以郭崇韜爲使，國朝因而不改，故三省、樞密院分爲二途。仁宗朝，富弼作諫官，時陝西用兵，弼議乞今（令）宰相兼樞密院，自呂夷簡始也。臣既以宰相兼治院事，而參知政事之臣並令兼權，則事歸一體。前人謂樞密院調發軍馬而三省不知，三省財用已竭而樞密院用兵不止，此誠至論。」（帝曰）：「往時三省、樞密院不同班進呈，是以事多不相關白。然朝廷論議，豈有帷幄一二三大臣不與聞者！」

48丙辰，詔：「襄、漢州軍，先因盜賊幷僞齊占據日劫掠殘殺等罪，一切不問。元劫人見在者，許其家經官識認，驗實給還；即撫定，後來再有犯者，令所屬治罪。」

49尙書兵部侍郎兼史館修撰王居正言：「四庫書籍多闕，乞下諸州縣，將已刊到書板，不拘經、史、子、集、小說、異書，各印三帙赴本省；係民間者，官給紙墨工價償之。」從之。

50丁巳，武功大夫、川陝宣撫司後軍將牛皓，與金人遇於瓦吾谷，死之。

時右都監完顏杲與熙河經略使慕容洧欲攻秦州，宣撫副使吳玠遣諸校分道伺敵。皓行至瓦吾谷，與金將呼善遇。皓所部步卒不滿二百，乃下馬與戰，謂其衆曰：「吾所以捨馬者，欲與若等同死也。」敵見皓異於他人，欲招之，皓罵而死。承信郎高萬旋馬復戰，遂與武功大夫·熙河路部將任安、宣撫司隊官·忠翊郎秦元、承節郎薛琪、張亨皆死於陣。敵曰：「眞健兒也！」後贈皓、安皆翊衛大夫，官其家五人，贈元、亨三官，錄其子。

51乙未，故迪功郎李東贈宣教郎，官一子。東監楚州軍資庫，金人南侵被害故也。

52辛酉，都督行府奏招捕水賊楊太等約束。

時張浚以建康東南都會，而洞庭實據上流，今寇日滋，壅遏漕運，格塞形勢，爲腹心害，不去之，無以立國。然寇阻大湖，春夏耕耘，秋冬水落，則收糧于湖寨，載老小于泊中，而盡驅其衆四出爲暴。前日朝廷反謂夏多水潦，屢以冬用師，故寇得併力而我不得志。今乘其怠，盛夏討之，彼衆既散，一旦合之，疲於奔命，又不得守其田畝，禾稼蹂踐，則有秋冬絶食之憂，黨與攜離，方可招來。乃以便宜命荆、潭、鼎、澧、岳州將逐寨出首人，多方存卹，首領申行府授官，餘人給以閒田，貸之種子。又命湖南安撫司統制官任士安以兵三千屯湘陰，保護湘江糧道；統制官郝晸屯橋口，王俊屯益陽舊縣，吳錫屯公安；崔邦弼屯南陽渡，馬浚、步諒留潭州；其鼎州官兵，令程千秋分撥緊要屯駐。應諸校招收致人數，比附出戰獲級例推賞；其招收人，報所屬給種授田，務令安業。候黄誠、楊太、周倫公參了日，當議蠲免租税，補授官資。仍給黄榜下任士安軍及岳、潭、鼎州撫諭。

53 保義郎唐開，特換右迪功郎。開獻國朝會要三百卷，詔進一官；自言本諸生，故有是命。

54 癸亥，降授龍神押（校者按：押字衍。）衞四廂都指揮使、建武軍承宣使、神武前軍統制王璦權主管侍衞馬軍司公事。

初，帝在平江，侍御史張致遠疏論璦乖繆，乞同主〔諸〕將召歸，帝納其言，命璦全軍駐鎭江府而以新〔親〕兵赴行在。既至，乃有是命。

55金改葬太祖於和陵。

56丙寅，右僕射張浚至鎭江，召韓世忠諭上旨，使舉軍前屯楚州以撼山東，世忠欣然承命。浚遂至建康撫張俊軍，至太平州撫劉光世軍，軍士無不踴躍思奮。浚以諸路軍馬所用錢糧，當從督府總制，故悉以上佐兼之。行府關三省指揮自此始。

57丁卯，權主管侍衛馬軍司公事王𤫉提舉江州太平觀，免辭謝。

初，𤫉既除騎帥，而侍御史張致遠，奏𤫉之罪惡不在辛企宗下。右司諫趙霈復奏：「𤫉無武藝，不閑戎律，偶緣遭遇，濫竊兵權。建炎間爲河東經制，敵騎將至，乃擁兵自衞，避地入蜀，使川、陝之民聞風震恐。陛下貸而弗誅，責其後效，而𤫉不務循省以贖前愆。方杜充之守建康也，𤫉聞敵至，不復應援，而引兵先遁，直趨閩中，其罪一也。方扈駕離永嘉也，𤫉持軍無律，不能統御，而致潰散爲盜，毒流東南，其罪二也。及出師討楊太，曠日持久，攻取無策，而崔增、吳全之軍遂致陷失，其罪三也。比詔回軍鎭江，中外欣悅，皆謂陛下必欲正其罪狀，重置典憲。今𤫉以輕騎造行朝，曾未數日，忽有侍衛馬軍之命，士論滋不能平。邇者陛下以諸軍捍江有功，既優加賞典；今𤫉有罪，獨置而不問，是有賞而無刑，恐非所以示勸懲也。乞斷自聖意，重加竄斥。」𤫉聞，亦奏辭新命，乞在外宮觀，乃詔權主管侍衛步軍司公事邊順兼權馬軍司公事，而以𤫉兵萬五千人隸淮東宣撫使韓世忠。後三日，又從𤫉奏，罷軍職。

58己巳，參知政事孟庾言：「準敕差提領措置財用，今乞以總制司爲名，專察內外官司隱漏違欠，行移如三省體式。應本司措置事件，依例進呈。」詔關申尙書省，仍鑄印以賜。諸路係省錢出入舊經制司，每千收頭子錢二十三，其十上供，其十三州縣及漕計支用。庾請增十錢；又請收耆戶長雇錢，抵當四分息錢，轉運司移用錢，勘合朱墨錢，常平司七分錢，茶鹽司袋息等錢。又收人戶合零就整二稅錢、免役一分寬剩錢，又收官戶不減半、民戶增三分役錢，又收常平司五文頭子錢，並令諸州通判、諸路提刑司拘催。其後東南諸路，歲收總制錢七百八十餘萬緡，而四川不預焉。大凡東南諸路經、總二司錢，歲收一十〔千〕四百四十餘萬緡，四川歲收五百四十餘萬緡。

59是日，經筵開講。自帝視師，輟講讀，至是復之。

60壬申，詔右承奉郎徐度，令中書舍人試策一道。左迪功郎胡理，左朝散郎、主管江州太平觀錢棻，新授太常博士張宦，並召試館職；左朝奉郎、新提舉浙東常平茶鹽公事汪愷，左承議郎、新通判潭州王棠，並與陞擢差遣。度，處仁子；宦，守兄也。士以十科薦用者自此始。

61三月，甲戌朔，建武軍承宣使、提舉江州太平觀王瓊，降授濠州團練使。

62己卯，淮西宣撫使劉光世兼太平州宣撫使，淮東宣撫使韓世忠兼鎮江府宣撫使。

63辛巳，以戶部尚書章誼兼權工部尚書。

64癸未，詔：「殿前馬步軍司，各據見管兵數，權行排置指揮。」

初，禁衞諸軍遇赦轉員，其法甚備。自中原俶擾，軍營紛亂，排轉不行。時諸將所總歲歲奏功，而宿衞親兵久無陞遷之望。左僕射趙鼎，請據三衙見管人數，彷彿舊例，立爲轉員之法。乃詔：「諸班直將校、親從親事官，各依條排轉一資，三司將校亦與轉行。」時殿前司有兵九百餘人，馬步司各六百餘人而已。

65甲申，淮東宣撫使韓世忠以大軍發鎮江。

世忠將行，帝賜手劄曰：「昨因敵退，議者以經理淮甸爲言，人多憚行，卿獨請以身任其責，朕甚嘉之。」翼日，趙鼎言：「世忠已過淮南，乞遣中使撫問。」帝賜世忠銀合（茶）藥，且以手劄勞之曰：「今聞全師渡江，威聲遐暢。卿妻子同行否？乍到，醫藥飲食或恐未備，有所須，一一奏來也。」

時山陽殘弊之餘，世忠披荊棘，立軍府，與士同力役。其夫人粱氏，親織薄爲屋。將士有臨敵怯懦者，世忠遺以巾幗，設樂，大燕會，俾爲婦人妝以恥之。軍壘既成，世忠乃撫集流散，通商惠工，遂爲重鎮。

66乙酉，侍御史張致遠權尚書戶部侍郎。

67辛卯，起復祕閣修撰、淮東宣撫使司參謀官陳桷言：「瀕淮之地，久經兵火，官私廢田，一目千里，連年既失耕耨，草莽覆養。往地皆肥饒，臣願敕分屯諸帥，占射無主荒田，度輕重之力，斟酌多寡，給所部官兵趁時布種，或倣陝西弓箭手法，從長區處，因地土所宜，種麻、粟、稻、麥，一切聽之，無問稅租。力耕之人，添破糧米，朝廷逐旋應副耕牛之費。諸帥計置種子，將來盡還其價。不特入糧可以足辦，如飼馬芻秣之用，亦皆霈然矣。仍乞委自都督府選官兼總其事，令親到逐師〔司〕與主帥熟議，俟上下情通，然後行之。每軍就令統制、統領官管認監督，近上謀議官領之。收成受納之日，同認所得之數并隨時價直，具申都督府籍記，支還價錢，以金銀、見錢品搭級〔給〕降。將逐司所得，除一歲合支數外，餘就令封椿爲儲積之計。」詔關都督行府。

68甲午，趙鼎奏：「近久雨，恐傷苗稼，欲下臨安府祈請。」孟庾、沈與求曰：「多雨，天氣久寒，蠶損甚衆。」帝曰：「朕見令禁中養蠶，庶使知稼穡艱難。祖宗時于延春閣兩壁畫農家養蠶、織絹甚詳，元符間因改山水。」

69丁酉，復移浙西安撫司于臨安府，以駐蹕之地理宜增重事權故也。徽猷閣直學士、知臨安府梁汝嘉兼兩浙西路安撫使，徽猷閣待制、知鎮江府沈晦兼沿江安撫使。試尚書吏部侍郎兼侍讀鄭滋與權戶部侍郎張致遠兩易。

70 癸卯，移鎮江府權貨〔榷貨〕務都茶場于眞州。

71 夏，四月，丙午，檢校少保、武泰軍節度使、知明州兼沿海制置使郭仲荀來朝。

72 丁未，龍神衞四廂都指揮使、洪州觀察使、金·均·房州鎮撫使、川陝宣撫司參議王彥知荆南府，充歸、陝〔峽〕州、荆門、公安軍安撫使。

先是彥聞帝親赴軍前，乞提兵入援，不許。會張浚以都督視師湖南，乃召彥赴府議事。至是令彥留所部三千人戍金、房，餘悉與俱，乃歸荆南舊治，其合用錢糧，令行府于湖南、江西那移應副。

73 召荆南鎮撫使解潛赴行在。

靖康中，潛爲河東制置副使，辟趙鼎幹當公事，故鼎薦用之。於是諸鎮撫使盡罷矣。

74 戊申，尙書祠部員外郎兼權太常少卿張銖奉太廟神主自溫州至行在。

75 戊午，奉安太廟神主，參知政事孟庾爲禮儀使，每室用特羊、八籩豆，蓋權禮也。

76 詔：「福建、廣東帥臣措置團結瀕海居民爲社，擒捕海賊。」

時寶文閣直學士連南夫論海寇之患，謂：「國家每歲市舶之入數百萬，今風信已順而舶船不來，聞有乘黃屋而稱侯王者，臣恐未易招也。願令委州縣措置團結瀕海居民，五、百人結爲一社，不及三百人以下附近社，推材勇物力人爲社首，其次爲副，社首備坐聖旨給帖差捕。蓋濱海之民，熟知海賊所向，今聽其會合，如擒獲近上首領，許保奏，優與補官，其誰不樂爲用！」乃下張守、曾開相度，如所請。

77 己未，詔：「鄉村五保爲一大保，通選保正，于免役令中去長字。」始改紹聖法也。

先是言者以爲：「役法行之歲久，積至大弊，鄉村鄉保正長，最爲重役，不專取物力薄厚，而兼用人丁多寡，不通輪一鄉點差，而但取逐甲人戶。官吏貪濁，差募之際，富者以賄賂幸免，貧者以誅求受害，被役一次，輒至破產。民巧爲規避，遂有父亡、母嫁，兄弟析產，求免役次，非惟重困民力以虛邦本，亦將有傷民教以壞風俗。乞下有司稍革舊法，專用物力及通輪一鄉差募保正長，凡官吏因役事受財者，重示懲誡。」又，進士上書：「竊觀方今害民之法，無如保甲之弊。願更去保甲法，復申元祐之制，行戶長之法。」故有是旨。「仍許今後差物力高下（校者按：下字衍。）單丁每都不得過一人；即應充而居他鄉別縣或城郭及僧道，並許募人充役，官司毋得追正身，餘如見行條法。」時祠部員外郎林季仲，亦奏乞總一鄉物力，次第選差，其單丁，許募人充役，于是頗採其說焉。

78 庚申，詔：「韓世忠紀律嚴明，岳飛治軍有法，並令學士院降詔獎諭。」

時世忠移屯淮甸，軍行整肅，秋毫無犯。飛移軍潭州，所過不擾，鄉民私遺士卒酒食，卽時償直。帝聞之，故有是詔。

79 丙寅，金主聞昏德公以甲子日薨，遣使致祭及賻贈。【考異】宋史徽宗紀作四月甲子崩於五國城，繫年要錄亦作甲子，金史作丙寅。金史，蓋致祭之日在丙寅也，今合書之。東都事略作四月乙未，要錄引拾遺作正月二十五日，皆傳聞之誤。

時兵部侍郎司馬朴與通問副使、修武郎朱弁同在燕山，聞上皇崩，議舉哀制服。弁欲先請，朴曰：「吾儕爲人臣子，聞君父喪，當致其哀，又何請？設不見許，可但已乎？」遂服衰，朝夕哭。金人義之而弗問。弁有送大行文，略云：「節上之旄盡落，口中之舌徒存。歎馬角之未生，魂消雪窖；攀龍髯而莫逮，淚洒冰天。」洪晧在冷山，聞之，北向泣血，遣同使者沈珍往燕山，建道場於開泰寺，作功德疏云：「故宮爲禾黍，改館徒饋於秦牢；新廟游衣冠，招魂漫歌於楚些。雖置河東之賦，莫止江南之哀。遺民失望而痛心，孤臣久縶而嘔血。」金人讀之，亦爲墮涕，相傳誦焉。

80 是月，龍圖閣直學士、致仕楊時卒，年八十三。

起居郎兼侍講朱震言：「時學有本原，行無玷缺，進必以正，晚始見知。其撰述皆有益于學者。」詔有司取時所著三經義辨，賜其家銀帛二百匹兩，後謚曰文靖。

時尚書左僕射趙鼎，素尊程頤之學，一時習者皆聚於朝。然鼎不及見頤，故有僞稱伊川門人以求進者，亦蒙擢用。
81丙子，直祕閣、知潯州范直方行尙書刑部侍郎。
82五月，辛巳，忠訓郎、閤門祇候何蘚特遷修武郎，赴大金國軍前奉表通問二使〔聖〕，賜金帶一，裝錢千緡，官其家二人。蘚，灌子也。時右僕射張浚奏遣蘚至雲中見金帥，故有是命。
83甲申，尙書禮部侍郎唐煇兼權兵部侍郎。
84張浚至潭州。
初，浚自建昌〔康〕西上，而樞密副都承旨、沿江制置副使馬擴自武昌召歸，乃以爲都督行府都統制。浚行至醴陵，獄囚數百人，盡楊太遣爲間探者，安撫使席益傳〔傳〕致遠縣囚之。浚召問，盡釋其縛，給以文書，俾分示諸寨曰：「今既不得保田畝，秋冬必乏食，且餧死矣。不若早降，卽赦爾死。」數百人歡呼而往。浚至長沙，賊首黃誠、周倫先請受約束，然誠等屢殺招安吏士，猶自疑不安。浚遣制置使岳飛分兵屯鼎、澧、益陽，壓以兵勢，賊大驚，遂定出降之計。
85詔：「中書舍人胡寅論使事，辭旨剴切詳明，深得論思之體，令學士院賜詔獎諭。」
86金左副元帥宗輔行次媯州，薨，年四十。
宗輔魁偉尊嚴，人望而畏之。先是太祖征伐四方，諸子皆總戎旅，宗輔常在帷幄；及代宗望爲副元帥，平河北，遂取東平及徐州，繼又定陝西五路，所向有功。後追封潞王，謚襄穆。【考異】繫年要錄以宗輔之殁載在六月，誤也。今從金史作五月甲申。

宗輔妃富察舊作蒲察，今改。氏，其母即太祖之妹也。次妃李氏，生子褒，教之有義方。嘗密謂所親曰：「吾兒有奇相，貴不可言。」李氏性明敏，剛正有決，言不妄發。女直舊俗，婦女寡居，宗族接續之。至是宗輔薨，李氏乃祝髮爲比丘尼，歸遼陽，營建清安禪寺，別爲尼院居之，號通慧圓明大師。

87 己丑，參知政事兼權樞密院事、提領措置財用孟庾進知樞密院事。

88 戊戌，左朝散郞、主管華州雲臺觀王灌充川陝宣撫使司（計）義（議）軍事，用吳玠請也。

89 是日，岳飛至鼎州城外，置寨列艦。

飛素有威望，而軍律甚嚴，乃遣潭州兵馬鈐轄楊華入賊營招降。賊黨黃佐曰：「岳節使號令如山，若與之戰，萬無生理。」遂降。飛單騎按其部，拊佐背曰：「子知逆順者，果能立功，封侯豈足道！欲遣子至湖中，視可乘者擒之，可勸者招之。」佐感泣，誓以死報。時參政席益疑飛玩寇，欲以聞，張浚曰：「岳侯，忠孝人也。兵有深機，何可易言！」益慚而止。時大旱，湖水涸如深冬，賊益懼。

90 是日，詔：「殿前司軍人與百姓相犯，並送大理寺根治。」

91 六月，甲辰，洞庭賊楊欽將所部三千人詣岳飛降。

初，張浚至長沙，親臨湖以觀賊勢，疑未可攻。會召浚還朝謀防秋之計，飛至潭州，袖出小圖示浚，浚欲俟來年議之，飛曰：「已有定畫，都督能少留否？八日可破。」浚曰：「何言之易！」飛曰：「王四廂以王師攻水寇則難，飛以水寇攻水寇則易。水戰我短彼長，以所短攻所長，故難。若因敵勢，用敵兵，奪其手足之助，離其腹心之託，而後以王帥（師）乘之，八日之內，當俘諸賊。」浚許之。

先是湖南統制官任士安、王俊、郝晸等，領兵二萬餘，不稟王𤫉號令，遂至於敗。及飛始至，鞭士安以折其氣，使爲賊餌，令曰：「三日不能平賊，皆斬！」先揚言「岳太尉將二十萬兵至矣！」及是止見士安等軍，賊併力拒之。三日，飛乃以大兵四合，一戰，破賊衆殆盡，乘其舟以入水寨；欽等迎降。欽在賊中最悍，所至常先諸賊，楊太恃以爲強，飛厚待之，賊愈喪氣。浚承制授欽武略大夫。

92 乙巳，名新曆曰統元。

93 辛亥，廢蘄州羅田、廣濟二縣並爲鎮。

94 癸丑，詔曰：「閩諸路久愆雨澤，繇朕不德，致使亢旱。雖恐懼修省，思所以答譴戒，弭天災，尙慮州縣違戾詔令，重擾吾民，致傷和氣。除稅租和預買及應副大軍之外，應干科敷催驅等事，日下並罷。仍仰州縣具其所罷名件申尙書省。」

95 荆湖制置使岳飛破湖賊夏誠。

飛既降楊欽，率統制官牛臯、傅選、王剛乘勝擊攻水寨。賊將陳瑫刼僞太子鍾子儀船，獲金龍交牀與龍鳳簟等，詣飛降。楊太窮蹙赴水，牛臯擒斬之，餘黨劉衡等相繼皆降。飛入水寨，殺賊衆殆盡，惟夏誠寨三面臨大江，背倚峻山，官軍陸攻則入湖，水攻則登岸。至是飛親往，測其淺處，乃擇善罵者二十人，夜往罵之，且悉衆運草木上流。賊聞罵聲，爭擲瓦石擊之，草木爲瓦石所壓，一旦塡滿，飛長驅入寨，遂執誠，果八日而湖寇悉平。浚歎曰：「岳侯神算也！」初，賊恃其險，曰：「犯我者除是飛來。」至是人以其言爲讖。

96 甲寅，尙書左僕射趙鼎、知樞密院事孟庾、參知政事（沈與求奏：「自五月丙子不雨，今越四旬，叨冒近司，輔政無狀，致此譴戒，乞賜黜責。」詔：「各安厥位，無得再請。」）

97 丁巳，徽猷閣待制、提舉建隆觀兼史館修撰兼侍（講）、資善堂翊善范沖言：「伏見和靖處士尹焞，誠明之學，實有淵源，直方之行，動應規矩，舉以代臣，允慊公議。」詔川陝宣撫司以禮津遣赴行在。

焞避難長安，劉豫以玉帛招之，焞卻幣奔蜀，居于涪州。帝聞其賢，故召。

98湖寇既平，得丁壯五六萬人，老弱不下十餘萬。張浚更易郡縣姦贓吏，宣布寬恩。命岳飛進軍屯荆、襄以圖中原，浚率官屬泛洞庭而下。【考異】張浚行狀云：湖中賊寇盡平，老弱不下二十萬。而日曆云降賊之〔二〕萬七千户，不言人數；繫年要錄云不下十餘萬，蓋得其實。

時淮東宣撫使韓世忠、江東宣撫使張俊，皆已立功，而飛以列校拔起，世忠、俊不能平，飛皆屈己下之，數通書，俱不答。及飛破楊太，獻樓船各一，兵徒戰守之械畢備，世忠始大悅，而俊益忌之。

99癸未，趙鼎奏甘澤應祈，乞御常膳，帝曰：「朕累日寢食不安者，豈特爲國無儲蓄而望歲之心甚切！兼恐歲饑民貧，起而爲盜，朝廷不免遣兵討定，殘殺人命，亦天道之所宜憫也。」

100是月，汴京地震。

續資治通鑑卷第一百十六

賜進士及第兵部尚書兼都察院右都御史總督湖北湖南等處地方軍務兼理糧餉世襲二等輕車都尉　畢　沅　編集

宋紀一百十六 起旃蒙單閼（乙卯）七月，盡柔兆執徐（丙辰）五月，凡十一月。

高宗受命中興全功至德聖神武文昭仁憲孝皇帝

紹興五年 金天會十三年。（乙卯、一一三五）

1 七月，丙子，武功大夫、忠州團練使兼閤門宣贊舍人、都督府提舉親兵柴斌知金州，兼金、房、均三州安撫使，用行府奏也。仍命斌隸屬襄陽帥府，其探報事宜及邊防措置，則申川陝宣撫副使吳玠。

2 都督行府請移鼎州龍陽縣於黃誠寨地，仍陞爲軍，以持服人黃與權起復左奉議郎、充龍陽軍使兼知縣事，又言：「澧、鼎諸縣因水賊侵擾，多有移治去處，並令移歸舊治。如係選人知縣，俟任滿與改令（合）入官；京官與轉一官。應水寨出首之人，制置司量事體輕重，擬定合補官資申行府，願歸及充水軍者聽。」又請免澧州上供錢三年，皆從之。既而制置使岳飛言水寨願歸業者二萬七千餘家，詔州郡存卹之，無得騷擾。然黃誠寨地低而迫湖，土人不以爲便，仍令如舊焉。

3 丁丑，孟秋薦饗太廟。自是歲五饗，如常禮。

4 己卯，知樞密院事、提領措置材用孟庾充觀文殿學士、知紹興府。庾以行府關三省、密院事，積不平，因稱疾求去。

5 甲申，帝親酌獻祖宗神御于行宮齋殿，文武官少卿已上陪位如儀。

6 乙酉，降光州褒信縣爲鎭。

7 乙未，神武中軍統制楊沂中兼權主管殿前司公事，代劉錫也。詔：「製造御前軍器所，依舊例不隸臺察。」

8 丙午〔申〕，徽猷閣直學士趙子晝試尚書兵部侍郎。

9 承節郎趙珪遷承忠郎、閤門祗候。

初，帝以趙普佐命元勳，視漢蕭何，而子孫淪落，命所在訪求，量才錄用。珪，普五世孫也，避地鬱林州，以普繪像及諫伐幽燕疏來獻，故有是命。

10 免湖南上供米三年，用本路漕臣請也。

11 廢鄧州順陽、淅川、襄陽府鄧城、中廬縣並爲鎭。

12辛丑，廢隨州唐城縣。

13是月，僞齊劉豫廢明堂，得金龍之金四萬兩，大銅錢三百萬。暴風連日，屋瓦皆震。

14八月，壬寅朔，錄故相范質七世孫椶（棂）爲將仕郎。

15罷荆南營田司，令安撫司措置官兵耕種，毋得循舊擾民，又以歸州還利（隸）州（校者按：州字衍。）安撫使王彥，皆用都督行府請也。

初，彥自渠州以所部之鎭至荆南，而鎭撫使解潛已去，食廩皆竭。彥懼不可留，卽引兵追潛至鄂州。會張浚平湖賊還，與之遇，復勸彥還自枝江，徙居舊治。時軍儲不繼，彥乃倣川錢引法造交子，行于荆南管內，漸措置屯田，爲出戰入耕之計。仍擇荒田，分將士爲莊，莊耕千畝。治石唐、瓦窰二廢堰，計工六萬有奇，不浹旬告成，公私利之。

16甲辰，詔增館職爲十八員。

時言者論：「（唐）太宗當兵戈搶攘之際，置文學館學士凡十有八人，其後皆爲名臣。祖宗闢三館以儲養人才，蓋本如（於）此。今國步艱難，時方右武，故館職猶多闕員。然臨事每有乏才之歎，則儲養之方，亦不可以兵戈而遽已也。一館職之奉入，僅比一小使臣，小使臣動萬數，何獨于館職較此微祿哉！乞依祖宗故事，通以十八人爲額。」故有是命。旣而本省再請，乃命祕書郎及著作各除二員，校書郎、正字通除十二員，而少、丞不與焉。

17 禮部貢院放榜，考校到合格進士樊光遠等二百人。

18 己酉，趙鼎言探報劉豫將山東百姓六十以下、二十以上皆簽發爲兵，每畝田科錢五百，帝曰：「朕未嘗一日忘中原之民，使陷于塗炭，皆朕過。百姓爲豫虐用如此，朕心惻然。」

鼎又言：「故右奉直大夫邵伯溫，大賢之後，行義顯著，元符末以上書得罪，書名黨籍，坐廢者四十年。伏望優加褒贈。」鼎，伯溫門人也。詔贈祕閣修撰，官其家一人。

19 庚戌，廢漢陽軍爲縣，隸鄂州。

20 癸丑，權尚書吏部侍郎張致遠復爲戶部侍郎，中書舍人劉大中試吏部侍郎，中書門下省檢正諸房公事呂祉權兵部侍郎。

21 戊午，故集英殿修撰周鼎特贈徽猷閣待制。

22 己未，淮東宣撫使韓世忠遣統領官韓彥臣等襲僞鎮淮軍，獲知軍、成忠郎王拱等，遣親校溫濟獻于朝。詔貸拱罪，以本官隸忠銳第五將。帝因言：「宿遷僞官，本吾赤子；他時邊臣，如此等小吏，不須賞，庶免生事。世忠既有請，可量與推恩。」

23 癸亥，帝策正奏名進士于射殿。

24 都督行府言以見管湖南水軍及周倫等所部置十指揮，並於手背上刺「橫江水軍」四字，從之。

25 甲子，帝御幄殿，閱試武舉人弓馬。

26 是月，偽齊陷光州。

時劉麟出獵於陳留縣，有義黨百餘人，欲擒麟南歸，爲其徒所告，悉斬於汴京。豫又以其弟復知濟南府，觀知淮寧軍。

27 九月，壬申，金主追尊其考豐王宗峻爲景宣皇帝，廟號徽宗，妣富察舊作蒲察，今改。氏爲惠昭皇后。

28 乙亥，帝御射殿，賜進士汪洋等二百二十人及第、出身。洋乞避遠祖嫌名；時年十八，帝以其與王拱辰同歲，賜名應辰。

29 戊寅，金主尊太祖后赫舍哩舊作紇石烈，今改。氏、太宗后唐古氏舊作唐括，今改。皆爲太皇太后。

30 乙酉，尙書左僕射、監修國史趙鼎上重修神宗實錄五十卷。舊文以墨，新修以朱，删出以黃。帝起，詣殿東壁，焚香再拜受書。鼎、沖及直史館諸人進秩各有差。

31 金改葬景宣帝及惠昭后於興陵。

32 是月，淮西宣撫司統制官華旺復光州。

33 名雷州寇準廟曰旌忠。

34 自靖康之末，兩河之民不從金者，皆於太行山保聚。太原義士張橫者，有衆二千，來往嵐、憲之間。是秋，敗金人於憲州，擒其首將。又有梁青者，懷、衞間人，聚衆數千人，破神山縣，平陽府判官鄭爽以大軍討之，不敢進。居數日，都統制烏瑪喇引騎五百與爽會，乃併其兵與青戰，兵敗，爲青所殺。

35 冬，十月，丙午，復高郵縣爲軍，以知縣兼軍事。

36 己酉，罷宮觀月破供給錢。

自蔡京用事，始創祠官供給，庶官依本資序降二等，學士以上不降。王黼繼相，已除其法，紹興令復舊，至是除之。

37 庚戌，尚書右僕射張浚入見。

浚既平賊，遂自鄂、岳轉淮東、西，會諸大將議防秋之宜，至是入見。詔：「浚母慶國夫人計氏進封蜀國，兄直徽猷閣滉賜紫章服，賜浚銀帛千匹兩，親二人六品服，一人承務郎。」帝親書周易、否泰卦賜浚。

38 乙卯，端明殿學士、荆湖南路安撫制置大使兼知潭州席益爲資政殿學士、成都·潼川·夔州·利州路安撫制置大使兼知成都府。

先是川陝宣撫副司（使）吳玠與都轉運使趙開不咸，玠疊以饋餉不給訴於朝，開亦稱老病求罷，故命益往帥。詔以益前執政，序位在宣撫副使之上，遂州兵馬並隸大使司；如邊防切緊大事，卽令宣撫司處置，其調發隸都督府。

39 觀文殿大學士、提舉西京嵩山崇福宮李綱爲江南（西）路安撫制置大使，兼知洪州。張浚數於帝前言綱忠，趙鼎亦爲帝言綱才器過人，故有是命。

40 鎭南軍節度使、開府儀同三司、提舉臨安府洞霄宮呂頤浩爲荆湖南路安撫制置大使，兼知潭州。

41 丁巳，故文林郎范正平，贈直祕閣，予一子官。正平，純仁長子也，以忤蔡京故陷黨籍，不出仕，終身爲選人。

42 戊午，詔：「川、陝類省試合格第一名，依殿試第三名例推恩，餘並賜同進士出身，特奏名人令宣撫司置院差官試時務策一道。」以道遠舉人赴殿試不及故也。

43 庚申，故承議郎吳儔贈直祕閣，官其家一人。儔，育孫也，名在黨籍，其家請而賜之。

44 乙丑，淮東宣撫使韓世忠，奏僞齊遣沂、海州等簽軍攻犯漣水軍，世忠遣統制官、吉州刺史呼延通等擊殪之，所脫無幾。帝曰：「中原赤子，爲豫逼脅，死於鋒鏑，良可憫也。可令收拾遺骸埋瘞，設水陸齋追薦。仍出榜曉諭，使彼知朝廷矜卹之意。」乃賜通袍帶，將官拱衞大夫、貴州刺史王權已下金椀，仍以通爲果州團練使，權領果州團練使，與將士推恩有差。

45是月，祫饗太廟，祖宗並爲一列，不序昭穆，謂之隨宜設位，以廟之前楹迫狹故也。

46十一月，庚午朔，初置節度使已下象牙牌。其法，自節鉞正任至横行遥郡，第其官資，書之於牌，御書押字，刻金填之，仍合用製造，一留禁中，一降付都統（督）府，相臣主其事。緩急臨敵，果有建立奇勳之人，量其功勞，先次給賜，以爲執守。自軍興以來，皆宣撫使便宜給劄補轉，至是都省有此請焉。

47癸酉，詔：「一應守臣守禦，臨難不屈，死節昭著，不以官品高下，並令帥司保奏，特與賜謚。」

48乙亥，進士顏邵特補右修職郎，卓右迪功郎，彥輝下州文學。

初，帝聞顏眞卿之後有居溫州者，命守臣推擇以聞，得邵等三人，而彥輝，則眞卿十一世孫也。帝謂大臣曰：「人有一死，或輕於鴻毛，或重於泰山，在處死爲難耳。眞卿在唐死節，可謂得所處矣。況今艱難之際，欲臣下盡節，可量與推恩，以爲忠義之勸。況仁祖時，嘗命顏似賢以官，自有故事。」遂命邵、卓監潭州南岳廟。

49金主以尚書令、宋國王宗磐爲太師。宗磐自以太子，當爲安班貝勒。（舊作諳班勃極烈。）金主雖加尊禮，而宗磐心常怏怏。

50先是金天會五年，司天楊級始造曆，其所用曆元日法，不知所本，或曰，因宋紀元曆而增損之也。乙亥，初頒曆，其後名之曰大明曆。

51己卯，金以元帥左監軍完顏希尹爲尚書左丞相兼侍中，以太子少保高慶裔爲左丞，平陽尹蕭慶爲右丞。希尹自太祖舉兵，常在行陣，所至有功，又嘗權西南、西北兩路都統，有威望。及爲相，有大政，皆身先執咎，時人稱之。

52甲申，翰林學士兼侍講孫近試吏部尚書。

53自渡江，宰輔已減俸三之一，至是趙鼎等復請於內權減二分，從之。於是行在官吏俸祿皆權減。

54乙酉，顯謨閣直學士、知平江府李光試禮部尚書，試尚書工部侍郎、都督府參謀軍事折彥質試兵部尚書，徽猷閣待制、知靜江府李彌大試工部尚書，給事中廖剛試刑部侍郎。

55丙戌，詔：「荆、襄、川、陝見宿大兵，措置事宜，委任至重，雖已除席益制置大使，而調發節制，隸在督府，可令張浚往視師，仍諭諸路。」

議者謂：「梁、洋沃壤數百里，環以崇山，南控蜀，北拒秦，東阻金、（房），西拒興、鳳，可以戰，可以守。今兩川之民，往往逃趨蜀中，未敢復業，墾闢既少，多屯兵則糧不足以贍衆，少屯兵則勢不足以抗敵，宜以文臣爲統率，分宣撫司（兵）駐焉，而以良將統之，遇防秋則就食綿、閬。如此，則兵可以備援，而民得安業。」詔宣撫副使邵溥、吳玠擇二郡守臣相度。

初，玠苦軍儲不繼，于興元、洋、鳳、成、岷五郡治官莊屯田，又調戍兵治褒城廢堰，民知灌溉可恃，皆願歸業，詔書嘉獎。別路漕臣郭大中言於玠曰：「漢中歲得營田粟萬斛，而民不敢復業。若使民自爲耕，則所得數什百于此矣。」玠用其言，歲入果多。已而玠復欲陸運，召諸路轉運使持戶籍至軍中，溥曰：「今春驅梁、洋遺民負糧至秦州，餓死十八九，豈可再也！且宣司已取蜀民運脚錢百五十萬，其忍復使陸運乎！」既上疏，立以便宜止之，卒行水運。大中患水運亡失，以策誘賈販，省費十之五。

56 己丑，金建天開閣於約羅。舊作爻刺，今改。

57 癸巳，親從官趙勝歸自金國。帝曰：「太上皇帝在漠北苦寒之地，居處、衣服、飲食，百種皆闕；爲人子不能拯父兄之難，深自悲傷。今朕所居宮室及一飲一食之間，念及父兄，痛入骨髓！」因嘻噓泣下。

58 十二月，己亥朔，帶御器械、神武中軍都統制、權殿前司公事、提舉宿衞親兵楊沂中權主管殿前司公事，併中軍隸殿前司。自五軍外，又置選鋒、護聖二軍，每軍皆(有)統制，仍令沂中具名申樞密院給降付身。

庚子，詔：「神武係北齊君號，宜以行營護軍爲名，神武前軍改稱中護軍，左軍稱前護軍，後軍稱後護軍。劉光世所部人馬稱左護軍，吳玠所部稱右護軍，並聽本路宣撫招討司節制。王彥所部人馬稱前護副軍，聽荆南安撫司節制。（統制）官已下請給、資任、軍分如舊。」

中護（軍）者，本張俊所將信德府部曲，後以忠銳諸將及張浚（俊）親兵與張用、李横、閻臯之衆隸之。前護軍者，本韓世忠所將慶源府部曲，後以張遇、曹成、馬友、李宏、巨師古、王燮、崔增之衆隸之。後護軍者，本岳飛所將河北部曲，後以韓京、吳錫、李山、趙秉淵、任士安之衆隸之。左護軍者，本劉光世鄜延部曲，其後王德、酈瓊、靳賽自以其衆隸之。右護軍者，本吳玠涇原部曲，後得秦、鳳散卒及劉子羽、關師古之衆隸之。前護副軍者，本王彥河北所招部曲，其後稍以金州禁卒隸之。至是俊與世忠、光世軍最多，玠次之，飛又次之，彥兵視諸將最少。

自渡江以後，三衙名在〔存〕實亡，逮趙鼎、張浚並相，乃以楊沂中所將隸殿前司，解潛部曲隸馬軍司，統制官顏漸部曲隸步軍司。沂中之軍本辛永宗部曲，後又益以他兵，故其衆特盛。潛之軍纔千餘，漸所統烏合之衆而已。

59 丙午，右朝請大夫、提舉江州太平觀劉子羽復集英殿修撰、知鄂州，主管荆湖北路安撫司公事。

張浚既還朝，始議大合兵馬爲北討計，乃自召子羽令諭指西帥，且察邊備虛實，故有是命。

60右武大夫、閤州團練使劉錡爲江南東路馬步軍副總管、帶御器械，以其親兵遙隸步軍司。

61庚戌，武衞大夫、秦州刺史、都督府中軍統制軍馬吳錫爲殿前司策選鋒軍統制兼都督府軍統制。【考異】李心傳云：督府都統制及（乃）馬擴，而左軍統制杜湛、前（軍）統制王進、選鋒軍統制申世景、摧鋒軍統制韓京皆出戍于外，右軍、後軍統制未見姓名。

62辛亥，權戶部侍郎王俁言：「兵革未息，屯戍方興，大計所入，充軍須者十居八九，此國用所以常乏。當講究長策，細大不遺，斯爲盡善。敢略陳五事：一曰去冗食之兵，二曰損有餘之祿，三曰收隱漏之賦，四曰補消毀之實，五曰修平準之法。

臣聞兵貴精不貴多。兵多而不精，則冗食者衆；冗食者衆，則勇怯不分；勇怯不分，則戰無必勝。是冗食之兵，不惟徒費糧餉，取敗之道。故治軍之法，戰兵之外，車御、火長、牧人、工匠之屬，皆有定數，舍是則爲冗食。今日財用所出，盡於養兵，然其間未嘗入隊，不堪披帶者，尚多有之。竭民力以養無用之人，不如委將帥自加澄汰，付之漕臣，籍荒閑之田，計口分受，官爲措貸，給與牛種，使之墾闢，仍且與減半支給錢糧，俟秋熟之時，便罷請給，一歲之後，量立租課。且以萬人爲率，每歲所減米十餘萬石，錢四十餘萬緡，絹布五萬餘匹，況又有租課所入，儲此以養戰士，非小補也。

艱難以來，流品猥衆，進用殊常，而制祿之數，一循舊法，理宜不給。欲乞應內外文武官俸給等，以緡計者，自百千以上，每千減半，有兼職者通計，並候事平日依舊。如此則裁捐雖衆，不及小官，恕而易行，夫復何患！

自軍興以來，十年于茲，財用所出，大則資之民力，其次則資之商賈，無不自竭以奉其上。唯是釋家者流，一毫不取，邑以千計，郡以萬計，不稽坐食，其隱漏租稅，暗損國計，不知其幾何也。宜酌古今之意，權急緩之宜，使之輸米贍軍，人歲五㪷，依稅限進納，凡居禪房及西北流寓者，特與蠲免，於以少舒民力，不爲過也。

自艱難以來，饒、虔兩司鼓鑄逐〔遂〕虧，而江、浙之民巧爲有素，銷毁殘寶，習以成風。其最者，如建康之句容、浙西之蘇、湖，浙東之明、越，鼓鑄器用，供給四方，無有紀極。計一兩所費，不過千數錢，器成之日，即市百金，姦民競利，靡所不鑄。一歲之間，計所銷毁，無慮數十萬緡，兩司所鑄，未必稱是，加以流入僞境，不知幾何。乞明詔有司，申嚴銅禁，屏絕私匠，自今以始，悉論如律。除公私不可闕之物，立定名色，許人存留，及後官鑄出賣外，其餘一兩以上，嚴立罪賞，並令納官，量給銅價，令分撥赴錢監，額外鼓鑄。

國家平昔無事之時，在京則有平準務，在外則有平貨務，邊計之餘，內裨國用，無慮二十萬緡，其效固已可見。況今日師旅方興，用度日廣，欲乞先于行在置平準務，次及諸路要會去處各置平貨務，以廣利源，誠非小補，俟其就緒，置使領之。

此五事者，儻有可采，乞令有司講究條畫，排斥浮議，斷以必行。」詔戶部、工部勘當。其後頗施行之。

63 癸亥，金始定齊、高麗、西夏朝賀、賜宴、朝辭之儀。

以京西鹿囿賜民。

64 丙寅，都督府請以集英殿修撰、新知鄂州劉子羽權本府參議軍事，與主管機宜文字熊彥詩並往川、陝撫諭，詔各賜銀二百兩，遣行。

時張浚將謀出師，故令子羽等見宣撫副使吳玠諭指。而玠亦屢言軍前糧乏，因命子羽與都轉運使趙開計事，併察邊備虛實焉。

65 是冬，金主（以蒙古叛，遣領三省事宋國王宗磐提兵破之。蒙古在女眞之東北，其人勁悍善戰，）以鮫魚皮爲甲，可捍流矢。

僞齊劉豫獻海道圖及戰船木樣于金主，金主入其說，調燕、雲、兩河夫四十萬入蔚州交邪〔牙〕山，采木爲栰，開河道，運至虎州，將造戰船，且浮海以入。既而盜賊蜂起，事遂中輟，聚船材于虎州。

66是歲，夏國主乾順改元大德。

紹興六年金天會十四年。（丙辰、一一三六）

1春，正月，己巳朔，帝在臨安。

2辛未，帝以雪寒，民艱食，命有司賑之。翼日，謂尚書右僕射張浚曰：「朕居煥室尚覺寒，細民甚可念。若湖南、江西旱災去處，亦宜早措置賑濟。民既困窮，則老弱者轉于溝壑，强悍者流爲盜賊，朕爲民父母，豈得不憂！」浚曰：「陛下推是心以往，則足以感召和氣，況實惠乎！」帝曰：「朕每以事機難明，專意精思，或達旦不寢。」浚曰：「陛下以多難之際，兩宮幽處，一有差失，存亡所係，慮之誠是也。然雜聽則易惑，多畏則易疑。以易惑之心，行易疑之事，終歸于無成而已。是以自昔人君，正心修己，仰不愧，俯不怍，持剛健之志，洪果毅之姿，爲所當爲，曾不他卹。以陛下聰明，苟大義所在，斷以力行，夫何往而不濟！臣願萬機之暇，保養太和，澄心靜氣，庶幾利害紛至而不能疑，則中興之業可建矣。」

3癸酉，荆襄招討使岳飛，言太行山忠義社梁青百餘人欲徑渡河，自襄陽來歸。時金人併兵攻青，故青將精騎突至飛軍前。帝曰：「果爾，當優與官，以勸來者。諜言固未可信；若此等人來歸，方見敵情。」沈與求曰：「若敵誠衰，來者衆，則敵情審矣。」

4丁丑，詔：「納粟別作名目授官（人），毋得注親民、刑法官，已授者並罷；自今到部隱漏不實者，抵其罪。」時論者謂：「縣令，民之師帥，刑罰之官，人命所係，不可輕以授人。比年軍興，以納粟得官者，不謂之納粟，或以上書文理可采，或作獻納助國，與理選限。原朝廷之意，欲激勸其樂輸，使得爲官戶，而銓曹別無關防之法，近年以來，固有得縣令，亦有得司法者。此曹素未嘗知政務，直以多貲，一旦得官，若遂使之臨縣議刑，其不稱職必矣。欲下吏部立法關防，仍先改正。」故有是旨。

5癸酉，金頒曆于高麗。

6丁丑，金太皇太后赫舍哩氏（舊作紇石烈氏。）崩，後上尊謚曰欽獻皇后，葬睿陵。【考異】欽獻，太祖后。繫年要錄以是年爲太宗后殁，蓋傳聞之誤。

7己卯，起復徽猷閣待制、都督府參議、權川陝宣撫副使邵溥試尚書禮部侍郎。

8癸未，尚書左僕射兼監修國史趙鼎上重修神宗實錄二百卷。

9乙酉，高麗、西夏及劉豫並遣使賀金主萬壽節。金主本七月七日生，以同皇考忌日，改用正月十七日。

10丙戌，尚書右僕射張浚辭往荆、襄視師。浚以敵勢未衰，而劉豫復據中原，爲謀叵測，奏請親行邊塞，部分諸將，以觀機會，帝許之。浚卽張榜聲豫叛逆之罪。

時淮東宣撫使韓世忠駐軍承、楚，淮西宣撫使劉光世屯太平州，江東宣撫使張俊屯建康府，而湖北、京西招討使岳飛在鄂州，朝論以爲邊防未備，空闕之處尙多。浚獨謂：「楚、漢交兵之際，漢駐兵鞏、洛間，則楚不敢越境而西，蓋大軍在前，雖有他歧捷徑，敵人畏我之議其後，不敢踰越而深入。故太原未陷，則粘罕之兵不復濟河，亦以此耳。而論者多以前後空闊爲憂，曾不議其糧食所自來，師徒所自歸，豈必環數千里之地盡以兵守之，然後可安乎！」浚既白于帝，又以告之同列，惟帝深以爲然。

11 戊戌，都督行府奏：「乞將大姓已曾買官人，於元名目上陞轉。文臣迪功郎陞補承直郎一萬五千緡，特改宣教郎七萬緡，通直郎九萬緡。武臣進義校尉陞補修武郎二萬二千緡，保義郎已上帶閤門祗候三萬緡，武翼郎已上帶閤門宣贊舍人十萬緡。已有官人特賜金帶五萬緡。並作軍功，不作進納，仍與見闕差遣，日下起支請給，其家並作官戶，見當差役科敷並免。如將來參部注擬資考、磨勘改轉、蔭補之類，一切並依奏補出身條法施行，仍免銓試；金帶永遠許繫。」從之。

12 二月，壬寅，都督府奏改江、淮營田爲屯田。

先是言屯田者甚衆，而行之未見其效。會張浚出行邊，因出戶帖錢二十萬緡爲本。浚請應事務並申行府措置，俟就緒日歸省部，許之。於是官田、逃田並行拘籍，依民間例召莊客承佃，每五頃爲一莊。客戶五家相保共佃，一人爲佃頭。每客，官給牛五具，種子、農器副之。每家別給萊〔菜〕田十畝，又貸本錢七十千，分二年償，勿取息，若收成日願以斛斗折還者聽。遂命屯田郎官樊賓、提舉糧料院王弗同推行焉。

13 戊申，湖北襄陽府路招討使岳飛，請復以襄陽府路爲京西南路，唐、鄧、隨、郢、均、房州、信陽軍並爲所隸，從之。

14 辛亥，詔張浚暫赴行在所奏事。

浚命京〔淮〕東宣撫使韓世忠自承、楚以圖淮陽，命淮西宣撫使劉光世屯合肥以招北軍，命江東宣撫使張俊練兵建康，進屯盱眙，又請權主管殿前司公事楊沂中領中軍，爲後翼，命湖北、京西招討使岳飛屯襄陽以圖中原。帝親書裴度傳賜浚。

15 甲寅，兵部尚書、都督府參謀軍事折彥質充端明殿學士、簽書樞密院事。

16 乙卯，淮東宣撫使韓世忠引兵至宿遷縣。時劉豫聚兵淮陽，世忠欲攻之，乃引兵踰淮、泗，旁符離而北。

前一日，遣統制官岳超，以二百人，探知邳州賈舍人者亦以千騎南來，與之遇。衆欲不戰，超曰：「遇敵不擊，將何以報！」敵鳴鼓，超率衆突入陣中，出入數四，敵乃還。

翼日，世忠引大軍進趨淮陽城下，命統制官呼延通前行，世忠自以一騎隨之，行三十餘里，遇金人而止。世忠陞高丘以望通軍，通騎至陣前請戰，金將葉赫貝勒舊作牙合孛堇，今改。大呼令解甲，通曰：「我乃呼延通也。我在祖宗時，殺契丹，立大功，誓不與契丹俱生。況爾與我讐，我肯與爾俱生乎！」葉赫卽馳刺，與通交鋒，轉戰移時不解，皆失杖，以手相格，去陣已遠，逢坎而墜，二軍俱不知。葉赫刃通之腋，通扼其吭而擒之。

既而世忠爲敵所圍，乃按甲不動，俄麾其衆曰：「視吾馬首所向。」奮戈一躍，已潰圍而出，不遺一鏃。世忠曰：「敵易與耳。」復乘鋭掩擊，敵敗去。

丙辰，韓世忠圍淮陽軍。

17 戊午，詔楊沂中以八隊萬人赴都督行府。

張浚欲以沂中助韓世忠，故有是命。庚申，詔沂中落階官，爲密州觀察使、龍神衞四廂都指揮使，遣行。

18 辛酉，權主管侍衞馬軍公事解潛兼權殿前司，帶御器械劉錡兼權宿衞親兵，以楊沂中出戍故也。

19 韓世忠攻淮陽，敵堅守不下，劉豫遣使入河間求援于金右副元帥宗弼。先是金、僞與其守將約，受圍一日則舉一烽，至是城中舉六烽，劉猊與宗弼皆至。

世忠之出師也，乞援于江東宣撫使張俊，俊不能從，世忠乃還。道遇金師，世忠勒陣向敵，遣小校郝彥雄造其軍大呼曰：「錦袍驄馬立陣前者，韓相公也。」衆詒世忠，世忠曰：「不如是，不足以致敵。」及敵至，世忠以數騎挑之，殺其引戰者二人，諸將乘之，敵敗去。

淮陽民從軍南歸者萬數，都督行府悉授田居之。帝詔州縣存卹，毋令失所。

20 壬戌，折彥質參知政事。

21 癸亥，參知政事沈與求罷，爲資政殿學士、知明州。與求乞宮觀，改提舉臨安府洞霄宮。

22 詔：「臨安府民間僦舍錢，不以多寡，並三分中減一分，白地錢四分之一。」

23 觀文殿大學士、新江西制置大使李綱見于內殿。

24 三月，戊辰朔，禮部尚書李光兼權刑部尚書。

25 己巳，少保、武成·感德軍節度使、淮南東路兼鎭江府宣撫使韓世忠爲京東、淮東宣撫處置使兼節制鎭江府，徙鎭武寧、安化，楚州置司。檢校少保、鎭寧·崇信軍節度使、湖北·京西南路招討使岳飛爲湖北、京西宣撫副使，徙鎭武勝、定國，襄陽府置司。時銳意大舉，都督張浚于諸將中每稱世忠之忠勇，飛之沉鷙，可以倚辦大事，故並用之。

26 是日，李綱入辭，退，上疏言：「今日主兵者之失，大略有四：兵貴精不貴多，多而不精，反以爲累；將貴謀不貴勇，勇而不謀，將致敵擒；陣貴分合，合而不能分，分而不能合，皆非善置陣者;戰貴設伏,使直前而有中道邀擊之虞,卽非善戰者。願明詔之,使知古人用兵之深意,非小補也。朝廷近來措置恢復,有未盡善者五,有宜預備者三,有當善後者二。今降官告,給度牒,賣戶帖,理積欠,以至折帛、博糴、預借、和買,名雖不同,其取于民則一,而不能生財、節用,覈實、懋遷,一也。議者欲因糧于敵,而不知官軍抄掠,甚于寇盜,恐失民心,二也。金人專以鐵騎勝中國,而吾不務求所以制之,三也。今朝廷與諸路之兵盡付諸將,外重內輕,四也。兵家之事行詭道,今以韓世忠、岳飛爲京東、京西宣撫,未有其實而以先聲臨之。且中軍既行,宿衞單弱,肘腋之變,不可不虞,則行在當預備。江南、荊湖之衆盡出,敵或乘間擣虛,則上流當預備。海道去京東不遠,乘風而來,一日千里,而蘇、秀、明、越全無水軍,則海(道)當預備。假使異時王師能復京東、西地,則當屯以何兵?守以何將?金人來援,何以待之?萬一不能保,則兩路生靈盡就屠戮,而兩河之民絕望于本朝。勝猶如此,當益思善後之計。」

綱又言:「今日之事,莫利營田。然淮南兵革,江湖旱災之餘,民力必不給。謂宜令淮南、襄、漢宣撫諸使,各置招納司,以招納京東、西、河北流移之民。明出文榜,厚加撫諭,撥田土,給牛具,貸種糧,使之耕鑿。許江、湖諸路于地狹人稠地分自行招誘,而軍中兵願耕者聽,則人力可用矣。初年租課,盡畀佃戶,方耕種時,仍以錢糧給之,秋成之後,官爲糴買，次年始收其三分之一，二年之後乃收其半，罷錢糧，此其大概也。不然，徒有營田之實，何補于事！」詔都督府行〔行府〕措置。其後頗施行之。

27 辛未，詔：「去歲旱傷及四分以上州縣，所負紹興四年已前錢帛之稅，皆除之。」

28 壬午，金以太保宗翰、太師宗磐、太傅宗幹並領三省事。

29 丁亥，詔：「江東宣撫司統制官趙密、巨師古軍，並權聽殿前司節制。」

時都督張浚在淮南，謀渡淮北向，惟倚韓世忠為用。世忠辭以兵少，欲摘張俊之將趙密為助。浚以行府檄俊，俊拒之，謂世忠有見吞之意。浚奏乞降旨，而俊亦稟於朝。趙鼎白帝曰：「浚以宰相督諸軍，若號令不行，何以舉事！俊亦不可拒。」乃責俊當聽行府命，不應尚稟於朝；後下浚一面專行，不必申明，慮失機事；時議者以為得體。至是浚終以俊不分軍為患，鼎謂浚曰：「世忠所欲者趙密耳，今楊沂中武勇不減於密，而所統乃御前軍，誰敢覬覦！當令沂中助世忠，卻發密入衞，俊尚敢為辭耶？」浚曰：「此上策也，浚不能及。」

30 辛巳，詔：「天章閣、萬壽觀祖宗帝后神御，見在溫州，令幹辦官黃彥節迎奉赴行在，惟聖祖像留溫州如故。」

31 檢校少師、奉寧·保靜軍節度使、川陝宣撫副使吳玠易鎮保平、靜難，興州置司。

32 樞密副都承旨馬擴兼沿海制置副使。擴自鎮江將殿前司策選鋒軍赴行在，遂有是除。

33 庚寅，江西制置大使李綱始領使事於金谿縣。

34 是春，僞齊劉豫再開貢舉，得邵世以下六十九人。改明堂基爲講武殿，於其地造戰船。

35 夏，四月，庚子，殿中侍御史周祕言：「國家歲以十五事考校監司，四善、四最考校縣令，而五六年惟有成都潼川路一嘗奏到，至其餘諸路課績，並不申奏。法令廢弛，能否無辨，有善最者不賞，有過惡者無罰，吏治之不良，亦無足怪者。欲望責諸路監司、州縣，自今各依限奏明，其累年輒不申奏者，亦乞取問因依，從朝廷審度，歲取殿最各一二人，量行賞罰。庶幾監司、守令，咸知自竭，以副陛下責任之意。」詔吏部申嚴行下，違者令御史臺糾劾。

36 帝御經筵。

37 甲辰，僞齊將王威攻唐州，陷之，團練判官扈舉臣、推官張從之皆死。詔各贈一官，錄舉臣子初品文階，從之子進義校尉。

38 乙巳，詔：「湖北、京西宣撫使岳飛丁母憂，已擇日降制起復，緣見措置進兵渡江，不可等待，令飛日下主管軍馬，措置邊事，不得辭免。」先是飛母慶國夫人姚氏卒于軍，飛不俟報解官去，帝聞之，乃詔起復。

39 辛巳，故朝請大夫趙君錫，贈徽猷閣直學士。

40 癸丑，故奉直大夫韓璹，贈右朝議大夫，官其家一人。

41甲寅，京東·淮東宣撫處置使司統制官、果州團練使呼延通，特遷永州防禦使，諸將王權、劉寶、岳超、許世安、劉銳、崔德明、單德忠、杜琳等十八人，並進官有差，賞淮陽之捷也。

42乙卯，故中大夫趙瞻，贈資政殿大學士。

43戊午，翰林學士兼侍讀胡交修試刑部尚書。

44辛酉，詔四川制置大使司：「禁止采伐禁山林木。」蜀三面被邊，綿亙四百里，山谿阻限，林木障蔽，初時封禁甚備。前一日，太常博士李弼直面對，論：「頃歲以來，一切廢弛，加以軍興，而製器械，運糧造船，自近及遠，斫采殆盡。異時障蔽之地，乃四通八達。」帝曰：「如河東黑松林，祖宗時所以嚴禁采伐者，正藉此爲阻，以屏捍外敵耳。異日營繕，爲一時游觀之美，遂使邊境蕩然，更無阻隔。」折彥質曰：「皆臣不言之罪。」

45癸亥，左諫議大夫趙霈試尚書工部侍郎。

46甲子，少保、武寧·安化軍節度使、京東·淮南東路宣撫處置使韓世忠，賜號揚武翊運功臣，加橫海·武寧·安化軍節度使，賞淮陽之捷也。按節度開三鎮，大將賜功臣號，皆自此始。

47丙寅，詔岳飛仍舊兼節制蘄、黃州。

48僞齊劉豫桀劉龍城以窺淮西，劉光世遣本司副統制王師晟破之。

49五月，戊辰朔，徽猷閣直學士胡世將試尚書兵部侍郎。世將自江西召還，乃有是命。

50 癸酉，左通議大夫、新知鄂州、荆湖北路安撫使王庶復顯謨閣待制，賜銀帛二百匹兩。庶既老，愈通習天下事，前二日入對，首言今日之患，莫大于士風之委靡，願振拔名節士以起其氣，又論安危在修己，治亂在立政，成敗在用人，帝韙其言。庶因請曰：「臣肝膽未盡吐也，願賜臣間，時得縷陳于前。」帝乃宴見之，庶言益深，嘗跪問曰：「陛下欲保江南，無所復事；如欲紹復大業，都荆爲可。荆州左吳右蜀，利盡南海，前臨江、漢，可出三川，涉大河，以圖中原，曹操所以畏關羽也。」帝大異之。

51 詔：「自今臣僚未經上殿者，令三省審察訖，關閤門引對。」復舊典也。

52 乙亥，詔：「除見任知州以上及嘗任侍從官依舊堂除宫觀外，餘並令吏部按格擬差。」時言者論：「艱難以來，士或不調。陛下憫其失職，授以詞館（祠觀），有六等宫觀之格，五項岳廟之法。但其間有昔已叨竊名祿之人，論其家則豐羨，而乃更與失職寒士均享家食，徒使州郡之間，用度不支。欲乞今後陳乞宫觀之人，除貧乏廉潔朝廷所知者，其餘一切按格與之。或察其人富而貪，敢于格法之外輒有干求者，懲戒一二。」故有是旨。

53 詔廣西經略使胡舜陟與邕州守臣同提舉買馬劉遠措置市戰馬。時都督行府言去歲所市馬弱不堪用，于是提舉官李預再貶秩，而更以其事付帥臣。

54 命沿海制置副使馬擴閱習水軍戰艦。

時右司諫王縉言：「舟師實吳、越之長技。將帥之選既愼矣，而舟船數百，多閣水岸，士卒踰萬，未經訓習。欲乞明詔將帥相視，舟船損漏者修之，士卒疲弱者汰之。船不必多，取可乘以戰鬭；人不必衆，取可資以勝敵。分部教習，周而復始，出入風濤，如履平地，則長技可施，威聲遠震，折衝千里之外矣。」從之。

55 丙子，詔劉摯特贈太師，以摯曾孫登仕郎（芮）言，係籍元祐宰相六人，（摯獨）未（盡）被恩典故也。

56 庚寅，少保、寧武·寧國節度使、淮南西路兼太平州宣撫使劉光世爲保靜、寧武、寧國軍節度使，賞龍城之捷也。

57 壬辰，定江·昭慶軍節度使、開府儀同三司、江南路東（東路）宣撫使張俊加崇信、奉寧軍節度使，進屯盱眙。右僕射張浚命依山築城，左僕射趙鼎曰：「德遠誤矣，是雖不爲資敵之具，然當念勞人也。」是役也，興于盛夏，自下運土而上者，皆有日課，望青采斫，數十里間，竹木皆盡。斸掘新舊冢，莫知其數，人甚苦之。城成，無水可守，亦無樵采。築城之際，僞齊遣三百騎于泗州境上，臨淮佇觀久之而去。

58 乙未，尚書祠部員外郎、都督府主管機宜文字楊晨移禮部，尚書（工部員外郎、都督府主管機宜文字熊彥詩移祠部。）

續資治通鑑卷第一百十七

賜進士及第兵部尚書兼都察院右都御史總督湖北湖南等處地方軍務兼理糧餉世襲二等輕車都尉畢沅編集

宋紀一百十七 起柔兆執徐（丙辰）六月，盡十二月，凡七月。

高宗受命中興全功至德聖神武文昭仁憲孝皇帝

紹興六年 金天會十四年。（丙辰、一一三六）

1 六月，己亥，兵部侍郎胡世將兼權吏部侍郎。

2 庚子，大理少卿張匯等言獄空，詔嘉獎，仍免表賀。

3 甲辰，給事中呂祉試尚書刑部侍郎，充都督行府參謀（議）軍事。

4 顯謨閣待制、新知鄂州王庶知荆南府，兼荆湖北路經略安撫使。荆南屢爲盜殘，庶與士卒披荆棘，致財用，治城隍，繕府庫，廨舍畢修，陶瓦爲民室廬，闢市區如承平時。流庸四集，喜曰：「公可恃，我其安於此矣！」庶曰：「府庫未充也。」乃下令：「有欲吾田者，肆耕其中，吾不汝賦；有能持吾錢出而得息者，視其息與去之日多少，授其職有差。」武吏爭出應令。未幾，還輸其息，府庫大充，得以養兵，遂成軍，隱然爲雄藩。

5 乙巳夜，地震。

6 戊申，權戶部侍郎王俁兼權□□□〔禮部侍郎〕。

7 己酉，詔曰：「朕以菲德，奉承大統，遭時艱厄，敵僞相挻，軍旅方興，賦役重困，寤寐恫矜，未知攸濟。乃六月乙巳地震，朕甚懼焉。政之失中，吏之無良，怨讟滋彰，乖氣致沴，坤厚之載，搖動靡寧。變不虛生，緣類而應，永思厥咎，在予一人。凡內外臣庶，有可以應變，輔朕之不逮者，其各悉意以言，毋諱朕躬，毋悼後害。州郡守長近民之官，宜爲朕惠養凋瘵，安輯流亡，察冤繫，禁苛擾，毋倚法以削，毋縱吏爲姦。惟茲卿士，小大惕恭，各祗乃事，以副朕寅畏天地，側身銷變之意。」

8 遣內侍往淮南撫問右僕射張浚，仍賜銀合茶藥，以浚將渡江巡按故也。浚以爲「東南形勢，莫重建康，實爲中興根本。且使人主居此，則北望中原，常懷憤惕，不敢自暇自逸。而臨安僻居一隅，內則易生安肆，外則不足以召遠近，繫中原之心。」遂奏請聖駕以秋冬臨建康，撫三軍而圖恢復。

浚又渡江撫淮上諸屯，屬方盛暑，浚不憚勞，人皆感悅。時防秋不遠，浚以方略諭諸帥，大抵先圖自守以致其師，而後乘機擊之。遂命淮西宣撫使劉光世自當塗進屯廬州，與韓世忠、張俊鼎立，又遣權主管殿前司公事楊沂中進屯泗州。軍聲大振。

9 壬子，帝御正殿，疏放臨安府等見禁輕刑，以大暑故也。

10 戊午，詔：「兩淮沿江守臣，並以三年爲任。」

11 癸亥，張浚加食邑一千戶，食實封四百戶。浚出按淮甸，故降旨加恩焉。時浚密遣人至燕山回，知道君不豫，淵聖遺書金帥求絹。浚遂奏：「臣近得此信，不勝痛憤。願陛下剛健有爲，成敗利害，在所不卹。況孝弟可以格天，推此心行之，臣見其福，不見其禍也。」

12 故太子中舍、知封州曹覲，賜謚忠肅。故右贊善大夫、知康州趙師旦，賜謚莊愍。皇祐中，儂智高入寇，二人皆身捍賊而死。曾開在廣東，援五年十一月詔書爲之請，至是賜之。

13 （甲子），詔：「自今諸州寓流（流寓）舉人，每十五名解一名；不及十五人，令本路漕司聚類附試，仍不拘路分。召文臣二員結除名罪委，所保不得過三人。」用國子監請也。

14 秋，七月，壬申，太常少卿何慤權尙書禮部侍郎。

15 癸酉，尙書吏部尙書兼侍講劉大中試兵部尙書。

16 甲戌，試尙書刑部尙書呂祉，給事中晏敦復，並試吏部侍郎；祉仍兼都督行府參議軍事。

17庚辰，行營前護副軍都統制王彥發荆南，以所部八字軍萬人赴行在，統制官焦文通、備將趙撙等皆從焉。

18是月，淮南宣撫使劉光世克壽春府。

19八月，己亥，吉州萬安縣丞司馬光族曾孫宗，召添差兩浙路轉運司幹辦公事，主光祠祀。

20庚子，集英殿修撰、權都督行府參議軍事劉子羽，祠部員外郎、都督行府主管機宜文字熊彥詩，撫諭川、陝還，至行在，新除權禮部侍郎何慤亦自行府歸，帝皆召見之。

21癸卯〔甲辰〕，張浚自江上入朝，力陳建康之行爲不可緩，朝論不同，帝獨從其計。

先是三大帥既移屯，而湖北、京西宣撫副使岳飛亦遣兵入僞齊地。僞知鎮汝軍薛亨，素號驍勇，飛命統制官牛皋擊之，擒亨以獻，引兵至蔡州，焚其積聚。

22眉州布衣師維藩，治春秋學，累舉不第，至是赴行在上中興十策，請車駕視師。帝下其議於朝，浚以爲可用。會牒報劉豫有南窺之意，趙鼎乃議進幸平江。

23詔：「百司隨從人比四年三分減一；應軍旅非泛支降錢穀差出，並隨從行在所處分。其餘百司常程事務，留臨安府，聽行宮留守司予決；內有不可予決者，即申奏行在所。」

24 丙午，顯謨閣直學士、知臨安府梁汝嘉爲巡幸隨駕都轉運使。

25 丁未，觀文殿學士、新知紹興府秦檜充醴泉觀使，兼侍讀、行宮留守；觀文殿學士、提舉臨安府洞霄宮孟庾提舉萬壽觀，兼侍讀、行宮同留守，權許赴尚書省治事。

26 詔：「景靈宮神御，令溫州四孟行禮，俟還臨安日如舊。」

27 戊申，詔賜沿江諸帥曰：「天地之大義，莫重于君臣；堯、舜之至仁，無先於孝悌。一自衣冠南渡，敵馬北侵，五品弗明，兩宮未返。念有國有家之道，必在正名；盡事父事君之誠，詎宜安處！將時巡於郡國，以周視於軍師。爾其愼守封圻，嚴戒侵擾，虔共乃職，謹俟朕行。」

28 湖北·京西安撫司第四副將、武經郎楊再興，引兵復西京之長水縣。

29 詔侍從官更互赴行在所供職。

時戸部侍郎王俁先往平江措置，于是兵部尚書劉大中、工部侍郎趙霈從，仍以大中兼權吏、禮部尚書，趙霈兼權戸、刑部侍郎。又命殿前司統制官趙密彈壓舟船，帶御器械劉琦〔錡〕與管軍解潛同總禁衞。時吏部侍郎呂祉，戸部侍郎劉寧止，皆爲行府屬，近臣留行宮者，惟吏部尚書孫近、侍郎晏敦復、刑部尚書胡交修、中書舍人傅崧卿、左司員外郎樓炤、殿中侍御史石公揆、監察御史蕭振、李誼而已。

30尚書兵部侍郎胡世將充徽猷閣直學士、知鎮江府。

31庚戌，吏部尚書兼權翰林學士兼侍讀孫近充龍圖閣學士，復知紹興府。

32辛亥，太廟神主發臨安。

33詔：「今者車駕巡幸，措置約束，務從簡省，如陳設之具，已有儀鸞，舟船牽挽，已有兵梢，膳羞之奉，不過隨宜。切恐所過州縣，帟幕供帳，極於侈靡，舟船人夫，煩於調發，飲食膳羞，過求珍異，以至應副百司，極其所須以爲己功，不卹民力，皆非恭儉愛民之意。戒飭州縣，勿爲侈費。若排辦太過，有苦於百姓者，令監司按劾。」

34癸丑，徽猷閣待制、樞密都承旨兼都督行府參議軍事郭執中卒。帝覽遺表歎息，特贈徽猷閣直學士，賜其家銀帛二百匹兩。

35丙辰，金追尊九代祖以下曰皇帝、皇后，定始祖、景祖、世祖、太祖、太宗廟皆不祧。

36丁巳，詔權罷講筵，俟過防秋日如舊。

37己未，戶部乞依四年例，預借江、浙民戶來年夏稅紬絹之半，盡令折納米斛，約可得二百餘萬，庶幾儲蓄稍豐，詔本部勘當。於是兩浙紬絹各折七千，江南六千有半，以米斛價例紐折，每匹折米二石。

38壬戌，中書舍人傳（傅）崧卿兼權戶部侍郎，吏部侍郎晏敦復兼權工部侍郎。

39 癸亥，左司諫陳公輔請奏蔭無出身人並令銓試，經義或詩賦、論策三場，以十分爲率，取五分合格。雖累試不中，不許參選，亦不許用恩澤陳乞差遣，詔吏部措置。其後吏部請試律外止益以經義或詩賦一場，年三十五以上累試不中之人，許注殘零差遣，餘如公輔所奏，從之。

40 癸亥，（校者按：二字衍。）金主詔曰：「齊國與本朝軍民訴訟相關者，文移署年，止用天會。」

41 甲子，廢白州爲博白縣，隸瓊州；龔州爲平南縣，隸潯州。

42 九月，丙寅朔，帝發臨安府。

先詣上天竺寺焚香，道遇執黃旗報捷，乃湖北、京西宣撫（副）使岳飛所遣武翼郎李遇。先是飛遣統制官王貴、郝晸、董先引兵攻虢州盧氏縣，下之，獲糧十五萬斛。

帝已登舟，召守臣李謨即舟中奏事，遂宿北郭之稅亭。

丁卯，御舟宿臨平鎮。

戊辰，帝次崇德縣，縣令趙渙之入對。帝問以民間疾苦，渙之言無之；又問戶口幾何，渙之不能對。乃削渙之二秩，仍令張滙治罪。趙鼎曰：「陛下所以延見守令者，正欲知民間疾苦耳。」帝曰：「朕猶恨累日風雨，不能乘馬，親往田間問勞父老。」

己巳，次阜林，帝謂宰執曰：「岳飛之捷，兵家不無緣飾，宜通書細問；非吝賞典，欲知措置之方爾。」張浚曰：「飛措置甚大，今已至伊、洛，則太行一帶山寨，必有通謀者。自梁青之來，彼意甚堅。」趙鼎曰：「河東山寨如韋銓輩，雖力屈就金人招，而據險自保如舊，亦無如之何，羈縻而已。一旦王師渡河，此輩必爲我用。」帝曰：「斯民不忘祖宗之德，吾料之，必非金人所能有。」鼎等曰：「願陛下修德，孜孜經營，常如今日也。」

庚午，帝次秀州。辛未，御舟次平望。壬申，帝次吳江縣。

43 僞齊故相張孝純遣其客薛筇間道走行在，上書言利害。

先是劉麟嘗養俠士蒯挺等二十餘人，待以殊禮，孝純自言得其陰謀。【考異】熊克小紀載宇文虛中送張孝純詩云：「閭里共驚新白髮，兒孫重理舊斑衣。」是當時以孝純得用於齊爲幸也。繫年要錄載孝純書云：「蒯挺訪臣曰：『有人自兩浙來，攜宋帝御書，云酷好黃庭堅墨跡。東宮得之，喜曰：「吾得計矣。」近以黃庭堅墨跡二十餘本投挺，令與王開道等效學，務令精肖。不久，與相公別矣。』臣方知賊臣輩欲令挺輩袖匕首，微行二浙，以庭堅書取媚於陛下，以肆其很毒，」云云。是孝純不忘南向也。今附識於此。又言：「金人於沿海州縣置通貨場，以市金漆、皮革、羽毛之可爲戎器者，以厚直償之，所積甚衆。孝純言於豫曰：『聞南人治舟久矣，且暮乘風北濟，而所在岸口視之恬然，儻利於吾，彼寧不爲之禁！』豫大懼，遽罷通貨場。」又請分兵守京西諸州，斷貝勒（舊作孛堇。）之糧道，擣劉豫之巢穴，則淮南、關陝之兵不攻自解。又言：「山東長吏皆本朝舊人，日望王師之來，爭爲內應以贖前罪。惟李鄴有異志，不復心懷本朝。」孝純嘗與鄴論及朝廷，鄴曰：「死無所憚，但恐如陸漸之禍，惡名終不可免。」故孝純及之。【考異】李心傳曰：孝純所上之書，僞齊錄有之，不得其年。其書有云：「自太原失守，于今十年以來。」計之當是紹興五年，而書中所引，多紹興三年事，不知何也？如云徐文北奔，烏珠（舊作兀朮。）西侵，皆在三年；敵出助兵，李成獻計，皆在四年；則其書當在金、豫未入侵之前，今且依徐夢莘北盟會編附此，疑非今年也。書首稱僞尚書左僕射，考僞齊有左右丞相而無僕射，又，孝純久已罷去，此時僞相乃劉麟、張昂爲之，姑附此。

44 癸酉，帝次平江府。

45 乙亥，韓世忠自楚州來朝。

46 癸未，詔：「太廟神主權奉安於平江府能仁寺，遇朔饗日，令太常寺焚香。」

47 丁亥，吏部侍郎晏敦復權戶部侍郎。

48 戊子，詔：「江東轉運使向子諲，應副劉光世軍錢糧。副使俞俟，應副張俊軍錢糧。」子諲與俊不協，俊數有論奏；而光世，向氏壻也，故改命之。

49 命戶部員外郎霍蠡就鄂州置司，專總領岳飛一軍錢糧。

50 庚寅，張浚復往鎮江視師。

初，僞齊劉豫，因金領三省事晉國王宗翰、尚書左丞・參知政事高慶裔在兵間而得立，故每歲皆有厚賂，而蔑視其他諸帥。左副元帥魯王昌，初在山東，回易屯田，徧於諸郡，每認山東爲己有。及宗翰以封豫，昌不能平，屢言於太宗，以爲割膏腴之地以予人，非計，太宗不從。

及是豫聞帝將親征，遣人告急於金主，求兵爲援，且乞先侵江上。金主使諸將相議之，領三省事宋國王宗磐言曰：「先帝所以立豫者，欲豫闢疆保境，我得安民息兵也。今豫進不能取，又不能守，兵連禍結，愈無休息，從之則豫受其利，敗則我受其弊。況前年因豫乞兵，嘗不利於江上矣，柰何許之！」金主乃聽豫自行，遣右副元帥瀋王宗弼提兵黎陽以觀釁。

於是豫以其子僞尚書左丞相梁國公麟領東南道行臺尚書令，改封淮西王，又以主管殿前司公事兼開封尹許清臣權諸路兵馬大總管，尚書右丞李鄴爲行臺右丞、講議軍事，戶部侍郎馮長寧爲行臺戶部侍郎兼行軍參議，又以故叛將李成、孔彥舟、關師古爲將，簽鄉兵三十萬，號七十萬，分三路入寇：中路由壽春犯合肥，麟統之；東路由紫（荆）山出渦口，犯定遠縣以趨宣、徽，姪猊統之；西路由光州犯六安，彥舟統之。僞詔榜示，指斥鑾輿，尤甚於五年淮、泗之役。

諜報豫挾金兵來侵，主管殿前司公事楊沂中在淮壖，先以二百騎馳至盱眙觀形勢，還奏事，留宿內殿三日，條上御（禦）寇之策，於是分遣諸將以備要害。時江東宣撫使張俊軍盱眙，沂中軍泗上，京東、淮東宣撫處置使韓世忠在楚州，湖北宣撫副使岳飛在鄂州，聲勢不相及。獨淮西宣撫使劉光世在當塗，光世遣輕騎據廬，而沿江一帶皆無軍馬，左僕射趙鼎甚憂之。浚乞先往江上視師，至是發行在。

51 癸巳，翰林學士朱震言：「按大理國本唐南詔，大中、咸通間，入成都，犯邕管，召兵東方，天下騷動。藝祖皇帝鑒唐之禍，乃棄越嶲諸郡，以大渡河爲界，欲寇不能，欲臣不得，最得禦戎之上策。今國家南市戰馬，通道遠夷，其王和譽遣清平官入獻方物。陛下詔還其直，卻馴象，賜勅書，卽桂林遣之，是亦藝祖之意也。然臣有私憂，不可不爲陛下言之。今日干戈未息，戰馬爲急，桂林招買，勢不可輟。然而所可慮者，蠻人熟知險易，商買（賈）囊橐爲姦，審我之利害，伺我之虛實，安知無大中、咸通之事！願密諭廣西帥臣，凡市馬之所，皆用謹信可任之士，勿任輕猥生事之人，務使羈縻而已。異時西北路通，漸減廣馬，庶幾消患未然。」詔劄與廣西帥臣。

52 冬，十月，乙未朔，帝率百官遙拜二帝。

53 丁酉，吏部侍郎、都督府參議軍事呂祉還行府供職。

先是劉麟等令鄉兵僞爲金人服，於河南諸處千百爲羣，人皆疑之，以金、僞合兵而至。淮西宣撫使劉光世奏禦賊事宜，謂廬州難守，且密干左僕射趙鼎，欲還太平州，又江東宣撫使張俊方駐軍泗州。都督張浚奏：「敵方疲於奔命，決不能悉大衆復來，此必皆豫兵。」而邊報不一，俊、光世皆請益兵，衆情恟懼，議欲移盱眙之屯，退合肥之戍，召岳飛盡以兵東下。浚獨以爲不然，乃以書戒俊及光世曰：「賊衆之兵，以逆犯順，若不勦除，何以立國，平日亦安用養兵爲！今日之事，有進擊，無退保。」而鼎及簽書樞密院事折彥質，皆移書抵浚，欲飛軍速下。且擬條畫項目，請帝親書付浚，大略欲令張俊、楊沂中合兵掃蕩，然後退師還南，爲保江之計，必不〔不必〕守前議。于是江東宣撫使韓世忠統兵過淮，遇敵騎，與阿里雅貝勒等力戰，既而亦還楚州。或請帝回臨安，且追諸將守江防海，浚奏：「若謂〔諸〕將渡江，則無淮南，而江之險與敵共。淮南之屯，正所以屏蔽大江。使賊得淮南，因糧就運以爲家計，江南豈可保乎！今淮西之寇，正當合兵掩擊；況士氣甚振，可保必勝。若一有退意，則大事去矣。又，岳飛一動，則襄、漢有警，復何所制！願朝廷勿專制于中，使諸將不敢觀望。」帝乃手書報浚：「近以邊防所疑事咨卿，今覽所奏甚明，俾朕釋然無憂。非卿識高慮遠，出入〔人〕意表，何以臻此！」祉亦言士氣當振，賊鋒可挫，榻前力爭，至于再四。彥質密奏：「異時誤國，雖斬晁錯以謝天下，亦將何及！」帝不聽。乃命祉馳往光世軍中督師。

時劉猊將東路兵至淮東，阻世忠承、楚之兵不敢進，復還順昌，麟乃從淮西繫三浮橋而渡。於是賊衆十萬，已次於濠、壽之間，江東宣撫使張俊拒之，卽詔併以淮西屬俊。主管殿前司楊沂中，爲浚統制官，浚遣沂中至泗州與俊合，且使謂之曰：「上待統制厚，宜及時立大功，取節鉞。或有差跌，浚不敢私。」諸將皆聽命。

戊戌，楊沂中至濠州，會劉光世已舍廬州而退。浚甚怪之，即星馳至采石，遣人喻光世之衆曰：「若有一人渡江，即斬以徇！」且督光世復還廬州。右司諫王縉，亦言主帥有慢令不赴期會者，請奮周世宗、我太祖之英斷以勵其餘。帝親筆付沂中：「若不進兵，當行軍法。」光世不得已，乃駐兵與沂中相應。遣統制官王德、酈瓊將精卒自安豐出謝步，遇賊將崔臯于霍丘，賈澤于正陽，王遇于前羊寺，皆敗之。是日，賊攻壽春府寄治芍陂水寨，守臣閤門祗候孫暉夜劫其寨，又敗之。初，光世言糧乏，詔轉運使向子諲濟其軍。子諲晝夜倂行，至廬州而光世兵已出東門。子諲直入見光世，具其綱船至岸次，光世乃止。

54 壬寅，顯謨閣直學士、巡幸隨軍都督（轉）運使梁汝嘉爲浙西、淮東沿海制置使，帶御器械劉錡副之。翼日，更命行營前護副軍都統制王彥爲制置使，以所部屯通州之料角。汝嘉等乞以右通直郎、新知濠州蔡延世等二人充參議官，量賜激賞錢，仍令浙西漕臣、淮南提點官應副軍食，皆從之。

55 劉猊以衆數萬過定遠縣，欲趨宣化以犯建康，權主管殿前司公事楊沂中，與猊前鋒遇於越家坊，敗之。猊孤軍深入，恐南師掩其後，欲會麟于合肥。

56 癸卯，趙鼎進呈劉光世所奏事宜，帝曰：「光世之意，似欲退保采石。」鼎曰：「據諸處探報，殊無金人，如此則自當鏖擊。若官軍與豫賊戰而不能勝，或更退撓，則他時何以立國！但光世分兵隨處禦捍，已見失策。今賊兵既已渡淮，唯當亟遣張俊合光世之軍，盡掃淮南之寇，然後議去留，茲爲得計。萬一使賊得志于光世，則大事去矣。」帝顧鼎曰：「卿此策頗合朕意。」

57 甲辰，楊沂中至藕塘，與劉猊遇。賊據山險，列陣外嚮，矢下如雨，沂中曰：「吾兵少，情見則力屈，擊之不可不急。」乃遣催〔擢〕鋒軍統制吳錫以勁騎五千突其軍，賊兵亂。沂中縱大軍乘之，自將精騎繞出其脅；短兵方接，卽大呼曰：「破賊矣！」賊方愕視，會江東宣撫司前軍統制張宗顏等自泗州南來，率兵俱進，賊衆大敗。猊以首抵謀主李諤曰：「適見一髯將軍，銳不可當，果楊殿前也。」卽以數騎遁去。餘兵猶萬計，皆僵立駭顧，沂中躍馬前叱之曰：「爾曹皆趙氏民，何不速降！」皆怖伏請命。南軍獲李諤與其大將李亨等數十人。

麟在順昌，聞猊敗，拔寨遁去，光世遣王德擊之。先是帝賜德親劄，諭令竭力協濟事功，以副平日眷待之意。德奉詔，與沂中追麟至南壽春還。

是役也，通兩路所得賊舟數百艘，車數千兩，器甲、金帛、錢米、僞交鈔、誥勅、軍需之物不可勝計。于時孔彥舟圍光州，守臣敦武郞王莘拒之，彥舟聞猊敗，亦引去。北方大恐。

辛亥，楊沂中捷奏至，俘馘甚衆，帝愀然曰：「此皆朕之赤子，迫于凶虐，勉強南來，既犯兵鋒，又不得不殺，念之心痛！」顧趙鼎曰：「可更戒勅諸將，爾後務先招降。其陣歿之人，亟爲埋瘞，仍置道場三晝夜，以示矜惻。」

乙卯，侍御史周祕奏貸遣所得之俘，帝曰：「祕此意甚善。朕方痛念西北之民皆吾赤子，進爲王師所戮，退爲劉麟所殘，不幸如此。今當給與錢米，然後遣之使歸。」

58 乙未，趙鼎奏：「比見探報，劉麟所起山東、京畿人夫，有自書鄉貫姓名於身而就縊者。」帝曰：「何故如此？」鼎曰：「苦其力役耳。昔臣在陝西，親見調夫，而民間大不聊生，號哭之聲，所不忍聞，是以聖人常以用兵爲戒。仁宗皇帝勤儉積累四十二年，府庫盈溢，下無貧民。」帝曰：「他時事定，願不復更用兵革。」

59 壬戌，廢梅州爲程鄉縣，隸潮州；又廢長樂縣爲鎮。

60 癸亥，張浚遣左承議郎、行府書寫機宜文字計有功來奏事；後二日，除直祕閣，遣還。

初，趙鼎得政，首引浚共事，其後二人稍有異議，賓客往來其間，不協。及楊沂中奏捷，鼎卽求去位，帝不許。鼎因曰：「臣始初與張浚如兄弟，近因呂祉輩離間，遂爾暌異，今同相位，勢不兩立。陛下志在迎二聖，復故疆，當以兵事爲重。今浚成功淮上，其氣甚銳，當使展盡底蘊，以副陛下之志，如臣但奉行詔令經理庶務而已。浚當留，臣當去，其勢然也。浚朝夕還，俾臣奉身而退，則同列之好，俱無所傷；他日或因物議有所去留，則俱失之矣。」帝曰：「朕自有所處，卿勿為慮。」鼎曰：「萬一議論紛紛，曲直淆亂，是時陛下必不祕今日之言，臣狠〔狠〕狽無疑矣。陛下即位以來，命相多矣，未有一人脫者，豈不累陛下考慎之明乎！」帝徐曰：「俟浚歸議之。」浚奏車駕宜乘時早幸建康；鼎與折彥質並議回蹕臨安以為守計，帝許之。

61丙寅，故中大夫范純禮，再贈資政殿學士，其合得恩澤，依數貼還，以其家有請也。後謚恭獻。

62庚午，詔張浚還行在所。

63初，劉麟等既敗歸，金人遣使問劉豫之罪。豫懼，廢猊為庶人以謝之。於是金人始有廢豫之意矣。

64十二月，甲午朔，德音降廬、光、濠州、壽春府雜犯死罪已下囚，釋流已下。制曰：「朕以眇質，獲承至尊，念國家積累之基，遭外侮侵陵之患，誠不足以感移天意，德不足以綏靖亂原，致被叛臣，乘予厄運，頻挾敵勢，來犯邊隅，直渡淮瀆，將窺江、浙。所賴諸將協力，六師爭先，雖逆雛暫逭于天誅，而匹馬莫還于賊境。載循不道，深惻于心，俾執干戈，皆朕中原之赤子；重爲驅役，亦有本朝之舊臣；迫彼暴虐之威，陷茲鋒鏑之苦，繇予不德，使至于斯。申戒官司，務優存沒，知朕興懷于兼愛，本非得已而用兵，宜錫茂恩，以蘇罷俗。」

65詔行宮留守秦檜卽赴行在所奏事。張浚以檜在靖康中建議立趙氏，不畏死，有力量，可與共天下事，一時仁賢薦檜尤力，遂推引之。

66趙鼎既與浚不協，左司諫陳公輔因奏劾鼎。鼎屢求去，帝愀然不樂曰：「卿只在紹興，朕他日有用卿處。」

67戊戌，右司諫王縉入對，論簽書樞密院事折彥質之罪，大略謂：「彥質于敵馬南向之時，倡爲抽軍退保之計，上則幾誤國事，下則離間君臣，乞賜罷黜。」

先是張浚自帝還平江，隨班入見，帝曰：「卻敵之功，盡出右相之力。」于是趙鼎惶懼，復乞去。浚入見之次日，具奏曰：「獲聞聖訓，惟是車駕進止一事，利害至大。天下之事，不倡則不起，不爲則不成。今四海之心，孰不想戀王室！金、豫相結，脅之以威，雖有智勇，無所展竭。三歲之間，賴陛下一再進撫，士氣從之而稍振，民心因之而稍回，正當示之以形勢，庶幾乎激忠起懦，而三四大帥者，亦不敢懷偷安苟且之心。夫天下者，陛下之天下也，陛下不自致力以爲之先，則被堅執銳，履危犯險者，皆有解體之意。今日之事，存亡安危所自以分。六飛倘還，則有識解體，內外離心，日復一日，終以削弱，異日復欲巡幸，詔書誰爲深信而不疑者！何則？彼已知朝廷以爲避地之計，實無意圖回天下故也。論者不過曰『萬一有警，難于遠避』，夫將士用命，扼淮而戰，破敵有餘，苟人有離心，則何地容足！又不過曰『當秋而戰，及春而還』，此但可以紓一時之急，年年爲之，人皆習熟，難立國矣。又不過曰『賊占上流，順舟可下』，今襄、漢非彼有，舟何自來！使賊有餘力，水路偕進，陛下深處臨安，亦能安乎？」

浚因獨對，乞乘勝取河南地，擒劉豫父子；又言劉光世驕惰不戰，不可爲大將，請罷之。帝問：「常與鼎議否？」浚曰：「未也。」浚見鼎，具道其故，鼎曰：「不可。豫机上肉耳；然豫倚金人爲重，不知擒滅劉豫，得河南地，可遂使金不內侵乎？光世將家子，士卒多出其門下，若無故罷之，恐人心不可。」浚不悅。鼎復言強弱不敵，宜且自守，未可以進，由是與彥質俱罷去。

68京東、淮東宣撫處置使韓世忠引兵攻淮陽軍，敗之。

69己亥，賜劉光世、岳飛詔曰：「國家以叛逆不道，狂狡亂常，遂至行師，本非得已，並用威懷之略，不專誅伐之圖。蓋念中原之民，皆吾赤子，迫於暴虐之故，來犯王師，自非交鋒，何忍誅戮！庶幾廣列聖好生之德，開皇天悔禍之衷。卿其明體朕懷，深戒將士，務恢遠馭，不專尙威，凡有俘擒，悉加存撫。將使戴商之舊，益堅思漢之心，早致中興，是爲偉績。毋致貪殺，負朕訓言。」樞密院奏光世之將馬欽、飛之將寇成等，捕獲各五百人，並斬訖，故有是詔。

70 辛丑，詔築南壽春城。

71 壬寅，尚書左僕射、同中書門下平章事兼知樞密院事、都督諸路軍馬兼監修國史趙鼎，充觀文殿大學士、兩浙東路安撫制置大使，兼知紹興府。龍圖閣學士、知紹興府孫近試吏部尚書。

72 命吏部侍郎、都督行府參議軍事呂祉，往建康措置移蹕事務。

73 乙巳，帝與宰執語唐開元之治曰：「姚崇爲相，嘗選除郎吏，明皇仰視屋椽，崇驚愕久之，後因力士請問，知帝所以專委之意。人主任相當如此。」張浚曰：「明皇以此得之，亦以此失之。楊、李持柄，事無巨細，一切倚仗，馴致大亂。吁，可戒也！」帝曰：「然卿知所以失否？在於相非其人，非專委之過也。」浚曰：「明皇方其憂勤，賢者獲進，逮其逸樂，小人遂用，此治亂之所以分。陛下灼見本末，天下幸甚！」

74 趙鼎入辭。【考異】熊克小紀罷相在此日，蓋誤。鼎在越，惟以束吏卹民爲務，每言：「不束吏，雖善政不能行，蓋除害然後可以興利。易之豫，利建侯行師，乃所以致豫。解，公用射隼于高墉之上，謂射隼而去小人，乃所以致解也。」至是姦猾屏息。又，場務利入之源，不令侵耗，財賦遂足。

75 甲午，崇信・奉寧軍節度使、開府儀同三司、江南東路宣撫使張俊，加少保、鎮洮・崇信・奉寧軍節度使，仍舊宣撫使。龍神衞四廂都指揮使、密州觀察使、權主管殿前司公事楊沂中爲保成軍節度使、殿前都虞候、主管殿前司公事。

先是右司諫陳公輔言：「前日賊犯淮西，諸將用命，捷音屢上，邊土稍寧，蓋廟社之靈，陛下威德所至。然行賞當不踰時，廟堂必有定議。臣聞濠梁之急，俊遣楊沂中往援，遂破賊兵，此功固不可掩。劉光世不守廬州，而濠梁戍兵輒便抽回，如渦口要地，更無人防守，若非沂中兵至，淮西焉可保哉！光世豈得無罪！此昭然無可疑者。又，沂中之勝，以吳錫先登；光世追賊，王德尤爲有力；是二人當有崇奬，以爲諸軍之勸。若韓世忠屯淮東，賊不敢犯；岳飛進破商、虢，擾賊腹脅；二人雖無淮之功，宜特優寵，使有功見知，則終能爲陛下建中興之業。」朝廷以俊、沂中功尤著，遂優賞之。沂中時年三十五歲。

76 丁未，詔曰：「朝廷設官分職，本以爲民。比年以來，重內輕外，殊失治道之本，朕甚不取。可自今監司、郡守，秩滿考其善狀，量與遷推，治效著聞，即除行在差遣。其郎官未歷民事者，效職通及二年，復加銓擇，使之承流于外。仍令中書、御史臺籍記名姓，俟到闕日，檢舉引對，參考善否，取旨陞黜。庶幾天下百姓蒙被實惠，以稱朕意。」

77戊申，詔曰：「朕惟養兵之費，皆取于民。吾民甚苦而吏莫之卹，貪緣軍須，掊斂無益，朕甚悼之！監司、郡守，朕所委寄以惠養元元者也，今慢不加省，復何賴焉！其各任乃職，察吏之侵漁納賄者，劾按以聞。已戒敕三省官，間遣信使周行諸路，苟庇覆弗治，流毒百姓，朕不汝貸。自今軍事所須，並令州縣揭榜曉諭，餘依紹興元年五月二十四日詔旨施行，無或違戾。」

78觀文殿學士、醴泉觀使兼侍讀秦檜行在所講筵供職，觀文殿學士、行宮同留守孟庾充行宮留守。

79庚戌，詔：「官職如在職二年已上知縣資序人，與除大郡通判；通判資序人，與除知州軍。任滿到闕，令閤門引見上殿，當參考治狀善否，取旨陞黜；仍令中書省、御史臺籍記姓名。」

80辛亥，資政殿大學士、提舉洞霄宮張守自常州入見，卽日除參知政事。

壬子，詔張守兼權樞密院事。

81丙辰，鎭南軍節度使、開府儀同三司、荆湖南路安撫制置大使兼知潭州呂頤浩爲兩浙西路安撫制置大使，兼知臨安府，仍赴行在奏事。

82寶文閣學士、新知襄陽府劉洪道知潭州，充荆湖南路安撫使，仍兼都督府參謀軍事。

83戊午，詔：「自今吏部注擬知、通、守、令，並選擇非老病及不曾犯贓與不緣民事被罪之人，仍申中書省審察。其注擬人脚色，關御史臺；如非其人，許本臺彈奏。」用中書請也。既而行宮吏部請曰：「民事犯徒已上罪人，如令〔今〕詔。」自開國以來，以公私贓三等定天下之罪，至是始增民事律焉。

84己未，兵部尚書兼權吏、禮部尚書劉大中充龍圖閣直學士、知處州。

85左司諫陳公輔言：「朝廷所尚，士大夫因之，士大夫所尚，風俗因之，不可不愼也。國家嘉祐以前，朝廷尚大公之道，不營私意，不植私黨，故士大夫以氣節相高，以議論相可否，未嘗互爲朋比，至於雷同苟合。自熙、豐以後，王安石之學，著爲定論，自成一家，蔡京引之，挾紹述之說，于是士大夫靡然而同，風俗壞矣。仰惟陛下天資聰明，聖學高妙，將以痛革積弊，變天下黨同之俗。然在朝廷之臣，不能上體聖明，又復輒以私意取程頤之說，謂之伊川學，相率而從之，是以趨時競進，飾詐沽名之徒，翕然胥效，倡爲大言，轉相傳授。伏望聖慈特加睿斷，察羣臣中有爲此學鼓扇士類者，皆屏絕之。明詔天下以聖人之道著在方册，學者但能參攷衆說，研窮至理，各以己之所長而折中焉，則道術自明，性理自得矣。」輔臣進呈張浚批旨曰：「士大夫之學，宜以孔、孟爲師，庶幾言行相稱，可濟時用。覽臣僚所奏，深用憮然！可布告中外，使知朕意。」

先是范沖既去位，公輔以沖所薦，不自安；會耿鎡等伏闕上書，或者因指公輔靖康鼓唱之誘。公輔懼，見帝求去，因此上疏。詔：「公輔，朕所親擢，非由薦引，可令安職，毋得再請。」時朱震在經筵，不能諍，論者非之。

86湖北經略安撫使王庶，乞令澧、辰、沅、靖四州，以閑田共招刀弩手三千五百人，沅州千五百，辰州千人，澧、靖州各五百餘，田召人承佃，從之。四郡刀弩手舊額萬人，靖康末，調赴河東，少還者，至是命相度招塡，故有是請。

87僞齊劉豫密知金人有廢己之謀，是冬，遣皇子府參謀馮長寧請於金，欲立淮西王麟爲太子以嘗其意，金主謂之曰：「先帝所以立爾者，以爾有德於河南之民也。爾子有德耶？我未之聞也，徐當遣人咨訪河南百姓以定之。」

88先是河北軍前通問使魏行可，爲金所拘，至是九年。或謂行可嘗上金帥書，戒以不戢自焚之禍，以謂：「大國舉中原與劉豫，劉氏何德，趙氏何罪哉？若亟以還趙氏，賢於奉劉氏萬萬也。」是歲，行可卒。未幾，其副右武大夫、果州團練使郭元邁亦卒于金地。

續資治通鑑卷第一百十八

賜進士及第兵部尚書兼都察院右都御史總督湖北湖南等處地方軍務兼理糧餉世襲二等輕車都尉畢沅編集

宋紀一百十八 起強圉大荒落（丁巳）正月，盡七月，凡七月。

高宗受命中興全功至德聖神武文昭仁憲孝皇帝

紹興七年金天會十五年。（丁巳、一一三七）

1春，正月，癸亥朔，帝在平江，詔曰：「朕獲奉丕圖，行將一統，每念多故，惕然于心。將乘春律，往臨大江，駐蹕建康，以察天意。播告遐邇，俾迪朕懷。」

2置御前軍器局於建康府，歲造裝甲五千，矢百萬，以中侍大夫、岷州觀察使、行營中護軍忠勇軍統制楊忠閔充提點，仍隸樞密院及工部。

3金主朝大皇太后於明德宮。

初用大明曆。

4甲子，命巡幸隨軍都轉運使梁汝嘉先往建康，趣繕行宮及按視程頓。

5丙寅，帝諭大臣曰：「昨日張浚呈馬，因爲區別良否、優劣及所產之地，皆不差。」張浚曰：「臣聞陛下聞馬足聲而能知其良否。」帝曰：「然。聞步驟之聲，雖隔牆垣可辨也。凡物苟得其要，亦不難辨。」浚曰：「物具形色，猶或易辨，惟知人爲難。」帝曰：「人誠難知。」浚因奏：「人材雖難知，但議論剛正，面目嚴冷，則其人必不肯爲非；阿諛便佞，固寵患失，則其人必不可用。」帝以爲然。

6己巳，詔江東宣撫使張俊，特賜御筵。時俊自軍中來奏事，復還泗州。

7癸酉，翰林學士兼侍讀朱震，引疾乞在外宮觀，不許。

先是董弅免官，震乃白張浚求去。徽猷閣待制胡安國聞之，以書遺其子徽猷閣待制寅曰：「子發求去，未免晚矣。當公輔（之說）讒（纔）上，若據正論力爭，則進退之義明。今不發一言，默然而去，平生讀易何爲也！」於是安國自上奏曰：「士以孔、孟爲師，不易之至論。然孔、孟之道不傳久矣，自程頤始發明之，而後其道可學而至。今使學者師孔、孟而禁不得從頤之學，是入室而不由戶也。夫頤之文，於諸經、語、孟則發其微旨，而知求仁之方，入德之序；鄙言怪語，豈其文哉！頤之行，則孝弟顯於家，忠誠動於鄉，非其道義，一介不以取予；高視闊步，豈其行哉！自嘉祐以來，頤與兄顥及邵雍、張載，皆以道德名世，如司馬光、呂大防，莫不薦之。頤有易、春秋傳，雍有經世書，載有正蒙書，惟顥未及著書。望下禮官，討論故事，加此四人封爵，載在祀典，比於荀、揚之列。仍詔館閣裒其遺書以羽翼六經，使邪說不得作而道術定矣。」

8 戊寅，吏部尚書孫近兼史館修撰，尋又兼侍讀。

9 開州團練使、帶御器械、權提舉宿衞親兵劉錡權主管馬軍司幷殿前、步軍司公事。

10 辛巳，韓世忠奏已還軍楚州。

帝因諭：「淮陽取之不難，但未易守。」張守曰：「必淮陽未可進，故世忠退師。」張浚曰：「昔西伯戡黎，祖伊恐，奔告于受，以要害之地不可失也。淮陽，今劉豫要害之地，故守之必堅。」帝曰：「取天下須論形勢，若先據形勢，則餘不勞力而自定矣。正如弈碁，布置大勢既當，自有必勝之理。」

11 癸未，翰林學士兼侍講陳與義參知政事，資政殿學士、新除提舉醴泉觀兼侍讀沈與求同知樞密院事。

12 乙酉，詔：「宥密本兵之地，事權宜重，可依祖宗故事，置樞密使、副，宰相仍兼樞密使，其知院以下如舊。」自元豐改官制，而密院不置使名。宣、政間，鄧洵武以少保知樞密院，其後童貫以太師，蔡攸以太保，鄭居中以少師，皆領院事，中興因之。至是張浚將引秦檜共政，以其舊弼，不可復除執政官，於是浚自兼知樞密院事改兼樞密使。

13丙戌，詔以知州軍、諸郡通判各六十一闕歸吏部，用左右司奏也。於是堂除郡守之闕一百九，通判之闕八十。

14丁亥，閤門祗候充問安使何蘚，承節郎、都督行府帳前準備差使范寧之至自金，得右副元帥宗弼書，報道君皇帝、寧德皇后繼逝。張浚等入見于內殿之後廡，帝號慟擗踊，終日不食。浚奏：「天子之孝與士庶不同，必也仰思所以承宗廟奉社稷者。今梓宮未返，天下塗炭，至讐深恥，亙古所無，陛下揮涕而起，斂髮而趨，一怒以安天下之民，臣猶以爲晚也。」帝猶不聽。浚伏地固請，乃進少粥。是日，百官詣行宮西廊發喪。故事，沿邊不舉哀，特詔宣撫使至副將以上卽軍中成服，將校哭于本營，三日止。時事出非常，禮部長貳俱闕，而新除太常少卿吳表臣未至，一時禮儀，皆祕書省正字、權禮部郎官孫道夫草定。

15觀文殿學士、醴泉觀使兼侍讀秦檜爲樞密使，一應恩數，並依見任宰相條例施行。

16命內侍梁邦彥提舉欽奉几筵。

戊子，爲太上皇帝、寧德皇后立重。

己丑，帝成服于几筵殿，倣景靈宮分前後設幄，宗室各以其服服之，三日除。

17詔：「降諸路流以下囚一等，內鬬殺情輕者降配，釋杖以下。」

18辛卯，詔百官禁樂二十七日，庶人三日，行在七日，宗室三日，外間禁嫁娶，用太常請也。

19 二月，癸巳朔，百官上表請遵易月之制。詔：「外朝勉從所請，其三年之喪，人子所以自盡者，朕悉於宮中行之。」

20 丙申夜，太平州火。丁酉，鎭江府火。

先是僞齊劉豫遣姦細縱火於淮甸及沿江諸州，于是山陽、儀眞、廣陵、京口、當塗皆被其害。淮西宣撫使劉光世軍于當塗郡治，其府被焚，軍需帑藏，一夕而盡。太平州錄事參軍呂應中，當塗丞李致虛，悉以燔死。致虛時攝縣事，後求得其屍，尙握縣印。事聞，詔鎭江府、太平州各給米二千石，賑民之貧乏者。應中、致虛，皆官其家一人。

21 己亥，小祥，百官五拜表請聽政，許之。

22 庚子，帝始御几筵殿西廡之素幄，召輔臣奏事。張浚見帝，深陳國家禍難，涕泣不能興，因乞降詔諭中外。詔曰：「朕以不敏不明，託於士民之上，勉求治道，思濟多艱；而上帝降罰，禍延于我有家，天地崩裂，諱問遠至。朕負終身之戚，懷無窮之恨，凡我臣庶，尙忍聞之乎！今朕所賴以宏濟大業，在兵與民，惟爾大小文武之臣，早夜孜孜，思所以治。」

23 詔幸建康，令有司擇日進發。

24 右文殿修撰、主管亳州崇道觀王倫爲徽猷閣待制，充奉使大金國迎奉梓宮使，武節郎、閤門宣贊舍人高公繪爲武經夫〔大〕夫、達州刺史，副之。賜裝錢如前數，仍加賜銀帛各二百兩匹。

25 起復湖北、京西宣撫副使岳飛，以親兵赴行在。翼日，內殿引對，飛密奏請正建國公皇子之位，人無知者。及對，帝諭曰：「卿言雖忠，然握重兵于外，此事非卿所當預也。」飛退，參謀官薛弼繼進，帝語之故，且曰：「飛意似不悅，卿自以意開諭之。」

26 辛丑，詔以太陽有異，氛氣四合，令中外侍從各舉能直言極諫之士一人。自復賢良方正科，久未有應者，至是張浚乞因災異降詔，上從之。

27 賜修武郎朱弁家湖州田五頃。弁初副王倫北使，十年未歸，倫爲之請。

于是詔諸郡存卹奉使未還魏行可、郭元邁、建炎二年十一月。洪晧、建炎三年五月。崔縱、郭元、建炎三年七月。杜時亮、宋汝爲、建炎三年七月。張邵、楊憲、建炎三年九月。孫悟、卜世臣建炎三年十一月。家屬，各賜錢三百緡。

28 壬寅，行宮太常寺言：「仲春薦獻諸陵，乞依乾興故事權易吉服；內祀、祭天地及諸大祀，亦乞依時日排辦。」從之。先是有旨，未祔廟前，停宗廟祭饗及中小祀，故禮官以爲請。

29 丙午，詔：「內中祖宗神御殿，〔俟〕權制畢，遇節序等酌獻如舊。」

30 庚戌，吏部尚書孫近等請謚大行太上皇帝曰聖文仁德顯孝，廟號徽宗。于是監察御史已上，先集議而後讀謚于南郊，用翰林學士朱震、給事中直學士院胡世將請也。自是遂爲故事。

31 辛亥，大祥。詔：「俟至建康日，奉安太廟神主于天慶觀，天章閣神御于法寶寺。」

32 癸丑，禫祭。先是几筵朝夕上食各五十品，自是減爲三十。

33 甲寅，改謚寧德皇后曰顯肅。

34 乙卯，百官三上表請御殿聽政，許之。

35 直徽猷閣、湖北、京西宣撫副使司參謀官薛弼，請褒靖康以來盡節死難之臣，詔州郡於通衢建立廟廷，揭以褒忠之名，朔望致酒脯之奠，春秋修典禮之祀，使忠義之節，血食無窮。詔樞密院、三省賞功房，開具自靖康元年以來，不以大小、文武吏士應緣忠義、死節之人姓名取旨。

36 丙辰，帝始御便殿。素杖在庭，上服淺黃袍、黑銀帶，望之若純素，羣臣莫不感動。

37 丁巳，起復檢校少保、武勝·定國軍節度使、湖北·京西宣撫副使岳飛爲太尉，賞商、虢之功也；翼日，陞宣撫使。

飛威名日著，淮西宣撫使張俊益忌之。參謀官薛弼每勸飛調護，而幕中之輕者復教飛勿苦降意，於是飛與俊隙始深矣。飛時留行在未去，遂銜帝如建康。

38 己未，帝發平江府，以舟載徽宗皇帝、顯肅皇后几筵而行。將發，召守臣章誼升舟奏事。上每日乘輦詣几筵前焚香，宿頓亦如之。

39 庚申，帝次常州。

40 淮西宣撫使劉光世乞在外宮觀。先是議者謂光世昨退保當塗，幾誤大事，後雖有功可以贖過，不宜仍握兵柄；又言其軍律不整，士卒恣橫。張浚自淮上歸，亦言光世沈酣酒色，不卹國事，語以恢復，意氣怫然，請賜罷斥以儆將帥，帝然之。光世聞之，乃引疾乞祠。帝曰：「光世軍皆驍鋭，但主將不勤，月費錢米不貲，皆出民之膏血，而不能訓練，使之赴功，甚可惜也。大抵將帥不可驕惰，若日沈迷於酒色之中，何以率三軍之士！」後三日，親筆答光世曰：「卿忠貫神明，功存社稷，朕方倚賴，以濟多艱。俟至建康，召卿奏事，其餘曲折，并俟面言。」

時上賜諸將詔書，往往命浚擬進，未嘗易一字。

41 辛酉，帝發常州；壬戌，次呂城閘。

三月，癸亥朔，帝次丹陽縣。京東宣撫處置使韓世忠以親兵赴行在，遂衞帝如建康。

甲子，帝次鎮江府。權主管殿前司公事楊沂中以所部赴行在，詔沂中總領彈壓車駕巡幸一行事務。

42拱衛大夫、和州防禦使、湖北·京西宣撫司都統制王貴落階官，爲棣州防禦使、龍神衛四廂都指揮使，賞功也。統制官、中侍大夫、武奉(泰)軍承宣使牛皐亦落階官，爲建州觀察使。

43乙丑，詔：「駐蹕及經由州縣，見欠紹興五年以前稅賦，並與除放。」

44丁卯，尙書吏部侍郎呂祉試兵部尙書，陞兼都督府參謀軍事；顯謨閣直學士梁汝嘉試戶部侍郎，仍兼巡幸都轉運使。權戶部侍郎劉寧止權吏部侍郎。

45己巳，帝發鎭江府，乘馬而行，晚，次下蜀鎭。

庚午，帝發道中，望几筵轝輦在前，恐趣行頓撼，駐馬久之。晚，宿東陽鎭。

辛未，帝次建康府，賜百司休沐三日。

時行宮皆因張浚所修之舊，寢殿之後，庖湢皆無。上旣駐蹕，加葺小屋數間，爲宴居及宮人寢處之地。地無磚面，室無丹雘。

46壬申，詔：「軍旅方興，庶務日繁，若悉從相臣省決，卽於軍事相妨。可除中書、門下省依舊外，其尙書省常陳事權從參知政事分治，合行事令張浚條具取旨。」浚奏：「欲張守治吏、禮、兵房，陳與義治戶、刑、工房。如已得旨合出告命敕劄，與合關內外官司及緊切批狀當副(堂劄)，臣依舊書押外，餘令參知政事通書。」從之。

47癸酉，祕閣修撰、知建康府葉宗諤，率在府文武官入見。輔臣奏事畢，率百官詣几筵殿焚香。手詔降建康府流罪已下囚及鬬殺情輕者，釋杖已下。建康府、太平、宣州紹興五年以前稅賦及五等戶今年身丁錢並放。又免建康府五等戶科數〔敷〕一年，太平、宣州半年。

48時中原遺民有自汴京來者，言劉豫自猊、麟敗後，意沮氣喪，其黨與攜貳，金人謂豫必不能立國，而民心日望王師之來。朝廷因是遂謀北伐。岳飛謂豫不足平，要當以十萬衆橫截金境，使敵不能援，勢孤自敗，則中原可復；張浚不以爲然。會劉光世乞奉祠，飛乃見帝，請由商、虢取關陝，欲併統淮右之兵，帝問：「何時可畢？」飛言：「期以三年。」帝曰：「朕駐蹕於此，以淮甸爲屏蔽。若輟淮甸之兵，便能平定中原，朕亦何惜！第恐中原未復而淮甸失守，則行朝未得奠枕而臥也。」

49丙子，召徽猷閣侍〔待〕制、提舉江州太平觀胡安國（赴行在）。（時安國）上所纂春秋傳。翰林學士朱震乞降詔嘉獎，帝曰：「安國明于春秋之學，向來偶緣留程瑀而出，可召之。」張浚曰：「若安國，乃君子之過於厚耳；小人必須觀望求合，豈肯咈旨！」帝曰：「安國豈得爲小人！俟其來，當置之講筵。」故有是命，仍用金字遞行。

50賜都督府摧鋒軍統制韓京金束帶、戰袍、銀笴鎗。先是虔寇劉宣犯梅州，京引所部解圍，遂至惠州之河源，討軍賊曾衮，衮挺身出降，故有是賜。

51丁丑，宰臣率文武百僚遙拜淵聖皇帝畢，詣常御殿門進名奉慰。自是未祔廟皆如之。

52同知樞密院事沈與求進知院事。

53己卯，尊宣和皇后爲皇太后。

先是帝諭輔臣曰：「宣和皇后春秋已高，朕朝夕思之，不遑安處。」翰林學士朱震，乃奏引唐建中故事，乞遙上寶册，且言：「陛下雖從權宜，而退朝有高世之行，謂宜供張別殿，遣三公奉册，以伸臣子之志。册藏有司，恭俟來歸。」詔禮官條具。太常少卿吳表臣請依嘉祐、治平故事，俟三年禮畢，檢舉施行，乃先降御札，播告中外焉。

54起復龍神衞四廂都指揮使、降授雄州防禦使、行營前護副軍都統制王彥復洪州觀察使、知邵州。

解潛既罷，彥亦不自安，因乞持餘服，故有是命。

彥入辭，帝撫勞甚厚，曰：「以卿能牧民，故付卿便郡，行即召矣。」將行，又錫以金帶。詔彥軍併隸權主管馬軍司公事劉錡，於是錡始能成軍。

55辛巳，鎭南軍節度使、開府儀同三司、新兩浙西路安撫制置大使兼知臨安府呂頤浩爲少保兼行宮留守。

頤浩比至臨安，處事甚有緒，豪右莫敢犯禁。時已命百司漸赴行在，所謂留守司，名存而已。

召觀文殿學士、提舉萬壽觀兼侍讀、行宮留守孟庾赴行在。

56 甲申，少保、護國·鎮安·保靜軍節度使、淮南西路兼太平州宣撫使劉光世爲少保，仍三鎮舊節，充萬壽觀使、奉朝請，封榮國公。

時光世入見，再乞罷軍，且以所管金穀百萬獻于朝，乃以其兵屬都督府而有是命。張浚因分光世所部爲六軍，令聽本府參謀軍事呂祉節制。

57 丁亥，通侍大夫、武康軍承宣使、行營左護軍前軍統制王德落階官，爲相州觀察使。

劉光世既罷軍，都督府以德提舉訓練諸將軍馬，故擾〔優〕擢焉。

58 乙丑，禮部、太常寺言：「今歲當行大禮，而郊天法物未備。國朝故事，仁宗皇祐五年南郊，嘉祐元年恭謝，四年祫祭，七年明堂，蓋嘗踰九年而不再郊。將來大禮，請合祭天地於明堂，祖宗並配，兼祀百神，於禮爲便。」詔行明堂大禮，令有司條具以聞。

59 是春，金右監軍完顏昌居祁州，都監宗弼自黎陽歸燕山，完顏杲居雲中。尚書左丞高慶裔，以贓下大理寺。【考異】高慶裔之得罪，金史不言其由，今從繫年要錄書之。又，要錄於春間即書左副元帥瀋王宗弼，據金史，則昌、宗弼俱以十月進封，要錄誤也。

60 夏，四月，壬辰朔，詔築太廟於建康，以臨安府太廟充本府聖祖殿。

61 甲午，少師、萬壽觀使劉光世，特許任便居住，從所請也。光世遂居溫州。

62丙申，權主管侍衞馬軍司劉錡，奏以前護副軍及馬軍司，見在通爲前、後、左、右、中軍及游奕，凡六軍，每軍千人，共爲十二將，從之。前護副軍，卽八字軍。

63丁酉，徽猷閣待制王倫、右朝請郎高公繪入辭。

倫自平江至建康，凡四召對。帝使倫謂金右副元帥魯國王昌曰：「河南之地，上國既不有，與其付劉豫，曷若見歸！」倫奉詔而去。帝因倫行，附進皇太后、淵聖皇帝黃金各二百兩。

64中書言：「宇文虛中、朱弁，奉使日久，宜有支賜以慰忠勤。」詔賜虛中黃金五十兩，綾、絹各五十匹，龍鳳茶十斤；弁黃金綾帛各三十兩匹，茶六斤。樞密使秦檜，言孫傅、張叔夜家屬在金中甚貧，願因倫行有所賑給，詔賜金如虛中之數。

65壬寅，太常少卿吳表臣權尙書禮部侍郎。

66丁未，太尉、湖北·京西宣撫使岳飛，乞解官持餘服。

張浚嘗與飛論淮西事，浚曰：「王德，淮西軍所服，今欲以爲都統制，而命呂祉爲督府參議領之，何如？」飛曰：「德與瓊素不相下，一旦握之在上，勢所必爭。呂尙書雖通才，然書生不習軍事，恐不足以服之。」浚曰：「張宣撫何如？」飛曰：「暴而寡謀，且瓊素所不服。」浚曰：「然則楊沂中耳。」飛曰：「沂中視德等耳，豈能馭之！」浚艴然曰：「固知非太尉不可。」

飛曰：「都督以正問飛，飛不敢不盡其愚，豈以得兵爲念哉！」即日乞解兵柄歸廬墓，帝不許。【考異】繫年要錄作飛過江州，上疏自言，與宰相議不合，求解帥事，今從十將傳。

67 庚戌，命兵部侍郎張宗元權湖北、京西宣撫判官，往鄂州監岳飛軍。

68 壬子，張浚辭往太平州、淮西視師。

浚因論劉光世以八千金爲回易，沈與求曰：「臣聞光世之去，嘗語人以陶朱公自比，是誠可以致富矣。」浚等論范蠡之賢，人所難及，帝曰：「蠡固賢，朕謂於君臣之義猶未盡也。」

69 先是左司諫陳公輔請對，上因語及岳飛所奏，公輔退，上書言：「昨親奉聖語，說及岳飛前事，采諸人言，皆謂飛忠義可用。然飛本粗人，凡事終少委曲。臣度其心，往往謂大將或以兵爲樂，坐延歲月，我必勝之。又以劉豫不足平，要當以十萬橫截金境，使金不能援，勢孤自敗，則中原必得。此亦是一說。陛下且當示以不疑，與之反復詰難，俟其無辭，然後令之曰：『朝廷但欲先取河南，今淮東、淮西已有措置，而京西一面，緩急賴卿。』飛豈敢拒命！前此朝綱不振，諸將皆有易心，如劉光世雖罷，而更寵以少師，坐享富貴，諸將皆謂朝廷賞罰不明。臣乞俟張浚自淮西歸，若見得光世怯懦不法，當明著其罪，使天下知之，亦可以警諸將也。」

70 詔：「羣臣俟祔廟畢，純吉服。卒哭日，建康、臨安府禁屠宰三日。大、小祥，諸路州縣禁樂七日、屠宰三日。」

初，禮官奏百官卒哭日純吉服，左司諫陳公輔請令且服黑帶以俟梓宮之還，如梓宮未還，須小祥後；又乞百姓禁樂三年。帝曰：「禁樂固當，但念細民以樂爲業者，無以衣食耳。」事下禮官討論，至是條上。禮官言卒哭禁屠、樂無故事，然卒行之二都，蓋帝指也。

71 癸丑，贈直祕閣楊邦乂，加贈徽猷閣待制，增賜田三頃。

於是樞密院奏邦乂忠節顯著，宜極褒崇，帝曰：「邦乂忠烈如此。顏眞卿異代忠臣，朕昨已官其子孫；邦乂爲朕死節，不可不厚褒以爲忠義之勸。」故有是命。

72 五月，乙丑，帝與輔臣論淮西事，因曰：「兵無不可用，在主將得人耳。趙奢用趙兵大破秦軍，而趙括將之則大敗，樂毅用燕兵破齊，而騎劫代之則爲田單所敗，豈不在主將得人乎！」秦檜曰：「陛下論兵，可謂得其要矣。」

初，劉光世之罷也，以其兵隸都督府，而檜與知樞密院事沈與求，意以握兵爲督府之嫌，乞置武帥，臺諫觀望，繼亦有請，乃以相州觀察使、行營左護軍前軍統制王德爲都統制。德，光世愛將，故就用之。

73 丙寅，詔四川制置大使席益趣遣所募西兵。

初，命益於園集人內選三路少壯人二千，兼家赴行在，專充扈衞。益言已遣統押管顏漸部兵千人出峽，故命趣之。

74壬申，詔禮官條具舉行文宣、武成王、熒惑、壽星、岳、瀆、海、鎮、農、蠶、風、雷、雨師之祀，用太常博士黃積厚請也。文宣王以春秋二仲，并從祀凡九十八，武成王及從祀凡六十三，皆用兩少牢。熒惑以立夏，其禮與文宣王皆如感生帝。壽星用秋分，岳、瀆、鎮、海用四立日及夏季之土旺，先農以孟春，先蠶以季春之巳日，風師以立春後丑日，雷師以立夏後申日；自壽星以下，皆用酒脯。

75甲戌，殿中侍御史石公揆言：「今以詞賦、經義取士，而攷校者患不能兼通，陞黜安能得實！今歲科場，望令諸路轉運司取詞賦、經義兩等，各差攷官。」從之。

76己卯，廣西進出格馬，帝曰：「此幾似代北所生。廣西亦有此馬，則馬之良者不必西北可知。」帝因論：「春秋列國不相通，所用之馬，皆取于國中而已。申公巫臣使吳，與其射御教吳乘車，則是吳亦自有馬。今必于產馬之地求之，則馬政不修故也。」

77詔禮部討論大火之祀。先是行在多火災，言者論：「國家實感炎德，用宋建號。康定間，固〔因〕古商丘作爲壇兆，以閼伯配大火之祭。多事以來，地在敵境。望詔有司卽行在所，每建辰戌出納之月，設位望祭。」從之，用酒脯。

78己丑，名徽宗皇帝神御殿曰承元。

79 詔：「殿前司行營右護軍、後護軍並許置都、副統制。」

80 庚寅，尚書右僕射張浚言：「和靖處士尹焞，緣叛臣劉豫父子迫以僞命，焞經涉大河，投身山谷，自長安徒步趨蜀。臣常延請至司，與之晉接，觀其所學所養，誠有大過人者。今陛下博采羣議，召置經筵，而焞辭免新命，未聞就道。伏望聖慈特降睿旨，令江州守臣疾速津遣。」初，焞行至九江，會諫臣陳公輔請禁伊川學，焞復辭，曰：「學程氏者焞也。」浚乃顯言其學行，請趣召之，焞猶不至。

81 是月，僞齊陷隨州。

82 六月，辛卯朔，改謚惠恭皇后曰顯恭。

83 癸巳，右司諫陳公輔入對，面奏興復之策，因言衆論謂南兵不可用，帝慨然曰：「赤壁之役，曹操敗于周瑜，淝水之戰，苻堅敗于謝玄，北人豈常勝哉！越王勾踐卒敗吳王，兵強諸國，亦豈北方士馬邪！」

84 乙巳，知樞密院事沈與求卒，特輟視朝二日，贈七官爲右銀青光祿大夫，即湖州賜田十頃。上將臨奠，其家辭而止。與求再執政僅數月，未及有所建明。後謚忠敏。

85 戊申，兵部尚書兼都督府參謀軍事呂祉，往淮西撫慰諸軍。祉初在建康，每有平敵之志，張浚大喜之。浚以劉光世持不戰之論，欲罷之，參知政事張守以爲不可，浚不從。守曰：「必欲改圖，須得有紀律、聞望素高、能服諸兵官之心者一人乃可。」浚曰：「正爲有其人，故欲易之也。」時祉亦自謂：「若專總一軍，當生擒劉豫父子，然後盡復故疆。」及光世罷，乃命祉先往淮西。

直祕閣詹至聞之，遺浚書曰：「呂尚書之賢，固一時選，然于此軍恩威曲折，卵翼成就，恐不得比前人。兼此軍今已付王德，德雖有功，而與酈瓊輩故等夷，恐其下有不能平者。願更擇偏裨素爲軍中所親附者，使爲德副，以通下情。」會祉還朝，而瓊與其下八人列狀訟德于都督府，且乞回避，都督府謂德爲直，寢不行。瓊等又訟于御史臺，德亦言瓊之過，乃詔德還建康，以所部一軍隸都督府，復命祉往廬州節制之。祉將行，賜以鞍馬、犀帶、象笏，撫諭甚寵，皆非從官故事。

中書舍人張燾，見浚言：「祉書生，不更軍旅，何得輕付！」浚不從。祉又辟都督府準備差遣陳克自隨，資政殿學士葉夢得與克厚，謂之曰：「呂安老非馭將之才，子高詩人，非國士也。淮西諸軍方互有紛紛之論，是行也，危矣哉！」亦弗聽。祉、克皆留其家，以單騎從軍。安老，祉字；子高，克字也。

86 庚戌，金尚書左丞高慶裔，轉運使劉思，有罪伏誅。【考異】繫年要錄云：是夏，金左副(元)帥魯國王昌等以內起大獄，各不之草地避暑。太帥、領三省事晉國王宗維，乞免官爲庶人，以贖尚書左丞高慶裔之罪，金主不從，斬慶裔於會寧市。慶裔臨刑，宗維與之哭別，慶裔曰：「公早聽我言，今日豈至此！」蓋慶裔嘗敎宗維反也。山西路轉運使劉思，河東北路轉運使趙溫訊，坐累當誅；東京留守宗雋與溫訊善，匿其斷罪之命以俟赦，乃得免。其餘連坐甚衆，皆宗維之黨。按要錄誤以宗翰爲宗維，所載行事，多傳聞之訛。宗翰爲金重臣，金史稱其定熙宗之位爲精誠之發。乃要錄於熙宗之立，謂宗翰有自立之謀；高慶裔之誅，又謂慶裔嘗敎其謀反；皆當日誣善之詞，不足據也，今不取。

87 乙卯，左司諫陳公輔權尙書禮部侍郎。

88 己未，給事中兼直學士院胡世將權尙書禮部侍郎。

89 秋，七月，丁卯，起復太尉、湖北·京西宣撫使岳飛，遣屬官王敏求來奏事。

初，飛請解官，未報，乃以本軍事務（官）張憲攝軍事。憲在告，而權宣撫判官張宗元命下，軍中籍籍曰：「張侍御〔郎〕來，我公不復還矣。」直寶文閣、新知襄陽府薛弼在武昌，未上，請憲強出臨軍，憲諭羣校曰：「張侍郎來，由我公請也。公解軍政未久，汝輩乃如此，公聞之且不樂。今朝廷已遣敕使起復我公矣，張非久留者。」衆遂安。

帝命參議官李若虛、統制官王貴詣江州，敦請飛依舊管軍，如違並行軍法。若虛等至東林寺見飛，具道朝廷之意，飛乃受詔赴行在。

張浚見飛，具道上之眷遇，且責其不俟報棄軍而廬墓，飛具表待罪，帝慰遣之。將行，帝謂飛曰：「卿前日奏陳輕率，朕實不怒卿；若怒卿，則必有行遣，太祖所謂『犯吾法者，惟有劍耳』。所以復令卿典軍，任卿以恢復之事者，可以知朕無怒卿之意也。」飛得帝語，意乃安。至是遣敏求來奏事，委曲感恩，云：「非官家保全，何以有今日！」翼日，帝以其語諭輔臣，秦檜不悦。

90壬申，張浚以旱乞率從官禱雨，又乞弛役、慮囚等數事，因奏：「如浙西諸郡及宣州、廣德軍地形未覺旱，如鎭江、建康地形高，最覺闕雨。」上曰：「朕患不知四方水旱之實，宮中種兩區稻，其一地下，其一地高。昨日親閲之，地高者，其苗有槁意矣。須精加祈求，庶幾數日間得雨也。」

時方盛暑，浚一日坐東閣，參知政事張守突入，執浚手曰：「守向言秦舊德有聲，今與同列，徐攷其人，似與昔異，晚節不免有患失心，是將爲天下深憂。」蓋指樞密使秦檜也。浚以爲然。

91辛巳，張浚等奏禱雨備至，未獲休應，帝曰：「應天須以實，如卹刑、弛役之類，當更有實惠可及民者。朕曉夜思之，如積欠一事，爲民之害甚大。比因移蹕，所過州郡，下蠲除之令，民間極喜。可將紹興五年以前税賦積欠及其他逋負，議蠲之，庶幾少蘇民力。」浚等退而條具，悉施行焉。

92金太保、領三省事晉國王宗翰薨。宗翰決策制勝，有古名將風，薨年五十八。【考異】宗翰有大功，熙宗優禮宗室，而於宗翰之薨不聞加以恩數。繫年要錄云：以高慶裔死，恚怒，絕食縱酒而死，疑傳聞之過也。傳作十四年薨，今從紀。

93 甲申，蠲諸路民戶紹興五年以前欠租；其坊場淨利，五年正月以前所負，亦除之。建康府居民，貧病者畀之藥，死者助其葬。

94 乙酉，權戶部侍郎王俁請就建康權正社稷之位，詔從之。

95 丙戌，夜，金京師地震。

封皇叔宗雋、宗固、叔祖暈皆爲王。

96 丁亥，金汰兵興濫爵。

97 戊子，詔：「諸路州縣逃亡民戶未開墾田畝，通限八年輸全稅。

續資治通鑑卷第一百十九

賜進士及第兵部尚書兼都察院右都御史總督湖北湖南等處地方軍務兼理糧餉世襲二等輕車都尉 畢沅 編集

宋紀一百十九 起強圉大荒落(丁巳)八月,盡十二月,凡五月。

高宗受命中興全功至德聖神武文昭仁憲孝皇帝

紹興七年 金天會十五年。(丁巳、一一三七)

1八月,壬辰,張浚奏:「探報,僞齊簽軍自六十以上則減之,五十以上則增之,科條之煩,民不堪命。出軍之際,自經於溝瀆者不可勝計。」帝蹙額歎息曰:「朕之赤子至於如此,當思有以拯救之。可諭江、淮諸郡,凡歸附者,加意撫納,厚與賙䘏,勿令失所。」

2癸巳,帝與執政論漕臣能否,因及向子諲。帝曰:「元帥舊僚,往往淪謝,汪伯彥實同艱難。朕之故人,所存無幾,伯彥宜與優敍。」張浚奏曰:「臣等已商量,俟因大禮取旨。更得親筆數字爲明帥府舊勞,庶幾內外孚信。」帝曰:「俟到九月,當復與郡。」伯彥之末第也,嘗受館於王氏,秦檜從之學,而浚亦伯彥所薦,故共贊焉。

3乙未，少保、江南路宣撫使張俊爲淮南西路宣撫使，盱眙軍置司；保成軍節度使、主管殿前司公事楊沂中爲淮南西路置制〔制置〕使，開州團練使、權主管侍衛馬軍司公事劉錡爲淮南西路制置副使，廬州置司。

時呂祉至廬州，而酈瓊等復訟王德於祉，祉諭之曰：「若以君等爲是，則大相誑。然張丞相但喜人向前，倘能立功，雖有大過，彼亦能闊略，況此小嫌疑乎！」於是密奏，乞罷瓊及統制官靳賽兵權，乃命二帥往淮西召瓊等還行在。

4權尚書兵部侍郎兼都督府參議軍事、權湖北·京西路宣撫判官張宗元爲徽猷閣待制、樞密都承旨。岳飛復任，宗元乃還，既對，遂有是命。

5丙申，尚書戶部員外郎霍蠡轉一官，用權湖北、京西宣撫判官張宗元奏也。蠡在鄂州，應副岳飛軍錢糧，宗元言其奉公守正，故特遷焉。

先是飛數言軍中糧乏，乃命蠡按視。至是蠡言：「飛軍中每歲統制、統領、將官、使臣三百五十餘員，多請過錢十四萬餘緡，軍兵八千餘人，多請過一千三百餘緡，總計一十五萬餘緡。」於是右正言李誼言：「蠡職在出納，理當究心。然慮檢點苛細，若行改正，卻合支劵錢六萬餘貫，才省九萬緡而已。望令依舊勘支，務存大體，以副陛下優卹將士之意。」

6戊戌，張浚進呈顯謨閣待制、知荆南府王庶復徽猷閣直學士，帝曰：「庶嘗云：『今天下不專用姑息，要當以誅殺爲先。』謂朕太慈。聞仁宗皇帝嘗云：『寧失之太慈，不可失之太察。』此祖宗之明訓也。今百姓犯罪，自有常法，何以誅殺爲先乎！」浚等曰：「聖人三寶，一曰慈，未聞以慈爲戒也。庶學識淺陋，不知大體。」

浚因奏僞齊尙用本朝軍器，帝曰：「祖宗有內軍器庫，在諏門幾百所，（藏）弓弩器甲，不可勝計，及軍器庫在酸棗門外，數亦稱此。原祖宗置庫，有內外之異，及弓弩弦箭亦各異藏，分官主之，皆有深意。」陳與義因奏：「頃爲澶淵教官，嘗見甲仗甚盛，日久不用，往往朽敗。」帝曰：「此等物得不用，亦美事也。」

7 酈瓊叛，執兵部尙書呂祉。

祉簡倨自處，將士之情不達。淮西轉運判官韓璡，舊在劉光世幕中，光世待之不以禮，至是諸校或以罪去。祉聞瓊等反側，奏乞殿前司摧鋒軍統制吳錫一軍屯廬州以備緩急，又遣璡詣建康趣之，瓊聞，頗有異志。統制官康淵曰：「朝廷素輕武臣，多受屈辱。聞齊皇帝折節下士，士皆爲之用。」衆皆不應，相視以目。先是統制官王師晟于壽春挈營妓去，其家訟於祉；時將士方不安祉之政，師晟乃與瓊及統領官王世忠、張全等謀作亂。

祉之乞罷瓊與靳賽也，其書吏朱照漏語于瓊，瓊令人遮祉所遣置郵，盡得祉所言軍官之罪，瓊等大怒。會被旨易置分屯，淵乃曰：「歸事中原，則安矣。」詰朝，諸將將（校者按：下一將字衍。）晨謁祉，坐定，瓊袖出文書，示中軍統制官張景曰：「諸兵官有何罪，張統制乃以如許事聞之朝廷邪？」祉見之，大驚，欲走不及，爲瓊所執。有黃衣卒者，以刀斫瓊，中背，瓊大呼曰：「何敢爾？」顧見有執鐵檛者，瓊取以擊卒，斃于階下。瓊親校已殺景于廳事，又殺都督府同提舉一行事務喬仲福及其子武略大夫嗣古、統制官劉永衡，遂執閤門祗候劉光時，舉全軍長驅以行。至州東樓下，祉謂瓊曰：「若祉有過失，當任其咎，柰何如此負朝廷！」軍士縱掠城中而去。時直徽猷閣、前知廬州趙康直，祕閣修撰、知廬州趙不羣，皆爲所執，既而釋不羣歸，蓋不羣至官未旬日，無怨憾於軍中故也。瓊遂以所部四萬人渡淮降劉豫。

8辛丑，帝聞淮西失守，手詔賜酈瓊等曰：「朕躬撫將士，今踰十年，汝等力殄仇讎，殆將百戰，比令入衞於王室，蓋念久戍於邊郵。當思召汝還歸，方加親信，豈可輒懷反側，遂欲奔亡！儻朕之處分，或未盡於事宜，汝之誠心，或未達于上聽，或以營壘方就而不樂於遷徙，或以形便既得而願奮於征戰，其悉以聞，當從所便。一應廬州屯駐行營在〔左〕護軍出城副都統制以下將佐軍兵，詔書到日，以前犯罪，不以大小，一切不問，並與赦。」

9壬寅，兵部尚書、都督府參謀軍事呂祉，爲酈瓊所殺。

先一日，瓊與其衆擁祉次三塔，距淮僅三十里。祉下馬立棗林下，謂曰：「劉豫逆臣，我豈可見之！」衆逼祉上馬，祉曰：「死則死此，爾等過去，亦豈可保我也！」軍士聞之，有傷感咨嗟者。瓊恐搖衆心，乃急策馬先渡淮，至霍丘縣，令統領官尙世元殺祉。世元以刃刺祉，且顧統領官王師晟，師晟不肯。祉罵瓊不已，遂碎首折齒死，年四十六。於是直徽猷閣趙康(直)亦爲所害。世元斬祉首示瓊，瓊標之木末，從者江渙，取而埋之。

主管馬軍司公事劉錡、殿前司摧鋒軍統制吳錫，尋至廬州，以兵追之，不及。帝遣樞密都承旨張宗元往招叛卒。制置使楊沂中聞瓊已渡淮，乃遣人持羊酒相勞苦，於是錡復還濠州。

[10]甲辰，手詔：「觀文殿大學士、兩浙東路安撫制置大使兼知紹興府趙鼎充萬壽觀使兼侍讀，疾速赴行在。」

是日，張浚留身，求去位，帝問可代者，浚不對。帝曰：「秦檜何如？」浚曰：「近與共事，始知其闇。」帝曰：「然則用趙鼎？」遂令浚擬批召鼎。檜謂必薦己，退至都堂，就浚語良久。帝遣人趣進所擬文字，檜錯愕而出。浚始引檜共政，既同朝，乃覺其包藏顧望，故因帝問及之。

[11]乙巳，僞齊劉豫得酈瓊降報，大喜。先是豫聞南師移屯，遣僞戶部員外郎韓元英乞師於金主，以南師進臨長淮爲詞，欲併力南侵，金主不許。至是潁昌馳報喜旗至，言淮西百姓十餘萬來歸附，已交收器甲接納矣。豫乃命粉飾門牆，增飾仗衞，以待其至，又命僞戶部侍

郎馮長寧爲接納使，僞皇子府選鋒統制李師雄副之。

12戊申，權禮部侍郎吳表臣言：「科舉校藝，詩賦取其文，策論取其用，二者誠不可偏也。然比年科舉，或詩賦稍優，不復計策論之精粗，以致老成實學之士，不能無遺落之歎。欲望特降諭旨，今年秋試及將來省闈，其程文並須三場參考，若詩賦雖平而策論精博，亦不可遺。庶幾四方學者知所向慕，不徒事於空文，皆有可用之實。」輔臣進呈，帝曰：「文學、政事自是兩科，詩賦止是文詞，策論則須通知古今。所貴於學者，修身、齊家、治國以治天下，專取文詞，亦復何用！」

13乙卯，詔：「來年禮部奏名進士，依祖宗故事，更不臨軒策試。」權吏部侍郎陳公輔入見，請罷經筵、策士等事，以爲三年之內，凡涉吉禮者，皆未宜講，故有是詔。

14己未，刑部尚書胡交修等奏以故尚書左僕射韓忠彥配享徽宗皇帝廟庭。

15詔：「自今當講日，只令講讀官供進口義，更不親臨講筵。」以權禮部侍郎陳公輔言，恐日臨講筵有妨退朝居喪之制故也。

16九月，辛酉，申命吏部審量崇、觀以來濫賞。

初，范宗尹既免相，遂罷討論。及是復開坐二十四項，凡調官、遷秩、任子，皆令吏部審量以聞，自是追奪者衆矣。

17 起復太尉、湖北·京西宣撫使岳飛，初效用，張所爲河北招撫使，見而奇之，用爲中軍將。所以斥死，飛欲厚報之，至是請以明堂任子恩官其子宗本，仍依近例改補文資，從之。

18 甲子，攝太傅張浚，率百官上徽宗皇帝、顯肅皇后謚册于几筵殿。

19 丁卯，京東·淮東宣撫處置使韓世忠、淮西宣撫使張俊皆入見，議移屯，命俊將所部自盱眙移屯廬州。時俊軍士皆以家屬行，而官舟少，參知政事陳與義請賜僦舟錢萬緡，帝曰：「萬緡可惜，其令楊沂中以殿前司官船假之。」

20 詔泗州并盱眙縣仍舊隸京東，以張俊移屯故也。

21 庚午，張浚言已具奏解罷機政，所有都督府職事，别無次官交割，詔交與樞密院。

22 辛未，百官受誓戒于尚書省，帝易吉服。先是權禮部侍郎陳公輔，請先期一日盡哀致奠，奏于太上皇帝，以將有事於明堂，暫假吉服；既奏，然後即齋宮，入太廟行明堂事畢，服喪如初。

23 龍圖閣學士、知平江府章誼試戶部尚書兼提領榷貨務都茶場。

24 壬申，特進、守尚書右僕射、同中書門下平章事兼樞密使、都督諸路軍馬、監修國史張浚罷，爲觀文殿大學士、提舉江州太平觀。【考異】何氏備史云：淮西之叛，公論沸騰，言路不得已，遂疏其罪。又，論者謂當日降制無貶詞，考要錄載朱震行制詞曰：「春秋之義，責備于股肱；賞罰之公，必先于貴近。朕行法而待人以恕，議罪而不忘其功，用能全君臣進退之恩，成風俗忠厚之美，粤有定命，告于外庭。張浚頃當〔嘗〕奮身，事朕初載，入勤王室，位冠樞機，出捍疆陲，謀專帷幄，乃疇宿望，俾踐台司，期左右予一人，庶贊襄于萬務。屬者式遏戎寇，經理淮壖，番休禦侮之師，更戍乘邊之將。而乃撫御失當，委付非才，軍心乖離，卒伍亡叛。郵傅〔傳〕沓至，駭聞怨怒之情；封奏踵來，請正失謀之罪。然念始終之分，察其平昔之懷，許上印章，退休眞館，錫名祕殿，庸示眘私。於戲！栒邑遺兵，鄧禹致威權之損；街亭違律，武侯何貶抑之深！尙繼前修，勉圖來效。」是當日制詞原無甚責讓，所以轉啓後人之譏議也。要錄不載言路論罪之疏，今仍之。

25給事中胡世將試尙書兵部侍郎。

先是趙鼎言：「臣蒙恩召還經帷，方再辭，而復遣使宣押，臣感深且泣。至西興，又奉宸翰促行，且諭以圖治之意，臣無地措足。然進退人才，乃其職分，今之淸議所與，如劉大中、胡寅、呂本中、常同、林季仲之徒，陛下能用之乎？妬賢黨惡，如趙霈、胡世將、周祕、陳公輔，陛下能去之乎？陛下於此或難，則臣何敢措其手也！昔姚崇以十事獻之明皇，終致開元之盛，臣何敢望崇，而中心所懷，不敢自隱，惟陛下擇之。」疏入，上爲徙世將，於是公輔等相繼補外。

26是日，酈瓊至汴，劉豫御文德殿見之，僞授瓊靖難軍節度使、知拱州；閤門祗候劉光時爲大名府副總管，統制官趙四〔買〕臣爲歸德府副總管，統制王世忠爲皇子府前軍統制，靳賽爲左軍統制；以次諸將爲諸州副鈐轄，餘授準備、使喚之類。正軍廩給，皆不及朝廷之數，人人悔恨。獨瓊以爲得策，具言南師必欲北征，具（且）告以諸軍虛實。豫入其言，復遣僞戶部侍郎馮長寧乞師於金。

27癸酉，詔：「三省事權從參知政事輪日當筆，俟除相日如舊，更不分治常程事。」

28湖北、京西宣撫使岳飛言：「伏覩陛下移蹕建康，將遂恢圖之計。近忽傳淮西軍馬潰叛，酈瓊等迫脅軍民，事出倉卒，實非士衆本心。亦聞半道逃歸人數不少，於國計未有所損，不足上軫淵衷。然度今日事勢，恐未能便有舉動。襄陽上流，即日未有戎馬侵攻，臣願提全軍進屯淮甸。萬一蕃、僞窺伺，臣當竭力奮擊，期于破滅。」詔奬之。

29罷諸路軍事，都督府合行事並撥隸三省，其錢物令三省、樞密院同共椿管，遂併入激賞庫。

30甲戌，張浚落觀文殿大學士，依舊宮觀。

31丙子，觀文殿大學士、左正奉大夫、萬壽觀使兼侍讀趙鼎爲（左金紫光祿大夫）、守尚書左僕射、同中書門下平章事，兼樞密使。鼎再相，進四官，異禮也。

前一日，鼎至行在，帝召對于內殿，首論淮西事，鼎曰：「方得報時，臣在遠，不得效所見，少補萬分，今固無及。然臣愚慮不在淮西，恐諸將浸議，謂因罷劉光世不當，遂有斯變，自此驕縱，益難號令。朝廷不可自沮，爲人所窺。」帝以爲然。

32特進張浚言：「臣荷陛下知遇，出入總兵，將近十年，其所施爲，不無仇怨。臣今奉親偕行，去家萬里，汎然舟寄，未有定居，望許臣（於）都督府借差使臣四員，存留親兵五十人，以備緩急。如蒙俞允，令所在州於上供錢米內應副。」許之。

自趙鼎召歸，浚每以回鑾爲念，洎罷政登舟，諸人往餞，猶以此言之。秦檜起曰：「檜當身任，果有此議，即以死爭之。」其後檜卒無（爲）異論。

33戊寅，帝致齋于射殿。

34左朝散郎魏良臣知漳州。

35詔：「廬州、壽春府居民遭酈瓊擄掠者，皆蠲其稅一年。」

36己卯，帝酌獻聖祖于常朝殿，特詔尙書左僕射趙鼎侍祠。

37庚辰，朝饗太廟，上顯恭皇后改謚册寶。

38辛巳，合祀天地于明堂，太祖、太宗並配，受胙用樂。赦天下。

故事，當喪無饗廟之禮，而近歲景靈宮神御在溫州，率遣官分詣，至是禮官吳表臣奏行之。

39召少師・萬壽觀使・榮國公劉光世、感德軍節度使・萬壽觀使高世則赴行在。

40甲申，故武德郎、行營左護軍中軍準備差使薛抃，特贈二官，祿其家二人，以都統制王德言其不從叛而死也。

41乙酉，靜海軍節度使、安南都護交趾郡王李陽煥薨，子天祚立。陽煥在位九年。

42丁亥，徽猷閣待制、樞密都承旨張宗元，落職，提舉江州太平觀。殿中侍御史石公揆言：「宗元本一富人，初無才能；張浚喜其便佞，奬借提挈，亟躋從班。今當深引不能贊佐之咎，自爲去計可也，而乃隨衆詬罵，力詆其非。」故黜之。

43中書言：「川陝宣撫使吳玠，於梁、洋勸誘軍民營田，今夏二麥並約秋成所收，近二十萬石，可省饋餉。」詔奬之。

44戊子，開州團練使、權主管侍衞馬軍司公事兼淮西制置（副）使劉錡知（廬州），淮西宣撫使（校者按：上五字衍。）主管淮南西路安撫司公事，仍兼制置副使。

張俊既還行在，朝議復遣之，俊欲毋往。臺諫交章以爲淮西無備可憂，趙鼎獨顯言於衆曰：「今行朝握精兵十餘萬，使敵騎直臨江岸，吾無所懼。惟是安靜不動，使人罔測，渠未必輒敢窺伺，何至自擾擾如此！倘有他虞，吾當身任其責。俊軍久在泗上，勞役良苦，還未閱月，居處種種未定，乃遽使之復出，不保其無潰亂也。」於是議者卽欲還臨安。起居舍人勾濤直前奏事，言：「今江、淮列戍，猶十餘萬，若委任得人，尚可用力。當此危疑，詎宜輕退示弱，以生敵心。」因薦錡以所部守合肥，帝從之。時主管殿前司公事、淮西制置使楊沂中亦已還行在，在淮西者，錡一軍而已。帝以馬步二帥並闕，乃命沂中兼之。

45 是月，僞齊戶部侍郎馮長寧，以劉豫之命乞兵於金主，且言酈瓊過江自效，請用爲鄉導，併力南下。金主慮其兵多難制，陽許之，遣使馳傳詣汴京，以防瓊詐降爲名，立散其衆。

先是徽猷閣待制王倫，奉使至歸德府，豫授館鴻慶宮，遲之不遣，檄取國書及問所使何命，倫答以國書非大金皇帝不授，而所命則祈請梓宮。留彌旬，金迓使至，倫始渡河，見金帥完顏昌、宗弼于涿州，具言劉齊營私民怨之狀，且其忍負本朝厚恩，若得志，寧不負上國？時金人已定議廢豫，頗納其言。

46 冬，十月，庚寅朔，詔：「依舊間一日開講筵。」

47 丁酉，徽猷閣待制、新知永州胡安國提舉江州太平觀，從所請也。

趙鼎進呈，因言：「安國昨進春秋解，必嘗經聖覽。」帝曰：「安國所解，朕置之座右，雖間用傳注，能明經旨。朕喜春秋之學，率二十四日讀一過。居禁中亦自有日課，早朝退，省閱臣僚上殿章疏，食後讀春秋、史記；晚食後閱內外章奏，夜讀尚書，率以二鼓。」鼎曰：「今寒素之士，豈能窮日力以觀書！陛下聖學如此，非異代帝王所及。」帝曰：「頃陳公輔嘗諫朕學書，謂字畫不必甚留意。朕以謂人之常情，必有所好，或喜田獵，或嗜酒色，以至他玩好，皆足以蠱惑性情，廢時亂政。朕自以學書賢於他好，然亦不至廢事也。」

48 戊戌，特進、提舉江州太平觀張浚，責授祕書少監、分司南京，永州居住。

先是帝謂趙鼎曰：「浚悞朕極多，理宜遠竄。」鼎曰：「浚母老，且有勤王大功。」帝曰：「勤王，固已賞之爲相也，功過自不相掩。」鼎又曰：「浚之罪不過失策耳。凡人計謀欲施之際，豈不思慮，亦安能保其萬全！儻因其一失，便置之死地，後雖有奇謀妙算，誰敢獻之！此事利害自關朝廷，非獨私浚也。」帝意解，翼日，乃有是命。

49 趙鼎之初相也，帝謂曰：「卿既還相位，見任執政，去留惟卿。」鼎曰：「秦檜不可令去。」張守、陳與義乞罷，帝許之。檜亦留身求解機務，帝曰：「趙與卿相知，可以必安。」檜至殿廬，起身向鼎，謂曰：「檜得相公如此，更不敢言去。」

50 戶部員外郎霍蠡自鄂州赴行在，詔引對。

51 是日，僞齊遣兵侵泗州，守臣、起復閤門宣贊舍人劉綱率官軍拒退之。尋詔綱領文州刺史。

52 庚子，都官員外郎馮康國乞補外。

趙鼎奏：「自張浚罷黜，蜀中士大夫皆不自安。今留行在所幾十餘人，往往一時遴選。臣恐臺諫以浚里黨，或有論列，望陛下垂察。」帝曰：「朝廷用人，止當論才不才。頃臺諫好以朋黨罪士大夫，如罷一宰相，則凡所薦引，不問才否，一時罷黜。此乃朝廷使之爲朋黨，非所以愛惜人才而厚風俗也。」鼎等頓首謝。

53 文州團練使、京東·淮東宣撫處置使司右軍第一將高傑，除名勒停，本軍自效。傑醉擊隊官，統制巨振笞之，傑怒，自斷其指。韓世忠以聞，故有是命。

54 是日，有星殞于僞齊平康鎭，壕寨官賁百祥見之，謂人曰：「禍在百日之內。」劉豫問：「可禳否？」曰：「惟在修德。」豫怒，以爲訕，斬于市。

55 辛亥，權管殿前司公事楊沂中，請以諸路所起禁軍弓弩手揀刺上四軍。趙鼎等因論及南兵可教，張守曰：「止是格尺不及耳。」帝曰：「人，猶馬也。人之有力，馬之能行，皆不在軀幹之大小。故兵無南北，顧所以用之如何耳。自春秋之時，申公巫臣通吳於上國，遂霸諸侯，項羽以江東子弟八千，橫行天下，以至周瑜之敗曹操，謝玄之破苻堅，皆南兵也。」

56 正議大夫、提舉臨安府洞霄宮汪伯彥復資政殿大學士，用中書檢舉也。

57 甲寅，武翼郎、行營左護軍部將張世安爲酈瓊所殺，特贈武節郎，官其家二人。

58 乙卯，金以左監軍昌爲左副元帥，封魯王；以宗弼爲右副元帥，封瀋王。先是知樞密院事時立愛屢以年老請解職，至是致仕。

59 丁巳，以中書舍人傅崧卿權尙書禮部侍郎，常同試禮部侍郎。

60閏月，癸亥，趙鼎奏張俊措置河道事，帝曰：「俊每事必親臨，所以有濟。」帝因言：「朕每論將帥，須責其挽弓騎馬，人未知朕意，必謂古有文能附衆，武能威敵，不在弓馬之間。抑不知不能弓馬，何以親臨行陣而率三軍使之赴難！況今時艱，將帥宜先士卒，此朕之深意也。」

時俊以全軍還行在，帝欲令俊盡以舟師分布控扼，然後引兵渡江。鼎曰：「淮西寂然無驚，似不必爾。外間便謂朝廷棄淮西矣。當一向勿問，不發一兵，彼未必敢動。」帝以爲然。

61甲戌，戶部尙書章誼等請用禮官議，爲徽宗皇帝作主祔廟，詔恭依。

62己卯，龍圖閣待制、知處州劉大中試禮部尙書，徽猷閣直學士、知荆南府王庶試兵部侍郎。

63辛巳，觀文殿大學士、江南西路安撫制置大使兼知洪州李綱提舉臨安府洞霄宫。時趙鼎、秦檜已協議回蹕臨安，綱聞知，上疏，三省乃檢會綱累乞宫觀奏章行下。時未有代者，綱懲靖康之謗，乃具以本司積蓄財穀之數聞於朝廷，自是不復出矣。

64壬午，詔：「臨安太廟，且令留存。」

初以行在建康，故以太廟爲本府聖祖殿，是時將回蹕，宗廟祀典不可久曠，遂依明德皇后故事，行理〔埋〕重虞祭、祔廟之禮。

65癸未，復漢陽縣（爲）軍，用湖北、京西宣撫使岳飛奏也。尋以右奉議郎、通判鄂州孔戊知軍事。

66乙酉，趙鼎言：「比得旨，復置茶馬官，舊有主管至提舉官，凡三等。」帝曰：「俟擇得人，當考其資歷命之。」尋以左中奉大夫、直祕閣張深主管成都等路茶馬監牧公事。

自趙開後，茶馬無專官者近十年，先是知熙州吳璘常取茶至軍前博馬，因以易珠玉諸無用之物，帝聞之，數加戒飭，故復置官領其事。

67戊子，詔：「應淮西脫歸使臣，不候整會去失，並先次支破本等請給，如有冒濫，卽坐以法。」

初，淮軍中諸使臣爲酈瓊劫去，至是復歸者甚衆，有司以文券不明，例降所給。趙鼎與執政議不合，乃密白于帝曰：「此曹去僞歸正，當優假之。今乃降其所請，反使棲棲有不足之歎。」帝卽批出，各還其本，於是人心欣然，來者相繼。鼎因奏事人（又）言：「來春去留之計，望更留聖慮，恐回蹕之後，中外謂朝廷無意恢復。」帝曰：「張浚措置三年，竭民力，耗國用，何嘗得尺寸之地，而壞事多矣。此等議論，不足卹也。」

68十一月，甲午，用戶部尙書章誼請，初置贍軍酒庫于行在，命司農寺丞蓋諒主之，賜浙東總制錢五萬緡爲釀本，其後歲收息錢五十萬緡。李心傳曰：二十九年七月，內外二庫共收三十萬緡。

三十年二月癸亥，增置新中庫，又收二十萬緡。

69 乙巳，金右副元帥瀋王宗弼執僞齊尚書左丞相劉麟于武城。

先是金主已定議廢豫，會豫乞師不已，左副元帥魯王昌謂之曰：「吾非不欲出兵也，顧以用兵以來，無往不捷；而自立齊國之後，動輒不利，恐蹈覆車，挫威武耳。」豫請不已，乃以女眞萬戶薩巴舊作束拔，今改。爲元帥府左都監，屯太原；渤海萬戶大托卜嘉舊作撻不也，今改。爲右都監，屯河間，令齊國兵權聽元帥府節制，遂分戍於陳、蔡、汝、亳、許、潁之間。於是尚書省上豫治國無狀，金主下詔責數之，略曰：「建爾一邦，逮茲八稔，尚勤吾戍，安用國爲！」

【考異】十將傳載岳飛獲金諜，佯以爲己所遣軍士，責以約劉豫共擒烏珠。（舊作兀朮。）諜歸，豫遂廢，此宋史所本也。岳固善於用間，然豫之廢不全係此。僞齊錄載金行臺尚書省敕曰：「朕丕席洪休，光宅諸夏，將俾內外，悉登承平，故自濁河之南，割爲鄰壤之界，灼見先帝舉合大公。罪在溢征，固不貪其土地；從其變置，庶共撫其生靈。建爾一邦，逮茲八稔，尚勤吾戍，安用國爲！寧負而君，無滋民患，已降帝號，別膺王封，咎有所歸，餘皆罔治。將大革於弊政，用一陶於新風。勿謂奪蹊田之牛，其罰則甚；不能爲託子之友，非棄而何！凡爾臣民，當體至意。所有其餘便宜事件，已委所司畫下元帥府去訖外，處分不盡之事，亦就便計議，從長施行。仍布告逐處，咸使聞知。」蓋金人知豫無能爲，而其時國規模粗定，意在拓地耳。

遂令昌等以侵江南爲名，抵汴京，先約麟單騎渡河計事。麟以二百騎至武城，與宗弼遇，金人張翼圍之數匝，悉擒而囚之。

丙午，金人廢劉豫爲蜀王。

初，宗弼既執劉麟，遂與左副元帥昌、三路都統葛王褒同馳赴汴城下，以騎守宣德、東華、左、右掖門。宗弼將褒等三騎突入東華門，問齊王何在，僞皇城使等錯愕失對。宗弼以鞭擊之，徑趨垂拱殿，入後宮門，又問，有美人揭簾曰：「在講武殿閱射。」宗弼等馳往，直陞殿，豫遽起，欲更衣。宗弼下馬執其手曰：「不須爾，有急公事，欲登門同議。」於是偕行出宣德門，就東闕亭少立。宗弼乃麾小卒持羸馬，強豫乘之，約令偕至寨中計事。豫拊手大笑上馬，從衞猶數十人。宗弼露兩刃夾之，囚于金明池。【考異】張浚行狀云：浚嘗遣人賫手榜入僞地誘劉豫，略曰：「如能誘致，使之疲弊，精兵健馬，漸次銷磨，茲報國之良圖，亦爲臣之後效。」金用事者見此榜，已疑豫。八月間，豫聞王師北嚮，遣韓元英告金，乞兵同舉，金謂豫終欲困已，益疑之。會酈瓊叛去，浚復多遣間持蠟書入僞地，故遣之，大抵謂豫已相結約，故遣瓊等降，而豫再乞兵于金。十月，金副元帥宗弼徑領兵來，廢豫。惜其有此機會，而浚已去位矣。趙鼎事實云：鼎欲使張浚出不意，往趣壽春取其城，措置已定，會金廢豫，乃止。其所措置不見宋史，今不載。

70 丁未，故朝請大夫陳師錫，加贈諫議大夫。其子右朝奉郎顯，言黨籍餘官任臺諫者凡七人，其五人皆已贈諫議大夫，故有此命。李心傳曰：師錫見元年、四年，餘官自司馬康元祐中已贈諫議大夫，陳瓘，靖康中追贈，常安民、任伯雨、江公望、龔夬，紹興中追贈，凡六人。而第十六人殿中侍御史黃隱，第三十人監察御史馬治，第三十一人右正言孫諤，第三十六人監察御史王回，第四十五人殿中侍御史孫倚，第四十六人左司諫陳祐，此六人與師錫皆未加贈，凡十三人。今顯乃以其父及康、瓘、伯雨、安民、夬、倚爲七人，不知贈爲何官也。

71是日，金右副元帥魯王昌等復入汴京，召僞齊文武百官、軍、民、僧、道、耆壽，拜金詔于宣德門下。宣詔已，昌與宗弼，張紫蓋，從素隊數十人，立西朵樓下。僞尚書左丞相張昂，右〔左〕丞范恭、右丞李鄴，趨前欲拜，昌斂身，令通事傳言慰勞，昂等次第進揖。次見宗弼，宗弼不爲禮。昂等退，二帥入居東府，遣鐵騎數千巡繞大內，又遣小卒巡行坊巷，揚言曰：「自今不用汝爲簽軍，不取汝免行錢，不取汝五釐錢，爲汝敲殺貌事人，請汝舊主人少帝來此住坐。」於是人心稍定。尙書省行下：「齊國自來創立重法，一切削去，應食糧軍，願歸農者許自便。齊國宮人，檢劉豫所留外，聽出嫁。內侍除看守宮禁人外，隨處住坐。自來齊國非理廢罷大小官職，並與敍用。見任官及軍員，各不得奪侵民利。自來逃亡在江南人，卻來歸投者，並免本罪，優加存卹。一應州縣見勘諸公事，不得脫漏。」

始，豫僭位，作楮幣，自一千至百千，皆題其末曰「過八年不在行用」。其兆已見矣。逮豫之廢也，汴京有錢九千八百七十餘萬緡，絹二百七十餘匹，金一百二十餘萬兩，銀一千六十萬兩，糧九十萬斛，而方州不在此數。

豫拘於瓊林苑，嘗蹙額無聊，謂魯王昌曰：「父子盡心竭力，無負上國，惟元帥哀憐之！」昌曰：「蜀王，汝不見趙氏少帝出京日，萬姓然頂煉臂，號泣之聲聞十餘里。今汝廢，在京無一人憐汝者，汝何不自知罪也！」豫語塞。昌逼之北行，問以所欲，豫乞居相州韓琦宅，昌許之。先是進士邢希載、毛澄上書，請豫密通朝廷，爲所殺。自是留錢五萬，命道士追薦諸直言者而去。

豫弟京兆留守益，輕財好施，禮賢下士，與士卒同甘苦，頗有遠略，金人亦忌之。將廢豫，先遣左監軍完顏杲、右都監薩巴以侵蜀爲名，伐京兆，襲益以歸。

金人以僞齊銀青光祿大夫、太子太傅張孝純權行臺尚書左丞相，契丹蕭保壽努（前作努。）爲右丞相。金人溫敦師中爲左丞，燕人張通古爲右丞，僞齊戶部侍郎馮長寧爲戶部尚書，燕人張鈞爲禮部侍郎，又以杜崇爲兵部郎中，張仲熊爲光祿寺丞，皆在行臺供職。崇，充子；仲熊，叔夜子也。鈞始事遼，爲鴻臚寺少卿、遼京〔興〕軍節度掌書記，奉張覺歸順表來朝，除徽猷閣待制，至是復用。罷僞齊尚書右丞相張昂知孟州，左丞范恭知淄州，右丞李鄴知代州，殿前都指揮使許青臣同知懷州，僞皇子府左軍統制靳賽同知相州，戶部員外郎韓元英爲忠武軍節度副使，南路留守翟綸爲橫海軍節度副使，又以完顏呼沙呼（舊作胡沙虎，今改。）爲汴京留守，僞齊河南監酒李儔同知副留守，知代州劉陶【考異】僞齊錄作劉洵。爲都城警巡使，宗室趙子滌爲汴京總制，僞皇子府選鋒軍統制李師雄爲馬步軍都虞候，前軍統制王世忠爲步軍都虞候，僞知萊州徐文爲汴京總管府水軍都統制，僞鎭海軍節度使、山東路留守李成爲殿前都指揮使兼知許州，孔彥舟爲步軍都指揮使兼知東平府，涇原路經略使張中孚爲陝西諸路節制使、權知永興軍，秦鳳路經略使張中彥權知平涼府；鱗府路經略使折可求，環慶路經略使趙彬，熙河路經略使慕容洧，資政殿學士、知開封府鄭億年，知河南府關師古，知拱州酈瓊，知亳州王彥先，知宿州趙榮，大名府副總管劉光時，並依舊職。

72時金晉國王宗翰已亡，金主以太師、領三省事宋國王宗磐爲太宗長子，豪猾難馭，而京東留守宗雋乃親叔父，有才望，乃拜宗雋太保、領三省事，封兗國王以制之。

初，金制，自祖宗以來，優卹臣下，樂則同享，財則共用。自金主初時，詞臣韓昉教之，稍學賦詩染翰，及嗣位，左右日進諂諛，導之以宮室之壯，侍衞之嚴，入則端居九重，出則警蹕清道，視舊功大臣寖疏，且非時莫得見，盡改開國之故制。由是宗戚思亂。

73初，修武郎朱弁，既爲金人所拘，至是遣使臣李發歸，報宗翰等相繼殂亡。秦檜曰：「金國多事，勢須有變。」帝曰：「金人暴虐，不亡何待！」檜曰：「陛下但積德，中興固自有時。」帝曰：「亦須有所施爲而後可以得志。但今政猶病人誤服藥，氣力尚羸，來春當極力經理中原。」

74乙卯，爲徽宗皇帝、顯肅皇后立虞主，不視朝。故事，山陵埋重于皇堂之外，及將祔徽宗主，翰林學士朱震言不當虞祭，又請埋重于廟門之外。帝命禮官議，太常以爲不可，乃埋重于報恩觀，立虞主。昭慈之喪也，工部侍郎韓肖胄題虞主，至是震引漢、唐及昭陵故事爲言，乃不題。

十二月，乙丑，帝親行卒哭之祭，用酒幣。先是虞主還几筵殿，帝服袍履奉迎，遂行安神禮，自埋重至于癸亥，皆太常代行九虞，及是又親祭焉。

丁卯，祔徽宗皇帝、顯肅皇后神主于太廟第十一室。初議祔廟畢純吉服，及太常以爲請，上詔曰：「情有不安，可並如舊，其俟過小祥取旨。」

75 戊辰，中書門下省奏：「勘會已降指揮，來春復幸浙西，所有太廟神主，合先次進發。」詔恭依。

76 庚午，樞密院進呈：「先得旨，令京東宣撫處置使韓世忠移司鎭江府，留兵以守楚州。」秦檜奏曰：「諸軍老小既處置得宜，萬一警急，諸帥當盡力捍衞。」時已命張俊、岳飛皆留屯江內，故檜奏及之。

世忠上奏極論：「敵情叵測，其將以計緩我師，乞獨留此軍，蔽遮江、淮，誓與敵人決於一戰。」帝賜札曰：「朕迫於強敵，越在海隅，每慨然有恢復中原之志。顧以頻年事力未振，姑鬱居於此。前日恐有未便，委卿相度，今得所奏，益見忠誠，雖古名將何以過！使朕悚然興歎，以謂有臣如此，禍難不足平也。古人有言，『閫外之事，將軍制之，』今既營屯安便，控制得宜，卿當施置自便，勿復拘執。至於軍餉等事，已令三省施行。」

77 辛巳，尚書禮部侍郎常同試御史中丞。

78 癸未，有司奉九廟神主還浙西，百官辭于城外。

79 徽猷閣待制王倫、右朝請郎高公繪還自金。

初，劉豫既廢，左副元帥魯王昌乃送倫等歸，曰：「好報江南，既道塗無壅，和議自此平達。」

前七日，知泗州劉綱奏倫歸耗，帝嚬蹙曰：「朕以梓宮及皇太后、淵聖皇帝未還，曉夜憂懼，未嘗去心。若敵人能從朕所求，其餘一切，非所較也。」趙鼎曰：「仰見陛下孝心焦勞。」帝曰：「國家但能自治以存天心，豈無復強之日！」及見，倫（言）金人許還梓宮及皇太后，又許還河南諸州，帝大喜，賜與特異。時通問副使朱弁以表附倫歸進，帝覽之感愴，厚卹其家。

80 金主詔改明年為天眷元年，大赦。命韓昉、耶律紹文等編修國史，以完顏勖為尚書左丞、同中書門下平章事。

81 是日，金徙劉豫於臨潢府。

82 丁亥，以王倫為徽猷閣直學士、提舉醴泉觀，充大金國奉迎梓宮使；高公繪為右朝奉大夫，充副使。

83是冬，川陝宣撫副使吳玠遣裨將馬希仲攻熙州。希仲素妄庸，得檄卽氣索，不得已進營熙州城外數十里。熙州父老聞官軍來，有欲率衆歸附者，金將宣言曰：「北軍今日大至，當共劫營。」希仲聞之，昏時拔寨遁去。希仲還，玠斬之以徇。

續資治通鑑卷第一百二十

賜進士及第兵部尚書兼都察院右都御史總督湖北湖南等處地方軍務兼理糧餉世襲二等輕車都尉畢沅編集

宋紀一百二十 起著雍敦牂（戊午）正月，盡九月，凡九月。

高宗受命中興全功至德聖神武文昭仁憲孝皇帝

紹興八年 金天眷元年。（戊午、一一三八）

1 春，正月，戊子朔，帝在建康。尚書左僕射趙鼎率百官遙拜淵聖皇帝於南宮門外，退，詣常御殿門，進名奉慰，以帝在諒闇故也。

2 金主朝太皇太后於明德宮。

頒行女直小字。

封大司空完顏昱爲王。

3 辛卯，金宣議郎・總管府議事官楊克弼、迪功郎楊憑，獻書于左副元帥魯王昌、右副元帥瀋王宗弼，論和議三策：「上策，還宋梓宮，歸親族，以全宋之地，責其歲貢而封之；中策、守兩河，還梓宮；下策，以議和款兵，邀歲幣，出其不意，舉兵攻之，僥倖一旦之勝。」又言：「今宋使以梓宮爲請，萬一不許，大軍縞素遮道。當此之時，曲在大金而不在宋。」昌後頗用其言。

4戊戌，詔復幸浙西，以二月七日起發。帝因諭趙鼎曰：「建康諸官司及百官廨舍，皆令照管，他時復來，幸免更營造，以傷民力。」鼎等奏已令建康府拘收，且言若金人遂以大河之南來歸，當駐蹕建康以俟經營。

5己亥，僞齊武顯大夫、知壽州宋超，率軍民來歸，閤門宣贊舍人、知壽春府孫暉以聞，帝曰：「此事於朝廷無毫髮之益；但如人子來歸，爲父者豈可卻而不受！然已遣使人與金議事，可下沿淮，不得擅遣人過淮招納，引惹事端。」乃命淮西帥臣劉錡入朝處超等，俟畢復還合肥。【考異】趙鼎事實曰：金既廢豫，鼎密遣諜者散之沿淮一帶，誘其守將，由是壽、亳、陳、蔡諸郡，率其部曲來歸者相繼不絕，兩月間，得精兵萬餘，西馬數千。朝士相謂曰：「前日大作措置，未進一步，潰亡者五六萬衆。今不動聲色，自致士馬如許之盛，可謂過人矣。」熊克小紀係此事于去年十二月末，徐夢莘北盟會編亦于去年十一月書劉錡來朝，誤也。

6是日，金知蔡州劉永壽，殺烏嚕貝勒，舊作兀魯孛堇，今改。率城中遺民來降。

永壽爲淮西安撫使，烏嚕副之，永壽以小隙劾其罪，金人移烏嚕同知德州。未幾，忽報烏嚕以女直兵三千來蔡者，提轄白安時請永壽南歸，永壽不從，曰：「朝廷若賜我死，當死之。」安時恐其謀泄，卽拘永壽，勒兵以待之。烏嚕引衆入城，不爲備，安時乘勢盡殺之，遂驅城中軍民來歸。湖北、京西宣撫使岳飛，遣統制官張憲等往納之。

7 乙巳，趙鼎言：「士大夫多謂中原有可復之勢，宜便進兵，恐他時不免議論，謂朝廷失此機會，請召諸大將問計。」帝曰：「不須卹此。今日梓宮、太后、淵聖皇帝皆未還，不和則無可還之理。」參知政事陳與義曰：「用兵須殺人；若因和議得遂我所欲，豈不賢于用兵！萬一和議無可成之望，則用兵所不免。」帝以爲然。

8 丙午，寶文閣待制、知鎭江府曾開試尚書禮部侍郎。

9 戊申，尚書兵部侍郎兼直學士院兼侍講胡世將爲樞密直學士、四川安撫制置使，兼知成都府。

帝聞席益已去，因問刑部尚書胡交修：「孰可守蜀者？」交修曰：「臣從子世將可用。」遂有是除。時趙鼎亦不欲世將居中故也。

自重兵如（聚）關外以守蜀，而餉道險阻，漕舟出嘉陵江，春夏漲而多覆，秋冬涸而多膠。紹興初，創行陸運，調成都、潼川、利州三路夫十二萬，縣官部送，激賞爭先，倍道而馳，晝夜不息，十斃三四。至是交修言：「養兵，所以保蜀也；民不堪命，則腹心先潰，尚何保蜀之云！臣愚欲三月以後，九月以前，第存守關正兵，餘悉就糧他州。如此則給守關者水運有餘；分戍者陸運可免。」帝乃命學士院述交修意，詔宣撫副使景環（吳玠）行之。

10乙卯，金改燕京樞密院爲行臺尚書省，以三司使杜充簽書樞密院事，劉筈並簽書省事。時左副元帥魯王昌、右副元帥瀋王宗弼皆在軍中，監軍杲屯長安，右副監薩巴（舊作東拔，今改。）屯鳳翔，以新取河南、陝州故也。

11二月，丁巳朔，尚書兵部侍郎王庶試兵部尚書。

庶自荆南入對，奏曰：「今十年而恢復之功未立，臣請言其失，蓋在偏聽，在欲速，在輕爵賞，是非邪正混淆。誠能有功則賞，有罪則罰，其誰不服！苟委其權令（校者按：令字衍。）於大臣而非其人，則未有不身受其欺而國罹其禍者。昔漢光武以兵取天下，不以不急奪其費。不知兵者，不可使輕言兵。」他日，又見，口陳手畫秦、蜀利害，帝大喜之，即日遷尚書。

12戊午，開州團練使、知廬州、主管淮西安撫司公事劉錡對于內殿，錡言淮北兵歸正者不絕，今歲合肥度可得四五萬衆。

翼日，上謂趙鼎等曰：「朕每慮江上諸將控扼之勢未備，若上流有警，岳飛不可下，則江、淮數百里邊面空虛，得錡一軍，遂可補此闕矣。」

13壬戌，湖北、京西宣撫使岳飛請增兵，帝曰：「上流地分誠闊遠，寧與減地分，不可添兵。今日諸將之兵，已患難於分合。末大必折，尾大不掉，古人所戒。今之事勢雖未至此，然與其添與大將，不若別置數項軍馬，庶幾緩急之際易爲分合也。」

14 是日，六宮先發。帝召淮西宣撫使張俊至宮中，從容與論邊事，俊曰：「臣當與岳飛、楊沂中大合軍勢，期於破敵以報國家。」帝諭之曰：「卿能如此，甚副朕意。然此乃卿之所識，朕更有一二事戒卿：朕來日東去，慎無與民爭利，勿興土木之工。」俊悚息承命。俊見地無磚面，再三歎息，帝曰：「艱難之際，一切從儉，庶幾少紓民力。朕爲人主，雖以金玉爲飾，亦無不可。若如此，非特一時士大夫之論不以爲然，後世以朕爲何如主也！」

15 金主如約羅（舊作爻剌，今改。）春水。

16 癸亥，帝發建康府。殿前都虞候楊沂中、主管侍衞步軍兼權馬軍司公事解潛，以其軍從，是日，次東陽鎭。

甲子，帝次下蜀鎭。殿中侍御史張絢請車駕所過州縣量免租稅，帝曰：「自古人主所過，皆有蠲復，當議使實惠及人也。」絢又乞疏決，帝曰：「此事則不須。父老望幸之意，不可不有以慰之；若罪人有罪，無可卹也。」

乙丑，帝次鎭江府。

17 是日，金主幸天開殿。

18 丙寅，徽猷閣待制、提舉江州太平觀胡安國充寶文閣直學士，賜銀帛三百匹兩。

安國以衰老乞致仕，帝將許之，乃詔以安國解釋春秋成書，進職加賜。翼日，詔安國進一官，致仕，命未下而安國卒矣。

安國風度凝遠，言必有敎，動必有法，燕居獨處，未嘗有怠慢；而與人談論，氣怡詞簡，若中無所有。性本剛急，晚更沖澹。在官不登六載，雖數以罪去，其愛君之心，遠而愈篤。

19 戊辰，帝次呂城鎮。己巳，帝次常州。庚午，帝次無錫縣。辛未，帝次平江。甲戌，帝次吳江縣。丙子，帝次崇德縣。丁丑，帝次臨平鎮。戊寅，帝至臨安府。

20 戶部尚書、權知建康府章誼充端明殿學士、江南東路安撫大使兼知建康府，兼行宮留守司公事。

21 甲申，中書舍人李彌遜試尚書戶部侍郎。

22 是月，金以拉林水、舊作來流水，今改。混同江護邏地與民耕牧。

23 三月，丙戌朔，廣西經略司奏：「得安南都護府諜，當道郡王薨謝，今有遺進表章及綱運。」詔使人免到闕，就命直龍圖閣、本路轉運副使朱芾充弔祭使，賜絹布各五百匹，羊五十口，麪五十碩，酒五十瓶，仍以敕書諭其嗣子天祚。

安南與廣西諸司通問訊，其王不列銜而列將佐數人，有稱中書侍郎同判都護府者，印文曰「南越國印」。

24 己丑，濟州防禦使、知南外宗正事仲儡嗣濮王。

25 庚寅，禮部尚書劉大中參知政事，兵部尚書王庶充樞密副使。

26 金以禁苑隙地分給百姓。

27 辛卯，故靜海軍節度使、特進、檢校太尉兼御史大夫、安南都護、上柱國、交趾郡王李陽煥，贈開府儀同三司，追封南平王。

28 壬辰，樞密使秦檜守尚書右僕射、同中書門下平章事，兼樞密使。前一日，趙鼎留身奏事，帝曰：「堂中必無異議者。」又曰：「秦檜久在樞密，得無怨望否？」鼎曰：「檜大臣，必不爾。然用之在陛下爾，況自有闕。」是夕，鎖院制下，朝士皆相賀，惟吏部侍郎晏敦復退而有憂色。

29 己亥，制授故南平王李陽煥嗣子天祚靜海軍節度使、安南都護，封交趾郡王，其階、勳及檢校官、憲銜、食邑、功號，皆如陽煥初封故事。

30 辛丑，太常少卿蘇符言：「景靈宮神御見在溫州，將來四孟朝獻，請比附國朝諒陰故事，行在設位，分命大臣行禮。」從之。

31 壬寅，詔：「故相韓忠彥，配饗徽宗皇帝廟庭。」

32 甲辰，徽猷閣待制、兩浙都轉運使向子諲試尚書戶部侍郎。

33丁未，詔：「江、浙州縣，回蹕所嘗過者，民間欠紹興六年歲終稅賦皆除之。」

34戊申，左正言李誼言：「金人入居汴都，西北之民，感恩戴舊，襁負而歸，相屬於路，此殆天所以興吾宋也。臣願于淮南、荆、襄僑建西北諸州郡，分處歸正之民，給以閒田，貸以牛具，使各遂其耕種之業；而又親戚故舊同爲一所，相愛相卹，不異于閭里。將見中原之人，同心效順，敵人之謀，當不攻而自屈矣。」詔諸路宣撫司依累得旨措置。

35金以韓昉爲翰林學士。

36夏，四月，己未，太常少卿蘇符言：「徽宗皇帝，顯肅皇后，至今未聞諱日，請權于聞哀日，以祖宗忌神〔辰〕禮例建置道場行香。」從之。

37壬戌，命樞密副使王庶暫往沿江及淮南等處措置邊防。詔曰：「朕臨遣樞臣，協濟軍務，按行營壘，周視山川，乘斯閒暇之時，經畫久長之利。凡爾見〔監〕司、羣帥、郡縣之官，各盡乃心，以康庶事。儻或弛慢失職，已令王庶密具以聞。」先是御史中丞常同言：「今去淮益遠，邊民多不自安，宜遣重臣出按兩淮荒田，縱民耕之，勿收租稅，數年之後，百姓足而國用足矣。」至是帝命庶行視東關，且調諸路兵預爲防秋計，并以同奏付庶行之。

時保成軍節度使、殿前都虞候楊沂中，怒其統制吳錫，收繫之獄。戶部侍郎向子諲力言於庶，謂錫可用，庶奏釋之，使統兵屯淮西。

38丙寅，王庶辭，帝戒以張浚待諸將多用術數，且狎昵，自取輕侮，呂祉以傲肆自大取敗，皆可爲戒。帝因諭：「王伯之道，不可兼行，當以三王爲法。今之諸將，不能恢復疆宇，他日朕須親行，不殺一人，庶幾天下可定。」庶奏以大理少卿周聿、尙書金部員外郎晁謙之，並主管機宜文字，軍器監丞李若虛、樞密院計議官方滋、左承奉郎·通判臨安府朱敦儒，並爲樞密行府諮議參軍。謙之，任城人也。

自酈瓊叛，張浚〔俊〕擅棄盱眙而歸，諸將稍肆。庶素有威嚴，臨發，勞師於都教場，軍容嚴整。庶便服坐壇上，自楊沂中而下，悉以戎服，步由轅門，庭趨受命，拜賜而出，莫敢仰視。

39丁卯，金以靜江節度使盧彥倫行少府監兼都水使者，充提點京城大內所。命其營建宮室，止從儉素。

40己巳，尙書刑部侍郎曾開試禮部侍郎。

41壬申，祕書少監兼崇政殿說書尹焞留身求去。

時已詔焞兔兼史事，帝曰：「待與卿在京宮觀。」焞力辭，且云：「士人若不理會進退，安用所學！」翼日，上以諭輔臣，參知政事劉大中曰：「焞所學淵源，足爲後進矜式。班列中若得老成人爲之領袖，亦是朝廷氣象。」乃以焞直徽猷閣、主管萬壽觀，留侍經筵。

42 癸酉，徽猷閣待制、新知承州胡寅試尚書禮部侍郎。

43 辛巳，太常少卿蘇符言：「今歲當行祫饗，而在諒闇內，請用熙寧故事，移就來年孟冬。」從之。

44 壬午，金主朝享于天元殿，立費摩舊作裴滿，今改。氏爲貴妃。

45 是月，徽猷閣直學士王倫，見金左副元帥魯王昌于祁州。時韓世忠、岳飛、吳玠軍各遣間招誘中原民，金得其蠟彈旗榜，出以語倫曰：「議和之使繼來，而暗遣姦諜如此，何故？」倫言：「所議靖民，乃主上之意。邊臣見久而無成，或乘時希尺寸爲己勞，則不可保，主上決不之知。若上國孚其誠意，確許之平，則朝廷一言戒之，誰敢爾者！」諸帥相視無語。

46 五月，乙未，祕閣修撰、知建州魏矼權尚書吏部侍郎。

47 初，金制，以遼、宋取士之法不同，命南北之士各以素所習之業應試，號爲南北選。己亥，金主詔南北選各以經義、詞賦兩科取士。

48 壬寅，集英殿修撰，提舉亳州崇道觀張燾試尚書兵部侍郎。

49 丁未，命吏部員外郎范同假太常少卿，接伴金國人使；武功大夫、高州刺史、帶御器械劉光遠假吉州團練使，副之。

先是徽猷閣直學士王倫既見魯王昌，昌遣使偕倫至京師。倫見金主，首謝廢豫，然後致帝旨議和。時昌及太師宗磐密議許和，至是遣倫還，且命太原少尹烏陵阿思謀、(舊作烏陵思謀。)太常少卿石慶充來議事。思謀爲宣和時通好海上所遣之人，今再遣來，示有許和意。

50 樞密副使王庶條上淮南耕種等事，帝曰：「淮南利源甚博，平時一路上供內藏紬絹九十餘萬，其他可知。」

51 辛亥，改命徽猷閣直學士王倫充館伴使。

初，命權吏部侍郎魏矼館伴，右武大夫榮州防禦使、知閤門事藍公佐假慶遠軍承宣使副之。矼言：「頃任御史，嘗論和議之非，今難以專對。」秦檜招矼至都堂，問其所以不主和議之意。矼具陳敵情難保，檜謂之曰：「公以智料敵，檜以誠待敵。」矼曰：「相公固以誠待敵，第恐敵人不以誠待相公耳。」檜不能屈，乃改命焉。既而倫又辭，遂命給事中吳表臣往來館中議事。

52 癸丑，召利州觀察使、知鼎州馬擴赴行在。金使烏陵(阿)思謀初入境，數問擴所在，王倫奏：「思謀乃海上結約之人，與擴相熟，宜召赴行在，恐須使令。」故有是命。

53 六月，乙卯朔，禮部貢院奏試博學宏詞合格，中等，左迪功郎、鄂州武昌縣尉詹叔義，右迪功郎、前建康府司法參軍陳巖肖；下等，左迪功郎、饒州鄱陽縣東尉王大方。詔叔義、大方並與堂除，仍減年磨勘，巖肖賜同進士出身。

54 戊午，金主至自天開殿。

55 壬戌，宗正少卿張九成權尚書禮部侍郎。

56 衍聖公孔玠避亂寓衢州，詔即賜田五頃。

57 戊辰，接伴官范同言金使已至常州，帝愀然曰：「太后春秋已高，朕朝夕思念，欲早相見，故不憚屈己以冀和議之成。然有備無患，縱使和議已成，亦不可弛兵備。」參知政事劉大忠〔中〕曰：「和與戰守自不相妨，若專事和而忘戰守，則墮敵計中耳。」

樞密副使王庶時在合肥，上疏曰：「臣聞無故請和者，謀也。究觀金國，侵軼已踰一紀，前此乘戰勝之勢以至江、淮，而我未嘗有一日之捷。逮至紹興甲寅冬，蕃、部〔僞〕深入，駐兵淮南，陛下親征，至使奔逸而去。又丙辰冬，敵人傾國南侵，陛下再統六師，至於江、淮之間，皇威大振，蕃、部〔僞〕皆有所卻，於是遣使告我以徽宗皇帝、顯肅皇后訃音。彼若果敦隣好，則所報訃音，不應在累年之後；必因〔畏〕長驅而往，故以此謀沮師。陛下天資聖孝，哀毀之中，即遣使往以求梓宮，往返之間，一年半矣，尚未聞梓宮之至，固已落彼之計。又聞去年金國以欺詐廢豫，僞庭用事之人，奔散四走，莫能自保，百姓上下，日望我兵之至。諸帥之在中都者，如居積薪之上而火未然，勢之傾危，未有易于此者。若我一搖足，則中原非彼所有，所以陰謀祕計，不得不遣使也。從違之間，可不深思而熟計之！臣中夜以思，使人之來，其甘言昭我，不過出於二策：一則以淮爲界，一則以河爲界。以淮爲界，乃我今日所有之地，而淮之外亦有見今州縣所治，如泗州、漣水軍是也，既爲我有，安用以和爲請！若以河爲界，則東西四千里，兵火之餘，白骨未斂，幾無人迹，彼若誠實與我，既得其故地，非若僞豫之不卹，倘當十年無征役，以蘇其凋瘵。財賦既無所從出，所責歲賂無慮數百萬，若欲重斂諸路，困獘已極，安可取以充谿壑之欲！利害曉然，而不先爲之慮，則三十萬兵宿于無用之地，假以歲月，是彼不必征伐，而我數年之間，終于自斃。彼之爲計可謂盡善，而我之爲國未有若斯之踈也。臣願陛下先與在廷之臣，立爲一定之論，若以淮爲界，其所請之賂必少，以河爲界，其所請之賂必多。或多或少，未繫國之利害，以凋弊之極爲言。彼若以生靈爲念，當告之以河南之地，僞豫暴斂之甚，必使之蘇息，然後可漸責稅賦，其歲賂須五年之後方能津遣。若或見從，則彼之和議，方見誠實。如或不然，則彼以計困我，既使我不敢用兵，而又於困窮之際重取歲賂，是彼無所施爲而坐收成功，其爲謀深矣。」疏入，不報。

58 直祕閣、奉迎梓宮副使高公繪先歸至臨安。

59 壬申，帝特御射殿，引見禮部合格舉人黃公度已下，遂以南省及四川類試合格舉人黃貢等共三百九十五人參定爲五等，賜及第、出身、同出身，奏名林格以下，出身至助教。

60 癸酉，樞密副使王庶自淮西還行在。

先是庶將還朝，未至，復上疏言：「宴安酖毒，古人戒之。國家不靖，疆埸患生，敵人變詐百出，自渝海上之盟。至於今日，其欺我者何所不至，陛下所自知也，豈待臣言！夫商之高宗，三年不言。其在諒闇，言猶不出，其可以見外國之使乎！先帝北征而不復，天地鬼神，爲之憤怒，能言之類，孰不痛心！陛下抱負無窮之悲，將見不共戴天之讎，其將何以爲心，又何以爲容，亦何以爲說？願陛下以宗社之重，宜自兢畏，思高宗不言之意，無見異域之臣，止令趙鼎而下熟與計事，足以彰陛下孝思之誠，而與國體爲宜。」

又言：「金使入境，經過州郡，傲慢自尊，略無平日禮數，接伴使欲一見而不可得。官司供帳，至行〔打〕造金醆，輕侮肆志，略無忌憚。臣聞自古謀人之國者，必有一定之論，越之取吳，在驕其志而已，秦之取六國，在散其從而已，其間雖或出或入，而一定之論未嘗易也。金人所以謀人之國者，曰和而已。觀其旣以是謀契丹，又以是謀中國。方突騎赴闕，初以和議爲辭，曁大兵圍城，又以和議爲辭。二聖播遷，中原板蕩，十餘年間，衣冠之俗，蹂踐幾徧，血人於牙，吞噬靡厭，而和議未之或廢也。今王倫迎奉梓宮爾，而受金人和議以歸，且與其使俱來，此其可信不可信乎？劉豫雖然僭竊，正名號者七八年，一旦見逐。金人慮中原百姓或有反側，陝西叛將或生顧望，吾一日出師必有應者，以此設爲講和之說，仍遣使焉，所以款我，昭然無疑矣。臣蒙陛下親擢，備位本兵，國之大事，不敢隱默，故重爲陛下陳其三策：上策，莫如拘其使者，彼怒必加兵，我則應之，所謂善戰者致人而不致于人是也。金之強大自居，一旦或拘其使，出其意表，氣先奪矣，其敗可立而待。其次，願陛下念不共戴天之讎，堅謝使人，勿與相見，一切使指令對大臣商議，然後徐觀所向，隨事酬應。最其次，姑示怯弱，待以厚禮，俟其出界，精兵躡之，所謂掩其不備，破之必矣。臣頃與邊將大臣議論，皆云若失今日機會，他日勞師費財，決無補于事功，至有云今年不用兵乞納節致仕者，觀此，則人情思奮，皆願爲陛下一戰，望陛下英斷而力行之。」

61 乙亥，起復武信軍承宣使、行營中護軍統制軍馬張宗顏知廬州、主管淮南西路安撫司公事，右武大夫、開州團練使、知廬州兼淮西制置副使劉錡以所部屯鎮江府。

初，王庶自淮上歸，命宗顏以所部七千人屯廬州，命中護軍統制官巨師古以三千人屯太平州，又分京東、淮東宣撫處置使韓世忠二軍屯天長及泗州，使緩急互爲聲援。徙錡屯鎮江，爲江左根本。

時朝廷以諸將權重，欲撫循偏裨以分其勢，張俊覺之，謂行府錢糧官、右通直郎、新監行在榷貨務劉時曰：「君爲我言於子尙：易置偏裨，似未宜遽；先處己可也，不知身在朝廷之上能幾日。」庶聞之曰：「爲我言於張十：不論安與未安，但一日行一日事耳。」俊不悅。

62丙子，帝諭大臣曰：「昨日王倫對云：『金使烏陵阿思謀説，國書中須是再三言武元帝海上通好事，庶得國中感動。』朕因記當時如尼瑪哈（舊作粘沒喝。）輩不肯交燕、雲，皆欲用兵。惟阿古達（舊作阿骨打。）以謂『我與大宋海上信誓已定，不可失約，待我死後由汝輩』，卒如約。阿古達乃所謂武元者也。以此知創業之人，設心處慮，必有過人者。」

初，行朝聞思謀之來，物議大訩，羣臣登對，率以不可深信爲言。帝意堅甚，往往峻拒之，或至於震怒。趙鼎因請間密啓於帝曰：「陛下與金人有不共戴天之讎，今乃屈體請和，誠非美事。然陛下不憚爲之者，凡以爲梓宮及母、兄耳。羣臣憤懣之辭，出於愛君，非有他意，不必以爲深罪。陛下宜好謂之曰：『講和誠非美事，以梓宮及母、兄之故，不得已爲之。議者不過以敵人不可深信，苟得梓宮及母、兄，今日還闕，明日渝盟，所得多矣，意不在講和也。』羣臣以陛下孝誠如此，必能相亮。」帝以爲然，羣議遂息。

63詔：「今後除六曹尙書未應資格人，依元祐例帶權字，俸賜如正侍郎，滿二年取旨。」

64丁丑，金使福州管內觀察使·太原府少尹·河東北路制置都總管烏陵阿思謀、太常少卿、騎都尉石慶充入見。

思謀初至行在，帝命與宰執議事於都堂，思謀難之，欲宰相就館中計議，趙鼎持不可。思謀不得已，始詣都堂，然猶欲以客禮見輔臣，鼎抑之如見從官之禮。鼎步驟雍容，思謀一見，服其有宰相體。鼎問思謀所以來之意，曰：「王倫懇之。」問：「所議云何？」云：「有好公事商議。」鼎曰：「道君皇帝諱日尚不得聞，有何好公事？」又問：「地界何如？」曰：「地不可求，聽大金所與。」時知〔執〕政聚聽，惟王庶不顧。鼎因與思謀議定出國書之儀，思謀氣稍奪。

將對，鼎奏曰：「金使入見，恐語及梓宮事，望少抑聖情，不須哀慟。」帝問何故，鼎曰：「使人之來，非爲弔祭，恐不須如此。」及見，鼎與諸大臣洎管軍楊沂中、解潛皆立侍殿上，閤門引思謀等陞殿。帝遣王倫傳旨，諭曰：「上皇梓宮，荷上國照管。」又問：「太后及淵聖聖體安否？」因哽咽，舉袖拭淚，左右皆飲泣。思謀曰：「三十年舊人，無以上報，但望和議早成。」帝又諭曰：「記舊人，必能記上皇，切望留意。」思謀退，遣倫就驛宴之。

65 翰林學士兼侍讀兼資善堂翊善朱震疾亟，上奏乞致仕，且薦尹焞代爲翊善。夜，震卒，年六十七。中夕奏至，帝達旦不寐。戊寅，輔臣奏事，帝慘然曰：「楊時既物故，胡安國與震又亡，同學之人，今無存者，朕痛惜之！」趙鼎曰：「尹焞學問淵源，可以繼震。」帝指奏牘曰：「震亦薦焞代資善之職，但焞微瞶〔聵〕，恐教兒童費力，俟國公稍長則用之。」乃詔國公往奠，賜其家銀、帛二百匹、兩，例外官子孫一人，又命戶部侍郎向子諲治其喪事。

66 癸未，給事中兼侍講吳表臣試尙書兵部侍郎。

67 是夏，金左監軍完顏杲自長安歸雲中。

元帥府下令：「諸公私債負無可償者，沒身及妻女爲奴婢以償之。」先是諸帥回易貸緡，徧於諸路，歲久不能償；會改元詔下，凡債負皆釋去。諸帥怒，故違赦；復下此令。百姓怨憤，往往殺債主，嘯聚山谷焉。

68 秋，七月，乙酉朔，詔徽猷閣直學士、提舉萬壽觀王倫假端明殿學士，爲奉迎梓宮使；大理寺丞陳括爲尚書金部員外郎，假徽猷閣待制，副之。

殿中侍御史張戒復上疏，請外則姑示通和之名，內則不忘決戰之意，而實則嚴兵據險以守。又曰：「自古能守而能和者有矣，未有不能戰、不能守而能和者也。使眞宗無達蘭（舊作撻懶。）之捷，仁宗非慶曆之盛，雖有百曹利用，百富弼，豈能和哉！」又曰：「苟不能戰，不能守，區區信誓，豈足恃也！」

69 詔以司馬光族曾孫伋爲右承務郎，嗣光後。

70 戊子，樞密副使王庶留身言：「臣前日在都堂，與趙鼎等同見金使再詢，訪得烏陵阿思謀在宣、政間嘗來東京，金人任以腹心，二聖北狩，盡出此人。今日天其或者遣使送死，雖齏醢之，不足以快陛下無窮之冤。今陛下反加禮意，大臣溫顏承順，臣於是日心酸氣噎，如醉如癡，口未嘗交一談，目未嘗少覘其面。君辱臣死，臣之不死，豈有所愛惜也！臣又竊聽其說，詭祕譎詐，無一可信。問其來則曰王倫懇之，論其事則曰地不可求。且金人不遣使已數年矣，王倫何者能邀其來乎？『地不可求，聽我與汝』，若無金主之意，思謀敢擅出此語乎？臣曉夜尋繹此語，彼必以用兵之久，人馬消耗，又老師宿將，死亡略盡，敵人互有觀望，故設此策以休我兵，俟稍平定，必尋干戈。今欲苟且目前以從其請，後來禍患，有不可勝言者。設如金人未有動作，損陛下威武，離天下人心，蠹耗財賦，怠惰兵將，歲月易失，凶豐不常，所壞者國家之事力，所憂者陛下之宗祏。臣下無所不可，今走道路、號奉使者，朝在泥塗，暮陞侍從；居廟堂、任經綸者，竊弄威柄，專任私昵，豈止可爲流涕、慟哭而已哉！臣忠憤所激，肆口所言，冒瀆天聽，請賜誅責，臣不勝願幸。」

71 己丑，故貴州刺史狄流，特贈貴州防禦使，官其家五人。流，青孫也，靖康間爲幷、代、雲中等路廉訪使，太原之破，死焉。其家訴於朝，乃有是命。

72 王倫言兵部侍郎司馬朴，見其〔在〕軍前，守節不屈，請優卹其家以爲忠義之勸，許之。僞豫之廢也，金人欲以朴爲汴京行臺尚書右丞，朴力辭而免，金人重其節。

73 右正言李誼試右諫議大夫。

74 辛卯，金左副元帥昌朝于京師，議以廢齊舊地與宋，金主命羣臣議。會東京留守宗雋入朝，議與昌合，太傅宗幹等爭之不能得。宗雋曰：「我以地與宋，宋必德我。」宗憲折之曰：

「我俘宋人父兄，怨非一日。若復資以土地，是助讎也，何德之有！勿與便。」宗憲，宗幹之弟也。昌之弟勖亦以爲不可，旣退，昌責勖曰：「他人尙有從我者，汝乃異議乎？」勖曰：「苟利國家，豈敢私耶！」時太師宗磐位在宗幹上，昌及宗雋附之，竟定議，以地與宋。

75 丁酉，金使烏陵阿思謀以北還入辭。帝每及梓宮必掩泣，羣臣莫不感動。王倫偕金使行，趙鼎告以「上登極旣久，四見上帝，君臣之分已定，豈可更議！」倫問議割地遠近，鼎答以大河爲界，乃淵聖舊約，非出今日，宜以舊河爲大河。若近者新河，卽淸河，非大河也。倫受之而去。

76 金安春舊作按出詐〔訛〕，今改。河溢，壞廬舍，民多溺死。

77 壬寅，金左丞相希尹罷。

78 丁未，右武大夫、開州團練使劉錡充樞密院都統制，依舊鎭江府駐劄。

79 辛亥，詔：「殿前司選鋒軍統制吳錫還行在，令本司別遣一軍往廬州，權聽帥臣張宗顏節制。」

先是宗顏請令錫更戍，帝曰：「錫有膽勇心計，然不可獨用，可趣歸，令楊沂中別遣軍代之。」趙鼎曰：「沂中已嘗有此請矣。」鼎等退而語，咸服帝知人。

80 近制，三衙管軍更日內宿，至是殿前都虞候楊沂中已免直，惟權馬軍司公事解潛與殿步二司統制官互輪。潛又言今來無事，請依東京舊例，乃詔潛權免，只分輪統制官。癸丑，右諫議大夫李誼引晉、唐故事奏言：「今萬騎時巡，宮闕非曩之壯大，禁衞非曩之衆多，內外之患，可備非一；而管軍夜居於外，是潛等之寢則安，爲社稷之慮則未安也。宜令沂中與潛依舊輪宿。」從之。尋命帶御器械韓世良權主管侍衞步軍司公事。

81是月，四川制置使胡世將至遂寧府，遂會川陝宣撫副司吳玠于利州。時軍闕見糧，玠頗以家財給之。玠行至大安軍，婦人、小兒千百飢餓者，擁馬首而噪，玠大怒曰：「吾當先斬勾光祖，然後自效（劾）以諭汝輩。」光祖時以直祕閣爲利州路轉運副使故也。異時宣撫副使皆文臣，而玠起行伍，不十年爲大帥，故不肯相下。及是世將開懷與語，玠歡甚，語人曰：「宿見胡公開懷曉事，使我憂懣豁然。」世將行之明日，玠乃械諸路漕司吏斬於市。先是水運泝江千餘里，半年始達，陸運則率以七十五斛而致一斛，世將與玠反復共論，玠曉然知利害所在。世將又以恩義開諭，且貸閬州守將孫渥回易米數萬石給之，諸路漕臣相繼集利州，各有所餉饋，軍賴以給。乃復前大帥席益轉般摺運之法，糧儲稍充，公私便之。

82八月，甲寅朔，金頒行官制。

83戊午，詔曰：「日者復遣使人報聘鄰國，申問諱日，期還梓宮。尙虞疆埸之臣，未諭朝廷之意，遂弛邊備以疑衆心，忽於遠圖，安于無事，所以遏奔衝、爲守備者，或至闕略，練甲兵、訓士卒者，因廢講求，保國乏善後之謀，臨敵無決勝之策。方秋多警，實軫予衷。爾(其)嚴飭屬城，明告部曲，臨事必戒，無忘捍禦之方，持志愈堅，更念久長之計，以永無窮之聞，以成不拔之基。凡爾有官，咸體朕意。」

84 癸亥，回鶻貢於金。

85 己卯，金以京師爲上京，府曰會寧，舊上京爲北京。

86 癸未，權禮部侍郎兼侍講張九成兼權刑部侍郎。

87 九月，甲申朔，金以完顏奭爲會寧牧，封鄧王。乙未，金主詔：「百官誥命，女直、契丹、漢人各用本字，渤海同漢人。」

88 丁酉，金改燕京樞密院爲行臺尚書省。

89 戊戌，金主朝明德宮。

90 辛丑，溫州州學教授葉琳，上書請興太學，其說以爲：「今駐蹕東南，百司備具，何獨於太學而遲之？且養士五百人，不過費一觀察使之月俸。」又言：「漢光武起于河朔，五年而興太學，晉元興于江左，一年而興太學，皆未嘗以恢復爲辭，以饋餉爲解。誠以國家之大體在此，雖甚倥偬，不可緩也。」事下禮部。既而右諫議大夫李誼言：「今若盡如元豐養士之數，則軍食方急，固所未暇；若止以十分之一二爲率，則規模稍弱，又非天子建學之體。況宗廟、社稷俱未營建，而遽議三雍之事，豈不失先後之序！望俟回蹕汴京，或定都他所，然後推行。」從之。

91甲辰，金以完顏奕爲平章政事。

92丁未，尙書左僕射、同中書門下平章事、監修國史趙鼎遷特進，以哲宗實錄成書也。中書舍人兼直學士院呂本中草制，有曰：「謂合晉、楚之成，不若尊王而賤霸；謂散牛、李之黨，未如明是而去非。惟爾一心，與予同德。」右僕射秦檜深恨之。

93是秋，金人徙知許州李成知翼州，徙知拱州酈瓊知博州，悉起京畿、陝右在官金銀錢穀，轉易北去，蓋將有割地之意也。

94劉豫之未廢也，僞麟府路經略折可求因事至雲中，左監軍完顏杲密諭以廢豫立可求之意。及是副元帥魯王昌有割地南歸之議，完顏杲恐可求失望生變，因其來見，置酒酖之。可求歸，卒於路。

續資治通鑑卷第一百二十一

賜進士及第兵部尙書兼都察院右都御史總督湖北湖南等處地方軍務兼理糧餉世襲二等輕車都尉畢沅編集

宋紀一百二十一 起著雍敦牂(戊午)十月，盡屠維協洽(己未)五月，凡八月。

高宗受命中興全功至德聖神武文昭仁憲孝皇帝

紹興八年 金天眷元年。(戊午、一一三八)

1 冬，十月，甲寅朔，金以御前管句契丹文字(李)德固爲參知政事。

2 丙寅，金主封叔宗強爲紀王，宗敏爲邢王，太宗子和魯布等舊作斛魯補，今改。十三人皆爲王。

3 金自晉王宗翰歿後，太師宗磐日益跋扈，嘗與太傅宗幹爭論于金主前，卽上表求退。完顏勖曰：「陛下富于春秋，而大臣不協，恐非國家之福。」金主因兩解之。宗磐愈驕恣，又嘗于金主前拔刀向宗幹，都點檢蕭仲恭呵止之。己巳，金主始禁親王以下佩刀入宮。

4 辛未，金定封國制。

5 癸酉，金以東京留守宗雋爲尚書左丞相兼侍中，封陳王。宗雋入朝，與宗磐深相結。

6 甲戌，特進、尚書左僕射、同中書門下平章兼樞密使趙鼎罷，爲檢校少傅、奉國節度使、兩浙東路安撫制置大使兼知紹興府。

時秦檜黨侍御史蕭振等，屢以浮言使鼎自去，鼎猶未深覺，其客敕令所删定官方疇以書勸之曰：「見幾而作，大易格言；當斷不斷，古人深戒。」鼎乃引疾乞免。殿中侍御史張戒上疏乞留鼎，否則置之經筵。時檜力勸屈己議和，鼎持不可，繇是卒罷。

鼎入辭，從容奏曰：「臣昨罷相半年，蒙恩召還，已見宸衷所向與鄉來稍異。臣今再辭之後，人必有以孝悌之說脅制陛下矣。臣謂凡人中無所主而聽易惑，故進言者得乘其隙而惑之。陛下聖質英邁，見天下是非善惡，謂宜議論一定，不復二三，然臣甫去國，已稍更改。如修史本出聖意，非羣臣敢建言，而未幾復罷，此爲可惜。臣竊觀陛下未嘗容心，特旣命爲相，不復重違其意，故議論取舍之間，有不得已而從者。如此，乃宰相政事，非陛下政事也。」

鼎行，檜奏乞同執政往餞。樞密副使王庶謂鼎曰：「公欲去，早爲庶言。」鼎曰：「去就在樞密，鼎豈敢與！」檜至，鼎一揖而去，自是檜益憾之。

7 丁丑，京東、淮東宣撫處置使韓世忠乞赴行在奏事。

先是徽猷閣直學士王倫既與烏陵阿思謀（舊作烏陵思謀。）至金廷，金主復遣簽書宣徽院事蕭哲等爲江南詔諭使，使來計事。世忠聞之，上疏曰：「金人遣使前來，有詔諭之名，事勢頗大。深思敵情，繼發重兵壓境，逼脅陛下別致禮數。今當熟計，不可輕易許諾。其終不過舉兵決戰，但以兵勢最重去處，臣請當之。」因乞赴行在奏事，馳驛以聞，上不許。

8 戊寅，樞密副使王庶言：「間者金使之來，大臣僉議，或和或戰，所主不同。臣忠憤所激，輒爾妄發，不量彼己之勢，不察時事之宜，屢奏封章，力請謝絕，專圖恢復。謂敵情不可以仁恩馴服，王倫之往，必致稽滯。今聞奏報，已還近境，和議可決。臣謀不逮遠，智不通方，伏望速賜降黜。或以適補執政闕員，未便斥去，乞即特降處分，遇有和議文字，許免簽書，庶逃前後反覆，有失立朝之節。」己卯，詔不許。

9 十一月，甲申，翰林學士承旨孫近參知政事。

10 丙戌，權尚書禮部侍郎兼侍講張九成罷。

初，趙鼎之未去也，九成謂鼎曰：「金失信數矣，盟墨未乾，以無名之師掩我不備。今實厭兵，而張虛聲以撼中國。彼誠能從吾所言十事，則與之和，當使權在朝廷可也。」鼎既免，檜謂九成曰：「且同檜成此事，如何？」九成曰：「事宜所可，九成胡爲異議！特不可輕易以苟安耳。」他日，與呂本中同見秦檜，檜曰：「大抵立朝須優游委曲，乃能有濟。」九成曰：「未有枉己而能正人。」檜爲之變色。九成從容言於帝曰：「敵情多詐，議者不究異日之害，而欲姑息以求安，不可不察。」會檜聞九成在經筵講書，因及西漢災異事，大惡之。九成入見，面奏曰：「外議以臣爲趙鼎之黨，雖臣亦疑之。」帝問其故，九成曰：「臣每造鼎，見其議論無滯，不覺坐久，則人言臣爲鼎黨無足怪。」既而九成再章求去，帝命以次對出守。檜必欲廢置之，除祕閣修撰、提舉江州太平觀。

11 丁亥，詔：「榮州防禦使、知閤門事藍公佐接伴大金人使過境，俟接伴官、右司員外郎范同等到日交割。」

是日，京東、淮東宣撫處置使韓世忠復言：「恐金人詔諭之後，遣使往來不絕，其如禮物以至供饋賜予，蠹耗國用，財計闕乏，贍國不給，則經所謂『不戰而屈人之兵』。望宣諭大臣，委曲講議，貴在得中，以全國體。」

12 丙申，徽猷閣直學士、提舉醴泉觀王倫至行在。倫引疾乞在外宮觀，不許，仍令赴內殿奏事。

13 庚子，參知政事孫近兼權同知樞密院事，以樞密副使王庶累章求去故也。

庶奏曰：「臣切詳王倫之歸，以爲和好可成，故地可復，皇族可歸，上自一人，下逮百執事，皆有喜色。獨臣愚闇，不達事機，早夜以思，揣本齊末，未見其可。臣復有強聒之請，別無他情，止知愛君。和之與否，臣不復論；且以目今金人利害言之，講和爲上，遣使次之，用兵爲下。何以言之？金人自破大遼及長驅中原，幾十三年矣，所得土地，數倍漢、唐，所得珠玉子女，莫知紀極，地廣而無法以經理，財豐而持勢以相圖；又，老師宿將，死亡殆盡，幼主權分，有患失之慮，此所以講和爲上也。金人滅大遼，蕩中原，信使往來，曾無虛日，得志兩國，專用此道。矧自廢豫之後，陰謀敗露，杌棿不安，故重報使人以安反側，兼可以察我之虛實，耗我之資糧，離我之心腹，怠我之兵勢，彼何憚而不爲！此所以遣使爲便也。金人之兵，內有牽制，外多疑忌，所用之人，非若昔日之勇銳，所簽之軍，非若昔日之強悍；前出後空，或有覆巢之虞，率衆深入，不無倒戈之慮；又，淮上虛荒，地無所掠，大江浩渺，未可易渡，諸將兵勢，不同曩時，所以用兵爲下也。今彼所行皆上策，至爲得計，吾方信之不疑，墮其術中，惟恐不如所欲。臣不敢效子胥出不祥之言，殺身以立後世之名，於國何補！惟陛下深思之，速斷之，無使後之視今，亦猶今之視昔，天下幸甚！臣蒙陛下過聽，擢置樞庭，言雖忠而不適於時，慮雖深而不明乎變，愚魯自信，滯固不移，臣亦自厭其遲鈍，況他人乎！兼自今冬以來，疾疹交作，精神昏耗，腳膝重腿，若猶貪冒寵榮，不知退避，罪戾之來，所不可逭，陛下雖欲保全，有所不能。伏望矜臣衰憊，保臣始終，俾解職事，除臣一在外宮觀差遣，以便醫藥。」帝乃許之。

14 辛丑，詔大臣：「遣使至境，朕以梓宮未還，母后在遠，陵寢宮闕，久稽汛掃，兄弟宗族，未得會聚，南北軍民，十餘年間不得休息，欲屈己求和。在庭〔廷〕侍從、臺諫之臣，其詳思所宜，條奏來上。」

15 寶文閣直學士、知台州梁汝嘉試尚書戶部侍郎。

16 京東、淮東宣撫處置使韓世忠言：「臣伏讀宸翰，鄰邦許和。臣愚思之，若王倫、藍公佐所議，講和割地，休兵息民，事蹟有實，別無誑同外國誑賺本朝之意，二人之功，雖國家以王爵處之，未爲過當。欲望聖慈各令逐人先次供具委無反覆文狀於朝，以爲後證。如臣前後累具已見，冒犯天威，日後事成虛文，亦乞將臣重置典憲，以爲狂妄之戒。」

先是世忠數上疏，論不當議和，帝賜以手劄曰：「朕勉從人欲，嗣有大器。而梓宮未還，母后在遠，陵寢宮禁，尚爾隔絕，兄弟宗族，未遂會聚，十餘年間，民兵不得休息，早夜念之，何以爲心！所以屈己和戎，以圖所欲，賴卿同心，其克有濟。卿其保護來使，無致疏虞。」世忠既受詔，乃復上此奏，詞意剴切，由是秦檜惡之。

17 甲辰，樞密副使王庶充資政殿學士、知潭州。

庶論金不可和，于道上疏者七，見帝言者六。秦檜方挾金自重以爲功，絀其說。庶語檜曰：「公不思東都抗節全趙時，而忘此敵耶？」檜大恨。庶又抗章求去，乃有是命。

18 中書舍人兼侍講兼學士院句龍如淵試御史中丞。

時秦檜方主和議，力贊屈己之說，以爲此事當斷自宸衷，不必謀之在廷。帝將從其請，而外論羣起，計雖定而未敢畢行。如淵言於檜曰：「相公爲天下大計，而羣說橫起，何不擇人爲臺官，使盡擊去，則相公之事遂矣。」檜大悟，遂擢如淵中司，人皆駭愕。

19 侍御史蕭振權尙書工部侍郎。振乞留王庶，故有是命。

20 丁未，樞密院編修官胡銓上疏曰：「臣謹按王倫本一狎邪小人，市井無賴，頃緣宰相無識，遂舉以使敵。專務詐誕，欺罔天聽，驟得美官，天下之人，切齒唾罵。今者無故誘致敵使，以詔諭江南爲名，是欲臣妾我也，是欲劉豫我也。劉豫臣事金國，南面稱王，自以爲子孫帝王萬世不拔之業，一旦金人改慮，捽而縛之，父子爲虜。商鑒不遠，而倫又欲陛下效之。夫天下者，祖宗之天下也，陛下所居之位，祖宗之位也；柰何以祖宗之天下爲金人之天下，以祖宗之位爲金人藩臣之位乎？且安知異時無厭之求，不加我以無禮如劉豫也！夫三尺童子，至無知也，指仇敵而使之拜，則怫然怒；堂堂大國，相率而拜仇敵，曾無童稚之羞，而陛下忍爲之耶？倫之議乃曰：『我一屈膝，則梓宮可還，太后可復，淵聖可歸，中原可得。』嗚呼！自變故以來，主和議者，誰不以此說啗陛下哉？然而卒無一驗，則敵之情僞已可知矣。陛下尙不覺悟，竭民膏血而不卹，忘國大仇而不報，含垢忍恥，舉天下而臣之甘心焉。就令敵決可和，盡如倫議，天下後世謂陛下何如主也？況敵人變詐百出，而倫又以姦邪濟之，則梓宮決不可還，太后決不可復，淵聖決不可歸，中原決不可得；而此膝一屈，不可復伸，國勢陵夷，不可復振，可爲慟哭流涕長太息者矣！向者陛下間關海道，危如累卵，當時尙不忍北面臣敵；況今國勢稍張，諸將盡銳，士卒思奮！只如頃者敵勢陸梁，僞豫入寇，固嘗敗之於襄陽，敗之於淮上，敗之於渦口，敗之於淮陰，較之前日蹈海之危，已萬萬矣；倘不得已而用兵，則我豈遽出敵人下哉！今無故而反臣之，欲屈萬乘之尊，下穹廬之拜，三軍之士，不戰而氣已索，此魯仲連所以義不帝秦，非惜夫帝秦之虛名，惜夫天下大勢有所不可也。今內而百官，外而軍民，萬口一談，皆欲食倫之肉，謗議洶洶，陛下不聞，正恐一旦變作，禍且不測。臣竊謂不斬王倫，國之存亡未可知也。

雖然，倫不足道也，秦檜以心腹大臣而亦然。陛下有堯、舜之資，檜不能致陛下如唐、虞，而欲導陛下爲石晉。近者禮部侍郎曾開等引古誼以折之，檜乃厲聲責曰：『侍郎知故事，我獨不知！』則檜之遂非很愎，已自可見。而乃建白，令臺諫侍臣簽議可否，是蓋恐天下議己，而令臺諫侍臣共分謗耳。有識之士，皆以爲朝無正人，吁，可惜哉！頃者孫近傅會檜議，遂得參知政事。天下望治有如飢渴，而近伴食中書，謾不敢可否一事，檜曰敵可講和，近亦曰可和，檜曰天子當拜，近亦曰當拜。臣嘗至致〔政〕事堂，三發問而近不答，但曰已令臺諫侍從議之矣。嗚呼！參贊大臣，徒取充位如此，有如敵騎長驅，尚能折衝禦侮邪？臣竊謂秦檜、孫近亦可斬也。

臣備員樞屬，義不與檜等共戴天日，區區之心，願斷三人頭竿之藁街，然後羈留敵使，責以無禮，徐興問罪之師，則三軍之士，不戰而氣自倍。不然，臣有赴東海而死，寧能處小朝廷求活耶！」

21 戊申，接伴使范同，奏金使遣人議過界，帝曰：「若使百姓免於兵革之苦，得安其生，朕亦何愛一己之屈！」時上下洶洶，上手劄付同，塗中稍生事，當議編置。既而金使蕭哲與其右司侍郎張通古入境，同北向再拜，問金主起居，軍民見者，往往流涕。

22 辛亥，樞密院編修胡銓昭州編管。

銓之上書也，都人喧騰，數日不定。帝語秦檜曰：「朕本無黃屋心，今橫議若此，據朕本心，惟有養母耳。」於是檜與參知政事孫近言：「臣等比以金使及境，各進愚計，務欲接納適中，可以經久。朝廷之體，貴在愼密，不敢漏言。聞銓上章歷詆，蓋緣臣等識淺望輕，無以取信於人，伏望睿斷早賜誅責，以孚衆聽。」詔答曰：「卿等所陳，初無過論。朕志固定，擇其可行。中外或致於憂疑，道路未詳其本末。至小吏輕詆柄臣，久將自明，何罪之有！」至是乃議責銓。檜批旨曰：「北使及境，朝廷夙夜講究，務欲上下安帖，貴得和議久遠。銓身爲樞屬，既有所見，自合就使長建白。乃狂妄上書，語言凶悖，仍多散副本，意在鼓衆劫持朝廷。可追毁出身以來文字，除名勒停，送昭州編管，永不收叙。令臨安府差使臣兵級押發前去，候到，具日月聞奏。仍令學士院降詔，布告中外，深知朕安民和衆之意。」

時銓妾孕臨月，遂寓湖上僧舍，欲少遲行，而臨安已遣人械送貶所。祕書省正字范如圭，與勅令所删定官方疇見吏部侍郎晏敦復，爲銓求援。敦復曰：「頃嘗言檜姦，諸公不以爲然，今方專國，便敢如此。此人得君，何所不爲！」敦復即往見守臣徽猷閣待制張澄，語之曰：「銓論宰相，天下共知。祖宗朝言事官被謫，開封府必不如是。」澄愧謝曰：「即追還矣。」

壬子，改銓監廣州都鹽倉。

宜興進士吳師古鋟銓疏於木，監登聞院陳剛中以啓送行。師古坐流袁州，剛中謫知虔州安遠縣。【考異】四朝聞見錄云：胡忠簡公銓以樞掾請誅秦檜以謝天下，請竿王倫之首以謝檜，斬臣以謝陛下，所載疏語，與宋史異。又云：高宗震怒，欲正典刑，諫者以陳東啓上，上怒爲霽，遂貶儋耳。按當時迫於公論，改謫廣州，不因人諫也。

23 丙辰，金以康宗以上畫像工畢，奠獻於乾元殿。

24 張浚在永州，上疏言：「燕、雲之舉，其監不遠。蓋自宣和以來，挾詐反覆，傾我國家，非可結以恩信。借令彼中有故，上下分離，天屬盡歸，河南盡復，我必德其厚賜，謹守信誓，數年之後，人心益懈，士氣漸消。彼或內變既平，指瑕造釁，肆無厭之求，發難從之請，其將何詞以對？顧事理可憂，又有甚於此者。陛下積意兵政，將士漸孚，一旦北面事讎，聽其號令，小大將帥，孰不解體！陛下欲經理河南而有之，臣知其無與赴功而共守者也。」凡五十疏，皆不報。【考異】張浚上疏，不得月日，徐氏後編載于紹興九年。今考張魏公事狀云：金使將至，浚上疏極言其非。若在九年，則金使已返矣，今附見八年十一月。

25 岳飛在鄂州，上言：「金人不可信，和議不可恃，相臣謀國不臧，恐貽後人譏。」秦檜銜之。【考異】岳飛本傳不載上疏，無日月，今從十將傳載于紹興九年十一月。

26 十二月，甲寅，檢校少傅、奉國軍節度使、知紹興府趙鼎充醴泉觀使，免奉朝請，從所請也。

27 乙卯，左朝奉大夫、主管洪州玉隆觀馮檝守宗正少卿、假徽猷閣待制，爲國信計議副使。檝既罷歸，行至鎮江，復召檝入對，除檝故官，與王倫偕見使人議事。

28 丙辰，詔曰：「朕以眇躬，撫茲艱運，越自初載，痛二帝之蒙塵，故茲累年，每卑辭而遣使。不難屈己，徒以爲親，雖悉意于經營，終未得其要領。昨者驚傳諱問，恭請梓宮，彼方以講好而來，此固當度宜而應。朕念陵寢在遠，梓宮未還，傷宗族之流離，哀軍民之重困，深惟所處，務適厥中。既朝慮而夕思，又廣詢而博訪，言或同異，正在兼收，事有從來，固非創議。樞密院編修官胡銓，職在樞機之屬，分乖廉陛之儀，遽上封章，肆爲凶悖，初投匭而未出，已謄藁而四傳，導倡陵犯之風，陰懷劫持之計。倘誠心於體國，但合輸忠；惟專意于取名，故茲眩衆。閔其淺慮，告爾多方，勿惑胥動之浮言，庶圖可久之大計。」時秦檜恐言者不已，故請下此詔以戒諭之。

29戊午，秦檜以大金使名未正，乞令人與計議，改江南爲宋，詔諭爲國信，如不受封册，不遣泛使，皆當先事言之，帝曰：「朕受祖宗二百年基業，爲臣民推戴，已踰十年，豈肯受其封册！兼畫疆之後，兩國各自守境，每事不相關涉，惟正旦、生辰遣使之外，非時不許往來，朕計已定。」

30己未，吏部尚書李光參知政事。

秦檜與光初不相知，特以和議初成，將揭榜，欲藉光名以鎭壓耳。帝意亦不欲用光，檜言：「光有人望，若同押榜，浮議自息。」帝乃許之。

31癸亥，金新宮成。

32乙丑，詔：「紹興府南班不帶遙郡宗室十八員，歲撥上供米五百斛，令同判大宗正事士㒟均給之。」以士㒟言宗室俸薄者不足於糴故。

33 庚午，殿中侍御史鄭剛中言：「今日之勢，尤急於邊郡。如楚、泗、通、泰、滁、濠、江、鄂以至荆、襄、關陝之地，不過二十餘郡，願詔大臣，精選二十餘輩，分而布之，使其招徠牧養，朝廷又時遣使按行，無狀者易之，處處得人，則須以持久，增勑賜金之事可行矣。」從之。

34 甲戌，端明殿學士、提舉萬壽觀韓肖胄以舊職簽書樞密院事。

乙亥，以肖胄爲大金奉表報謝使，光山軍承宣使、樞密副使〔都〕承旨錢愐副之。

35 丙子，金詔諭使、尙書右司侍郎張通古，明威將軍、簽書宣徽院事蕭哲至行在，言先歸河南地，徐議事。以左僕射府館之。

36 丁丑，金立貴妃費摩（舊作裴滿。）氏爲皇后。

37 詔：「大金遣使前來，止爲盡割陝西、河南故地，與我講和，許還梓宮、母、兄、親族，餘無須索。慮士民不知，妄有扇惑，尙書省榜諭。」

38 臺諫官句龍如淵等再詣都堂議國事。秦檜曰：「若王倫商量不聽，則如之何？」如淵曰：「正恐倫未能辦此。亦嘗率易入文字，請相公、參政親見使人與議，庶國事早濟。」李光曰：「此固不可憚；第一至館中遂有如許禮數。」如淵曰：「事固如此。然視人主之屈，則有間矣。」光默然。

遂召國信計議使王倫、副使馮檝至都堂。如淵語倫曰：「公爲使人，通兩國之好，凡事當於敵中反覆論定，安有同敵使到此而後議者！」倫泣且曰：「倫涉萬死一生，往來敵中者數四。今日中丞乃責倫如此！」檜等共解之曰：「中丞無他，亦激公使了取書事耳。」倫曰：「此則不敢不勉。」

戊寅，句龍如淵與李誼入對，帝曰：「士大夫但爲身謀，向使在明州時，朕雖百拜，亦不復問矣。」帝辭色俱厲。如淵曰：「今日事勢，與在明州時不同。」誼曰：「此事莫須召三大將來，與之商議，取其穩當乃可？」帝不答，久之曰：「王倫本奉使，至此亦持兩端；秦檜素主此議，今亦求去矣。」【考異】金使方在臨安而秦檜求去，宋史不載其事。洪穉存曰：此檜託詞以挾制高宗耳。今從繫年要錄附書之。

翼日，帝召倫入對，責以取書事。是晚，倫見金使商議，以危言動之；金使張通古度不能強，遂許之。

如淵又言：「講和之事，繫國利害，禮文之間，所當商全。其如大議蓋已素定，初不待道塗之言而決也。沈該輕儇俗子，素無循行，近因上書，亦蒙召對。深慮希進之人，迎合聖意，自此妄有陳獻，乘時獵取官職，有紊紀綱，爲害不細，望賜寢罷。」先是張燾、晏敦復因論施庭〔廷〕臣、莫將除命，亦言該贓吏，不當由冗散召對，至是遂寢。

89 己卯，吏部侍郎晏敦復，戶部侍郎李珍〔彌〕遜、梁汝嘉，兵部侍郎兼史館修撰兼權吏部尙書張燾，給事中兼直學士院樓照〔炤〕，中書舍人兼資善堂翊善蘇符，權工部侍郞蕭振，起居舍人薛徽言，同班入對，上奏曰：「臣聞聖人與衆同欲，是以濟事。是故人君施設注措，未有不以從衆而成，違衆而敗者。伏見今日屈己之事，陛下以爲可，士大夫不以爲可，民庶不以爲可，軍士不以爲可，如是而求成，臣等竊惑之。仰惟陛下獨以爲可者，謂梓宮可歸也，淵聖可還也，母后可復也，宗族、土地可得也。國人不以爲可者，謂敵人素多變詐，今特虛文以來，而梓宮未歸，淵聖未還，母后未復，宗族、土地未得，何可遽爲卑辱之事！此公論也。以陛下聖孝，固無所不盡，然天下公論，又不可不從。使天誘其衷，敵人悔禍，惟我之從，而梓宮已歸，淵聖已還，母后已復，宗室、土地皆已得之，則兩國通好，經久之禮，尙有可議。豈有但信其虛辭，一未有所得，而遂欲屈膝以從之乎！一屈之後，將舉國以聽之，臣等恐彼之所許，未必可得，而我之爲國，日朘月削，遂至不可復支矣。臣等竊聞敵使入境，伴使北向再拜，問敵帥起居；此故事也，然軍民見者，或至流涕。夫人心戴國如此，雖使者一屈猶爲之不平，況肯使陛下不顧羣議，斷而行之！萬一衆情不勝其忿，而王雲、劉晏之事或見於今日，陛下始有追悔之心，恐已晚矣。傳曰：『衆怒難犯，專欲難成。』合二難以安國，危之道也。臣等職在論思，竊聞輿議，不敢緘默，伏望聖慈俯同衆情，毋遂致屈而緩圖之，不勝幸甚。」帝覽奏，愀然變色曰：「卿言可謂納忠，朕甚喜士大夫盡忠如此。然朕不必至爲敵所給。方且熟議，若決非詐僞，然後可從。如不然，當拘留其人，再遣使審問虛實。」

40 庚辰，尙書右僕射秦檜見金使于其館，受國書以歸。初，欲行代受書禮，檜未有以處，因問給事中直學士院樓照〔炤〕，照〔炤〕舉書『高宗諒陰，三年不言』之語，檜悟，於是帝不出，檜攝冢宰受書。張通古欲索百官備禮以迎，檜乃命三省、樞密院吏朝服乘馬導從。當時以檜首創和議，致虧國體，觀者莫不憤歎。【考異】金史張通古傳云：通古爲詔諭江南使。宋史〔主〕欲南面，使通古北面。通古曰：「大國之卿，當小國之君。天子以河南、陝西地賜宋，宋約奉表稱臣，使者不可以北面。若欲貶損使者，使者不敢傳詔。」遂索馬欲北歸。宋主遽命設東西位，使者東面，宋主西面受詔，拜受皆如儀，與宋史異。今以事理度之，當時南宋猶能立國，則代受詔書，自是實事，金史或不免夸詞也，今從宋史。

41 辛巳，御史中丞句龍如淵言：「今和議已定，遣使歲必再三，使者冠蓋相望於途矣。欲望特詔有司，檢照近年體例，參酌中制，將所得恩例，凡使者在鋪及至界首者，比舊減三分之二；汴京或燕中者減半；直至金國者全給，庶幾久而可行。」

42 是月，盧恨蠻王歷階犯嘉州忠鎭寨，執寨將茹大猷以歸。

盧恨，乃烏蠻之別種，所居高山之後，夷人以高爲盧，以後爲恨，故名焉。其地東接馬湖，南抵邛部川，北接中鎭，地方三百里，墟落數十。天禧以前，朝廷歲以酒食犒勞。嘉祐間，始入寇，遂徙寨於陽山江北以避之。紹聖間，乞于嘉州博易，不許。至是遣其從人來忠鎮寨，爲漢人所殺，蠻益讐恨。有判官田二三，本新津縣吏也，亡命蠻中，教歷階爲邊患，遂舉族入寇，轉掠忠鎮，十二村民殆盡。

43 鄜延既破，第六將李世輔爲金右副元帥宗弼所喜，累遷知同州。及金廢僞齊，世輔乃與其徒王世忠等，潛謀遣使臣白彥忠持書抵川陝宣撫副使吳玠，使出兵外應。是冬，左監軍完顏杲自大同之陝西，見左都監薩巴，舊作東拔，今改。議割地事。比過同州，世輔乃佯稱墜馬折臂，伏兵州廨，因犒其從者，醉而悉殺之。遂縛杲上馬，欲挾以南歸。穆昆舊作謀克，今改。固雲舊作轂英，今改。方索馬於外，聞變，不得入，城已閉，轉至東門，遇哈塔雅率騎三十餘，遂相與斬門而出。世輔與親校崔臯、拓跋忠等數十人自西門出，且戰且前。至五丈原，追騎益衆，世輔謂曰：「追我急，卽急（校者按：急字衍。）殺之矣。」固雲等一進一退以綴之。世輔度衆寡不敵，乃解杲縛，折箭爲誓，留之路側。固雲識杲聲，與騎而歸。時洛水溢，世輔無舟，不得渡，金人又會兵斷其歸路，世輔遂奔夏州。其父同州觀察使永奇及其家百餘人，皆爲金人所族。金以固雲爲安遠大將軍。固雲，洛索（舊作婁室。）子也。

紹興九年金天眷二年。（己未、一一三九）

1 春，正月，壬午朔，詔：「大金已遣使通和，割還故地，應官司行移文字，務存兩國大體，不得輒加詆斥。布告中外，各令知悉。」

2 癸未，新除起居郎莫將試司農卿，充伴送使。

3 乙酉，新監昭〔廣〕州鹽倉胡銓簽書威武軍節度判官廳公事。

4 丙戌，以金人來和，大赦天下。【考異】赦文有云：「上穹開悔禍之期，而大金報許和之約。」繫年要錄以爲給事中、直學士院樓照〔炤〕所草也，東南逑聞以爲秦檜門客所代草，今略之。「應河南新復路分見任文武官，各安職守，並不易置；山寨士豪等，優與推恩；應陝西掌兵官，昨緣撫馭失宜，致有離散，非其本心，今來既已歸還，各仰安職；應進士諸科，曾因劉豫僞命得解者，並與理爲舉數；應新復州縣，放免苗稅三年，差徭五年；應兩淮、荊襄、川陝新舊宣撫使及三衙管軍，並特取旨，優異第賞，統兵官等第推恩，內外諸軍並與犒設。張邦昌、劉豫，僭號背國，原其本心，實非得已，其子孫親屬，並令依舊參注，無官者仍許應舉。軍興以來，州縣失守投降之人，不以存亡，並與敍復，子孫依無過人例。靖康圍城僞命及因苗傅、劉正彥名在罪籍，見今拘管編置者，並放逐便；未經敍用者與收敍。紹興八年特奏名進士試入第五等人，並特依下州文學恩例。江、浙諸路今年和預買紬絹，每匹特免一貫文。江西、湖廣等路見有盜賊嘯聚去處，並許自新，前罪一切不問。」

5 龍圖閣學士、提舉醴泉觀王倫，賜同進士出身，除端明殿學士、同簽書樞密院事，充迎奉梓宮、奉還兩宮、交割地界使；榮州防禦使、知閤門事藍公佐爲宣州觀察使，副之。許歲貢銀絹共五十萬匹兩。倫、公佐及報謝使副韓肖胄、錢愐，各官其家二人，賜裝錢有差。

6戊子，帝謂大臣曰：「祖宗陵寢，久淪異域，今故地旣歸，便當遣宗室使相與近臣偕往修奉。」遂命光山軍節度使、開府儀同三司、判大宗正事士㒟與兵部侍郎張燾俱行。

7宗正少卿馮檝權尚書禮部侍郎。

8己丑，詔以黃金一千兩附北使張通古進納兩宮。

時通古與報謝使韓肖胄先行，而京東、淮東宣撫處置使韓世忠伏兵洪澤鎭，詐令爲紅巾，俟通古過則劫之，以壞和議。肖胄至揚州，世忠將郝抃密以告直祕閣、淮東轉運副使胡紡白之，肖胄、通古乃自眞、和由淮西以去。世忠怒，追抃，欲殺之，忭〔抃〕棄甲〔家〕依岳飛軍中。

9庚寅，以金人歸河南地，命官奏告天地宗廟社稷。

10少師、萬壽觀使、榮國公劉光世，賜號和衆輔國功臣，進封雍國公；揚武翊運功臣、少保、京東·淮東宣撫處置使韓世忠遷少師；少保、淮西宣撫使張俊，賜安民靖難功臣，遷少傅。自劉光世以下，其所領三鎭節鉞皆如舊，用講和恩也。

11壬辰，太尉、武勝·定國軍節度使、湖北·京西宣撫使岳飛，保平·靜難軍節度使、川陜宣撫副使吳玠，並開府儀同三司；殿前都虞候、保成軍節度、主管殿前司公事楊沂中爲太尉、殿前副都指揮使、主管都指揮使公事。飛上表有云：「唾手燕、雲，終欲復讎而報國；誓心天地，尚令稽首以稱藩。」又言：「今日之事，可憂而不可賀，勿宜論功行賞，取笑敵人。」秦檜惡之，遂成仇隙。吳玠在熙州，其幕客請爲賀表，玠曰：「玠等不能宣國威靈，亦可愧矣，但當待罪稱謝可也。」

12 癸巳，詔建皇太后宮室于大內，以舊承慶院爲之。

13 龍神衞四廂都指揮使、江州觀察使、權主管侍衞馬軍司公事解潛，以論事不合求罷；爲建寧軍承宣使、福建路馬步軍副都總管。

14 甲午，金人所命知宿州趙榮以城來歸。榮不俟割地，首先納款，由是金人怒之。

15 是日，金右副元帥瀋王宗弼始以割地詔下宿州。金主詔河南吏民，略曰：「頃立齊豫以守南服，累年于茲。天其意者不忍遽泯宋氏社稷，猶留康邸在江之南，以安吾南北之赤子也。倘能偃兵息民，我國家豈貪尺寸之地，而不爲惠安元元之計乎！所以去冬特廢劉豫，今自河之南，復以賜宋氏。爾等處爾舊土，還爾世主，我國家之恩亦已洪矣。爾能各安其心，無忘我上國之大惠，雖有巨河之隔，猶吾民也。其官吏等，已有誓約，不許輒行廢置，各守厥官，以事爾主，無貽悔吝。」又命官吏軍民，願歸山東、河北者聽。

16 丁酉，詔：「淵聖皇帝宮殿，令臨安府計度修建。」

17戊戌，以王倫爲東京留守兼權開封府尹，郭仲荀爲太尉、（校者按：二字衍。）東京副留守兼節制軍馬。

18金以左丞相宗雋爲太保，領三省事，進封兗國王；復以興中尹完顏希尹爲尙書左丞相兼侍中。

19己巳，劉光世爲陝西宣撫使，吳玠爲四川宣撫使，內陝西路階、成等州，聽玠節制如舊，命內侍賫告以賜。帝因光世除命，諭輔臣曰：「河南新復，境上所命守臣，專在拊循遺民，勸課農桑，各使因其地以食，因其人以守，不可移東南之財力，虛內以事外也。」

20丙午，徽宗大祥，帝衰服，御几筵殿，易白羅袍，行祭奠之禮，前後不視事十日。宰臣率百官進名奉慰。

21熙河經略使慕容洧叛。洧在熙河十餘年，驍勇得衆，屢爲邊患。及金人歸陝西地，洧歎曰：「吾何面目見朝廷！」棄熙河去，居西夏、靑唐兩界之間，有衆數千。洧又寇環州，經略使趙林追及，與戰，涇原經略使張中彥率兵援之，洧敗走，其衆多降。

22二月，癸丑，京城副留守郭仲荀乞兵與糧，帝曰：「朕今日和議，蓋欲消兵，使百姓安業。留司豈容多兵！但得二三千人彈壓侵略足矣。至於錢糧，亦只據所入課利，養贍官兵。他日置榷場，不患無錢，豈可虛內而事外邪！朕見前朝開邊，如陝西、燕山，曾不得尺帛斗米，而府藏已耗竭矣，此可爲戒。」遂命淮西宣撫使遣統領官、右武大夫、文州防禦使鄭堪，武略大夫唐朴，以本部兵千人從仲荀之任。

23丁巳，郭仲荀遷太尉，充東京同留守。

24徽猷閣待制劉岑試尚書刑部侍郎。

25大理寺少卿周聿權尙書刑部侍郎，仍充陝西宣撫（諭）使。

26戊午，殿中侍御史曾統試左諫議大夫。

27己未，尙書右僕射秦檜上徽宗皇帝陵名曰永固。【考異】揮麈錄：右宣義郎、主管台州崇道觀王銍言：後周叱奴皇后陵實以爲名，當避，檜大怒。東南逑聞作樓照（炤）言而不從，今略之。

28觀文殿大學士、提舉洞霄宮李綱知潭州，觀文殿大學士、提舉臨安府洞霄宮朱勝非知湖州，觀文殿學士、提舉洞霄宮汪伯彥知宣州，提舉洞霄宮張浚知福州。建寧軍承宣使、新福建路馬步軍副都總管解潛知邵州。

29左承事郎陳最言：「河南之民，自金人蹂踐以來，習于戰鬪，且懲前日之殺戮，欲保鄉井，全骨肉。至如依險山寨之民，其備禦之計，可謂詳矣。適丁此時，因其部分，申以府兵之法，使自爲守，民必樂從。」詔東京同留守郭仲荀措置。仲荀請以近城閑田募弓箭手，從之。

30 壬戌，新知福州張浚，復資政殿大學士、充福建路安撫大使，兼知福州。

31 果〔開〕州團練使劉錡落階官，爲龍神衞四廂都指揮使。錡統所部自鎭江還朝，遂代解潛權主管侍衞軍馬司公事。

32 己巳，翰林學士樓照〔炤〕兼侍讀、權尚書工部侍郎。

33 壬申，檢校少傅、奉國軍節度使、醴泉觀使趙鼎知泉州。鼎寓居會稽，秦檜猶忌其逼，乃以遠郡處之。

34 是日，金主如天開殿。

35 三月，丙戌，徽猷閣直學士知漳州廖剛試御史中丞。

36 戊子，尚書吏部侍郎晏敦復，戶部侍郎梁汝嘉，皆進權本部尚書；尚書兵部侍郎兼侍講兼資善堂翊善吳表臣，移禮部侍郎；權工部侍郎兼侍講蕭振，移兵部侍郎；徽猷閣待制、知臨安府張誠試工部侍郎。

37 甲午，命參知政事孫近撰皇太后册文，參知政事李光書册兼篆寶，寶用金，册以珉石。

38 乙未，少保、鎭南軍節度使、醴泉觀使、成國公呂頤浩乞歸台州養疾，許之。

39 丙申，東京留守王倫始交地界。

先是趙榮既納款，知壽州王威者亦以城來歸。及倫至東京，見金右副元帥瀋王宗弼，首問榮、威，且責赦文載割河南事，不歸德於金。倫一面改定，謂元降赦文非真，乃已。接伴使烏陵阿思謀至館，亦以榮、威爲問，必欲得之。至是倫始交地界畢，京城父老官吏送宗弼至北郊，宗弼坐壇上，酌酒爲別，應交割州軍官物，十分留二分，餘八分赴河北送納。宗弼由沙店渡河之祁州，金遂移行臺于大名。

初，金以宗輔子褒爲三路都統，知歸德府，秋毫無擾，甚得人心。及割地而歸，褒悉遣其吏士先行，最後乃出，即下釣橋，極爲肅靜。

40 丁酉，徽宗禫祭，帝詣別殿行禮。

41 己亥，以久雨，放臨安府内外公私僦舍錢三日。自是雨雪則如之。

42 詔分河南爲三路，京畿路治東京，河南府路治西京，應天府路治南京，以帥臣兼留守，三路各置漕臣一員兼提刑。

初，河南鎭撫使翟興既死，其將李興降于劉豫，豫用爲鄜延路兵馬鈐轄，移河南。至是以興爲武翼大夫、閤門宣贊舍人，職如故。

豫之僭也，有郁臻者，以吏職出身，獻屯田之議，豫大喜，行其策，且謂人曰：「前朝以虚譽用人，惟尙科舉，至宣、靖間，誤國者皆進士及第之人。我則不然，惟才是用，不問門閥。」

乃以臻爲秉義郎、閤門祇候，充白波輦運。及繳還河南，召臻赴行在，秦檜見而不之禮，既而曰：「劉豫國祚不永者，蓋由用此輩而不用士人也。」臻恨之。

43辛丑，翰林學士兼侍讀樓照〔炤〕爲端明殿學士、簽書樞密院事。

44癸卯，陞衡州茶陵縣爲軍，以知縣兼軍使。

45丙午，金命百官詳定儀制。

先是金制多襲遼舊。宗憲曰：「方今奄有遼、宋，當遠引前古，因時制宜，成一代之法，何乃近取遼人制度哉！」左丞相希尹曰：「爾意甚與我合。」由是器重之。

46丁未，歸德府復爲應天府，平涼府復舊州名，陳、許、潁、壽、曹、延慶州復舊府名，順州、臨汝鎭、潁順軍復舊縣名，皆僞齊所改也。先是僞齊建雙廟于應天，以祠陳東、歐陽澈，王倫命毀之。

47尙書刑部侍郎劉岑移吏部侍郎。

48是春，夏人乘折可求之喪，陷府州。可求子彥文挈家依金左副元帥魯國王昌于大同府。後金人命彥文知代州。

49夏，四月，癸丑，環慶經略使趙彬，言已殺叛將慕容洧，其部曲多降，秦檜言：「陝西無事，實爲慶幸。」然洧實不死。李心傳云：紹興十一年四月，洧尙寇邊，宣撫副使胡世將遺之書，蓋彬所言非實也。

50丙辰，景靈宮孟夏朝獻，上詣行禮殿行禮；翼日，亦行之。自是四孟皆用此例。

51壬戌，詔卜永固陵于西京。

52詔陞胙城縣爲軍，以東京留守王倫言縣與北界滑州相連，乞陞名額以便文移故也。

53癸亥，御史中丞廖剛言：「今先帝已終，而朔望遙拜淵聖皇帝之禮如故，此盛德也。然禮有隆殺，方兄爲君，則君事之，及己爲君，則兄之而已。望免抑聖心，自此寢罷，歲時自行家人禮于內庭可也。若遠在萬里之外，每尊之爲君，比其反也，則不歸政，恐天下有以議我也。況此拳拳之意，于淵聖何益？萬一歸未有期，尤非所以示遠人。」事下禮部、太常寺。侍郎吳表臣、馮檝、少卿周葵等，請遇朔望日，皇帝用家人禮遙拜于禁中，羣臣遙拜于北宮門外，從之。

54甲子，觀文殿學士孟庾爲河南府路安撫使兼知河南府、充西京留守，資政殿學士致仕路允迪爲應天府路安撫使兼知應天府、南京留守。

55甲戌，金百官朝參始用朝服。

56五月，庚辰朔，中書門下省檢正諸房事閭丘昕權尚書吏部侍郎，左司員外郎陳橐權刑部侍郎。

57 丙戌，名顯肅皇后神御殿曰承順。時原廟未立，承元、承順殿皆寓行宮天章之西。

58 戊子，太白晝見。

59 判大宗正事士㒟、兵部侍郎張燾朝謁永安諸陵。

前二日，士㒟等至河南，民夾道歡迎，皆言久隔王化，不圖今日復得爲宋民，有感泣者。士㒟等入柏城，披荆履蘖，隨宜葺治，成禮而還。陵下石澗水，兵興以來久涸，三使到，水即日大至，父老驚歎，以爲中興之祥。士㒟等既朝陵，留二日，遂自鄭州歷汴、宋、宿、泗、淮南，以歸行在。

60 庚寅，奉迎欽先、孝思殿祖宗御容赴行在。

先是劉豫入東京，毁天章閣，遷御容于啓聖院。至是王倫遣官辨認以聞，故有是旨。

61 癸卯，起居舍人程克俊言：「河南故地，復歸版圖，父老告劉豫煩苛久矣，賦斂及于絮縷，割剝至于蔬果，宿債未償，欠牘具在。欲望明詔新疆州縣，取劉豫重斂之法，焚于通衢。」詔如所請。

豫之僭也，凡民間蔬圃之田，皆令三季輸稅，又令民間供贍射士。宣諭官方庭實嘗口言其不便，事下諸路漕臣措置，故克俊及之。

62 乙巳，金主至自天開殿。

金使張通古之北還也，見河南已置戍，謂韓侑胄曰：「天子裂壤地益南國，南國當圖報大恩。今輒置守戍，自取嫌疑，若興師問罪，將何以爲辭？」侑胄即遣人馳告，遽命罷戍。

63 通古至上京，具以白太傅宗幹，且曰：「及其部署未定，當議收復。」宗幹喜曰：「是吾志也。」

即除通古參知行臺尙書省事。

續資治通鑑卷第一百二十二

賜進士及第兵部尚書兼都察院右都御史總督湖北湖南等處地方軍務兼理糧餉世襲二等輕車都尉畢沅編集

宋紀一百二十二 起屠維協洽(己未)六月，盡上章涒灘(庚申)四月，凡十一月。

高宗受命中興全功至德聖神武文昭仁憲孝皇帝

紹興九年金天眷二年。(己未、一一三九)

1 六月，己酉朔，金主初御冠服。

2 簽書樞密院事樓炤，與東京留守王倫同檢視修內司。趨入大慶殿，過齋(齊)明殿，轉而東，入左銀臺門，屏去從者；入內東門，過會通門，由垂拱殿後稍南至玉虛殿，乃徽宗奉老子之所；殿後有景明(命)殿。復出至福寧殿，卽至尊寢所，簡質不華，上有白華石，廣一席地，祖宗時，每旦北面拜殿下，遇雨則南面拜石上。稍北，至坤寧殿，屏畫墨竹蘆鴈之屬，然無全本矣，他殿畫皆類此。自福寧至欽先、孝思二殿，欽先奉諸帝，孝思奉諸后，帳座供具猶在。出肅雍門，至玉春堂，規模宏壯，非他位比，劉豫嘗對僞臣於此。左竹徑之上，有迎曦軒，對軒有月屏。始至修內司，謂元是寶繪堂。復由延春閣下稍東，卽太母之舊閣，過小門曰錦莊，無飾。入睿思殿門，登殿，左曰玉鑾，右曰清徽，後曰宣和，殿庭下皆修竹，自此列石爲山，分左右斜廊，爲複道、平臺，上過玉華殿，後有軒曰稽古，西廡下曰尙書內省。西出後苑，至太清樓下，壁間有御書千文。登瑤津亭，亭在水間，四面樓閣相對。遂趨出拱辰門。時京城外不復有民舍，自保康門至太學道才數家。太學廊廡皆敗，屋中惟敦化堂榜尙在，軍人雜處其上，而牧彘於堂下。惟國子監以養士，略如學舍。都亭驛牌，猶是僞齊年號。瓊林苑，金人嘗以爲營，後作小城圍之。金明池斷棟頹壁，望之蕭然也。

3 庚戌，皇后邢氏崩於五國城，年三十四。

4 乙卯，帝謂秦檜曰：「山陵事務從儉約，金玉之物，斷不可以一毫置其中，前世厚葬之害，可以爲鑒。」

5 丙辰，簽書樞密院事樓炤至永安軍，先謁昭、厚二陵及會聖宮。昭陵因平岡種柏成道，旁不垣，而周以枳橘，四面缺角，所存者半。神門內石羊、馬、駝、象之類皆在。神臺三層，高二丈，俱植柏。最下約廣十五丈，爲水道者五。大門外石人對立，其號下宮者，乃酌獻之地，已無屋，而遺基歷歷可見。餘陵規模皆如此。諸陵前控洛水，左少室，右嵩高，山川佳氣不改，而室屋皆爲僞守竇玠所毀，宮牆內草深不見遺址。舊分水南、水北，水北尙有二千戶，水南墟矣。

6 己未，金主從容謂侍臣曰：「朕每閱貞觀政要，見其君臣議論，大可規法。」翰林學士韓昉曰：「皆由太宗溫顏訪問，房、杜輩竭忠盡誠，其書雖簡，足以爲法。」金主曰：「太宗固一代賢君，明皇何如？」昉曰：「唐自太宗以來，唯明皇、憲宗可數。明皇所謂有始而無終者，初以艱難得位，用姚崇、宋璟，惟正是行，故能成開元之治；末年怠於萬機，委政李林甫，姦諛是用，以致天寶之亂。苟能慎終如始，則貞觀之風，不難追矣。」金主稱善。又曰：「周成王何如？」昉曰：「古之賢君。」金主曰：「成王雖賢，亦周公輔佐之力。後世疑周公殺其兄，以朕觀之，爲社稷大計，亦不當非也。」

7 壬戌，觀文殿學士、左正議大夫、新知宣州汪伯彥爲檢校少傅、保信軍節度使。時伯彥入見，命坐，甚寵。伯彥上所著中興日曆。後三日，遂有是命。

8 甲子，寶文閣學士、提舉江州太平觀胡交修試兵部尚書兼翰林學士。

9 己巳，光山軍節度使、開府儀同三司、判大宗正事士㒟，兵部侍郎張燾，自西京朝陵還，入見。帝問：「諸陵寢如何？」燾不對，唯言萬世不可忘此仇，帝默然。

10 保平、靜難軍節度使、開府儀同三司、四川宣撫使吳玠薨於仙人關，年四十七。詔輟朝二日，贈少師，賻帛千匹。

玠御下嚴而有恩，故士樂爲之死。其後制置使胡世將問玠所以勝於其弟右護軍都統制璘；曰：「敵令酷而下必死，每戰非累日不決，然其弓矢不若中國之勁利。吾嘗以長技洞重甲於數百步外，又據其行便，爭出銳卒，與之爲無窮，以阻其堅忍之勢。至於決機兩陣之間，則璘有不能言。」然玠晚節嗜色，多蓄子女，餌金石，以故得咯血疾死。後謚武安。

初，富平既失律，蜀口屢危，金人必欲以全取勝，獨賴玠以爲固，蜀人久而思之。

11 辛未，簽書樞密院事、大金報謝使韓肖胄，自金國還至東京。肖胄初入北境，迓者謂當稱謝恩使，肖胄以使命勅授，不敢輒易。論難三四，金人卒不能奪。

12 壬申，簽書樞密院事樓炤至長安，留十餘日。

初，夏國主乾順所遣鄜、延、岐、雍經略安撫使李世輔，欲從乾順借兵，伐延安以復仇，因說乾順，發兵可以取陝西五路，乾順信之。時有酋豪號青面夜叉者，恃衆擾邊，乃屬世輔先圖之；世輔請精兵三千，晝夜疾馳，掩至其地，擒之以歸。乾順大悅，將妻以女，世輔辭以父喪。乾順卽益以兵衆，命招撫使王樞隨之，鼓行而東，至延安。已而兵馬都監薛昭縋城見世輔曰：「始告捕者，蘇常、柳仲二人耳。」俄有捕其人以獻者，世輔詰之，遽服，因剖心以祭。

時金人已還河南地，炤出朝廷赦書以示世輔，世輔未之信。有耿煥者，與世輔有舊，爲言眞詔也，世輔卽率所部南望拜赦，因遂說夏人南歸。夏人多懷土，獨與願從者二千人來，而王樞者反說世輔還夏，世輔遂擒之。樞才入境，卽望闕遙拜，言夏國主感聖恩，將遣使入貢。炤聞之，因與宣諭使周聿皆以書招世輔歸朝，且命行府備差遣王晞韓護樞赴行在。

13 乙亥，同簽書樞密院事王倫，自京城赴金國議事。

初，右副元帥瀋王宗弼既還祁州，密言於金主曰：「河南之地，本昌與宗磐主謀割與南朝，二人必陰結彼國。今來使已至汴京，未可令過界。」倫有雲中舊吏，隸宗弼帳下，密來謁倫，告以宗弼之謀。倫具言於朝，乞早爲之備，而秦檜但奏趣倫過界。會西京留守孟庾至京師，倫始解留鑰，將使指北行。時宗磐等謀爲變，遂命中山府拘倫，且會本路簽軍，以復取河南爲名，將作亂。

14 丙子，兵部侍郎兼史館修撰張燾兼權吏部尚書。

15 夏國有芝生於後堂，國主乾順作靈芝歌，俾中書相王仁宗和之。丁〔辛〕亥，乾順殂，諡曰聖文皇帝，廟號崇宗，子仁孝嗣立。（校者按：此條應移4前。）

16 是夏，金以李鄴爲翰林學士承旨，行臺戶部尚書馮長寧爲東京戶部使。自大名至其東京，凡五千里。

是時金人置司河間、眞定、平陽、太原、顯州、春〔舂〕州曰錢帛，燕京曰三司，大同曰轉運，中京曰度支，上京曰鹽鐵，東京曰戶部，皆掌漕計之職。

17金主命司馬朴試舉人於燕京，得中山石琚爲首。

金人科舉之制，先於諸州分縣赴試，縣令爲考試（官），號鄉試，惟雜犯者黜，榜首曰鄉元。次年春，分三路類試，自河以北至女眞皆就燕，關西及河東就雲中，河以南就汴，皆取旨選官知舉，號府試，凡二人取一，榜首曰府元。至秋，盡集諸舉於燕，號會試，凡六人取一，榜首曰狀元。分三甲，上甲皆賜緋，雖下甲，率十三年而轉奉直大夫。所試分詞賦、經義二科，仍兼律義。親戚不迴避，有私者決沙袋。其後又有明經、明法、童子等科，然不擢用，止於簿、尉。後復制（置）御史（試）於上京，士人苦之，多不往，則就燕京官之。

18秋，七月，己亥朔，金主執其太師、領三省事宋國王宗磐，太保、領三省事、兖國王宗雋，滕王宗英、虞王宗偉。

先是郎君和什舊作謝十，今改。者謀反，下大理獄，事連宗磐等。會宗磐等以朔日入見，因伏兵執之。辛巳，皆坐誅。【考異】繫年要錄載金主詔，略曰：「周行管叔之誅，漢致燕王之辟，刑茲無赦，古不爲非。不圖骨肉之間，有懷蜂蠆之毒。」又曰：「宗磐族連諸父，位冠三司，胡爲失圖，以底不類！謂爲先帝之元子，常蓄無君之禍心，信任宵人，煽爲姦黨，坐圖問鼎，行將弄兵。」其文知制誥劉昉所草也。

初，宗磐自以太宗長子，嘗與金主爭位；而左副元帥魯王昌，實穆宗長子，金主大父行也。宗翰歿後，宗戚大臣多懼禍，故二人有逆謀。宗英、宗偉、與宗磐同產，知其情，既被誅，悉除屬籍。右副元帥瀋王宗弼已平內難，遂馳至燕京，囚燕京留守彬王宗孟及其子稟。宗孟，宗磐弟也。既而咸州詳袞舊作詳穩，今改。沂王暈，亦以通謀伏誅。

金主以左副元帥魯國王昌，屬尊，有大功，釋不問，出爲行臺左丞相，手詔慰遣。以杜充爲行臺右丞相，以蕭寶、耶律暉爲行臺平章政事。昌怒曰：「我開國元臣也，何罪而與降奴爲伍！」降奴，謂充等也。

金主以太傅、領三省事秦國王宗幹爲太師，進封梁宋國王；拜右副元帥瀋王宗弼爲都元帥，進封越國王；以尙書左丞蕭慶爲右丞相；陳王希尹，詔書不名，肩輿升殿。始，宗弼之殺諸王也，希尹與其謀。希尹子昭武大將軍達勒達，舊作把塔，今改。有智略，力兼百人。宗雋入見，達勒達自後執其手而殺之，故有是賜。

19 甲申，詔：「新疆縣令，自今並差文臣。」

自建炎間始置武令，劉豫因之，論者以爲不學而從政，民間被害甚衆，故復用文臣。

20 丁亥，中書門下省檢正諸房公事周綱權尙書吏部侍郎。

21 是日，同簽書樞密院事王倫至中山府，爲金人所拘。

22 壬辰，彰武軍承宣使、知金州兼陝西宣諭使郭浩爲鄜延路經略安撫使，兼知延安府，同節制陝西諸路軍馬，趣令以所部之任。武康軍承宣使、利州路經略安撫使、（川陝宣撫使都統制）、兼知熙州。定國軍承宣使、熙河蘭鞏路經略安撫使兼右護軍都統制、（校者按：自「定國軍」以下二十三字應移於「節制岷、文、龍州之上。）節制成、鳳州楊政爲熙河蘭鞏路經略安撫使，（校者按：自「節制」以下十八字應移於「兼知熙州」之上。）兼右護軍都統制、（校者按：以上七字衍。）節制階、岷、文、龍州吳璘爲秦鳳路經略安撫使，兼知秦州。仍詔郭浩、楊政、吳璘，並（依）舊聽四川宣撫使節制。時陝西新復，永興、涇原、環慶三路僞官張中孚、趙彬、張中彥爲帥。熙河慕容洧叛，鄜延關師古入朝，秦鳳無帥，樓炤以便宜命浩等分鎭三路。於是炤欲盡移川口諸軍於陝西，璘曰：「敵反覆難信，懼有他變。今我移軍陝右，蜀口空虛，敵若自南山擣蜀，要我陝右軍，則我不戰自屈矣。當且依山爲屯，控守要害，逮敵情見力疲，繇（校者按：繇字衍。）漸可進據。」繇是璘、政二軍獨屯內地。時已命張中孚節制陝西諸路軍馬，故以浩副焉。

23 詔：「新復州軍，請佃官田納租外，免輸征稅。」

劉豫之僭也，租稅並取之，至是有舉人上書，請去其一。戶部言：「自己之田謂之稅，請佃田土謂之租。自來不曾有併納租稅指揮。」乃依舊制。

24 甲午，尚書兵部侍郎兼史館修撰張燾權吏部尚書。

25 乙未，詔臨汝軍殄寇縣復舊縣名。縣，劉豫所改也。

[26]丙申，詔置司看詳劉豫僞命官換給。帝曰：「朕方以天下爲度，凡僞命者旣已寬貸勿問，使其才可用，亦當抆拭用之。」遂命都督〔省〕、察院委官如賞功司例。

[27]乙亥，詔：「金州依舊隸四川宣撫使司，虢州隸京西，商州隸〔聽〕金州節制。」自五路初復，而商、虢復隸陝西，至是陝西宣諭使周聿、郭浩言：「五路並在秦州〔川〕之北，萬一盜賊出沒，五路便見隔絕，豈能南來爲朝廷用！商州舊屬川陝，自講和之後，還隸陝西，而武關、秦關之險並在其北，何以制禦！況虢州跨河帶山，北臨陝郊，最爲要害之地，今亦屬陝西，非所謂以近致遠也。」故有是旨。

[28]庚子，王倫在中山，始聞宗磐等已誅，同行者皆憂，俄金人令赴祁州。

[29]金主捕魚混同江，綱繩絕，曹國王宗敏乘醉鞭馬入江，手引繫綱大繩，沈於水。金主呼左右救之，倉卒莫有應者，顯武將軍完顏思敬躍入水，引宗敏出。金主稱歎，賞賚甚厚，擢思敬爲右衞將軍。

[30]八月，己酉，復淮南諸州學官員。

[31]庚戌，樓炤自鳳翔歸，白川陝諸軍冬衣，已下成都府等路取撥十六萬匹，帝曰：「蜀土頻年調發，凋弊已甚。今吳玠一軍旣分屯關陝，饋運十省八九。若更能鐫減冗官，四川民力，庶幾其少紓乎！」

32 詔川陝宣撫司便宜補官，限一年陳乞換給。」時言者論名器寖輕之弊，以爲：「三歲大禮蔭補，三年科舉，所得之士共止數百人，而便（宜）補官，一歲之間乃倍此數。今罷便宜聖旨已五年，其所換給約萬計。乞限一年，庶息姦弊。」因有是旨。

33 金魯王昌至燕京，愈驕肆不法，與翼王古蘭舊作鶻懶，今改。謀反。金主漸知其與宋交通，會有上變者，辛亥，下詔誅之。昌自燕京南走，追及之於祁州。

34 乙亥，樓炤奏以保安軍寇成知環州。

帝曰：「陝西沿邊控制夏國，最爲要害，當擇久在軍中，諳練邊事，或本土武人，方能保固障塞，民得安業。可劄付炤，令諭諸帥。」翼日，秦檜奏：「已行下諸帥，如上旨。」帝曰：「堡塞〔寨〕最沿邊急事，神宗戒陝西諸帥，悉出手批。然於器械則稍變古法，新法弓稍短，不能及遠，又放箭拘以法，不能中的。朕自幼年卽習騎射，如拽硬、射親，各是一法。斗力至石以上，箭落不過三五十步，如此，何以禦敵耶！」

35 丙辰，右朝請大夫、淮南西路轉運判官李仲孺知廬州。

時武信軍承宣使、知廬州張宗顏卒，故以仲孺代之。淮西宣撫使張俊遂命統制官田師中將宗顏之衆八千人歸建康。後贈宗顏保靜軍節度使，謚壯敏。

36 戊午，金都元帥越國王宗弼，殺魯國王昌於祁州，函其首以獻。昌臨刑，謂宗弼曰：「我死之後，禍必及爾，宜早圖之。」宗弼不答。【考異】金史以昌之南奔爲實其通宋之事，繫年要錄謂其欲南歸，不克，北走沙漠，至儒州望雲甸，追獲之，疑傳聞之誤。又，金史言昌之二子俱以謀反伏誅，而要錄謂以赦得釋，亦誤也。

37 己未，帝諭大臣曰：「吳玠軍馬既移屯熙、秦等路，便當以五百人爲一指揮，令諸帥招塡，稍足舊額，與弓箭手參用，緩急之際，有足倚仗，庶幾漸復祖宗之舊。金人和議雖堅，安能保其終久無釁！況夏人乍臣乍叛，尤難保恃。今日邊防，尤不可忽。」

38 庚申，中書舍人王次翁試尚書工部侍郎。

39 庚戌，詔東京留守司搜訪郊廟禮器來上。時當行大禮，帝以渡江後所作禮器多不合古，故命訪之舊都。禮官初議郊與明堂當間行，秦檜欲集議，帝曰：「且依近例行明堂禮可也。」

40 尚書左司員外郎晁謙之權戶部侍郎。

41 庚午，給事中蘇符充賀大金正旦使，知閤門事王公亮充副使；尋命各官其家一人。

42 乙亥，雄武軍承宣使關師古爲龍神衞四廂都指揮使、行營中護軍前軍統制。師古自延安入朝，既對，遂有是命。

43 詔知晉寧軍折可求兼主管本軍沿邊安撫司公事，措置興後麟、府州，用樓炤請也。

44 丁丑，太白晝見。

45初，金人欲得王威、趙榮，已遣還之。韓世忠遺秦檜書曰：「榮、威不忘本朝，一身歸順，父母妻子，悉遭屠滅，相公尙忍遣之，無復中原望耶？」檜慚，且慮世忠沮遏，乃令榮、威自六合趨淮西而去。至是檜奏外間頗有異論，於是詔以榮、威屢抗官軍及驅掠兩州之罪榜諭中外。金越王宗弼得之，復以榮爲將。

46九月，戊寅朔，龍神衞四廂都指揮使、護國軍承宣使李世輔言：「初歸朝日，有父母兄弟之讐，臣嘗報復，乞待罪。」詔：「世輔有功鄜延，特放罪。」後四日，引對便殿，帝諭曰：「卿竭忠歸朝，立功顯著。」乃起復故官，賜名忠輔，除樞密院都統制；俄又賜名顯忠。

47金降封太宗諸子。大司空完顏昱罷。

48癸未，給事中蘇符試尙書禮部侍郎，仍兼資善堂翊善。

49樞密直學士、成都·潼川府·夔州·利州路安撫制置使、知成都府胡世將爲寶文閣學士、川陝宣撫副使，置司河池，諸路並聽節制。世將精神明悟，閑習吏治，其守成都，甚有政績，至是就用之。

世將既除宣副，諸將皆賀，世將語之曰：「世將不能騎射，不知敵情，不諳邊事。朝廷所以遣來者，襲國朝之故事，以文臣爲制將爾。自今以往，軍中事務，皆不改吳宣撫之規模。世將有所未達，諸公明以指示；或諸公有所未達者，亦當奏聞；各推誠心，勿相疑忌，共濟國事可也。」諸將皆拜謝。

50 涇原路經略安撫使張中孚，言邊隅無警，望許臣入覲闕庭，詔俟春煖起發。

既而秦鳳等路提點刑獄公事宋萬年遺川陝宣撫副使胡世將書，言：「昨頒降新復河南詔書，張中孚等初不曾拜，卻將金國詔書宣讀。百姓見詔書上有本朝廟諱、御名，皆不忍聞。萬年昨密問吳璘：『萬一兵復渡河，如何措畫？』璘謂：『中孚等重兵在手，爲秦鳳腹脅之患，內外相應，必來擣虛。我軍既守家計，安能遠出接見！』以此見中孚等陰藏姦謀，所繫非輕。」世將卽具以聞，且言：「臣昨論奏逐人罪惡，以謂朝廷方守信誓，不欲遽易帥守。然中孚等並已降指揮，許令入覲。欲望因其自請，別與差遣。」於是中孚等皆改命。

51 甲午，名皇太后宮曰慈寧。

52 丙申，詔：「汝州郟城縣故資政殿學士蘇軾墳、寺，以旌賢、廣惠爲名。」以孫禮部侍郎符援范鎭家賜刹例有請故也。

53 金主初居新宮，立太祖原廟於慶元宮，盧彥倫監造宮室。彥倫性機巧，能迎合皇后意，由是頗見寵。

54 己亥，太尉、東京同留守郭仲荀，言所帶在京人馬已至鎭江。

先是帝召仲荀赴行在，仲荀因與劉豫之衆五千七百餘人南歸。帝謂秦檜曰：「仲荀，善人也，但馭衆非所長，姑令駐彼，別選人代之。」檜曰：「孰可當者？」帝曰：「極難其人，欲於二三大將統制官中選之。」檜等言董先、牛皋才具，帝曰：「二人誠驍勇，然先好貨，皋嗜酒，未可馭衆。」時京畿提點刑獄公事辛永宗與仲荀偕來，帝亦以其誕謾不可用，檜曰：「外人不知陛下察其姦狀，乃謂最蒙眷寵。」帝曰：「朕何嘗喜之！如道宗更不循理，亦不可用。」既而檜等請以樞密統制官雷仲代將其兵，從之。

55 辛丑，詔：「東京遠來宗室子年及二十者，授承信郎；餘廩給之，俟年及取旨用。(校者按：用字衍。)」

56 壬寅，金遣溫都思忠諸路廉問。

57 甲辰，權刑部侍郎、陝西宣諭使周聿使還，入見。聿言：「陝西既歸，得地數千里，得兵十三萬，得馬二萬，有四塞之固，居天下上游，可謂強盛。然陝西入金十有餘年，城池不修，器甲不備，異時四十萬僅支一隅，今纔十三萬而夏人不敢侵犯者，以金人精兵在內故也。今日金人盡去，土地闊遠，雖有要塞，其實甚虛。欲望陝西凡空閑不耕之地，除元業主識認給付外，依本朝沿邊制度，並招弓箭手。土田肥美，邊人樂耕，不出數年，兵政自成，盡在關中，與唐無異，因謀都邑以建本根。」又言：「陝西諸路既命楊政帥熙河，吳璘帥秦鳳，然所屯之衆，皆四路忠勇之士，吳玠教習已踰十年，百戰之餘，所向無敵。和好既成，即可往來，舊國舊都，不能無念，統兵之官，皆欲誘致。望戒四路帥臣，非元所統，不得招納。」

58 是秋，太行義士蜂起，威勝、遼州以來，道不通行。

時金人法苛賦重，加以饑饉，民不聊生。又下令，欠債者以人口折還，及藏亡命而被告者皆死。至是將相大臣如昌、宗磐之徒皆被誅，二帥久握重兵，植黨滋衆，至是悉爲亡命，保聚山谷，官司不能制。

59 冬，十月，辛亥，同簽書樞密院事王倫始見金主於御林。倫述帝命，金主悉無所答，使宰相責之曰：「汝但知有元帥，豈知有上國耶！」

60 癸丑，權尚書刑部侍郎周聿改戶部侍郎，太常少卿蘇攜權刑部侍郎。

61 權吏部侍郎兼史館修撰張燾充寶文閣學士、知成都府兼本路安撫使。四川制置司限一月結局。

初，成都乏帥，帝諭秦檜曰：「張燾可付以便宜，使治成都；第道遠，恐其憚行。」檜退，召燾諭旨。燾曰：「君命也，燾其敢辭！」帝大喜，遂有是命。帝諭檜曰：「燾雖安撫一路，如四川前日無名橫斂，不急冗費，可令蠲減以寬民力。」以成都帥臣而得行四川民事自燾始。

62 甲寅，樞密行府準備差遣王晞韓，以夏國招撫使王樞至行在。樓炤言：「陝西新復，正與夏國爲鄰，此等留之無益，還之可使知恩。」乃詔閤門引見，令臨安府燕犒，差行在官館伴。秦檜又召樞至都堂，諭以講和意，并還近所獲夏人之俘百九十人歸之，仍命晞韓伴送樞至境上。

63 己未，尙書禮部侍郎兼侍讀兼資善堂翊善吳表臣權吏部尙書，兼職如故。

64 丙寅，洪州觀察使、新知鼎州王彥卒於邵州，年五十。荆南舊部曲聞彥之喪，皆即佛宮爲位而哭。

彥事親孝，居官廉。其爲將也，與士卒同甘苦，屢破大盜，子弟從軍者，未嘗濫賞。及將死，召其弟姪，悉以家財分給之。時號名將。然性剛寡合，雖待士盡禮而黑白太分，此其大略也。

65 是月，湖北、京西宣撫使岳飛來朝。

66 金主復遣翰林待制耶律紹文至驛諭奉使王倫，言：「卿留雲中無還期；及貸之還，曾無以報，反間貳我君臣。」乃遣副使藍公佐先歸，論歲貢、正朔、誓表、册命等事，而拘倫以俟報。已而遷之河間，遂不復遣。

67 十一月，戊寅，祕書少監鄭剛中權尙書吏部侍郎。

68 定國軍承宣使、知秦州兼節制屯駐行營右護軍馬軍吳璘爲龍神衞四廂都指揮使。

帝諭大臣曰：「吳玠久在蜀，備著忠績，雖已優加卹典，然聞其家頗貧，可賜錢三萬緡，仍進其弟軍職，令撫其家屬。」故有是命。

69己卯，帝諭輔臣曰：「前日議移岳飛屯於襄陽，深慮饋運費力；不若先移萬人於江西，既省饋運，亦可以彈壓盜賊。」

70庚辰，言者論：「今輿地復歸，宿師百萬，隸籍諸將，非屯田何以善後！今荆南、興、洋、汝、潁、江、淮之間，沃野千里，尙或丘墟，是地有遺利。諸師所統，自農爲兵者不少，戰士之外，負荷役使之徒，不無可用，是人有餘力。望令諸路宣府帥臣悉意講行。」從之。

71宣州觀察使、知閤門事藍公佐至燕山，俄而越國王宗弼亦至。公佐懼不免，留四日，始聽行。

72己丑，追復左通直郎、直龍圖閣張所，特與一子官，仍賜其家銀、絹百匹、兩。

先是宣撫使岳飛言所忠義，帝命復舊官。飛又言：「好生惡死，人之常情。所以忠許國，義不顧身，雖斧鉞在前，凜然不易其色；乞與旌加褒異，使天下忠義之士皆知所勸。」故有是命。

73辛酉，參知政事李光罷。

光與右僕射秦檜議事不合，於帝前紛爭，且言檜之短，殿中侍御史何鑄因劾光狂悖失禮。光引疾求去，帝命以資政殿學士出守，言者又擊之。後三日，以光提舉洞霄宮。

74 金豫國公昱卒。

75 是冬，金主諭其政省：「自今四時游獵，春水秋山，冬夏刺盧達切。鉢，並循遼人故事。」元帥府下令沿河置寨，防渡河南歸之人，及與人渡者皆死。

海寇張青乘海至遼東，稱南師，遂破蘇州；遼土大擾，中原之被掠在遼者，多起兵應之。青初無進取意，既而復去。

金主詔郡縣，不得從元帥府擅更簽軍，俟見御畫乃聽。

時太行義士王忠植已取石州等十一郡，聞于朝，帝嘉之，拜忠植武功大夫、華州觀察使、統制河州忠義軍馬。忠植，步佛山人也。

初，金人之割地也，以新河為界。朔方盛傳駕將北征，民間往往私結徒黨，市軍器，以備緩急，沿河尤甚。每遇陰晦，輒引領南望曰：「御營烈火光矣！」太行義士又攻懷州萬善鎮，破之。守臣烏陵阿思謀（舊作烏爹思謀。）率軍民城守。思謀自金中內變，每夜被衣而坐，喟然歎曰：「可惜！官人備歷艱險以取天下，而今為數小子壞之，我未知其死所矣！」官人，謂宗翰也。

知濬州韓常，嘗與防禦判官宮茵夜飲，論及江、淮、川、陝用兵等事，茵盛言金兵之強，南兵之弱。常曰：「君知其昔，未知其今。今之南軍，其勇銳乃昔之我軍；我軍，其怯懦乃昔之南軍。所幸者南方未知耳。」

76女眞萬戶呼沙呼舊作胡沙虎，今改。北攻蒙古，糧盡而還，蒙古追襲之，至上京之西北，大敗其衆於海嶺。

77金主以富勒瑪舊作胡盧馬，今改。爲招討使，提點夏國、達勒達（舊作達達。）兩國市場。達勒達者，在金國之西北，其近漢地謂之熟達勒達，食其粳稻；其遠者謂之生達勒達，止以射獵爲生，性勇悍，然地不生鐵，矢鏃但以骨爲之。遼人初置市場與之回易，而鐵禁甚嚴，至今始弛其禁。又，劉豫不用鐵錢，繇是河東、陝西鐵錢率自雲中貨于達勒達，蒙古得之，遂大作軍器焉。

紹興十年金天眷三年。（庚申、一一四○）

1春，正月，辛巳，右僕射秦檜言：「前日外間有匿名書非毀朝廷，當繳進。」帝曰：「已見之，無足卹。」

2先是金人遣奉使官、宣州觀察使、知閤門事藍公佐南歸，議歲貢、表誓、正朔、册命等事，且索河東、北士民之在南者。是日，右正言陳淵入對，言：「自公佐之歸，聞金人盡誅往日主議之人，且悔前約，以此重有要索。臣謂和戰二策，不可偏執。」帝語淵曰：「今日之和，不惟不可偏執，自當以戰爲主。」

既而吏部員外郎許忻出爲荆湖南路轉運判官，將行，亦上疏言：「臣竊見金人爲本朝患，十六年於茲矣。昨張通古輩來議和好，陛下以梓宮、母后、淵聖之故，俯從其欲，復命王倫等報聘。今王倫既已拘留，且重有邀索，外議藉藉，謂敵情反覆如此，咸以爲憂。望陛下采中外之公言，定國家之大計，深察敵人變詐之狀，亟安天下憂慮之心。繼自今時，嚴爲守備，激將士捐軀效死之氣，雪陛下不共戴天之讎。」

3 金以都元帥宗弼領行臺尚書省事，命諸州郡軍旅之事決於帥府，民訟錢穀，行臺尚書省治之，宗弼兼綜其事。金主命宗室子亮赴宗弼軍行任使，旋以爲行軍萬戶。亮，宗幹第二子也，時年十八。

4 乙酉，以集英殿修撰、京（畿）都轉運使莫將試工部侍郎、充護梓宮、奉迎兩宮使；濟州防禦使、知閤門事韓恕爲宣州觀察使，副之。

5 初，兗人張匯，從其父行正守官保州，留敵不能歸，至是聞元帥府主管漢兒文字蔡松年言敵有渝盟意，遂與燕人王暉、開府（封）劉炎謀，夜自新鄉渡河赴行在，上疏言敵情利害。大略以爲：「敵主懦將驕，兵寡而怯，又且離心，民怨而困，咸有異意。鄰國延頸以窺隙，臣下側目以觀變，寇盗外起，親戚內亂。加之昔之名王、良將，如尼瑪哈、（舊作粘沒喝。）達蘭（舊作撻懶。）之徒，非被誅則病死。故子胥戮則吳滅，孔明沒則蜀亡，爭戰之際，古今不易之理。今金人內有羽毛零落之憂，外失劉豫藩籬之援，譬之有人自截其手足而復剖其心腹，欲求生也，不亦難乎！此乃皇天悔禍，眷我聖宋，復假其手以自相誅戮，特以良時付之陛下，周宣、漢光中興之業也。曩者敵未當殄滅之時，臣雖早歸朝廷，亦無補於聖德，故臣隱身敵中，甘處貧賤十五年者，伺今日之隙也。又況當時河北人心未安，河南廢齊之後，人心亦且搖動。王師先渡河，則弊歸河北而不在中原；設若烏珠（舊作兀朮。）先侵河南，則弊歸中原而不在河北。但得先渡河者，則得天下之勢，誠當日勝負之機，在于渡河之先後耳。而烏珠已有南侵之意，臣恐朝廷或失此時，反被敵乘而先之。」疏奏，匯等授初品文資。

6 辛卯，觀文殿大學士、提舉臨安府洞霄宮李綱薨于福州。綱之弟校書郎經早卒，綱悼恨不已；會上元節，綱臨其喪，哭之慟，暴得疾，卽日薨，年五十八。帝方遣中使徐恂撫問；訃聞，贈少師，徙其弟兩浙東路提點刑獄公事維于閩部，以治其喪，令所居州量給葬事。

7 甲午，太尉、慶遠軍節度使、東京同留守兼節制軍馬、京畿營田大使郭仲荀充醴泉觀使，從所請也。

8 詔作忠烈廟于仙人關，以祠吳玠。

9 丁酉，左通直郎、充徽猷閣待制、提舉江州太平觀尹焞遷一官，致仕，以焞引年告老故也。焞遂居紹興。

10 癸卯，帝謂大臣曰：「莫將奉使金國，凡所議事，可一一錄付，恐將妄有許可，他日必不能守。」時金人所請，朝廷多不從，故有是諭。

11 是月，夏改元大慶。

12 二月，辛亥，濟州防禦使、主管侍衞軍馬司公事劉錡爲東京副留守，仍兼節制馬軍〔軍馬〕。

13 癸丑，詔曰：「永惟三歲興賢之制，肇自承平，爰暨累朝，遵用彝典。頃緣多事，游〔斿〕展試期，致取士之年，屬當宗祀；宜從革正，用復故常。可除科場于紹興十年仰諸州依條發解外，將省、殿試更展一年，於紹興十一年正月鎖院省試，三月擇日殿試。其向後科場，仍自紹興十二年省試爲準，于紹興十四年令諸州依條發解。內將來紹興十二年特奏名，合出官人有年六十一歲者，許出官一次。」

14 故集賢殿修撰周常追復寶文閣待制。常，浦城人，元符末嘗爲禮部侍郎，坐元祐黨落職，婺州居住，至是用其家請而命之。

15 乙卯，殿中侍御史何鑄試右諫議大夫。

16庚申，御史中丞廖剛試工部尚書。

剛每因奏事，論君子小人朋黨之辨，反復切至。又論人君之患，莫大于好人從己。若大臣惟一人之從，羣臣惟大臣之從，則天下事可憂。剛本秦檜所薦，至是滋不悅。他日，因對，又請起舊相有人望者，處之近藩重鎭，檜聞之曰：「是欲置我何地耶？」旣積忤檜，遂出臺，而剛之名聞天下。尚書工部侍郎王次翁試御史中丞。

17壬戌，尚書戶部侍郎周聿充顯謨閣待制、樞密都承旨。

18丁卯，觀文殿學士、左通奉大夫、西京留守孟庾爲左宣奉大夫、東京留守兼權知開封府。

19資政殿大學士、左通奉大夫、江西安撫制置大使兼知洪州張守，資政殿學士、左中大夫、知應天府兼南京留守路允迪，資政殿學士、左中大夫、江東安撫制置大使兼知建康府兼行宮留守葉夢得，並進一官。

20三月，己卯，中書門下省檢正諸房公事范同權尚書吏部侍郎。

21丙戌，成都府路安撫使張燾始至成都。

初，燾自京、洛入潼關，已聞金人有敗盟意，逮至長安，所聞益急。燾遽行，見川陝宣撫副使胡世將，爲言和尚原最爲要衝，自原以南，則入川路，若失此原，是無蜀也。世將曰：

「蜀口舊戍皆精銳，最號嚴整，自朝旨撤戍之後，關隘撤備，世將雖屢申請，未見行下，公其爲我籌之。」燾遂爲世將草奏，具言事勢危急，其速徙右護軍之戍陝右者還屯蜀口，又請賜料外錢五百萬緡以備緩急。

22 辛卯，賜京東·淮東宣撫使韓世忠、淮西宣撫使張俊宴于臨安府，以其來朝故也。

初，諸大將入覲，陳兵閱于禁中，謂之內教。至是統制官呼延通因內教，出不遜語，中丞王次翁乞斬通以肅軍列，因言：「祖宗著令，寸鐵入皇城者，皆有常刑。今使武夫悍卒披堅執銳於殿廷之下，非所以嚴天陛也。」內教遂罷。

23 丙申，禮部侍郎充大金賀正旦使蘇符自東京還行在。

初，徽猷閣待制洪晧旣拘冷山，頗爲陳王希尹所厚。希尹問以所議十事，晧折之曰：「封册，虛名，年號，南朝自有；金三千兩，景德所無；東北宜絲纊，上國有其地矣，絹恐難增也。至於取淮北人，搖民害計，恐必不能。」希尹曰：「吾欲取降附人誅之以懲後，何爲不可？」晧引梁武帝易侯景事言之。希尹意稍解，曰：「汝性直，不誑我，吾與汝入燕，遣汝歸議。」遂行。會工部侍郎莫將繼來，議不合，囚之涿州，事復變。晧過其戍帳，其戍將聞洪尙書名，爭邀飲食。

符至東京，敵人拒不納。符乃還。【考異】洪晧事，據盤洲集所撰行述增入。金人所要索十事，他書皆無之，今因此略見其概。

24 丁酉，詔：「川陝宣撫使，自今或警急，其調發軍馬，措置錢糧，應干軍事待報不及，並許胡世將隨宜措置。」用世將請也。

時諜報河東、北簽軍備糧，來戍河中，收復河南州郡。都元帥宗弼又傳令：「宋國係和議之國，存留橋路往來，已調絳、蒲、解州三萬夫過河修壘隄岸，仍差馬軍編欄，令同州照驗。」世將慮其出沒不測，即具以奏，且遣兵備之。

25 己亥，彰武軍承宣使、樞密院都統制、知延安府、同節制陝西諸路軍馬郭浩移知永興軍，兼節制陝西諸路軍馬。

26 壬午，奉安徽宗皇帝、顯恭皇后、顯肅皇后神御于天章閣之西神御殿。

27 癸卯，故朝散郎鄧忠臣，特贈直祕閣。

28 夏，四月，乙巳朔，金溫都思忠廉問諸路，得廉吏杜遵晦以下百二十四人，各進一階；貪吏張軫以下二十一人，皆罷之。

29 戊申，詔：「三公、三少帶節鉞者，並序班在宗室開府儀同三司之下。」時以諸大將官高，故裁抑之。

30 癸丑，顯謨閣直學士趙彬爲尚書兵部侍郎。

列傳。

31 金中書令蜀王尼楚赫(舊作銀朮可。)薨，年六十八，後謚武襄。【考異】金史本紀作蜀國公。今從

32 乙丑，宰相率百官啓建天申節道場，以梓宮未還，不用樂。

33 丁卯，金主如上京。

34 時降將酈瓊爲金人所用，知金將南伐，語其同列曰：「瓊向從大軍南伐，每見元帥國王親臨陣督戰，矢石交集，而王免胄指麾，三軍意氣自若，用兵制勝，皆與孫、吳合，可謂命世雄材矣。至於親冒鋒鏑，進不避難，將士視之，孰敢愛死乎！宜其所向無前，日闢國千里也。江南將帥，才能不及中人，每當出兵，必身居數百里外，謂之持重；或督召軍旅，易置將校，僅以一介之士持虛文諭之，謂之調發；制敵決勝，委之偏裨。是以智者解體，愚者喪師。幸一小捷，則露布飛馳，增加俘級，以爲己功，斂怨將士，縱或親臨，亦必遠遁。而又國政不綱，纔有微功，已加厚賞，或有大罪，乃置而不誅，不卽覆亡，已爲天幸，何能振耶！」瓊所指元帥，謂宗弼也。宗弼聞之，召問江南成敗，誰敢相拒者，瓊曰：「江南軍勢怯弱，皆敗亡之餘，又無良帥，何以禦我！吾以大軍臨之，彼君臣方且心破膽裂，將哀嗚(鳴)不暇。蓋傷弓之鳥，可以虛弦下也！」宗弼喜，以爲知言。【考異】東南紀事以金人渝盟，酈瓊爲主謀。按金史復取河南、陝西地，本宗弼之意，瓊不過從而附和耳，今不取主謀之說。

續資治通鑑卷第一百二十三

賜進士及第兵部尚書兼都察院右都御史總督湖北湖南等處地方軍務兼理糧餉世襲二等輕車都尉畢沅編集

宋紀一百二十三 起上章涒灘（庚申）五月，盡十二月，凡七月。

高宗受命中興全功至德聖神武文昭仁憲孝皇帝

紹興十年 金天眷三年。（庚申、一一四〇）

1 五月，丙子，金主詔元帥府復取河南、陝西地。

先是完顏昌議割地與宋，宗弼力爭之；昌既死，宗弼復言割地非計。宗幹以下皆曰：「趙構蒙再造之恩，不思報德，妄自鴟張，所求無厭，今若不取，後恐難圖。」金主曰：「彼將謂我不能奄有河南之地；且都元帥久在方面，深究利害，宜即舉兵攻之。」乃集舉國之兵于祁州元帥府，大閱，遂分四道並進。命鑲啍貝勒（舊作聶兒孛堇。）出山東，右副元帥完顏杲入陝右，驃騎大將軍、知冀州李成入河南，而宗弼自將精兵十餘萬人與知東平府孔彥舟、知博州酈瓊、前知宿州趙榮抵汴。

丙午〔戌〕，宗弼入東京，觀文殿學士、留守孟庾，不知所措，統制官王滋請以兵護庾，奪門走行在。庾以敵騎多，不能遽去，遂率官屬迎拜宗弼入城，仕舊龍德宮。於是金主詔諭諸州縣以完顏昌擅割河南，且言宋人多所邀求之故。詔辭略曰：「非朕一人與奪有食言。」「恩威弛張之間，蓋不得已。」遂命使持詔徧抵諸郡，又分兵隨之。知興仁府李師雄，徽猷閣待制、知淮寧府李正民，皆束身歸命。自是河南諸郡望風納款矣。

金人破拱州，守臣左奉議郎王慥死之。

2金右副元帥完顏杲自河中渡河，入同州界，疾馳二百五十里，趨永興軍。陝西州縣多舊時金、齊官，所至迎降，遠近震恐。

3丁亥，金人破南京。

初，金人既背盟，復以葛王褒知歸德府。褒以數千騎至宋王臺，遣人諭都人、官吏、學生，告以不殺、不掠之意，請路留守出門相見。資政殿學士、南京留守路允迪，不得已朝服出城見之，會於宋王臺。允迪為主，褒為客，允迪奉觴為壽，褒與酬飲，遂送允迪於汴京。褒鼓吹入城，秋毫不犯。

4金主謂尚書左丞宗憲曰：「嚮以河南、陝西地與宋人，卿以為不當與。今復取之，是猶用卿言也。卿識慮深遠，自今以往，其盡言無隱。」宗憲拜謝，遂擢門下侍郎。

5戊子，四川宣撫副使胡世將在河池，知同州張恂遣人告急。時右護軍之戍陝西者五萬人，始漸至所屯州縣，而蜀一帶正兵不過三萬人，朝廷所除諸帥皆未至本鎮，得報駭愕。永興軍路經略使郭浩，時在延安，本路副都總管、權知永興軍郝遠，開長安城門納金人。長安破，關中震動。鈐轄傅忠信、盧士閔不從，斬關以出。知陝州吳琦，城守以禦金人。郝遠遣人持金國檄書至宣撫司，語不遜，不可聞，世將焚檄，斬其使。

6己丑，金人破西京。

初，金人有渝盟意，河外豪傑以告河南府兵馬鈐轄李興，興告於轉運判官·權留守李利用、副總管孫暉，謂：「洛陽實衝要重地，東接王畿，南通巴蜀，北控大河，可以屏衞襄、漢；況陵寢所在，不可不注意也。」利用然之，令興招集忠義民兵，密爲防禦計，不數月，得萬餘人，暉大懼，欲殺之。會報敵已渡河，利用聞之，卽棄城遁走。李成以鐵騎數千據天津橋，興令七騎逆擊之，成罔測，遂退。暉棄城走，興轉戰至定鼎門，傷重，仆於地，夜半復甦，乃走外邑聚兵。敵引兵入城，以成知河南府。時朝廷以利用有治最，除直祕閣以寵之，而利用已遁矣。

7庚寅，龍圖閣直學士、知順昌府陳規，得報敵騎入東京，時新東京副留守劉錡方送客，規以報示錡，錡曰：「吾軍有萬八千，而輜重居半，且遠來，力不可支。」乃見規，問曰：「事急矣，城中有糧，則能與君共守。」規曰：「有米數萬斛。」錡曰：「可矣。」規亦力留錡共守。錡又見劉豫時所蓄毒藥猶在，足以待敵。會其所部選鋒、游奕二軍及老幼輜重相去甚遠，錡遣騎趨之，夜四鼓，纔至城下。旦，得報，敵騎入陳，距順昌三百里，闔城惶惑。錡遣兵屬與規議，斂兵入城，爲捍禦計，人心稍定。

8 辛卯，四川宣撫副使胡世將，自河池遣涇原經略使田晟以兵三千人迎敵。始，金人之渡河也，利路經略使楊政尙在鞏州，永興經略使郭浩尙在鄜延，環慶經略使范宗〔綜〕尙在金州，而主管鄜延經略司公事王彥亦未至其地，惟熙河經略使兼宣撫司參謀官孫渥、右護軍都統制兼秦鳳經略使吳璘，隨世將在河池。世將倉皇召諸帥議出師，政、晟先至，渥進曰：「河池地平無險阻，敵騎已迫鳳翔，自大散關疾驅，一二日可至帳下。頃吳公宣撫，偶閱兵至河池，幾爲敵擒，其事不遠。願公去此，治兵仙人原，原去河池纔五六十里，而殺金坪、家計寨天險足恃，元戎身處危地，而欲號令將帥，使用命赴敵，渥不識也。」璘獨抗聲言曰：「和尙原、殺金坪之戰，方璘兄弟出萬死破敵時，承宣在何許？今出此懦語沮軍，可斬也！右護軍強半隔限在陝西，未易呼集。敵來，日夜思戰；今聞宣撫舍河池，去保山寨，失戰士心，不可！璘請以百口保破敵！」世將壯之，指所坐帳曰：「世將誓死於此矣！」官屬韓詔等進曰：「渥實失言，不宜居幙下。」遂先遣晟還涇原，渥赴熙河。渥恐懼汗落，單馬趨出，顧謂世將所親曰：「渥爲公忠謀，乃反得罪。吳家小帥勇而銳，未見其勝之之道也。他日無忘渥言。」

9 統領忠義軍馬李寶，與金人戰於興仁府境上，殺數百人，獲其馬甚衆。寶，岳飛所遣也。

10 壬辰，劉錡召諸將計事，皆曰：「吾軍遠來，未及息肩，敵人邀我歸路，其敗必矣。莫若守城，其徐爲計。」錡曰：「錡本赴官留司，今東京既破，幸全軍至此，有城可守，機不可失，當同心力，以死報國家。」衆議始定，即鑿舟沈之，示無去意。通判府事汪若海，方奉府檄至行在，錡以奏附若海，即與官屬等登城區處。城外有居民數千家，恐爲賊巢，悉焚之。分命諸統制官，許青守東門，賀輝守西門，鍾彦守南門，杜杞守北門，且明斥堠，及募土人作鄉導間探。於是人皆奮曰：「早時人欺我八字軍，今日當爲國家立功！」錡親於城上督工，設戰具，修壁壘。時守備全闕，錡取僞齊所作蚩(尤)車，以輪轅埋城上，又撤民家扉以代笓籬笆。凡六日粗畢，而金人游騎已渡河至城外矣。

11 癸巳，武經大夫、濰州團練使王彦先以亳州叛，附於金，金以酈瓊守之。

12 是日，邊報至行在。

13 丙申，胡世將命右護都統制吳璘將二萬人自河池赴寶鷄河南以捍敵，遣本司都統知興元府楊政、樞密院都統制知永興軍郭浩爲之聲援。

14戊戌，帝謂秦檜曰：「敵人不知信義，無足怪者。但士大夫不能守節，至於投拜，風俗如此，極可爲憂。」秦檜曰：「自靖康以來，賣國之人，皆蒙寬恩，故習熟見聞。若懲革之，當自今日。」

遂下令曰：「昨者金國許歸河南諸路，及還梓宮、母、兄，朕念爲人子弟，當申孝悌之義，爲民父母，當興振救之思，是以不憚屈己，連遣信使，奉表稱臣，禮意備厚。不謂設爲詭計，方援信使，便復興兵，河南百姓，休息未久，又遭侵擾。朕晝然痛傷，何以爲懷！仰各路大帥各竭忠力，以圖國家大計。」又詔罪狀烏珠（舊作兀朮。），募有能生擒烏珠者，除節度使，賜銀帛五萬、田千頃、第一區。

先是檜薦王次翁爲御史中丞，凡可爲檜地者，次翁無不力爲之。及金人渝盟，次翁懼檜得罪，因奏曰：「前日國是，初無主議。事有小變，更用他相，後來者未必賢，而排黜異黨，紛紛累月不能定，願陛下以爲戒。」帝深然之，檜位遂安，公論不能搖矣。

15己亥，少師、護國·鎮安·保靜軍節度使、萬壽觀使、雍國公劉光世爲三京招撫處置使，以援劉錡，以統制官李貴、步諒之軍隸之，賜錢二十萬緡，銀絹三萬匹兩爲軍費。於是光世駐軍太平州，請樞院都統制李顯忠同行，至徐（宿）、泗間，其軍多潰。

16庚子，詔右護軍都統制吳璘同節制陝西諸路軍馬。又詔川陝宣撫副使胡世將軍前合行黜陟，許以昨張浚所得指揮。

17辛丑，金人攻鳳翔府之石壁寨，吳璘遣統制官姚仲等拒之。仲自奮身督戰，珠赫貝勒（舊作折合孛堇。）中傷，退屯武功。時楊政母病方死，亦不顧家，徑至河南，與璘協力捍敵。已而諸軍家屬悉歸內地，人心既定，踴躍自奮，不復懼敵矣。

先是金人之別將又圍耀州，節制陝西軍馬郭浩遣兵救之，敵解去。

18壬寅，金人圍順昌府。

先是劉錡于城下設伏，敵游騎至，擒其千戶阿克順殺（舊作阿赫殺。）等二人，詰之，云：「韓將軍在白龍渦下寨，距城三十里。」錡夜遣千餘兵擊之，頗殺敵衆。既而三路都統葛王褎及龍虎大王軍並至城下，凡三萬餘人，錡以神臂弓及強弩射之，稍引去；復以步兵邀擊，溺於河甚衆，奪其器甲。又獲女眞、漢兒，皆謂敵已遣銀牌使馳詣東京，告急於都元帥宗弼矣。

時錡見陳、蔡以西，皆望風投拜；又有王山者，舊爲宗弼所用，嘗知順昌府，至是復來城下，宗弼欲再令守順昌；錡慮有苟全性命者賣己於外，故順昌官吏軍民皆不許登城，以己所部兵守之。

時鄜延路副總管劉光遠，以道梗不能赴，武功大夫、溫州刺史、新知石泉軍柳倪，爲錡所辟，皆在軍中。倪適至東門，敵射中其左足，倪拔矢反射之，敵應聲而倒。

19是月，金册李仁孝爲夏國王。

20六月，甲辰朔，少師、京東·淮東宣撫處置使韓世忠封〔爲〕太保，（封）英國公；少傅、淮西宣撫使張俊封〔爲〕少師，（封）濟國公；武勝·定國軍節度使、開府儀同三司、湖北·京西宣撫使岳飛爲少保，兼河南、北諸路招討使。

21徽猷閣直學士、知臨安府張澄試尚書戶部侍郎。

22樞密院降檄書下諸路宣撫司，罪狀宗弼、完顏杲，令頒之河南、陝西諸路。檄書曰：「蓋聞好生惡殺，天道之常；厭亂喜安，人心惟一。順天從衆者昌，逆天違衆者亡，亙古迄今，理有不易。金人自靖康以來，稱兵南下，蕩覆我京都，邀留我二聖，長驅深入，所至焚滅，殘忍不道，載籍靡聞。前歲忽遣人割還河南故地，皇帝深念一紀之間，兵拏怨結，禍極凶殫，南北生靈，肝腦塗地，許其修睦，因以罷兵，庶幾休養生息，各正性命，仰合於天心。既遣行人，往議事因，使方入境，兵已濟河，託爲捕賊之名，紿我守疆之吏，掩其不備，復取舊都。信義俱亡，計同寇賊。惟彼烏珠，號四太子，好兵忍殺，樂禍貪殘，陰蓄無君之心，復爲倡亂之首，戕殺叔父，擅奪兵權，既不䘏壯士健馬之喪亡，又豈念羣黎百姓之疾苦！雖外以遺毒於中國，實內欲窺圖乎厥家。天理靡容，是將假手；人心攜貳，必識所歸。

如彼骨肉至親，一旦自相魚肉，維爾腹心勳舊，豈能自保始終！如生·熟女眞、契丹、奚、霫、渤海、漢兒等，離去父母、妻、男，捐棄鄉土養種，衣不解甲，二十餘年，死於行陣者，首領不保，斃於暴露者，魂魄不歸。爰自謀和，始圖休息，炎方盛夏，驅迫復來，兵端一開，何時而已！河東、河北、京東三路，皆吾本朝赤子，偶留敵中，皇帝宵旰不忘，日思拯救。今者旣困暴斂，復遭簽發，室家田里，不得保聚，身犯鋒鏑，就死何辜！三京、五路之人，方脫囚奴，初沾恩澤，旣未終大賜，且復憂永淪，罪在一夫謀己之私，毒被寰宇兆民之衆。皇帝若曰：『朕爲人父母，代天君師，秉愛生靈，不分彼此，坐視焚溺，痛切在躬。況彼兵出無名，神人共怒；而我師直爲壯，將士一心，所向無前，何往不克！本欲爲民而弔伐，豈忍多殺以示威。誓與華夷，蠲除首惡，期使南北，共享太平。』幕府遵奉指揮，應南北官員、軍民，如能識運乘機，奮謀倡義，生擒烏珠，或斬首來歸者，大則命以使相，次則授以節鉞，各賜銀絹五萬匹兩，良田百頃，第宅一區。至如薩里干（舊作撒离喝。），貪性貪愚，同惡相濟，昨在同州，已爲李世輔擒縛，搏頰求哀，僅脫微命；尙敢驅率其衆，復侵關陝，有能併殺擒獻者，推賞一如前約。其有鄉黨豪傑，忠義舊臣，雖遭敵人迫脅之凶威，豈忘國家涵養之大德！糾合戮力，建立奇功，高爵厚祿，上所不吝，前愆往咎，一切滌除。此意不渝，有如皎日，天地鬼神，實鑒臨之。檄書到日，上下僚采，遠近兵民，遞相告諭，共赴師期。富貴之報，澤及子孫；忠義之名，光於史册，悉乃心力，其克有勳。」

23 戊申，龍神衞四廂都指揮使、濟州防禦使、東京副留守劉錡爲鼎州觀察使、樞密院副都承旨、沿淮制置使。

時金兵圍順昌已四日，乃移寨於城東號（拐）李村，距城二十里。錡遣驍將閻充，以銳卒五百，募土人前導，夜劫其寨。至軍中，氈帳數重，朱漆奚車，有一帥遽被甲呼曰：「留得我即太平。」不聽，竟殺之。

既而報都元帥宗弼親擁兵至。先是宗弼在龍德宮，得告急之報，即索靴上馬，麾其衆出軍，頃刻而集。過淮寧，留一宿，治戰具，備糗糧，自東京往復千二百里，不七日而至。

錡聞宗弼至近境，乃登城會諸將於東門，問曰：「策將安出？」或謂今已屢捷，宜乘此勢，具舟全軍而歸，錡曰：「朝廷養兵十五年，正欲爲緩急之用。況已挫敵鋒，軍威稍振，雖多寡不侔，然有進無退。兼敵營近三十里，而四太子又來援，吾軍一動，被敵追及，老小先亂，必至狼狽，不惟前功盡廢，致敵遂侵兩淮，震驚江、浙，則平生報國之志，反爲誤國之罪。不如背城一戰，於死中求生可也。」衆以爲然，欲求效命。

錡呼帳下曹成等二人，諭之曰：「吾遣爾爲間，事捷，有厚賞；第如我言，敵必不殺。我今遣騎探路，置汝隊中，汝遇敵，必墜馬，使爲所得。敵帥問我何人，則曰：『邊帥子，喜聲色，朝廷以兩國講好，使守東京，圖逸樂耳。』」已而遣探騎果遇敵，二人被執，宗弼問，對如言，宗弼喜曰：「可蹴此城耳！」遂下令，不用負擔車輜具行。翼日，錡行城上，見二人遠來，心知其歸，即縋上。敵械二人，以文書一卷繫于械，錡取焚之。

24 己酉，四川宣撫副使胡世將，命都統制吳璘、楊政以書遺金右副元帥完顏杲，約日合戰，略曰：「璘等聞之，師出無名，古之所戒。大金皇帝與本朝和好，復歸河南之地，朝廷戒飭諸路，安靜邊界，不得生事，丁寧惻怛，無所不至，諸路遵稟朝廷約束，不敢毫髮有違。今監軍忽舉偏師，侵暴疆埸，人神共憤，莫知其故。璘等身任將帥，義當竭誠報國，保捍生靈，已集大軍，約日與監軍一戰。兵法，敵加於己，不得已應之，謂之應兵，兵應者勝。璘等不爲無辭。」完顏杲遣古延舊作鶻眼，今改。以三千騎直衝南軍，都統制李師顏等以驍騎擊走之。古延入扶風縣城守，杲別遣軍策應，不能勝而退。師顏等攻扶風，拔之，擒金兵一百十七人，首領三人。別遣裨將擊鳳翔西城外敵寨，杲怒，自戰於百通坊，列陣二十餘里，統領姚仲等力戰，破之，殺獲尤多。

先是帝聞敵兵渡河，以御札賜世將，令率厲將士，保捍關隘，有能建立奇效，卓然出衆，雖王爵節鉞，亦所不吝。又賜吳璘、楊政、郭浩、田晟詔書諭旨，仍命世將給付焉。

25 金都元帥越國王宗弼入泰和縣，壬子，攻順昌府。

先是宗弼至順昌，責諸將用兵之失。衆曰：「今者南兵非昔之比，國王臨城自見。」宗弼至城下，見其城陋，謂諸將曰：「彼可以靴尖趯倒耳！」即下令：「來早府治會食，諸軍所得玉帛子女，聽其自留，男子長成者皆殺。」且折箭爲誓以激其衆。

平明，敵兵攻城十餘萬，府城惟東西兩門受敵。錡所部不滿二萬，而可出戰者僅五千。金兵先攻東門，錡出兵應之，金兵退。宗弼自帶牙兵三千，往來爲援，皆帶重甲，三人爲伍，貫韋索，號「鐵浮屠」，每進一步，即用拒馬子遮蔽，示無反顧。復以鐵騎爲左右翼，號「拐子馬」，悉以女直充之；前此攻所難下之城，並用此兵，故又名「長勝軍」。時金諸帥各居一部，衆欲擊韓常軍，錡曰：「擊韓雖退，宗弼雄兵尙不可當也。法當先擊宗弼，宗弼一動，則餘軍無能爲矣。」

時天大暑，敵遠來疲敝，晝夜不解甲。錡先遣毒潁水上流及草中，戒軍士雖渴死，毋飲于潁。金士馬飢渴，食水草者輒病，往往困乏。錡士氣閒暇，軍皆番休更食羊馬垣下。方早涼，錡按兵不動；未申間，忽遣數百人出西門；金兵方接戰，俄以數千人出南門，戒令勿喊，但以短兵極力與戰。統制官趙撙、韓直皆被數矢，戰不肯已，錡急令扶歸。士殊死鬬，入敵陣中，斫以刀斧，至有奮手捽之，與俱墜于濠者，金兵大敗，殺其衆五千，横屍盈野。宗弼乃移寨於城西，掘塹以自衞，欲爲困官軍之計。是日大雨，平地水深尺餘，錡遣兵劫之，上下皆不寧處。

乙卯，順昌圍解。宗弼之未敗也，秦檜奏令劉錡擇利班師，錡得詔不動。至是宗弼不能支，乃作筏繫橋而去。宗弼至泰和縣，臥兩日，至陳州，數諸將之罪，自韓常已下皆鞭之。於是復以葛王褒守歸德府，常守許州，翟某守陳州，宗弼自擁其衆還汴京。

[26]丙辰，湖北、京西宣撫司統制官牛皐及金人戰於京西，敗之。

[27]己未，樞密院都統制郭浩遣統制官鄭建充等集鄜延、環慶之兵，攻金人於醴州，敗之，復醴州。

[28]三京招撫處置使劉光世進軍和州。

[29]壬戌，詔：「敵人侵攻河南，已決策用兵，所宜經理財用以贍軍旅。帥守諸司，自當體國協濟大計，可將應見管錢物量留經費外，盡數起發。有能率先應辦，當加褒擢；如隱占不實，必寘於法。」並謂在官錢物，不得因緣擾民。

[30]甲子，權主管鄜延經略司公事王彥，拒金人於青溪嶺，卻之。

初，右副元帥完顏杲既破鳳翔，與都統制吳璘、楊政夾渭水而陣。璘駐兵大蟲嶺，杲自登西平原覘之，曰：「善戰者立於不敗之地，此難與爭。」乃引去，自涇原路欲趨邠州。于是樞密院都統制郭浩，統右護軍及鄜環之師在邠州三水縣，涇原經略使田晟，遣統制官曲汲、秦弼拒敵于青溪嶺。宣撫副使胡世將，謂浩非素臨行陣之人，難以責成，卽遣彥及統制官楊從儀、程俊、向起、鄭師正、曹成等分道而出，與金人戰蒿谷、吳頭、廝務屯之間。金人屢敗，留千戶五人守鳳翔，杲自將銳兵攻青溪。汲、弼不能當，戰敗，棄青溪走，世將命晟召汲，斬于軍前以徇。彥率兵迎金人，戰盤堠、兔耳，敗之。金人去，復還屯鳳翔。

31 初，命司農少卿李若虛往湖北、京西宣撫使岳飛軍計事，至是若虛見飛於德安府，諭以面得帝旨，兵不可輕動，宜班師，飛不聽。若虛曰：「事既爾，勢不可還，矯詔之罪，若虛當任之。」飛許諾，遂進兵。

32 左從政郎張闡爲祕書省正字。

闡因轉對，論三事：其一，「請廣求人才，任將相，練士卒，則徽宗梓宮可還，母后、淵聖可歸；毋專屈己許和，使權不在我。」二曰：「臣比自溫歷處、婺，浹旬再値雨雹，麥秀者偃，桑萌者落；宜恐懼修省，以召和氣。」其三論官冗曰：「兵火後，縣不滿千戶，設官乃十餘人；州不滿萬戶，而官至百餘人，場務及兵官率十員。無學校而置教官，無軍士而置將領，駐泊鈐轄之屬及員外置署者不在焉。昔光武倂省四百餘縣，吏員十置其一；唐憲宗用李吉甫言，省冗員八百，吏千四百。漢、唐中興，宜以爲法。」帝獎諭曰：「非卿不聞此。」

33 湖北宣撫司統領官孫顯及金人戰於陳、蔡間，敗之。

34 丁卯，帝謂大臣曰：「朕躬履艱難，久于兵事，至于器械，亦精思熟講。昨造大鏃箭，諸軍皆謂頭太重，不可及遠，又造銳首小鎗，初亦未以爲然，其後用以破敵，始服其精利。今劉錡軍于順昌城下破敵，正用此鎗也。」

35 戊辰，川陝宣撫司（都統制）楊政所遣左部統領官曹成，自汧陽襲金人于天興縣，敗之。

36 京東宣撫使韓世忠，遣統制官王勝率背嵬將成閔北伐，遇金人于淮陽軍南二十里，水陸轉戰，掩金人入沂水，死者甚衆，奪其舟二百。

37 資政殿大學士、福建路安撫大使張浚言：「臣切念自羣下決回鑾之計，國勢不振，事機之會，失者再三。向使敵出上策，還梓宮，歸兩殿，供須一無所請，宗族盡返而南，則我德敵必深，和議不拔，人心懈怠，國勢寢〔寖〕微，異時衅端卒發，何以支持？臣知天下非陛下之有矣。今幸上天警悟，敵懷反覆，士氣尚可作，人心尚可回。願因權制變，轉禍爲福，用天下之英才，據天下之要勢，奪敵之心，振我之氣，措置一定，大勳可集。」繼聞淮上有警，連以邊計奏知，又條畫海道舟船利害。帝嘉浚之忠，遣中使奬諭。浚時大治海舟至千艘，爲直指山東之計，以俟朝命。

38 閏六月，癸酉朔，尚書戶部侍郎晁謙之移工部侍郎。

39 辛巳，涇原經略使田晟，與金人戰于涇州，敗之。初，完顏杲既爲王彥所卻，遂自鳳翔悉兵攻涇州。晟據山爲陣，乘敵壁壘未定，奮兵掩殺，自巳至申，連戰皆捷，奪其戰馬兵械甚衆，金人敗走。

甲申，晟及金人再戰於涇州，敗績。初，金人爲晟所破，會降將引金兵取間道繞出晟所據之山後，大呼擊晟，而晟所領兵將有舊嘗從敵者，望風驚潰；惟右護軍萬人與敵鏖戰，中傷死敵者十一，然無一人遁者。宣撫副使胡世將具以實聞，且待罪。

先是世將以敵鋒甚銳，晟不能獨當，檄兩都統，令吳璘守河南，楊政知涇州策應。政遣統制樊彥率兵以往，統制王喜繼之，未至而晟敗。政自劾失律，世將不之罪。諸軍請斬彥、喜以徇，世將下令：「彥貸命，追奪在身官爵；喜降十官，押赴本軍自效。」

金人雖幸勝晟，亦殺傷過當而還，自是歸鳳翔，不復戰，以兵攻陝西諸縣城守未下者。河南糧食垂盡，世將亦離河池，登仙人原山寨，爲防守之計，保險以自固矣。

40 丙戌，寶文閣學士、川陝宣撫使胡世將陞端明殿學士。

41 定國承宣使、知秦州兼行營右護軍都統制、同節制陝西諸路軍馬吳璘，武康軍承宣使、知興元府兼樞密院都統制楊政，彰武軍承宣使、知永興軍兼樞密院都統制、節（制）本路屯駐右護軍兵馬兼（節）制陝西諸路軍馬郭浩，並爲節度使，璘鎮西軍，政武當軍，浩奉國軍，三軍〔人〕皆自龍神衛四廂都指揮使陞充侍衛親軍步軍都虞候。

42 淮西宣撫司都統制王德復宿州。

初，張俊既至合肥，聞金兵在宿、亳間，命統制官趙密出西路。密引衆徑蘇村，時水漲三尺，涉六晝夜，乃達宿城，與金兵遇，敵（敗）之。而德率衆自壽春趨宿州，夜半，破金營，降其守武翼大夫、閤門宣贊舍人馬秦。

43 己丑，金人遣兵襲永興軍兵馬鈐轄傅忠信于華州之山寨，忠信率將官盧士閔、張保（寶）拒破之。

44 壬辰，湖北、京西宣撫司統制官張憲、傅選及金將韓常戰于潁昌府，敗之。

45 丙申，張憲復淮寧府。

先是韓常既敗走，宣撫使岳飛遣統制官牛皋、徐慶等與憲會。憲等適與常戰于淮寧府，敗之，常引去。飛以勝捷軍統制趙秉淵知府事。

46 丁酉，京東、淮東宣撫司都統制王勝克海州。

先是韓世忠命勝率統制官王升、（王）權等攻海州，守將王山以兵逆戰，去城六十里，與官軍遇，敗走。夜二鼓，以舟師傅城北。山乘城守，而勝命諸軍隨地而攻，火其北門，軍士周成先入（生執山）。父老裒金帛以犒軍，勝不受。

世忠每出軍，秋毫無犯，軍之所過，耕夫皆荷鋤而觀。

47戊戌，淮西宣撫使張俊克亳州。

初，三京招討使劉光世，聞酈瓊在亳州，遣使臣趙立同南京進士(蔡輔世)往招之。及門，守者問故，立紿人無謀，乃言劉相公遣我持書來招酈太尉。守者以白，瓊不啓書而焚之，械送獄，既而縱之。

至是光世引軍還太平，而俊以大軍至城下，都統制王德已下宿州，卽乘勝趨亳州，與俊會。瓊聞之，謂葛王褒曰：「夜叉又來矣！其鋒未易當，請避之。」遂率衆遁去。俊軍至城下，父老列香花迎之，俊引兵入城。

時俊兵威甚盛，而知謀勇敢，賴德爲多。德亦先計後戰，故未嘗敗。

48己亥，樞密直學士、知順昌府陳規知廬州，武泰軍節度使、沿淮制置使劉錡兼權知順昌府。

時秦檜將班師，故命規易鎭淮右。

先是帝賜錡空名告身千五百，命書塡將佐之有功者。錡復繳上，謂不若自朝廷給之爲榮，至是始具功狀以聞，凡統兵官之立功者，皆以上所賜椀帶予之；其有過者，則杖責之，斥爲士伍。金人之始至也，游奕軍統領田守忠、正將李忠特勇深入，皆手殺數十人而後死。錡厚加優卹，遂以犒軍銀帛十四萬匹兩均給將士，軍無私焉。

于是錡方欲進兵乘敵虛，而檜召錡還。徽猷閣待制洪晧，時在燕山，密奏：「順昌之役，敵震懼喪魄，燕之珍寶，悉取而北，意欲捐燕以南棄之；王師亟還，自失機會，可惜也！」

49庚子，責授左中大夫、祕書少監、興化軍居住趙鼎，再責清遠軍節度副使、潮州安置，以右諫議（大夫）何鑄再疏論之也。

50張俊既破亳州，遇大雨，士皆坐于水中，俊遂引軍還壽春，留雄勝軍統制宋超守亳州，以兵千人與之，民皆失望。

51是月，金主次涼陘。

大旱，使蕭彥讓、田瑴（㲄）決西京囚。

52秋，七月，癸卯朔，日有食之。【考異】宋史作壬寅朔，不書日食，今從金史。

53湖北、京西宣撫使司將官張應、韓清入西京。

初，河南府兵馬鈐轄李興既聚兵，先復伊陽等八縣，又復汝州，（金）河南尹李成棄城遁走。河陽宣撫使岳飛遣應、清與之會，遂復永興（安）軍。

54丙午，御史中丞王次翁爲參知政事。

55武節大夫、閤門宣贊舍人、河南府兵馬鈐轄李興爲右武大夫、忠州團練使、知河南府，右承奉郎、知汝州劉全咨爲右承事郎。

興既得西京，言于朝，乞命帥守，遂就除之，仍給眞俸，許便宜行事。全咨亦以驛報屢通，故特遷之。

56（己酉），岳飛留大軍于潁昌，命諸將分道出戰，自以輕騎駐郾城，兵勢甚銳。金宗弼患之，會諸將，欲併力一戰，飛聞之曰：「金人技窮矣。」乃日出挑戰，且詈之。宗弼怒，戊申，合諸將逼郾城。飛遣子雲與金人戰，數十合，金兵屍布地。宗弼以拐子馬萬五千來，飛戒步卒，以麻扎刀入陣，勿仰視，第斫馬足。拐子馬相連，一馬仆，二馬不能行。飛軍奮擊，統制官楊再興單騎入敵陣，欲擒宗弼，不獲，身被數創，猶殺敵數百人，遂大破之。宗弼大慟曰：「自海上起兵，皆以此馬勝，今已矣。」因復益兵而前，飛步將王剛以五十騎覘敵，遇之，奮斬其裨將。飛出視戰，望見塵起，自以四十騎突戰，敗之。

57永興軍路經略副使王俊，遣統領官辛鎮與金人戰于長安城下，敗之。

初，詔胡世將遣兵千人，具舟百艘，載紫〔柴〕草膏油自丹州順流而下，至河中府，焚毀金人所繫浮橋，及選萬人由斜谷出潼關，皆以絕敵歸路。世將奏：「已差統領官閻興以五百人往會知丹州傅師禹、知陝州吳琦、知華州潘道及忠義統制官傅起同措置，斷毀河橋。又，臣前遣永興副帥王俊領選鋒三十人，已復興平、醴泉二縣，永興之屬邑也。今正與大敵相拒，且當盛暑，中傷者多，未容更遣兵。兼俊在彼，可乘間斷其歸路。」其後閻興結河東忠義秦海等十餘人，皆補以官。

58岳飛奏：「金人銳氣已沮，將棄輜重渡河，豪傑向風，士卒用命，時不再來，機難輕失。」

秦檜欲畫淮以北棄之，諷臺臣請班師。知飛志銳不可回，乃先召諸將。癸丑，太尉、保成軍節度使、殿前副都指揮使楊沂中爲淮北宣撫副使，武泰軍節度使、沿淮制置使兼權知順昌府劉錡爲淮北宣撫判官，爲退守計也。

59金都元帥宗弼既敗于郾城，憤甚，以師十二萬次臨潁。甲寅，岳飛遣統制楊再興、王蘭、高林以三百騎擊之于小商橋，殺二千餘人，再興、蘭、林俱戰死，獲再興之屍，焚之，得箭鏃二百。飛痛惜之。張憲繼至，復戰，宗弼夜遁，追奔十五里。飛謂子雲曰：「敵屢敗，必還攻潁昌，汝宜急援王貴。」既而宗弼果至。乙卯，貴將游奕軍，雲將背嵬軍，戰于城西。雲以騎兵八百挺前決戰，步軍將左右翼繼之，殺其副統軍。飛進軍朱仙鎮，距汴京四十五里，與宗弼對壘而陣，遣背嵬騎五百奮力破之，宗弼還汴京。飛檄陵臺令行視諸陵，葺治之。

60壬戌，岳飛奉召班師。

先是飛遣將梁興渡河趨絳州，結兩河豪傑，所至響應，父老潛輸糗糧以餉義軍，金部曲亦有密受飛旗榜者。飛大喜，語其下曰：「直抵黃龍府，與諸君痛飲耳！」

秦檜既令楊沂中等還屯，乃言：「飛孤軍，不可久留，請令班師。」一日奉十二金字牌，飛憤惋泣下曰：「十年之功，廢于一旦！」乃自郾城引兵還，民遮馬哭曰：「我等頂香盆，運糧草，以迎官兵，金人皆知之，今去，我等無噍類矣！」飛亦悲泣，取詔示之曰：「吾不得擅留。」哭聲振野。【考異】繫年要錄云：飛既得京西諸郡，會詔書不許深入，其下請還。飛亦以爲不可留，然恐金人邀其後，乃宣言進兵深入，逮敵已遠，始傳令回軍。軍士應時皆南向，旗靡轍亂。飛望之，口呿不能合，良久，乃曰：「豈非天乎！」按此宋人忌功之言，李心傳據當時案牘，不復加察，從而書之耳，今不取。然宋史本傳謂自燕以南，金號令不行，亦言之太過，今酌書之。

方宗弼敗于朱仙鎮，欲棄汴京，有書生叩馬曰：「岳少保且退矣。」宗弼曰：「謂何？」書生曰：「自古未有權臣在內，大將能立功於外者。岳少保且不免矣。」宗弼悟，乃留汴。

飛遣諸將還武昌，於是潁昌、淮寧、蔡、鄭諸州復爲金人所取，中原豪傑皆絕望矣。

61 甲子，復釋奠文宣王爲大祀，用太常博士王普請也。於是祀前受誓戒，加籩豆十有二，其禮如社稷。

62 乙丑，金人圍趙秉淵于淮寧府，李山、史貴及劉錡統制官韓直共擊退之。秉淵聞岳飛已退，遂棄城南歸。

63 丁卯，右諫議大夫何鑄爲御史中丞。

64 金主命文武官五品以上致仕者，給俸祿之半，職三品者仍給傔人。

65 庚午，右承議郎、通判順昌府汪若海特遷一官，以陳規言圍城之初若海毅然請援於朝也。

若海移書輔臣，具言劉錡之勝，且謂：「錡所統不過二萬人，其中又止用五千人出戰。今諸大將所統甚衆，使乘錡戰勝之後，士氣百倍之際，諸路並進，烏珠可一舉而破，甚無難者。今諸大帥惟淮西最務持重，不肯輕舉。宜以淮西之兵塞其南歸之路，俾京西之兵道河陽，渡孟津，淮東之兵卷淮陽，渡彭城，俾陝西之兵下長安，渡蒲坂。則河朔之民必響應，冠帶而共降，烏珠可不戰而破也。聞淮西之帥得亳便還，義士莫不歎息，甚爲朝廷惜之！」

66武功大夫、忠州團練使兼閤門宣贊舍人、新知辰州柴斌移知唐州。

67辛未，金將古延引兵攻盩厔縣，永興軍路經略副使王俊逆戰于東駱谷，卻之。

時帝以親札賜川陝宣撫副使胡世將，言：「今日事勢，以力保關隘爲先。又，陝西將士與右護軍不同，正當兼容，有仗義自奮者，優獎之以勵其餘。」於是世將奏：「川口諸隘及梁、洋一帶，先已修畢。見分遣吳璘在白石至秦州以來，遏熙、秦州之衝；楊政在寶雞，遏永興、鳳翔之衝；及永興副帥王俊亦在盩厔作寨，牽制敵勢。兼自金人再侵陝西，諸(將)曾受僞命，並許收使，如能立功，就上超轉。緣從僞既久，率望風拜降，臣亦開其自新之路，多方慰諭，已招到一萬一千五百餘人。總管傅忠信，安撫朱勇，將官梁柄及統制、統領官，各給袍帶，其老幼居於近裏；又有總管魏价等十四員，帶城寨兵一千五百，亦加勸獎，官各授差遣，卒各支請給，與右護軍相參爲用矣。」

時政在寶雞，完顏杲陰遣客刺政，詐爲降卒，政覺而誅之。

68是月，金都元帥宗弼奏河南、陝西捷，金主遣使勞問。宗弼以下將士，凡有功軍士三千，並加忠承校尉。

69八月，乙亥，韓世忠圍淮陽軍，命諸將齊攻之。帳前親隨武翼郎成閔從統制官許世安奪門而入，大戰于門之內，閔身被三十餘鎗，世安亦脛中四矢，力戰，奪門復出。閔氣絕而復甦屢矣，世忠大賞之。別將解元掩擊金人于沂州郯城縣，敵溺死者甚衆。及班師，世安以箭瘡不能騎，遂肩輿而歸；世忠怒，命世安馬前步行。世忠奏閔之功，授武德大夫、遙郡刺史。

閔，衞州人，世爲農，建炎初，避亂抵京口，日者趙常見而奇之。黃天蕩之役，閔投世忠軍中，至是有功。既而世忠乞重賞以勸將士，遂除涿州團練使。

70戊寅，知陝州吳琦遣統制官侯信渡河，劫金人中條山寨，敗之，獲馬二十匹。翼日，又戰于解州境上，敗之，殺其將茂海。

71己卯，宰執奏徽宗隨龍人乞恩例，帝曰：「若舊人尤當優䘏。凡事干徽廟，非唯朕奉先之孝所當自致，亦欲風勵四方，使人知有君親之恩也。」

72 庚辰，金人自滕陽來救淮陽軍，韓世忠逆擊于劤口鎭，敗之。
73 是日，韓世忠所遣統制官劉寶、郭宗儀、許世安，以舟師至千秋湖陵，遇金人所遣酈瓊叛卒數千人，寶等與戰，大捷，獲戰船二百。
74 辛巳，金主詔撫諭陝西五路。
75 壬午，李成自河陽以五千騎攻西京，知河南府李興命開城門以待之。成疑不進，興遣銳士自他門出擊之，成敗走。
76 金初定公主、郡、縣主及駙馬品級。
77 丁亥，淮北宣撫副使楊沂中軍潰于宿州。

初，沂中至宿州，而以步軍退屯於泗。金人詭令來告以有邊騎數百屯柳子鎭，沂中欲擊之。或諫以爲不可輕出，沂中不聽，留統領官王滋、蕭保以騎兵千人守宿州。夜，沂中自將騎兵五千襲柳子鎭，至明，不見敵而退。金人以重兵伏其歸路，沂中知之，遂橫奔而潰。沂中至壽春府，渡淮而歸，與保、滋相隔。參議官曹勛不知沂中所在，表聞於(朝)，朝廷大恐，令淮南州縣權宜退保。金人劫沂中不得志，遂攻宿州，滋、保與戰，不利。金人入城，怒州人之降也，乃縱屠戮。自是潰兵由淮水上下數百里間四散而歸，其死亡者甚衆。既而沂中自淮西復還泗州，人心始定。

78 壬辰，永興軍路經略副使王俊擊金人於盩厔縣東，敗之。

79 甲午，川陝宣撫使〔司〕同統制軍馬邵俊，統領王喜，遇金人于隴州汧陽縣牧陽〔羊〕嶺，敗之。喜以功復爲協忠大夫、榮州防禦使、右游奕都統制。

80 九月，壬寅朔，遣起居舍人李易赴韓世忠軍前議事。秦檜主罷兵，召湖北、京西宣撫使岳飛赴行在，遂命易見世忠諭旨。時淮西宣撫副使楊沂中還師鎮江府，三京招撫處置使劉光世還池州，淮北宣撫判官劉錡還太平州，自是不復出師矣。

81 丁未，楊政軍同統制楊從儀劫金人鳳翔府城南寨，敗之，獲戰馬數百。

82 戊申，金主如燕京，都元帥宗弼入見於行在。浹旬，還軍，金主起立，酌酒飲之，賜以甲冑、弓矢。

83 先是李成數爲知河南府李興所敗，乞師于宗弼，得蕃、漢軍數萬。興聞之，度衆寡不敵，棄城去，寓治於永興〔寧〕之白馬山。

84 丁酉，金主親饗太祖廟。

85 庚戌，合祀天地於明堂，太祖、太宗並配，赦天下。

86 癸丑，楊政軍統制官楊從儀、邵俊，統領王喜，敗金人於汧陽。

87 辛未，尙書右僕射秦檜，以明堂恩封華國公。

88癸亥，金殺尚書左丞相陳王希尹，右丞蕭慶。先是客星守陳，太史以告宇文虛中，虛中以告，希尹不以爲怪，及是坐誅。

初，希尹嘗爲晉國王宗翰監軍，爲羣臣所忌，而常以智得免，論者稱其通變如神。金主尤忌之，詔曰：「師臣密奏，姦狀已萌，心在無君，言宣不道。逮燕居而竊議，謂神器以何歸。稔于聽聞，遂致章敗。」時金主未有子，故嫉希尹者以此言譖之。金主又詔曰：「慶迷國罔悛，欺天相濟，旣致於理，咸伏厥辜，賴天之靈，誅於兩觀。」蓋以慶爲希尹之黨也。并殺希尹子昭武大將軍達勒達（舊作把塔。）、符寶郎曼岱。（舊作漫帶。）【考異】熊克小紀云：烏克紳（舊作谷神。）之黨皆爲都元帥烏珠所誅。繫年要錄云：希尹與慶皆晉國王宗維心腹，都元帥素出其下。至是宗弼得權，凡希尹所以致罪，則宗弼之爲也。按金史希尹傳，止言嫉希尹者譖之，宗弼傳不言其與希尹有隙，敵國傳聞之詞，恐不足信，今刪書之。

89冬，十月，戊戌，秦檜以修書恩，進左銀青光祿大夫，封衞國公。

90是月，淮北宣撫判官劉錡來朝。

91十一月，戊申，金將喀齊喀（舊作合喜。）自潼關出侵陝州，守臣吳琦擊卻之。

92鳳翔府同統制軍馬楊從儀，敗金人于寶雞。

93癸丑，金以孔子四十九代孫璠襲封衍聖公。

94乙卯，胡世將奏，已遣兵解慶陽之圍，請詔湖北、京西宣撫使岳飛出兵牽制，帝曰：「此未易輕議。凡事有緩急先後，必思而後動，乃可以成功也。」

先是慶陽圍急，帥臣宋萬年乘城拒守。會世將以檄書召建寧軍承宣使、河東經略使王忠植以所部赴陝西，行至延安，叛將趙惟清假詔書執之。忠植曰：「若本朝詔書則受，若金國詔書則不拜也。」惟清械之，以詣右監軍完顏杲。杲使甲士引詣慶陽城下，諭使出降。忠植大呼曰：「我河東步佛山忠義人也，爲金所執，使來招降，願將士勿負朝廷，堅守城壁。忠植卽死城下。」杲怒，詰之。忠植披襟大呼曰：「速殺我！」遂遇害。

95 癸亥，金以都點檢蕭仲恭爲尙書左丞，前西京留守完顏昂爲平章政事。

96 甲子，金行臺尙書左丞相杜充卒。

97 是月，宜章峒民駱科文（叛），遂犯桂陽、郴、道、連、賀州諸縣，詔發大軍往討之。

98 十二月，壬午，命尙書右僕射秦檜上皇太后册寶于慈寧殿，寶用金，册以珉石；上遙賀于宮中，羣臣遙賀宮門外。

99 丙戌，尙書禮部侍郎蘇符擢禮部尙書仍兼資善堂翊善。

100 起居舍人郭孝友權尙書工部侍郎。

101 丁丑，金地震。

102 己亥，詔：「太廟時饗以少牢，祫饗以太牢，如舊典。」用太常少卿陳桷請也。

103金以阿里布舊作阿离補，今改。爲左副元帥。

104是月，淮北宣撫副使楊沂中引兵還行在。

105永州防禦使呼延通自殺。初，通以私忿欲殺韓世忠，不果。世忠知之，通與淮陰統制官崔德明不協，世忠卽召通，斥爲士伍，使隸德明軍中。世忠生日，諸將皆入爲壽，通自淮陰馳至，世忠見之，卽走入，不復出。通伏地泣，衆共遣之，通乃去。德明還淮陰，數通擅離軍之罪，杖之數十。通怏怏，赴運河死，人皆惜其勇，世忠後亦悔之。

106初，知河南府李興旣屯白馬山寨，李成以蕃、漢數萬衆圍之。時興妻周氏與其子居襄陽，惟幼子在側。敵圍益急，士心頗搖。興聞，謂諸將曰：「興與諸君尙當以死守，毋有二志。苟或不敵，吾豈爲敵汚者！當抱是兒南向投崖，以謝天子。」諸將皆感泣，由是守益堅。敵遣使賫黃榜招興以奉國上將軍、河南尹，興得檄不啓，立斬其使，以檄聞于朝。白馬受圍久，方冬泉涸，軍民乏絕，興焚香默禱，一夕大雪，泉源皆溢。成知興志不可屈，乃卽山下屯兵積糧，爲久居之計，興潛遣將士夜焚之。成大挫，徑歸西京。

107金旣復取河南地，猶慮中原士民懷二意，始創屯田軍 凡女眞、奚、契丹之人，皆自本部徙居中州，與百姓雜處，計其戶口，授以官田，使自播種，春秋量給衣馬。若遇出軍，使給其錢米 凡屯田之所。自燕之南、淮、隴之北俱有之，多至五六萬人，皆築壘于村落間。

續資治通鑑卷第一百二十四

賜進士及第兵部尚書兼都察院右都御史總督湖北湖南等處地方軍務兼理糧餉世襲二等輕車都尉　畢沅　編集

宋紀一百二十四　起重光作噩（辛酉）正月，盡十二月，凡一年。

高宗受命中興全功至德聖神武文昭仁憲孝皇帝

紹興十一年金皇統元年。（辛酉、一一四一）

1春，正月，壬寅，右文殿修撰、提舉江州太平觀趙開卒，年七十六。自金人侵陝、蜀，開職饋餉者十年，軍用得以毋乏，一時賴之。開既黜，主計之臣率三四易，于開條畫，毫髮無敢變更者，人偉其能。然議者咎開竭澤而魚，使後來者無所施其智巧。凡茶、鹽、榷酤、激賞、零畸絹布之征，遂爲西蜀常賦，故雖累經減放，而害終不去焉。

2癸卯，鳳翔府同統制軍馬楊從儀，敗金人于渭南。

3庚戌，淮西宣撫使張俊入見。帝問曾讀郭子儀傳否，俊對以未曉。帝諭云：「子儀方時多虞，雖總重兵處外，而心尊朝廷，或有詔至，即日就道，無纖介快（顧）望，故身享厚福，子孫慶流無窮。今卿所管兵，乃朝廷兵也，若知尊朝廷如子儀，則非特一身享福，子孫昌盛亦如之。若恃兵權之重而輕視朝廷，有命不卽稟，非特子孫不享福，身亦有不測之禍，卿宜戒之。」

先是金都元帥宗弼自順昌戰敗而歸，遂保汴京，留屯宋、亳，出入許、鄭之間，復簽兩河軍與蕃部凡十餘萬，欲謀再舉。上亦逆知敵情必不一挫便已，乃詔大合兵于淮西以待之。俊自建康來朝，故有是諭。

4 是日，金羣臣上金主尊號曰崇天體道欽明文武聖德皇帝。金主初服袞冕。命太師宗幹輦輿上殿，制詔不名。

5 辛亥，帝諭大臣曰：「李左車言：『千里饋糧，士有飢色。』敵若侵淮，其勢糧必在後。但戒諸將持重以待之，至糧盡欲歸，因其怠擊之，則無不勝矣。」

6 癸丑，金主謝太廟，大赦，改元皇統。

7 乙卯，金人攻壽春府，守將孫暉、樞密院統制雷仲合兵拒之。

己未，淮北宣撫判官劉錡，自太平州渡江以援淮西。錡有兵二萬，馬數百，朝廷聞報，亟令張俊還建康拒敵。時孫暉、雷仲皆棄城而出，金人破壽春，殺守兵千餘人，繫橋淮岸以濟其衆。

8金初定命婦封號。

9西夏請置榷場，金主許之。

10乙丑，劉錡至廬州，駐兵城外。時樞密直學士、知廬州陳規病卒，城中無守臣，備禦之具皆闕，官吏軍民散出逃遁，惟有宣撫司統制官關師古兵二千餘人。錡巡其城一匝，曰：「城不足守也。」乃冒雨與師古率衆而南。

丙寅，金以大軍入廬州，遣輕騎追劉錡，及于西山口。錡自以精兵爲殿，西向列陣以待。追騎望見錡旌旗，逡巡不敢逼，日暮，各解去。

丁卯，劉錡結陣徐行，號令諸軍，占擇地利，共趨東關，依水據山，以遏金人之衝。自金人渡淮，淮南之人皆避過江南，爲遷徙之計，惟視錡兵以爲安危。錡既得東關之險，稍休士卒，兵力復振。金人據廬州，雖時遣兵入無爲軍、和州境內剽掠，不敢舉兵逼江，懼錡之乘其後也。江南由是少安。

11戊辰，金人破商州。

先是右副元帥完顏杲遣珠赫貝勒（舊作折合孛堇。）以數千騎入侵，守臣邵隆知不可守，乃焚倉庫，毀廬舍而遁。金人入城，據之。

12己巳，淮北宣撫副使楊沂中，以殿前司兵馬三萬人發行在。

13 金封平章政事完顏昂爲漆水郡王。

14 二月，癸酉，淮西宣撫司都統制王德，渡江屯和州。

初，金都元帥宗弼既入合肥，諜者報金人已入含山縣，漸入歷陽。時張俊諸軍已趣裝，猶未發，江東制置大使葉夢得見俊，請速出軍，俊猶遲之，曰：「更俟探報。」夢得曰：「敵已過含山縣，萬一和州爲金人所得，長江不可保矣。」俊遂令諸軍進發，諭諸統制曰：「先得和州者勝。」德曰：「德當身先士卒，爲諸軍前鋒。」俊壯之，將士皆鼓舞，讙譟而行。有報已失和州者，德乃率所部兵渡采石，約俊明日入城會食。至中流，聞敵勢甚衆，莫敢前，德驅之進櫂，首先登舟。俊宿于江中，德率衆徑至城下，敵退屯昭關。

15 武功大夫、忠州團練使、知商州邵隆復入商州。

初，隆既遁去，乃屯兵山嶺間，道出州西芍藥口，謂避地者曰：「汝皆王民，毋忘本朝。」衆感泣，攜老幼來歸。隆遣其子繼春出商州之北以張其勢，而移軍洪門。金人以精騎來攻，隆設三伏以待，鏖戰兩時許，大破之，擒其將。隆始持十日糧，過期，食不繼，士卒爨腐尸，嚙草木食之，疲困日甚。及戰，隆親鼓之，呼聲動山谷，無不一當百，遂大捷。繼春亦破之于洛南縣，金人乃去。隆以功遷右武大夫、榮州防禦使。

16 丙子，帝謂大臣曰：「中外議論紛然，以敵逼江爲憂。殊不知今日之勢，與建炎不同。

建炎之間，我軍皆退保江南，杜充書生，遣偏將輕與敵戰，得乘間猖獗。今韓世忠屯淮東，劉錡屯淮西，岳飛屯上流，張俊方自建康進兵前渡，敵窺江，則我兵皆乘其後。今虛鎭江一路，以檄呼敵渡江，亦不敢來。」其後卒如帝所料。

17 故朝散大夫鮮于侁，追復進（校者按：進字衍。）集賢殿修撰。

18 淮東宣撫使（司）都統制王德，遇金鎭國大將軍韓常于含山縣東，擊敗之。

19 戊寅，金主詔：「諸致仕官職俱至三品者，俸祿、人力各給其半。」

20 己卯，淮西宣撫司統制官關師古、李横復取巢縣。

21 辛巳，直祕閣、知泰州王喚兼通泰制置使，措置水寨鄉兵，控守二州。

22 （壬午），淮西宣撫司將官張守忠，遇金人于全椒縣，敗之。

先是金人分兵侵滁州、濠州，起復武功大夫、英州刺史、知滁州趙時遁去。張俊遣左軍統制趙密追金人，擊之，密令守忠以五百騎出全椒，偃誘篁竹間，敵疑不動，迫暮，引去。密乃引兵出六丈河以分敵勢，將斷其歸路。

23 癸未，劉錡自東關引兵出清溪，邀擊金人；張俊、楊沂中亦遣統制官王德、張子蓋等會兵取含山縣，復奪昭關。

24 乙酉，金改封海濱王耶律延禧爲豫王，昏德公趙佶爲天水郡王，重昏侯趙桓爲天水郡公。【考異】遼天祚之歿，金史無明文。以宋徽宗之例推之，此時當係追封。竊憤錄謂正隆六年，大閱兵馬，以箭射延禧，貫心而死，殊不足信。

25 丁亥，淮北宣撫副使楊沂中，判官劉錡，淮西宣撫司都統制王德，統制官田師中、張子蓋，及金人戰于柘皐鎮，敗之。

前一日，錡行至柘皐，與金人遇，夾水而軍。初，金人之退兵也，日行甚緩，至尉子橋，天大雨，次石梁河，河湍瀑〔暴〕，敵斷橋以自固，列營柘皐。柘皐地平，金人以爲騎兵之利，且見錡步軍，意甚易之。河通巢湖，闊二丈餘，錡命軍士曳薪疊橋，須臾而成，遣甲軍數隊過橋，皆臥槍而坐，會沂中、德、師中、子蓋之軍俱至。翌日，敵將邢王與鎮國大將軍韓常等，以鐵騎十餘萬分爲兩隅〔隊〕，夾道而陣。沂中自上流涉淺徑進，官軍不利，統制官輔逵中目，騎兵有稍卻者。德曰：「敵右隅〔隊〕皆勁騎，吾當先破之。」乃與師中麾兵渡橋，薄其右隅〔隊〕。敵軍動，有一帥被甲躍馬，指畫陣隊，德引弓一發，帥應弦墜馬，德乘勢大呼馳擊，諸軍皆鼓譟。金人以拐子馬兩翼而進，德率衆鏖戰。沂中曰：「敵便習在弓矢，當有以屈其技。」乃令萬兵各持長斧，堵而前，奮銳擊之。金人大敗，退屯紫金山，德等尾擊之，捕敵百人，馬馱數百，而錡以步兵甲重，不能奔馳，下令無所取，故無俘獲焉。是役也，將官拱衛大夫、武勝軍承宣使姚端以下，死敵者九百三人，而敵之死者甚衆。錡謂德曰：「昔聞公威略如神，今果見之，請以兄禮事公。」【考異】趙甡之遺史：張俊之愛妾章氏，卽杭妓張穠也，頗知書。柘皋之役，俊貽書囑以家事。章答書引霍去病、趙雲不問家事爲言，令勉思報國。俊以其書進，上大喜，親書奬諭賜之。又按程敦厚外制集，章氏明年自淑人進封郡夫人，今不取。

26 己丑，我軍復廬州。

27 金人之侵淮也，資政殿大學士、江東安撫制置大使、知建康府葉夢得，團結沿江軍民數萬，分據江津，遣其子書寫安撫司機宜文字模將千人守馬家渡。及是宗弼、酈瓊以輕兵來攻，不得渡而還。

28 丙申，江東制置大使葉夢得上奏稱賀，詔嘉奬。

初，建康屯重兵，歲費錢八百萬緡，米八百萬斛，榷貨務所入不足以贍。至是禁旅與諸道之師皆至，夢得被命，兼總四路漕計以給饋餉，軍用不乏，故諸將得悉力以戰，由是朝廷益嘉之。

29 三月，庚子朔，金人圍濠州。

初，金人自柘皋退軍于紫金山，濠州守臣王進發書告急，日已再四，而通判州事張綱以邊機事請赴行朝，遂泛舟而去。

一日，趙榮以數百騎至城下，進登城望之。榮語進曰：「大金以精兵三十萬旦暮臨城，勢不可敵，公宜開門，縱民出城爲避地計。且淮岸舟船頗多，水陸從便，傾城而去，不三兩日，可以獲安。方今滿城生靈性命在足下，宜念之。」進怒曰：「趙榮，汝不能全節于朝廷，乃爲北軍遊說邪？」使勁弩射之。榮大怒，少退，罵進良久而去。州人聞之，以避地之謀力請于進，進不從。至是金兵自延陵浮梁渡淮，翌日，以兵數萬列于東門之外，旌旗蔽野。是時進有兵千餘，又有宣撫司兵數百在城中。金人謂樓櫓皆腐爛，攻之必破，乃使人至城下招降，守陴者怒罵之。

30 甲辰，淮西宣撫使張俊，淮北宣撫使楊沂中，判官劉錡，會議班師。

時俊、沂中、錡俱在廬州，俊與沂中爲腹心，而與錡有隙。諸軍進退多出于俊，而錡以順昌之功驟貴，於（校者按：於字衍。）諸將亦頗相（校者按：相字衍。）節制（嫉之）。然（故）柘皋之戰，奏賞諸軍，錡獨不預。（校者按：自「然（故）」以下十四字應移於「而與錡有隙」下。）方金人之初退，虛實未明，三軍相視，猶豫無決，但聞俊、沂中議，欲棄壽春而移廬州於巢縣，復以廬州爲合肥。而濠州自金人侵略，闔城閉守，日夜遣人至軍前求援。至是有被略人民自淮上竄歸者，皆言金人渡淮去已遠，而濠路亦通。翌日，俊因會飲，謂錡曰：「公步兵久戰，可自此先回，徑取采石歸太平，吾欲與楊太尉至濠州，耀兵淮上，安撫濠梁之民，而吾軍取宣化以歸金陵，楊太尉渡瓜洲以歸臨安，庶道路次舍、樵爨不相妨。」軍之始行也，有詔，淮東、西漕臣胡紡、李仲孺，江東漕臣陳敏識，隨軍饋運，又遣兩浙漕臣張匯繼至，會集于軍前。俊命諸漕備十日糧，諸漕以水路止于廬州，陸路無夫般運，遂給軍士錢人一千，使之附帶，又令敏識撥水路綱運入滁州以接濟二軍。夜，二軍調發，遲明，軍馬盡去，獨俊留兵數百未行。

乙巳，平旦，楊沂中赴張俊帳會食已，二師〔帥〕俱去。行數里，諜報敵攻濠州甚急，俊茫然失色，復馳騎邀劉錡。錡遂命軍中持十日糧，繼二軍而行。

31丙午，京東、淮東宣撫處置使韓世忠舟師至昭信縣，夜，世忠以騎兵遇金人于聞賢驛，敗之。

32丁未，金人破濠州，武功大夫、忠州刺史、知州事王進爲所執，兵馬鈐轄、武功郎、閤門宣贊舍人邵青巷戰，死之。前一日，金兵薄城下，以雲車、衝梯之屬攻城，城土與屋瓦皆震，矢石如雨。進所部皆閩人，未嘗經戰守，或告以州之民兵，皆百戰之餘，可以捍敵，進不從。翌旦，兵馬鈐轄邵宏縋城投拜，告以城中虛實。金益兵東南隅，乘風縱火，焚其樓櫓皆盡。敵乘勢登城，進奔馬入郡舍，朝服坐于廳事，遂就執。金人縱兵焚掠，夷其城而去。【考異】熊克小紀云：「濠州陷，王進被殺。」此據淮西隨軍記所云也。考紹興講和錄，烏珠（舊作兀朮。）第六書云：「濠梁之破，守臣王進，既以貸其生命。」則進固不死。趙甡之遺史稱進被執，與烏珠書同，今從之。

33戊申，張俊、楊沂中、劉錡至黃連埠，去濠州六十里而聞城破，俊乃召沂中、錡謀之。

錡謂沂中曰：「兩府何以處？」沂中曰：「惟有戰耳。相公與太尉在後，沂中當居前，有進無退。」錡曰：「有制之兵，無能之將可御；無制之兵，有能之將不可御也。今我軍雖銳，未爲有制。且軍士被甲荷糧而趨，今已數日，本救援濠州，濠州既失，進無所投，人懷歸心，勝氣已索，又糧食將盡，散處迥野，此危道也。不若據險下寨，塹地栽木，使根本可恃，然後出兵襲人。若其引去，徐爲後圖，乃全師保勝之道。」諸將皆曰：「善！」于是鼎足以爲營，仍約逐軍選募精銳，旦日入濠州。

俊遣斥堠數輩，還，俱言濠州無金人，或謂：「金人破城之後無所藉，又畏大軍之來，尋已去矣。」乃再遣騎數百往探，皆無所見。俊遣將官王禁（某）謂錡曰：「已不須太尉前進矣。」錡乃不行，惟沂中與王德領二千餘騎往，以兩軍所選精銳策應之。四更，起黃連埠。午時，騎兵先至濠州城西嶺上，列陣未定，有金人伏甲騎萬餘于城兩邊，須臾，煙舉城上，伏騎分兩翼而出。沂中謂德曰：「如何？」德知其勢不可，乃曰：「德，統制官也，安敢預事！太尉爲宣撫，利害當處之。」沂中皇遽以策麾其軍曰：「那回！」諸軍聞之，以爲令其走，散亂南奔，無復紀律。其步軍見騎軍走，謂其已敗，皆散。金人追及，步軍多不得脫，殺傷甚衆。

34 己酉，韓世忠引兵至濠州。

35 庚戌，秦檜奏：「近報韓世忠距濠三十里，張俊等亦至濠州五十里，又岳飛已離池州渡江去會師矣。」帝曰：「首禍者惟烏珠，戒諸將無務多殺，惟取烏珠可也。澶淵之役，達蘭（舊作撻凜。）既死，真宗詔諸將按兵縱契丹，勿邀其歸路，此朕家法也。朕兼愛南北之民，豈忍以多殺爲意乎！」

36 辛亥，韓世忠與金人戰于淮岸，夜，遣游奕軍統制劉寶率舟師泝流，欲劫金人于濠州。金人覺之，先遣人于下流赤龍洲伐木以扼其歸。有自岸呼曰：「赤龍洲水淺可涉，金已遣人伐木，欲塞河扼舟船，請宣撫速歸。我趙榮也。」諸軍聞之，皆以其言爲然，世忠亦命速歸。而金人以鐵騎追及，沿淮岸且射且行，于是矢著舟如蝟毛。至赤龍洲，金人果伐木，漸運至淮岸，未及扼淮而舟師已去。金人復歸黃連埠。

37 楊沂中自宣化渡江歸行在。

38 壬子，金人自渦口渡淮北歸。

39 癸丑，張俊引兵渡江，歸建康府。

40 丁巳，劉錡自和州引兵渡江，歸太平州。

41 戊午，金主親祭孔子廟，北面再拜，退，謂侍臣曰：「朕幼年游佚，不知志學，歲月逾邁，深以爲悔。孔子雖無位，其道可尊，使萬世景仰。大凡爲善，不可不勉。」自是頗讀尚書、論語及五代、遼史諸書，或以夜繼日。

42己未，金主宴羣臣于瑤池殿。適宗弼遣使奏捷，近臣多進詩稱賀。金主覽之曰：「太平之世，當尙文物，自古致治，皆由是也。」

43甲子，行營右護軍前部統制張彥與金人遇于山陽劉坊寨，武節大夫、秦鳳路第八將張宏戰死。宏以僞命補官，歸朝，屢有戰績。事聞，贈右武大夫、忠州刺史。

44夏，四月，丙子，金以濟南尹韓昉參知政事。

45辛卯，詔給事中、直學士院范同入對。

初，張浚在相位，以諸大將久握重兵難制，欲漸取其兵屬督府，而以儒臣將之。會淮西軍叛，浚坐謫去。趙鼎繼相，王庶在樞府，復議用偏裨以分其勢，張俊覺之，然亦終不能奪其柄。至是同獻計于秦檜，請皆除樞府而罷其兵權，檜納之。乃密奏於帝，以柘皋之捷，召韓世忠、張俊、岳飛並赴行在論功賞。時世忠、俊已至，而飛獨後，檜與參知政事王次翁憂之，謀以明日率三大將置酒湖上，欲出，則語直省官吏曰：「姑待岳少保來。」益令堂廚豐其燕具。如此展期以待，至六七日。

及是飛乃至。上卽召同入，諭令與給事中兼直學士院林待聘分草三制。壬辰，以揚武翊運功臣、太保、京東·淮東宣撫處置使兼河南·北諸路招討使、節制鎭江府英國公韓世忠，安民靜難功臣、少師、淮南西路宣撫使兼河南·北諸路招討使·濟國公張俊並爲樞密使，少保、湖北·京西路宣撫使兼河南·北諸路招討使岳飛爲樞密副使，並宣押赴本院治事。

世忠既拜，乃製一字巾，入都堂則裹之，出則以親兵自衞，檜頗不喜。飛被服雍容，檜尤忌之。

46乙未，樞密使張俊言：「臣已到院治事，見管軍馬，望撥屬御前營內。」時俊與秦檜意合，故力贊議和，且覺朝廷欲罷兵權，卽首解所統兵。帝從其請，復召范同入對，命林待聘草詔書獎諭，略曰：「李、郭在唐俱稱名將，有大功于王室；然光弼負不釋位之釁，陷于嫌隙；而子儀聞命就道，以勳名福祿自終。是則功臣去就趨舍之際，是非利害之端，豈不較然著明！」意蓋有所指也。

帝謂韓世忠、張俊、岳飛曰：「朕昔付卿等以一路宣撫之權尚小，今付卿等以樞府本兵之權甚大，卿等宜各〔共〕爲一心，勿分彼此，則兵力全而莫之能禦，顧如宗弼，何必〔足〕掃除乎！」

是日，詔：「宣撫司並罷，遇出師，臨時取旨。逐司統制官已下，各帶御前字入銜，且依舊駐劄；將來調發，並三省、樞密院取旨施行。仍令統制官等各以職次高下輪替入見。」

47右正言万俟禼試右諫議大夫。

48是月，慕容洧破新泉寨，又攻會州，將官朱勇卻之。洧憤，將益兵入侵。川陝宣撫副使胡世將遺洧書，勉以忠義，略言：「人心積怨，金人咸有歸思。太尉誠乘此時料簡精銳，保據險阻，儲積糧食，繕治甲兵，拒此殘敵，爲持久計，敵必舉兵以攻，太尉據兵以待，世將當出兵岐、隴，共乘其獘。如此，則太尉今日之舉，乃吳公和尙原之舉也，吳公之勳業寵祿，必再見于太尉矣。比聞金人有疑太尉心，而置重兵于山後，事危矣，計不早定，禍必中發。先發者制人，不易之論也，惟太尉圖之！」洧自是不復侵邊。勇本洛城人，在會州嘗與夏人戰，擒其驍將，由是知名。

49 五月，甲辰，顯謨閣待制、樞密都承旨周聿〔聿〕試尙書刑部侍郎。

50 丁未，詔韓世忠候御前委使，張俊、岳飛帶本職前去按月〔閱〕御前軍馬，專一措置戰守。時秦檜將議和，故遣俊、飛往楚州，總率淮東全軍，還駐鎭江府。

51 戊申，太常少卿陳桷權尙書禮部侍郎。

52 先是金主如燕京，太師、領三省事梁宋國王宗幹從，有疾，金主親臨問。自燕京還至野狐嶺，宗幹疾亟，不行。金主親臨問，語及軍國事，金主悲泣不已，及后同往視疾，后親與饋食，至暮而還，因赦罪囚，爲宗幹禳疾。己酉，宗幹薨。庚戌，金主親臨，太史奏戊亥不宜哭泣，金主曰：「朕幼沖時，太師有保傅之功，安得不哭！」哭之慟，輟朝七日。金主還上京，幸其第視殯事。及宗幹喪至上京，金主臨哭，葬之日，復臨視之，其優禮如此。

53壬子〔丙辰〕，汪伯彥卒，年七十三。帝悼之。後九日，除開府儀同三司致仕、贈少師，賜其家田十頃，銀帛千匹兩，官給葬事，又官其親屬二人于饒州，後謚忠定。

54六月，戊辰朔，責授單州團練副使劉子羽復右朝請大夫、知鎭江府，兼沿江安撫使。初，樞密使張俊，嘗爲子羽之父韐部曲，韐器之，俊薦其才，故復用。俊晚年主和議，與秦檜意合，帝眷之厚，凡所言，朝廷無不從，薦入〔人〕爲監司、郡守、帶職名（者）甚衆。

55甲戌〔乙亥〕，詔有司造尅敵弩，韓世忠所獻也。帝謂宰執曰：「世忠宣撫淮東日，與敵戰，常以此弩勝。朕取觀之，誠工巧，然猶未盡善。朕籌畫累日，乃少更之，遂增二石之力而減數斤之重，今方盡善，後有作者，無以加矣。」秦檜曰：「百工之事，皆聖人作，非諸將所及也。」

56金詔都元帥宗弼與宰執同入奏事。

57庚寅，金行臺平章政事耶律暉致仕。（校者按：此條應移60前。）

58辛巳〔癸未〕，張俊、岳飛在鎭江〔至楚州〕，俊居于城外，中軍統制王勝引甲軍而來。或告俊曰：「王勝有害樞使意。」俊父名密，四月甲午，得旨以樞使稱之。俊亦懼，問之：「何故擐甲？」勝曰：「樞使來點軍，不敢不貫甲耳。」俊乃命卸甲，然後見之。

飛視兵籍，始知韓世忠止有衆三萬，而在楚州十餘年，金人不敢攻，猶有餘力以侵山東，爲之歎服。

時統制河北軍馬李寶戍海州，飛呼至山陽，慰勞甚悉，使下海往山東牽制，寶焚登州及文登縣而還。

俊以海州在淮北，恐爲金人所得，因命毁其城，遷其民于鎭江府。人不樂遷，莫不垂涕。俊遂總世忠之兵還鎭江，惟背嵬一軍赴行在。

59 甲申，右武大夫、忠州團練使、知河南府李興，以所部至鄂州。

興據白馬山，與李成相拒凡數月，朝廷以興糧餉道梗，孤軍難守，乃命班師。興率軍民僅萬人南歸，至大章谷，遇金人數千要路，興擊退之。至鄂州，都統制王貴言于朝，遂以興爲左軍同統制。

60 壬辰，太保、三京等路招撫處置使雍國公劉光世罷，爲萬壽觀使。

金人始渝盟，光世嘗請以舒、蘄等五州爲一司，選置將吏，宿兵其中，爲藩籬之衞。諫官万俟卨言：「光世欲以五州爲根本，將斥旁近地自廣，以襲唐季藩鎭之迹，不可許也。」及三大將既罷，光世入朝，因引疾乞祠。帝謂大臣曰：「光世勳臣，朕未嘗忘。聞其疾中無聊，昨日以玩好物數種賜之，光世大喜，秉燭夜觀，幾至四更。朕于宮中，凡玩好之物，未嘗經目，止須賜勳舊賢勞耳。」光世既罷，遂寓居永嘉。

61金有司請舉樂，金主以梁宋國王宗幹新喪，不允。

62甲午，金衛王宗強薨。金主親臨，輟朝，如宗幹喪。【考異】金史本紀作紀王，今從宗強傳作衞王。

63是月，徽猷閣待制洪皓，在金境求得皇太后書，是夏，遣布衣李微齎至。帝大喜，因御經筵，謂講讀官曰：「不知太后寧否幾二十年。雖遣使百輩，不如此一書。」遂命微以官。

64秋，七月，丁酉朔，翰林學士兼實錄院修撰范同爲參知政事。

65丙午，金以宗弼爲尚書左丞相兼侍中、太保、都元帥，領行臺如故。以燕京路隸尚書省，西京及山後諸部族隸元帥府。己酉，宗弼還軍中。

66辛亥，金參知政事耶律讓罷。

67壬子，右諫議大夫万俟卨疏言：「樞密副使岳飛，爵高祿厚，志滿意得，平昔功名之念，日以頹墮。今春敵兵大入，趣飛掎角，而乃稽違詔旨，不以時發。久之一至舒、蘄，匆卒復還。幸諸帥兵力自能卻敵，不然，則敗撓國事，可勝言哉！比與同列按兵淮上，公對將佐謂山陽爲不可守，沮喪士氣，動搖民心，遠近聞之，無不失望。望免飛副樞職事，出之于外，以伸邦憲。」癸丑，帝謂大臣曰：「飛倡議不修楚州城，蓋將士戍山陽久，欲棄而之他。飛意在附下以要譽，朕何賴焉！」秦檜曰：「飛意如此，中外或未知也。」

先是檜逐趙鼎，飛每對客歎息，又以恢復爲己任，不肯附和議。讀檜奏至「德無常師，主善爲師」之語，惡其欺罔，恚曰：「君臣大倫，根於天性，大臣而忍面謾其主耶？」金都元帥宗弼遺檜書曰：「汝朝夕以和請，而岳飛方爲河北圖，必殺飛，始可和。」檜亦以飛不死，終梗和議，己必及禍。至是飛自楚州歸，乃令卨論其罪，始定計殺飛矣。

68 甲寅，侍衞親軍馬軍都虞候、武泰軍節度使劉錡知荆南府，罷其兵，張俊深忌錡與岳飛，每言飛赴援遲而錡戰不力也。飛請留錡掌兵，不許。

69 中書門下省檢正諸房公事魏良臣權尚書吏部侍郎。

70 己未，少師、樞密使、濟國公張俊爲太傅，進封廣國公，賜玉帶，以俊首抗封章請歸部曲也。

俊請離軍將佐並與添差差遣，從之，其後大爲州郡之患。

71 是月，樞密使張俊復往鎭江措置事務，副使岳飛留行在，以二人議事不協故也。

72 八月，甲戌，少保、樞密副使岳飛復爲武勝、定國軍節度使，充萬壽觀使。

右諫議大夫万俟卨旣劾飛罪，未報。御史中丞何鑄、殿中侍御史羅汝檝復交疏論之，大略謂：「飛被旨起兵，則略至龍舒而不進；銜命出使，則欲棄山陽而不守。以飛平日，不應至是，豈非忠衰于君邪！自登樞筦，鬱鬱不樂，日謀引去。嘗對人言：『此官職，數年前執政除某而某不願爲者。』妄自尊大，略無忌憚。近嘗倡言山陽之不可守，軍民搖惑。使飛言遂行，則幾失山陽，後雖斬飛何益！乞速賜處分，俾就閑祠，以爲不忠之戒。」卨章四上，又錄其副示之，飛乃丐免，故有是命。

73 癸巳，川陝宣撫副使胡世將特起復。

世將方與諸將議出師進討，而其母康氏卒于晉陵。帝聞之，詔：「軍旅事重，不拘常制，日下供職，不許辭避。」翌日，又詔世將弟彥博起復，依舊添差提舉兩浙市船（舶），官給葬事。

時金人統軍呼珊（舊作胡盞。）、迪布祿（舊作習不祝。），合軍五萬餘屯劉家圈；右護軍都統制吳璘，川陝宣撫司都統制楊政，樞密院都統制郭浩，皆會于仙人原，世將授璘以攻取之策。璘乞精兵三萬人，破此兩敵，收復秦、隴，事若不捷，誓以必死，世將以二萬八千人與之，仍命政出和尙原，浩出商州以爲聲援。

璘閱兵河池，以新戰軍（陣）之法，每戰以長鎗居前，坐不得起；次最強弓，次強弩，跪膝以俟；次神臂弓，約敵相搏，至百步內，則神臂先發，七十步，強弓併發，次陣如之。凡陣以拒馬爲限，鐵鉤相連，俟其傷則更替之。更替以鼓爲之節，騎出兩翼以蔽于前，陣成而騎兵退，謂之疊陣。諸將竊議曰：「軍其殲于此乎！」璘曰：「古之束伍令也。軍法有之，諸君不識爾。得車戰餘意，無過于此。戰士心定，則能持滿，敵雖銳，不能當也。房琯知車戰之利，可用于平原曠野之間，而不得車戰之法，其敗固宜。敵騎長于奔衝，不爾，無有能抗之者。」

74（九月），癸卯，鄂州前軍副都統制王俊，詣都統制王貴，誣告副都統制張憲謀據襄陽爲變。先是秦檜欲害憲以及岳飛，乃言憲有異圖，佯稱金人侵略上流，冀朝廷還岳飛復掌兵，而已爲之副。會憲詣樞密行府白事，俊承風旨上變，以統制官傅選爲證，貴即日以聞。張俊行在（在行）府，聞之，遂收憲屬吏。俊，東平人，初爲雄威卒，後從范瓊爲右軍統制者是也。

75甲辰，詔：「宗室緦麻親任環衛官身亡者，賜錢三百千；袒免減三之一。」自軍興財匱，宗室近臣，吉凶賜予皆罷之。及是皇叔祖右監門衞大將軍、利州刺史仲縚卒，至無以斂，判大宗正事齊安郡王世儴請于朝，故有是旨。

76九月，戊申，泗州言奉使官工部侍郎莫將、知閤門事韓恕歸至本州。帝諭大臣曰：「此殆上天悔禍，敵有休兵之意爾。」秦檜曰：「每恨敵情難保，未能仰副陛下憫亂之意。」先是將、恕至涿州，爲金人所執，至是都元帥宗弼將議和，故縱之歸報焉。既而宗弼引兵破泗州以脅和，淮南大震。

77右護軍都統制吳璘，引兵至秦州城下，川陝宣撫司都統制楊政，夜引兵入隴州界，徑趨吳山，與金人對壘。

78是日，金主至自燕京，朝太皇太后于明德宮，賜鰥寡孤獨不能自存者人絹二匹，絮三斤。

79 乙卯，詔：「左武大夫、忠州團練使劉光遠赴行在奏事，仰秀州守臣方滋不移時刻津遣，須管來晚到行在。」

時金國都元帥越國王宗弼以書來，朝議遣光遠往聘，而光遠方以贓罪爲監司所按，故趣召之。翌日，光遠至行在，帝面諭以前罪一切不問，遂以爲拱衞大夫、利州觀察使，而左武大夫、吉州刺史曹勛亦遷拱衞大夫、忠州防禦使，令與光遠偕行。

80 丙辰，右護軍都統制吳璘，及金統軍呼珊戰于剡家灣，敗之。

初，呼珊與迪布祿合軍劉家圈，呼珊善戰，迪布祿善謀，二人皆老于兵者，狃其常勝，且據險自固，前臨峻嶺，後控臘家城，進退有守，謂南軍必不敢輕犯。璘揣知其情，先一日，召諸將，問：「何以必勝？」統制官姚仲曰：「戰于原上則勝。」璘以爲然。諸將議不同，璘曰：「諸將所以不同，憚辭勞苦，不欲攻原上耳。若金人乘勢而下，我兵敗矣。」卒如仲議。

璘旣相視其地，乃遣人告敵曰：「明日請戰。」金人聞之皆笑，愈不設備。夜半，璘遣仲與鄜延經略使兼知成州王彥率所部銜枚直進，渡河，涉峻嶺，截坡上，出其不意，約與敵對栅，然後發火。又遣將張士廉等取間道以兵控臘家城，戒曰：「敵根本在彼，若敗必趨入城。汝等截門，勿縱一騎入。」

二將所部軍行，寂無人聲，又大陰霧，旣上嶺，列栅乃發火。金人大駭，倉卒備戰，我軍已畢列。游騎有聞金帥以馬搥敲鐙者，曰：「吾事敗矣！」

我軍氣益振。璘策迪布祿有謀，必謂我趨戰欲速，不肯徑出。呼珊恃其百戰百勝，與迪布祿異議，宜可挑取。已而遣輕兵嘗敵，果見呼珊勒兵而出，與我軍合，鏖擊數十，更休迭戰。敵及三陣，戰急，大將有請曰：「敵居高臨下，我戰地不利，宜少就平曠以致其師，宜可勝。」璘叱曰：「如此，則我走，敵遂勝矣。敵已潰，毋自怯。」璘輕裘駐馬陣前，麾軍亟戰。軍皆殊死鬬。金人大敗，遁去，騎兵追襲，斬首六百三十，生擒七百人。

騎將楊萬，膂力過人，生擒一千戶詣璘。璘曰：「萬可斬也，戰方急，豈可得一人而遽返邪！」萬投千戶于地，倉遽復上馬入陣。

騎將馬廣者，所部號八字軍，察敵將潰，越陣挑逐，既而大靡，俘馘人馬數千，敵兵降者萬餘人。璘悉釋之，聽其自便。

金殘兵果趨城走。張士廉違節制後期，二帥僅以身入城。

翌日，第賞，馬廣獨不及，反將誅之，曰：「此違約束，輕犯令者也。」

呼珊入城，率餘兵拒守。璘圍之。

81 戊午，劉光遠、曹勛辭于內殿，遂命持金帥報書以行。

82 癸亥，言者請令有官人銓試，並兼習兩場。故事，銓試有官人分五場：曰經義，曰詩賦，日時義，曰斷案，曰律義；願試一場者聽。議者謂「試之以經義、詩賦、時義者，欲使之通古今；試之以刑統義、斷案者，欲使之明法令。宜令二者各兼一場，庶使人人明古今，通法令，而無一偏之失。」事下吏部，乃命任子如所請。

83右軍都統制吳璘自臘家城班師。

初，金統軍呼珊在城中，璘急攻之。城且破，朝廷以驛書命璘，遂歸。宣撫副使胡世將聞之，歎曰：「何不降金字牌，且來世將處！」

即日，世將以金人之俘三千人獻于行府〔在〕，命利州路轉運判官郭游卿，就俘獲中以聲音容貌驗得女眞四百五十人，同日斬于嘉陵江上，斂其屍以爲京觀；餘皆涅其面，于界上放還。敵氣大沮。

涇原經略使秦弼，以策應不及，致失呼珊，遂罷兵柄。

84是日，武顯大夫、西和州巡檢元成，與金人戰，死之。

時宣撫司命成以所部牽制西〔熙〕河敵兵，行至鞏州，與敵遇，自度必死，南向而哭曰：「長于行陣，死于兵戎，竟不得見吾君矣！」遂自刎而死。

85商州管內安撫使邵隆，及金知虢州賈澤戰，敗之，復虢州。

86是秋，金境多蝗。

87冬，十月，戊辰，川陝宣撫司都統制楊政，及金萬戶通檢戰于寶雞，敗之。

時通檢屯渭北，政欲攻拔其城。是日，黎明，通檢將精兵萬衆出戰，政鼓勇士鏖戰縣旁，至日晡，五十餘合，勢未分。政遣裨將騎突出陣後山上，執幟以招，陽爲麾軍。金人望見，大呼曰：「伏發矣！」乃驚而潰。政乘勢掩殺，通檢至城門而橋已絕，乃擒之。

88己巳，劉光遠等至金軍。乙亥，金宗弼遣劉光遠等還。

宗弼之入侵也，首破泗、楚二郡，樞密使張俊在鎭江，遣其姪統制官子蓋以輕兵屯淮〔維〕揚、盱眙之間，伺敵進止。俊不以兵渡江，恐妨和議，謂人曰：「南北將和，敵謂吾怠，欲擄柘皐之忿爾。勿與交鋒，則敵當自退。」

時右諫議大夫、知鎭江府、沿江安撫使劉子羽建議清野，盡徙淮南人于鎭江。民兵雜居，子羽撫以恩信，無敢相侵擾者，境內帖然。

既而金兵久不至，俊以問子羽。子羽曰：「此敵異時入侵，飄如風雨，今更遲回，是必有他意。」至是宗弼遣光遠等還報，大略言當遣尊官右職、名望夙著者持節而來，蓋金欲速和故也。

89戊寅，宗正丞邵大受言：「宗正舊有四書：曰玉牒，曰仙源積慶圖，曰宗藩慶系錄，曰宗枝屬籍。建炎南渡，寺官失職，舉四書而逸于江滸。陛下比命重修仙源慶系屬籍總要，乃合三者而一之，固無愧于昔。獨玉牒未修，望詔有司討論一書，以備中興之盛典。」從之。

90 少保、醴泉觀使岳飛，下大理寺。

先是樞密使張俊言張憲謀反，行府已有供到文狀，左僕射秦檜乘此欲誅飛，乃送飛父子于大理獄，命御史中丞何鑄、大理卿周三畏鞫之。【考異】岳侯傳曰：秦檜密遣王俊同王貴前去謀陷侯，王俊、王貴等覩望，奏張憲、岳雲欲謀反等事，伐將憲、雲俱扭械送大理寺根勘。上聞，驚駭。秦檜奏乞將張憲、岳雲與飛同白其事。是時侯尚不知。良久，秦檜密遣左右傳請：「相公略到朝廷，別聽聖旨。」侯既聞宣詔，即時前去，卻引到大理寺，侯駭然曰：「吾何到此！」纔入門，到廳下轎，不見一人，只見四壁垂簾。纔坐少時，忽見官吏數人向前云：「這裏不是相公坐處，後面有中丞，請相公略來照對數事。」相公點頭云：「吾與國家宣力，今日到此，何也？」道罷，隨獄吏行，至一處，見張憲、岳雲赤頭露體，各人扭械，渾身盡皆血染，痛苦呻吟。又見羅振等將王俊、王貴首張憲、岳雲并侯反狀罪文前來，云：「國家有何虧負你三人。卻要反背？」侯向万俟卨、羅振對天盟誓：「吾無所負國家，汝等既掌正法，且不可陷忠良，吾到冥司與汝等面對。」衆聞其說，羅振並御史中丞万俟卨等曰：「相公既不反，記得游天竺日，壁上留題曰：『寒門何載富貴』乎？」衆人曰：「既出此題，豈不是反也？」侯知衆人皆是秦檜門下，既見不容理訴，長吁一聲云：「吾方知已落秦檜國賊之手，使吾爲國忠心，一旦都休。」道罷，合眼，任其拷掠。李心傳云：此時羅汝檝已不爲御史，万俟卨亦未爲中丞。其後卨遷中司，汝檝還諫議，然汝檝不與此獄，傳所云誤也。

91 乙酉，虛恨蠻王歷階詣嘉州乞降。

歷階既犯邊，獲寨將茹大猷以去。提刑司調兵防扼，所費不貲，連年不能討，大猷因以利昭之。去年春，歷階款塞求降，不許，至是復申前請。守臣邵博言于宣撫司，以便宜補歷階進武校尉，令還大猷等，且遺以色帶、茶、綵，命王士安往促之。歷階遣其子阿帕、蠻將軍葉遇等送大猷歸，州令右宣校郎、知峩眉縣梁端即境上波（恩）斯神祠折箭歃血，與盟而去。歷階歸，其出沒鈔掠如故。

92 癸巳，揚武翊運功臣、太保、樞密使、英國公韓世忠罷，爲橫海、武寧、安化軍節度使，充醴泉觀使，奉朝請，進封福國公。

世忠不以和議爲然，由是爲秦檜所抑。至是魏良臣等復行，世忠乃諫，以爲：「中原士民，迫不得已淪于域外，其間豪傑，莫不延頸以俟弔伐。若自此與和，日月侵尋，人情銷弱，國勢委靡，誰復振乎？」又乞俟北使之來，與之面議，優詔不許。世忠再上章，力陳秦檜誤國，詞意剴切，檜由是深怨世忠。言者因奏其罪，上留章不出。世忠亦懼檜陰謀，乃力求閑退，遂有是命。世忠自此杜門謝客，絕口不言兵，時跨驢攜酒，從一二童奴遊西湖以自樂，平時將佐罕得見其面云。

93 是月，金人破濠州。

94 商州安撫使邵隆及金人所命知陝州鄭賦戰，克之，復陝州。

95 起復川陝宣撫使胡世將，圖上右護軍都統制吳璘剡灣克捷之狀，且言：「臣詢究衆論，皆謂璘此戰比和尙原、殺金坪，論以主客之勢，險易之形，功力數倍。據提刑〔捉到〕蕃人供，金國中稱璘有『勇似其兄』之語。臣猥以書生，誤膺重寄，上賴朝廷指授，璘等爲國宣力，川陝用兵以來，未有如此之勝，望優與遷擢，以爲盡忠許國之勸。」又奏：「本司都統制楊政，焚蕩敵寨十餘處，親率勝兵與薩里干（舊作撒離喝。）迎敵，敵衆敗去，致不敢併力熙、秦；樞密院都統制郭浩，于陝、虢等處攻卻敵寨，並皆獲捷，牽制敵軍，不致併力秦、鳳；並乞優異推恩。」乃賜璘等詔書獎諭，賜世將黃金二百兩，茶藥有差。

初，三將之並出也，璘復秦州，捷剡灣；政下隴州，破岐下諸屯；浩取華、同二州，入陝府，有破竹之勢。世將亦遣要約陝西、河東忠義首領數十，願爲內應。而朝廷與金約和，秦、晉之人殊惜之。三將歸，解嚴，第功，于是統制官姚仲、王彥、向起各落階官，仲、彥爲華、虢兩州觀察使，起爲邵州防禦使。

96 十一月，辛丑，金都元帥宗弼遣魏良臣等還，許以淮水爲界，歲幣銀、帛各二十五萬匹、兩；又欲割唐、鄧二州。因遣其行臺戶部侍郎蕭毅、翰林待制·同知制誥邢具瞻審定可否。

先是有舉人獻策于宗弼者，宗弼用之，于盱眙、龜山造舟爲梁，引兵深入，東過臨淮，南至六合，西臨昭〔招〕信，晝夜不絕。至是軍食不繼，士皆飢苦，宗弼乃遣毅等與良臣偕來焉。

97壬寅，詔以四立日就行在權宜設位，祭五福太乙。

98乙巳，詔吏部侍郎魏良臣就充接伴使，以金使蕭毅已過界也。

毅等過江，揭旗于舟，大書「江南撫諭」。右朝散大夫、知鎮江府劉子羽見之，怒，夜，以他旗易之。翌日，良臣見旗有異，大懼，乃索之，且以脅子羽，子羽曰：「吾爲守臣，朝論無所預。然揭此于吾之境，則吾有死而已。」請不已，出境，乃還之。

99丁未，光山軍節度使、開府儀同三司、判大宗正事、齊安郡王士㒟，提舉西京嵩山崇福宮。

士㒟數言事，秦檜患之。岳飛之下吏也，士㒟草奏欲救之，語泄。檜乃使言者論：「頃岳飛進兵于陳、蔡之間，乃密通書于士㒟，敘其悃愊，蹤跡詭祕。范同頃爲浙東憲，與士㒟通家往還，或以他故數日不克見，則必遣其屬邵大受往傳導言語，窺伺國論。士㒟身爲近屬，在外則結交將帥，在內則結交執政，事有切于聖躬，望罷其宗師職事，庶幾助成中興之業。」故有是命。仍令刑部檢會宗室戚里不得出謁接見賓客條法，申嚴行下。

100己酉，金稽古閣火。

101壬子，金審議使、行臺戶部兼工部侍郎蕭毅、翰林待制·同知制誥邢具瞻等入見。毅等至館，帝命工部侍郎莫將館伴。

時殿陛之儀，議猶未決。議者以爲兵衞單弱，則非所以隆國體；欲設仗衞，恐駭敵情。秦檜與知閤門事鄭藻謀之，藻請設黃麾仗千五百人于殿廊，蔽以帟幙，班定徹帷，檜然之。自是以爲定制。

時秦檜議誓書事，以爲：「自古盟會，各出意以爲之誓，未有意自彼出，而反覆更易，必欲如其所要者。」帝曰：「朕固知之。然朕有天下而養不及親，徽宗既無及矣，太后年踰六十，日夜痛心。今雖與之立誓，當奏告天地、宗廟、社稷，明言若歸我太后，朕不憚屈己與之和。如其不然，則此要誓，神固不聽，朕亦不憚用兵也。」

102 乙卯，御史中丞何鑄充端明殿學士、簽書樞密院事、充大金報謝使。右諫議大夫万俟卨試御史中丞，起居郎羅汝檝爲右諫議大夫。丁巳，拱衞大夫、利州觀察使、知閤門事曹勛落階官，爲容州觀察使，充報謝副使。

何鑄入辭，帝諭鑄委曲致詞，事在必濟。又召勛至內殿，諭之曰：「朕北望庭幃，踰十五年，幾于無淚可揮。所以頻遣使指，又屈己奉幣者，皆以此也。竊計天亦默相之。」言已，淚下，左右皆掩泣。帝曰：「汝見金主，以朕意與之言曰：『惟親若族，久賴安存，朕知之矣。然閱歲滋久，爲人之子，深不自安。且慈親之在上國，一尋常老人耳，在本國則所繫甚重。』往用此意，以天性至誠說之，彼亦當感動也。」

103戊午，金國審議使蕭毅等辭行。時朝廷許割唐、鄧二州，餘以淮水中流爲界。毅辭，帝諭曰：「若今歲太后果還，自當謹守誓約；如今歲未也，則誓文爲虛設。」

104辛酉，（特）進觀文殿大學士、福建安撫大使兼知福州張浚爲檢校少傅、崇信軍節度使，充萬壽觀使，免奉朝請。

秦檜將議和，遣工部員外郎蓋諒因事至閩中，風浚使附其議，當引爲樞密使。浚答書，言敵不可縱，和不可成，檜不悅。會浚以母老乞祠，乃有是命。

105是月，詔：「大金已遣使通和，令川陝宣撫司照會保守見存疆界，不得出兵生事，招納叛亡。」

106十二月，癸酉，試尚書工部侍郎莫將權本部尚書，往唐、鄧州分畫地界。

先是詔刑部侍郎周聿充京西路分畫地界官，應干措置，（校者按：此下當有缺文。）樞密都承旨鄭剛中充陝西路分畫地界官，應干措置，（委）川陝宣撫司照南北誓書文字，子細分畫，不得差錯生事，至是又遣將焉。

107乙亥，簽書樞密院事、充大金報謝使何鑄等至軍前，金都元帥宗弼遣鑄往會寧，且以書來索北人之在南者，因趣割陝西餘地。

108是日，遣莫將、周聿往割唐、鄧，又命鄭剛中分畫陝西，以劉豫、吳玠元管地界爲準。

109 癸巳，岳飛賜死于大理寺。

飛既屬獄，何鑄以中執法與大理卿周三畏同鞫之。飛久不伏，因不食，求死，命其子閤門祗候雷視之。至是万俟卨入臺月餘，獄遂上。及聚斷，大理寺丞李若樸、何彥猷言飛不應死，衆不從。于是飛以衆證，坐嘗自言己與太祖以三十歲除節度使，爲指斥乘輿，情理切害，及敵侵淮西，前後受親札十三次，不卽策應，爲擁兵逗遛，當斬；閬州觀察使、御前前軍統制權副都統（制）張憲，坐收飛（雲）書，謀以襄陽叛，當絞；飛長子左武大夫、忠州防禦使、提舉醴泉觀雲，坐與憲書，稱「可與得心腹兵官商議」，爲傳報朝廷機密事，當追一官，罰金。詔飛賜死，命領殿前都指揮使職事楊沂中蒞其刑，誅憲、雲于都市。參議官、直祕閣于鵬除名，送萬安軍，右朝散郎孫革，送潯州，並編管；仍籍其資，流家屬于嶺南，天下冤之。飛死，年三十九。

初，獄之成也，太傅、醴泉觀使韓世忠不平，以問秦檜，檜曰：「飛子雲與憲書雖不明，其事體莫須有。」世忠怫然曰：「『莫須有』三字，何以使人甘心！」固爭之，不聽。【考異】中興紀事本末作檜曰：「其事體必須有。」世忠曰：「『必須有』三字，何以使人甘心？」朱彝尊謂宋史作「莫須有」未若「必須有」爲得其實，徐氏後編從之。今考熊克小紀作「莫須有，」是宋史所本也，今從小紀。

飛事親至孝，家無姬侍。吳玠素服飛，願與交歡，飾名姝遺之，飛曰：「主上宵旰，寧大將安樂時耶！」卻不受。玠大歎服。或問：「天下何時太平？」飛曰：「文臣不愛錢，武臣不惜死，天下太平矣！」師每休舍，課將士注坡跳壕，皆重鎧以習之。卒有取民麻一縷以束芻者，立斬以徇。卒夜宿，民開門願納，無敢入者。軍號「凍死不拆屋，餓死不擄掠」。卒有疾，親爲調藥。諸將遠戍，飛妻問勞其家，死事者，哭之而育其孤。有頒犒，均給軍吏，秋毫無犯。善以少擊衆。凡有所舉，盡召諸統制，謀定而後戰，故所向克捷。猝遇敵不動。故敵爲之語曰：「撼山易，撼岳家軍難。」張俊嘗問用兵之術，飛曰：「仁、信、智、勇、嚴，闕一不可。」每調軍食，必蹙額曰：「東南民力竭矣！」好賢禮士，雅歌投壺，恂恂如儒生。每辭官，必曰：「將士效力，飛何功之有！」然忠憤激烈，議論不挫于人，卒以此得禍。

110 時上下以和議得成爲幸，淵聖在金，鮮有措意者。金主詔以天水郡公趙桓乞本品俸，令有司賙濟之。

111 金尚書左丞完顏勖奉詔訪祖宗遺事。勖採摭遺言舊事，自始祖以下十帝，綜爲三卷，凡部族曰某部，復曰某水之某，又曰某鄉、某邨以別識之。凡與契丹往來及征伐諸部，其間詐謀詭計，一無所隱，事有詳有略，咸得其實。書成，進入，金主焚香立受之，賞賚有差。旋詔左丞勖暨平章政事奕，職俸外別給二品親王俸傔。舊制，皇兄弟、皇子爲親王，給二品俸。宗室封一字王者，給三品俸。勖等別給親王俸，皆異數也。

112 徽猷閣待制洪皓，在燕山密奏：「敵已厭兵，勢不能久；異時攜婦隨軍，今不復攜矣。朝廷不知虛實，卑詞厚幣，未有成約，不若乘勝追擊，以復故疆，報世讎。張浚名動殊方。（可惜置之散地。）」幷問李綱、趙鼎安否，又言將帥中唯岳飛爲金人所畏；胡銓封事，其地有之，彼亦知中國有人。

續資治通鑑卷第一百二十五

賜進士及第兵部尚書兼都察院右都御史總督湖北湖南等處地方軍務兼理糧餉世襲二等輕車都尉 畢沅 編集

宋紀一百二十五 起玄黓掩茂（壬戌）正月，盡十二月，凡一年。

高宗受命中興全功至德聖神武文昭仁憲孝皇帝

紹興十二年 金皇統二年。（壬戌、一一四二）

1 春，正月，壬寅，詔建國公瑗出外第，可依親賢宅。（差提點官并都監。）

2 右承奉郎、賜緋魚袋張宗元爲右宣議郎、直祕閣。宗元，樞密使俊孫也。俊自鎮江還朝，行府結局，乃乞罷機務，章四上，不許。時俊所部在建康，未有所付，俊薦本軍統制、淸遠軍節度使王德可典軍，乃以德爲建康府駐劄御前諸軍（都）統制。

3 己亥，金主獵於拉林 舊作卡（來）流，今改。河。

4 癸卯，樞密行府奏陞天長縣爲軍，割盱眙、昭（招）信兩縣隸之，仍於盱眙縣置榷場。

5 乙巳，金命伐高麗。

6 丁未，金主至自拉林河。

7 戊申，尙書省乞以岳飛獄案令刑部鏤〔鏤〕板，徧牒諸路。有進士智浹者，汾州人，知書，通春秋左氏傳，好直言，飛以賓客待之。飛初下吏，浹上書訟其冤，秦檜怒，幷送大理。獄成，浹坐決杖，送袁州編管。

8 詔陞安豐縣爲安豐軍，以壽春、霍丘、六安三縣隸之。

9 壬子，顯謨閣學士、知洪州梁揚祖爲尙書兵部侍郎。

10 金衍聖公孔璠薨，子拯襲。

11 二月，丁卯，金主如天開閣。

12 庚午，婉儀張氏薨，輟視朝二日，贈賢妃，葬城外延壽院。初，建國公瑗之少也，育於妃所，及是吳婉儀收而倂視之，與崇國公璩同處，雖一食必均焉。

13 甲戌，金賑熙河路。

14 丁丑，保慶軍節度使、建國公瑗爲檢校少保、進封普安郡王，時年十六。王天性忠孝，自幼育宮闈，起居飮食，未嘗離膝下，帝尤所鍾愛。

15 己卯，賜〔殿〕前都指揮使楊沂中賜名存中。

16川陝宣諭使鄭剛中，左中大夫、四川轉運判官兼宣撫使參議官李觀，與金大使鎮國上將軍、沁南節度使烏凌阿（舊作烏陵。）贊謨、副使奉政大夫、行臺尙書吏部郎中孟某相見，置酒於百家邨。

先是詔宣撫副使胡世將遣近上參議官從剛中至界首，約官（觀）商議具奏，至是剛中、觀與閤門祗候、宣撫司幹辦公事范之寧偕至鳳翔境上，贊謨等亦以檄來，言：「奉都元帥府指揮，可計會江南差來官從長相度交割，今欲自鳳州分界。」先二日，二月丁丑。之寧至寶雞縣，與贊謨議相見之地，贊謨言欲至鳳州相見，之寧曰：「宣諭已過二里矣。二里在和尙原之北。」議不諧而罷。剛中檄贊謨云：「元得指揮，只是商議，仍須取旨，即無便使交割之文。交割與商議，事理不同，未審今於何處分界？」贊謨回牒云：「陝西地界，既未指揮，須先商議，即無便交割之理。何處分界，亦候相見時計議。」

至是贊謨與剛中相見，首謂「階、成、祐、鳳、商、秦六州當還上國。」剛中與論久之，贊謨曰：「階、成、祐、鳳倘未見還，當先還我商、秦二州，須以大散關爲界。」剛中曰：「原言（願示）公文當奏取旨。」贊謨出檄云：「已差交割官矣。」剛中持不可，贊謨曰：「講和而不退和尙原兵馬，何也？」剛中曰：「割地之旨朝下，兵晚退矣。」贊謨又欲遣人於大散關立界堠，剛中、觀不從，各上馬去。

世將具奏曰：「臣竊觀和尙原係商、秦州險地之要，並係川蜀緊要門戶，若爲金人所占，委有利害。前已具奏，未準回降指揮，宜檢會詳酌，速降處分。薩里干（舊作撒離喝。）等前年冬領軍馬五萬攻打和尙原，本司遣兵捍禦，薩里干爲見有備，不敢入險，復回長安。去年春，珠赫貝勒（舊作折合孛堇。）萬衆侵略商州地名洪門、芍藥等處，本司遣兵擊退。去年冬，薩里干欲復秦州，本司遣兵捍禦，薩里干相視秦州高險，城守嚴備，重兵在後，不敢進攻而退。可見和尙原、秦、商州三處，金人屢欲窺伺，終不得志，正係控扼川口必守之地；若爲金人所占，利害至重，望賜詳酌。」辛卯，世將奉詔，令與剛中照吳玠、劉豫所管地界分畫。世將乃言：「秦州元不係吳玠地分，合自秦州南以吳玠元管界至分畫；商州元不係吳玠所管地分，合自商州南以吳玠元管界至分畫；和尙原、方山原兩處，昨自建炎四年係吳玠創立山寨，原不係劉豫所管地分界至，今來合行保守；已牒鄭剛中照應分畫去訖。和尙原係川蜀緊要門戶，比之秦、商二州，所係利害尤重，臣已屢具論奏，請賜速降處分。」疏入，詔：「世將具兩奏，不同因依。」時金人必欲得和尙原，故有是命。

17 丙戌，龍神衞四廂（都）指揮使、保順軍承宣使、鎭江府駐劄御前諸軍都統制解元，陞充侍衞親軍馬軍都虞候。元，韓世忠部曲也，至是代將世忠之軍，故擢之。

18 戊子，金皇子濟安生。金主年二十四，初舉子，喜甚，乃告廟，大赦。自來亡命投在江南人，見行理索，候到並行釋罪；其職官、百姓、軍人，並許復故。

19簽書樞密院何鑄、知閤門事曹勛進誓表於金。

表曰：「臣構言：今來畫疆，合以淮水中流爲界，西有唐、鄧州，割屬上國。自鄧州西四十里並南四十里爲界屬鄧州，其四十里外並西南盡屬光化軍，爲敝邑沿邊州城。既蒙恩造，許備藩方，世世子孫，謹守臣節。每年皇帝生辰并正旦，遣使稱賀不絕。歲貢銀絹二十五萬兩匹，自壬戌年爲始，每春季差人搬送至泗州交納。有渝此盟，明神是殛，墜命亡氏，踣其國家。臣今既進誓表，伏望上國早降誓詔，庶使敝邑永有憑焉。」

勛等見金主，首以太后爲請。金主曰：「先朝業已如此，豈可輒改！」鑄伏地不言，勛再三懇請，金主命歸館。是晚，館伴耶律紹文、楊用修至館，傳金主命來晨上殿。金主乃許歸徽宗、鄭后之喪及帝母韋氏，遣鑄等還。

20初，奉使徽猷閣待制洪晧既至燕，金主聞其名，欲用爲翰林直學士，晧力辭。至是敕文復令南官換授，晧請於參知政事韓昉，乞於眞定或大名養濟，作逃歸計。昉怒，遂換中京副留守，再降爲承德郎、留司判官。趣行者屢矣，晧迄不就職。

21己丑，禮部侍郎（吏部尙書）兼資善堂翊善吳表臣、權吏（禮）部尙書兼資善堂翊善蘇符、權禮部侍郎（陳桷並罷，坐討論典禮，並不詳具祖宗故事，專任己意，懷姦附麗故也。）

22辛卯，給事中、知貢舉程克俊等言：「博學弘詞科，右承務郎洪遵、敕賜進士出身沈介、右從政郎洪适並合格。」遵，适弟；介，德清人也。秦檜以所試制詞題進讀，帝曰：「是洪晧子邪？父在遠，子能自立，可與陞擢差遣。」帝又言遵之文於三人中爲勝，遂以遵爲祕書省正字，介、适並爲敕令所删定官。自渡江以來，詞科中選卽入館自遵始。

23是月，金改封蜀王劉豫爲曹王。

24三月，甲午朔，詔普安郡王朝朔望。庚子，樞密院編修官趙衞、大理寺直錢周材，並改合入官，爲普安郡王府教授。

25辛丑，金主還自天開殿。大雪。

26壬寅，延〔普〕安郡王出閤就外第，命宗室正任已上送之。

27丙午，金以都元帥宗弼爲太傅。

28丁未，龍神衞四廂都指揮使、定江軍節度使、御前統制田思〔師〕中，陞充殿前都虞候、鄂州駐劄御前諸軍都統制。

張俊力薦思〔師〕中代掌岳飛軍。先數日，帝諭輔臣曰：「朕欲面委思〔師〕中營田之事，倘區處得宜，地無遺利，便可使就糴以充軍賦。軍賦既足，取不及民，則免催科之擾，輸送之費，可以少寬民力。若乃規其入以供公上，非朕所欲也。」既又賜思〔師〕中銀帛萬匹兩爲犒軍之費，至是特降制命之。

29 武安軍承宣使、御前統制、權鄂州都統制王貴添差福建路馬步軍副都總管，罷從軍。

30 侍衛親軍馬軍都虞候、(雄武軍)承宣使、御前統制關師古卒於建康府，贈昭化軍節度使，謚毅勇。

31 庚戌，權工部尚書莫將、刑部侍郎周聿自京西割地還行在。時金人遣李成以兵行境上，邊民驚擾。

32 辛亥，詔齊安郡王士㒟建州居住。

御史中丞万俟卨，再論「士㒟貪殘險忍，朋比姦邪。其初罷也，語人曰：『士㒟於後宮有姻婭之契，而於陛下爲近屬之尊。去闕之日，嘗蒙陛下賜銀千兩，又嘗密劄慰諭再三。』以示非久復用之意。又語人曰：『士㒟嘗薦李綱相矣，嘗薦趙鼎相矣，嘗薦孫近執政矣。』今居衢州，賓客日盈其門，談論之間，無不詆訕時政。使陛下不許交通之旨，徒爲虛文，望稍加黜責以靖國論。」乃詔：「都省檢舉宗室干謁禁例行下，有犯令，御史臺、宗正司、按察官劾奏。」

【考異】徐夢莘北盟會編云：士㒟欲救解岳飛，漏其語，或聞之，以告秦檜。檜令臺臣言士㒟自有不軌心，責建州拘管而死。今從繫年要錄。

33 甲寅，太常少卿施坰兼權禮部侍郎。

34 乙卯，帝御前殿，引試南省舉人何溥以下。是舉，兩浙轉運司秋試舉人，凡解二百八人，而溫州所得四十有二，宰執子姪皆預焉。

35 丙辰，起復端明殿學士、川陝宣撫副使胡世將卒於仙人關。世將疾，命官屬會軍馬、錢糧、鎧仗、文書等，召宣諭使鄭剛中至臥內，面授之。剛中辭以使事有指，不敢當。世將曰：「公以近臣出使，苟利國家，以意可否之，請命於朝可也。」帝初欲擢世將以簽書樞密，訃聞，贈資政殿學士，卹典如執政。

36 金遣左宣徽使劉筈以衮冕、圭寶、佩璲、玉册來致册命。其册曰：「皇帝若曰：咨爾宋康王趙構，不弔，天降喪於爾邦，亟瀆齊盟，自貽顚覆，俾爾越在江表，用勤我師旅，蓋十八年於茲。朕用震悼，斯民其何罪！今天其悔禍，誕誘爾衷，封奏狎至，願身列於藩輔。今遣光祿大夫、左宣徽使劉筈持節册命爾爲帝，國號宋，世服臣職，永爲屏翰。嗚呼！欽哉，其恭聽朕命！」筈，彥宗之子也。

37 戊午，修武郎、侍衞步軍司統領軍馬田邦直知光州。

38 金立子濟安爲皇太子。

39 辛酉，秦檜等賀帝以皇太后有來期。

先是徽猷閣待制洪晧在燕，先報太后歸耗。帝諭檜曰：「晧身陷敵區，乃心王室，忠孝之節，久而不渝，誠可嘉尙。晧之二子並中詞科，亦其忠義之報也。」

40是月，夏國地震，踰月不止，地裂泉湧，出黑沙。歲大饑，乃立井里以分賑之。

41夏，四月，甲子朔，少保、判紹興府、信安郡王孟忠厚爲迎護梓宮禮儀使，保慶軍承宣使、知大宗正事士會〔会〕都大主管，兩浙轉運副使黃敦書提舉應辦一行事務；參知政事王次翁爲奉迎兩宮禮儀使，內侍省副都知藍珪都大主管，江東轉運副使王喚提舉一行事務。既而忠厚請禮官與俱，乃命大理寺丞吳棫。

42淮康軍承宣使、熙、河、蘭鞏路經略安撫使、節制利·閬州屯駐行宮〔營〕右護軍馬孫渥卒於興州。

43丙寅，金以臣宋告中外。

44丁卯，太常少卿施坰權尙書禮部侍郎。

45戊辰，追封皇太后曾祖故郊社齋郎、贈太師、雍國公韋愛臣爲惠王，祖贈太師、安康郡王子華爲德王。先是后父安禮已追封魯王，故有是命。

46己巳，封婉儀吳氏爲貴妃。

47庚午，帝御射殿，引正奏名進士，唱名，有司定右通直郎、主管台州崇道觀秦熺第一，舉人陳誠之次之。秦檜引故事辭，乃降爲第二人，特遷左朝奉郎、通判臨安府，賜五品服。自誠之以下，賜第者二百五十三人。新科明法，得黃子淳一人而已。

48 金五鳳、重明等殿成。

49 辛未，帝御射殿，放合格特奏名進士胡鼎才等二百四十八人，武舉正奏名陳鄂等五人，特奏名潘璋等二人。是歲，始依在京舊制，分兩日唱名，自是以爲例。

50 戊寅，吏部侍郎魏良臣爲接伴使，知閤門事藍公佐副之。

51 辛巳，知盱眙縣宋肇，言得泗州報，邢皇后已上仙。詔禮官討論合行典禮。

52 甲申，起居舍人楊愿，請以臨安府學增修爲太學，從之。

53 己丑，爲大行皇后發喪，即顯肅皇后故几筵殿成服立重，不視朝。

54 詔陞棗陽、盱眙縣爲軍，廢天長軍爲縣，皆以便於沿邊關報也。

55 五月，癸巳朔，金主不視朝。

金主自去年荒於酒，與羣臣飲，或繼以夜，宰相入諫，或飲以酒，曰：「知卿等意，明日當戒。」因復飲。

56 乙巳，軍器監主簿沈該直祕閣、知盱眙軍，措置榷場之法。商人貲百千以下者，十人爲保，留其貨之半，赴泗州榷場博易，俟得北物，復易其半以往，大商悉拘之，以待北價之來。兩邊商人各處一廊，以貨呈主管官，牙人往來評議，毋得相見。每交易千錢，各收五釐息錢入官。其後又置場於光州棗陽、安豐軍花黶鎮，而金人亦於蔡、泗、唐、鄧、秦、鞏、洮州、鳳翔府置場，凡棗陽諸場，皆以盱眙爲準。

57 丙午，增築慈寧殿。

58 庚戌，權工部尚書莫將等議大行皇后謚曰懿節。

59 辛亥，權禮部侍郎施坰等請立別廟於太廟之內，從之。殿室三間，其南爲櫺星門，不立齋舍、神廚，以地隘故也。

60 徽猷閣待制、提舉江州太平觀程瑀試尚書兵部侍郎。

61 乙卯，詔：「禮部依舊制試教官，仍先納所業經義、詩各三首，會刑寺無過，下國子監看詳，禮部覆考，然後許試，附省試院分兩場，非取士之歲，附吏部銓院，不限人數，以文理優長爲合格。」

62 詔資政殿學士、提舉亳州明道觀鄭億年赴行在奏事。

時簽書樞密院事何鑄等使還，宗弼因索億年及張中孚與杜充、宇文虛中、張孝純、王進家屬，且遣前觀文殿學士、東京留守孟庾、徽猷閣待制、前知陳州李正文、右迪功郎、前開封府推官畢良使還行在。正文，卽正民也，避金主諱，改焉。

63 己未，言者論夔路有殺人祭鬼之事，請嚴禁之。帝謂宰執曰：「此必有大巫倡之，治巫則自止。」

[64]辛酉，金主宴羣臣於五雲樓。左丞完顏勖進酒，金主起立，宰臣曰：「至尊爲臣下屢起，禮未安。」金主曰：「朕屈己待臣下，亦何害！」是日，盡醉而罷。

[65]六月，甲子，權工部尚書莫將等言：「奉詔，令侍從、臺諫、禮官赴尚書集議，梓宮既還，當修奉陵寢，或稱攢宮。竊聞朝廷通使，見議陵寢地。兼據太史局稱，今歲不宜大葬。欲遵景德故事，權行修奉攢宮，以俟定議。」從之。

[66]戊辰，御史中丞万俟卨爲攢宮按行使，入內內侍省副都知宋唐卿爲副使。

[67]戊辰，何鑄還，金都元帥宗弼復求和尚、方山原地。會都統制吳璘圖上形勢，帝乃詔川陝宣撫副使鄭剛中見發國書計議，不得擅便分畫。

[68]辛未，左通議大夫、提舉臨安洞霄宮王庶，責授嚮德軍節度副使，道州安置。

庶罷政，行至江州，聞再奪職之命，乃買田於敷淺原之上，徙家居焉。至是殿中侍御史胡汝明，論「庶寄居德安，詭占逃田，強市民宅。其譏訕朝政之語，形於詩篇，殆未可悉數。望重行竄逐，以慰一方士民之心而爲萬世臣子之戒。」故有是命。

[69]己卯，尚書省言金使明威將軍、少府少監高居安扈從皇太后一行前來，詔容州觀察使、知閤門事曹勛充接伴使。初，金主既許皇太后南歸，乃遣居安及內侍二人扈從，又以御前

左副都點檢完顏宗賢、祕書監劉陶爲使。宗賢，太宗子，時封沂王。

70 甲申，鎮西軍節度使、步軍都虞候、秦鳳路經略使、知秦州、兼行營右護軍都統制、同節制陝西諸路軍馬吳璘檢校少師，改充階、秦、岷、鳳四川〔州〕經略使，仍以漢中田五十頃賜之。

71 秋，七月，癸巳，右諫議大夫羅汝檝言：「左奉議郎、簽書武威軍節度判官廳公事胡銓，文過飾非，益唱狂妄之說，横議紛紛，流布遐邇，若不懲艾，殆有甚焉者矣。望陛下重行竄逐以申邦憲。」詔銓除名，新州編管。

72 甲午，皇太后回鑾，自東平登舟，由清河至楚州境上。

73 回鶻遣使貢於金。

74 丙申，直祕閣、四川轉運副使井度兼川陝宣撫司參議官，令再任。協忠大夫、郢州防禦使、秦鳳路馬步軍副總管、行營右護（軍）左部同統制、（知）鳳翔府兼管內安撫司公事、統制忠義軍楊從儀，改知鳳州。時將割和尚原，故有是命。

75 丁酉，祔懿節皇后神主於別廟。

76 金太傅宗弼乞致仕，不許，優詔答之，賜以金券，給人口牛馬各千，馱〔駝〕百，羊萬，仍每歲宋國進貢內給銀絹二千兩匹。

77 甲辰，按行使万俟卨等請卜攢宮於昭慈聖獻皇后攢宮之西北。

78 己酉，命有司製常行儀仗。

自南渡，儀物草創；時以皇太后且至，將躬迎於郊，諸王公〔宮〕大小學教授石延慶以儀衞爲請，乃命工部尚書莫將、戶部侍郎張澄與內侍邵諤、董治將等先造玉輅及黃麾仗，用二千二百六十五人，從之。

79 是月，金北京、廣寧府蝗。

80 八月，辛酉朔，金國都元帥宗弼復以書來求商州及和尚、方山原地。於是川陝宣撫副使鄭剛中，亦言和尚原自紹興四年後便係劉豫管守，不係吳玠地分，合割還金，從之。

81 乙丑，靖州言盜破豐山寨，軍民死者甚衆。帝曰：「蠻夷但當綏撫，不可擾之。」乃詔湖北帥臣劉錡毋得生事。

82 丙寅，皇太后渡淮。時帝遣后弟平樂郡王韋淵往迓，遂扈從以歸。

83 端明殿學士、簽書樞密院事何鑄，依舊職提舉江州太平觀。

時御史中丞万俟卨，右諫議大夫羅汝檝，交章論鑄之罪，謂：「鑄，胥吏之子，無聞望。初以廖剛薦爲臺屬，與孫近、范同締交；逮近、同之敗，自是迹不遑安，乃益合黨與，傾搖國是。去春淮甸警報，日與儇薄之徒張皇敵勢，以爲朝廷自當遷避。岳飛反狀敗露，鑄首董其獄，亦無一言敍陳。偶因報聘乏人，陛下置之樞庭，命之出疆，臨行，使親舊騰播，以爲議獄不合，遂致遠行，廣坐語人，以脫此自幸。飛之負國，天下所同嫉，鑄長御史，乃黨惡如此，罪將安逃！」章五上。鑄亦累章求去，乃有是命。

84 右朝散大夫宇文師瑗直顯謨閣，右奉議郎張汲直祕閣，並主管萬壽觀，以將北行也。右宣議郎、福建路提點刑獄司幹辦公事趙恬勒停。

先是宇文虛中因王倫使還附奏，「若金人來取家屬，願以沒敵爲言。」至是宗弼來索虛中家甚急，帝遣內侍許公彥往閩中迎之。恬，虛中子壻也，與其族謀，欲留師瑗一子爲嗣，守臣顯謨閣直學士程邁持不可。師瑗乃使恬以海舟夜載其屬之溫陵而身赴行在，邁遣通判（州）事二人入海邀之，言於朝，故有是命。汲先得貝（衢）州通判，旋罷之，至是復去。已而師瑗至行在，上疏懇留，秦檜不許。虛中妻安定郡夫人黎氏，請以所賜田易錢以行，乃賜黃金百兩焉。

85 庚午，責授嚮德軍節度使王庶卒於道州，許歸葬。

86 辛未，權工部尚書莫將與侍從、兩省官十一人，以皇太后回鑾，同班上賀。詔吏部侍郎魏良臣就充館伴使。

87 金復封太宗子呼魯（舊作胡盧。）爲王，鎮陝西。

88壬辰，命權工部尚書莫將、知閤門事曹勛接伴大金第二番人使。甲戌，御史中丞兼侍讀万俟卨爲參知政事，充大金報謝使；乙亥，榮州防禦使、帶御器械邢孝揚充報謝副使。

89己卯，帝謂大臣曰：「比聞大金中宮頗恣，權不歸其主，今所須者，無非眞珠、�之類，此朕所不顧而彼皆欲之，則侈靡之意可見矣。宜令有司悉與，以廣其欲，侈心一開，則吾事濟矣。」時金人又須白面猢猻及鸚鵡、孔雀、師子、貓兒，帝亦令搜訪與之。帝曰：「敵使萬里遠來，所須如此，朕何憂哉！」帝又曰：「聞金皇后擅政，三省惟承后旨，其主所言，顧未必聽。且后性侈靡，其珍珠裝被，追集繡婦至數千人，后日更繡衣一襲，直數百緡。其風如此，豈能久耶！」

90辛巳，帝奉迎皇太后於臨平鎮。

初，后既渡淮，帝命秦魯國大長公主、吳國長公主迎於道。至是親至臨平奉迎，用黃麾半仗二千四百八十三人，普安郡王從。帝初見太后，喜極而泣。軍衞歡呼，聲振天地。時宰相秦檜、樞密使張俊、大傅、醴泉觀使韓世忠及侍從、兩省、三衙管軍從帝行，皆班幄外。太后自北方聞世忠名，特召至簾前，曰：「此爲韓相公邪？」慰問良久。其後餉賜無虛月。

91壬午，皇太后還慈寧宮。

太后聰明有遠慮，帝因夜侍慈寧，語久，冀以順太后意。太后令帝早臥，且曰：「冬月宜早起，不然，恐妨萬幾。」帝不欲遽離左右，太后遂示以倦意，帝乃退。

詔扈從太后官屬左武大夫、忠州防禦使白諤等十二人皆遷官。癸未，百官詣常御殿門，拜表稱賀。丙戌，以皇太后還宮，遣執政官奏告天地。

92 戊子，帝服黃袍，乘輦，詣臨平奉迎梓宮，登舟，易緦服，百官皆如之。

己丑，徽宗皇帝、顯肅皇后及懿節皇后梓宮皆至行在，寓於龍德別宮，以故待漏院爲之，在行宮南門之東，帝后異殿。始議奉安梓宮之禮，或請姑寓僧坊，太常少卿王賞曰：「孝子之事親，思其居處。宣和內禪，退居龍德，今宜綿蕝倣行殿以治喪儀。」又議百官制服，賞曰：「訃告始至，已成服矣；復服之，非是。特上與執事者當服，改葬，緦而已。」梓宮既入境，則承之以槨，命有司預置衮冕、翠衣以往。及是納槨中，不改斂，用安陵故事也。

93 是日，朝廷答金都元帥宗弼書，許以陝西地界。

94 川陝宣撫副使鄭剛中，遣選鋒軍統制兼知鳳州楊從儀、鄜延經略使兼知成州王彥、閤門祗候・宣撫司幹辦公事范之寧偕割陝西餘地。金人遣直祕閣、朝奉郎、知彰化軍節度使事賀景仁來分畫，乃割商、秦之半，存上津、豐陽、天水三邑及隴西成紀餘地，棄和尚、方山原，以大散關爲界。於關內得興趙原，爲控扼之所。

先是左武大夫、榮州防禦使邵隆，在商州幾十年，披荊棘，立官府，招徠離散，各得其心。自金人渝盟之後，與敵戰，雖嘗暫棄其城，俄卽收復，終不肯去。至是割畀金人。以隆爲陝西節度統（校者按：度統二字衍。）制司統制。隆怏怏不已，嘗密遣兵爲盜以劫之。秦檜怒，久之，以隆知辰州。

95 自議和後，川陝宣撫司及右護軍分屯三邊與沿流十七郡。興、成、階、鳳、文、龍、綿、劍、潼、金、洋、利、閬、西和州、大安軍、興元府及房州之竹山縣。興州，吳璘所部，僅五萬人；興元，楊政所部，僅二萬人；金州，郭浩所部，僅萬人；惟興州屯兵最多，至二萬有奇。興元府、利州（魚）關各萬，金州六千，洋、閬各五千有奇，西和、劍三千而羸，綿、階三千而弱，成州、大安軍二千而羸，潼川千有奇，文、龍二郡與房州之竹山皆數百。馬之籍萬五千，計興州境內爲七千而弱，關外四州爲二千而羸，此其大概也。自諸將所屯外，凡關外沿邊待敵去處，則三都統司每春秋二仲遣兵更戍：成州四千六百三十人，照應秦州道路；鳳州界九百二十五人，控扼熙、鞏、秦之道路；鳳州界三千八百五十人，控扼鳳翔府一帶道路；興元府界千二百六十二人，洋州界千一百二十四人，並照應岐、雍一帶道路；金州界一千六百人，控扼商州、永興軍一帶道路；合興州界戍卒，共萬四千人。又置烽燧四路，凡一百六十二烽，早晚舉火，傳報平安。此其大略也。

96 九月，庚戌朔，帝行奠酹梓宮之禮。

97 壬辰，金主詔給天水郡王子、姪、壻、天水郡公子俸。

98 癸巳，有司具送金國禮物，常幣外有金器，極精巧。帝謂宰執曰：「此上皇時所用，朕不欲享之，交鄰國以息兵養民，朕之志也。」帝又言：「徽宗、顯肅之疾，皇太后躬親伏侍。及啓手足，又與淵聖呼當時御（躬）葬事之役者，待其畢集，然後啓殯。其思慮深遠如此。」

99 乙未，少保、鎭潼軍節度使、信安郡王孟忠厚爲樞密使。時秦檜當爲山陵使，而不欲行，故用忠厚。

100 金使殿前左副都點檢完顏宗賢等朝辭，詔參知政事万俟卨就驛伴宴。

101 戊戌，詔奉慈寧宮錢二十萬緡，帛二萬一千匹，綿五千兩，羊千有八十口，酒三十六碩。

102 辛丑，樞密院言：「昨降旨不得指斥大金，尙慮行移之間，或有違誤，理宜飭詔中外官司常切遵守。」時金國都元帥宗弼又遣（使）來，言邊吏以兵出塞，朝廷亦遣書報之。

103 壬寅，大赦天下。制詞有曰：「上穹悔禍，副生靈願治之心；大國行仁，遂子道事親之孝。可謂非常之盛事，敢忘莫報之深恩。」其詞，給事中直學士程克俊所草也。

104 乙巳，少保、尙書左僕射、同中書門下平章事兼樞密使、冀國公秦檜爲太師，封魏國公。

105 金銀青光祿大夫·中書侍郎劉筈、奉國上將軍、禮部尙書完顏宗表來；丙午，入見。

106 戊申，新玉輅成。

107 詔金國誓書藏内侍省。

108 參知政事王次翁充大金報謝使，德慶軍節度使、提點皇城司錢愐副之。

109 太常少卿兼實錄院檢討王賞權尚書禮部侍郎。

110 甲寅，奉國軍承宣使、永興軍路經略安撫使、知金州兼樞密院都統制郭浩，改金、房、開、達州經略安撫使。

111 中書舍人楊愿兼（假）戶部尚書，左武大夫、宣州觀察使、知閤門事何彥良假奉國軍承宣使，賀金主正旦，器幣視生辰之數，自是以爲例。

先是金人求眞珠、靸鞁等物，秦檜以誓書不遣泛使，乃諭盱眙軍令錄事參軍孫守信往泗州，諭守將周企令具奏達，俟遣彥良出使附行。皇太后歲遺金主之后禮物，亦以鉅萬計。

112 乙卯，懿節皇后靈駕發引，顯肅皇后次之，徽宗皇帝又次之。是日，帝緦服祖奠於龍德宮，吉服還内。

113 冬，十月，乙丑，詔：「中外臣民，自今月丙寅後，並許用樂。」初以梓宮未還，故輟樂以待迎奉，至是太母還宮，將講上壽之禮，故舉行焉。

114 丙寅，權攢徽宗皇帝、顯肅皇后於會稽永祐陵，懿節皇后祔陵，在昭慈聖獻皇后攢宮西北五十步。周地二百二十畝並林木，爲錢三千八百緡有奇。其後昭慈、永祐二攢宮，歲用祠祭錢八千四百餘緡，修繕錢五千緡，以紹興府當輸內帑錢供其費。

115 乙亥，翰林學士兼侍讀、資善堂翊善程克俊充端明殿學士、簽書樞密院事。

116 丁丑，太傅、樞密使、廣國公張俊，進封益國公。

117 戊寅，追封皇太后曾祖贈太師、惠王韋順臣爲廣王，祖贈太師、德王子華爲福王，父贈太師、魯王安禮爲兗王，母秦越國夫人宋氏爲陳魯國夫人。

118 庚辰，省鎮江府沿江安撫司。

119 壬午，太傅、醴泉觀使、福國公韓世忠，進封潭國公，太保、萬壽觀使、雍國公劉光世，改封揚國公。

120 癸未，詔車輅院復置官吏。

121 甲申，皇太后生辰，宴於慈寧宮，始用樂，上壽。

122 是月，川陝宣撫副使鄭剛中自河池移司利州。

舊宣撫司率居綿、閬之間，及胡世將代吳玠，就居河池，然饋餉不繼，人以爲病。至是已罷兵，剛中乃還居益昌以省費。既而剛中欲移屯一軍，都統制楊政不從，剛中呼政語曰：「宣撫欲移軍而都統制不肯，剛中雖書生，不畏死也。」聲色俱厲。政即日聽命。

123 十一月，己丑朔，檢校少傅、崇信軍節度使、萬壽觀使張浚，以赦恩封和國公。

124 癸巳，太傅、樞密使、益國公張俊爲鎭洮、寧武、泰寧軍節度使，充醴泉觀使，奉朝請，進封清河郡王。

初，太師秦檜與俊同主和議，約盡罷諸將，獨以兵權歸俊，故俊力助其謀。及諸將已罷，而俊居位歲餘，無請去之意，檜乃令殿中侍御史江邈論其罪。邈言：「俊據清河坊以應讖兆，占承天寺以爲宅基，大男楊存中握兵於行在，小男田思〔師〕中擁兵於上流，他日變生，禍不可測。」帝曰：「俊有復辟功，無謀反之事，皆不可言。」會樞密使孟忠厚竣事還朝，而邈又言俊之過，俊乃求去位，故有是命。

125 尚書戶部侍郎張澄權本部尚書。

126 乙未，檢校少保、保成軍節度使、開府儀同三司兼殿前都指揮使職事楊存中爲少保，錄復土之勞也。宋故事，未有以保傅爲管軍者，有之自存中始。

127 侍衞親軍馬軍都虞候、保順軍承宣使、鎭江府駐劄御前諸軍都統制解元爲保順軍節度使，錄迎扈之勞也。元不及拜而卒。

128 己亥，詔：「太學養士，權於臨安府學措置增展。」

129 庚子，命內侍王晉錫作崇政、垂拱二殿。時言者請復朔日視朝之禮，而行宮止一殿，故改作焉。

崇政以故射殿爲之，朔望則權置帳門，以爲文德、紫宸殿，校射則以爲選德，策士則以爲集英、垂拱；以故內諸司地爲之，在皇城司北。

130 和衆輔國功臣、太保、護國·鎮安·保靜軍節度使、充萬壽觀使、揚國公劉光世薨於行在，年五十四。詔贈太師，輟視朝二日，贈銀絹二千匹兩，子、孫、甥、姪進官者十四人。上臨奠。謚武僖。

光世早貴，其爲大將，御軍姑息，無克復志，論者以此咎之。【考異】光世，乾道八年追封安成郡王，開禧元年又封鄜王。熊克小紀載光世薨(在)今年正月，蓋林泉野記之誤，而克又因之。

131 庚戌，少保、樞密使、信安郡王孟忠厚罷，爲少傅、鎮潼軍節度使、判福州。忠厚使山陵還，言者引故事論列，故有是命。

132 甲寅，金平章政事、漆水郡王完顏昂薨，追封鄆王。

133 辛酉，言者請復武舉，詔送兵部。

134 庚午，禮部請太學養士權以三百人爲額。

135 太常博士劉㸌，請隨宜修創禖壇，事下禮部。後築於臨安府城之東南。

136 壬申，金主出獵，踰旬始還宮。

137 癸酉，龍神衞四廂都指揮使、護國軍承宣使、御前統制兼樞密院都統制李顯忠爲保信軍節度使、兩浙東路馬步軍副都總管。顯忠戍池州，引疾求去，故有是命。顯忠時年三十二。

138 庚辰，大理卿周三畏權尚書刑部侍郎。

139 甲申，金太子濟安薨。濟安之病也，金主與后幸佛寺焚香，流涕哀禱，曲赦五百里內罪四。是夜薨，謚英悼。

續資治通鑑卷第一百二十六

賜進士及第兵部尚書兼都察院右都御史總督湖北湖南等處地方軍務兼理糧餉世襲二等輕車都尉畢沅編集

宋紀一百二十六 起昭陽大淵獻（癸亥）正月，盡閼逢困敦（甲子）十二月，凡二年。

高宗受命中興全功至德聖神武文昭仁憲孝皇帝

紹興十三年 金皇統三年。（癸亥、一一四三）

1 春，正月，己丑朔，帝不受朝，詣慈寧殿賀皇太后。太師秦檜率百官詣文德殿拜表稱賀，遙拜淵聖皇帝于行宮北門。

2 金主以太子喪，不御正殿，羣臣詣便殿稱賀。

3 癸巳，太傅、醴泉觀使、潭國公韓世忠，請以其私產及上所賜田，統計從來未輸之稅併歸之官，從之。

4 戊戌，帝蔬食，齋於常御殿，遣太師秦檜册加徽宗謚曰體神合道駿烈遜功聖文仁德憲慈顯孝皇帝。

5 己亥，帝親饗太廟。秦檜爲大禮使，簽書樞密院事程克俊爲禮儀使，普安郡王亞獻，皇叔光州觀察使士街爲終獻。

6 辛丑，立春節，學士院始進帖子詞，百官賜春幡勝。自建炎以來久廢，至是始復之。

7 癸卯，詔以錢塘縣西岳飛宅爲國子監、太學。舊太學七十七齋，今爲齋十有二，曰視〔褆〕身，服膺，守約，習是，允蹈，存心，持志，養正，誠意，率履，循理，時中。

時夏人立學校於國中，立小學於禁中，親爲訓導。

8 己酉，殿中侍御史江邈權尚書吏部侍郎。

9 二月，乙丑，更永祐陵曰永固。

10 〔丙寅〕，揚武翊運功臣、太傅、横海·武寧·安化軍節度使、醴泉觀使、潭國公韓世忠，進封咸安郡王。

時劉光世始薨，舊功大臣惟世忠與張俊在。俊勳譽在世忠左，特以主和議爲秦檜所厚，故先得王。至是世忠願輸積年租賦於官，乃有此命。時帝又數召世忠等兼家屬宴於苑中，賜名馬、寶劍等甚渥。【考異】韓世忠所以得王，墓碑及諸書皆不載，其制詞云：「願爲〔會〕賦租，併歸官府，重爲遠識，實麗前賢。蓋度越於常人，宜顯頒夫異數。」即指此也。

11 己巳，詔：「清河郡王張俊，咸安郡王韓世忠，平樂郡王韋淵，並五日一朝。」

12庚午，詔：「自來年爲始，令太史局遞賜諸路監司、守臣曆日。」

13己卯，國子司業高閌言：「太學者，教化之本，而最所當先者，經術是也。自漢以來，多置博士；後世所謂詩賦、論策，皆經術之餘耳。太學舊法，每旬有課，月一周之，每月有試，季一周之，亦皆以經義爲主而兼習論策爲三場。苟如〔加〕一場，則旬課季攷之法，遂不可行。自元祐以來，雖臣僚累奏，請加詩賦，通爲四場，而終不施行者，蓋爲此也。自罷詩賦之後，朝廷恐專門之學未足以收實用，乃別設詞學一科，試以制詔表章之類，通謂之雜文。臣今參合條具太學課士及科舉三場事件：第一場，大經義三道，論語、孟子義各一道；第二場以詩賦；第三場以子史論一首並時務策一道。永爲定式。」閌又言：「比歲郡國雖有學，而與選舉不相關。今參取祖宗舊制，通以當今之宜，補太學生，以諸路住本貫學滿一年，三試中選，不曾犯第三等以上罰；游學者同。或雖不住學，而曾經發解，委有士行之人，教授保委申州給公據，赴國子監補試。諸路舉人以住本貫學半年，或雖不住學而兩預釋奠及齒於鄉飲酒禮者，縣學同，仍籍記姓名。本學次第委保，教授審實，申州聽取應，仍自紹興十四年爲始。」皆從之。

14乙酉，詔臨安府建景靈宮。先是言者謂：「自元豐始廣景靈宮，以奉祖宗衣冠之游，卽漢之原廟也。自艱難以來，庶事草創，而原廟神游，猶寄永嘉，四孟薦饗，旋卽使〔便〕朝設位，未副廣孝之意。望命有司擇地，倣景靈宮舊規以建新廟，迎還列聖粹容，庶幾四孟躬行獻禮，用慰祖宗在天之靈。」事下禮官。至是權禮部侍郎王賞等，乞體倣溫州見今安奉殿宇，令本府同修內司隨宜修蓋。【考異】熊克小紀載此事在三月丁酉，與日曆不同。其後創於新莊橋之西，以劉光世賜第爲之，按光世家進納賜第在三月庚子，今併附之。築三殿，僧人、道士十人，吏卒二百七十六人，上元結燈樓，簾幙歲一易，歲用酌獻二百四十羊。凡帝后忌辰，通用僧、道士四十七人作法事。

15 三月，辛卯朔，國子司業高閌，請在學人依徽宗御筆，復立三年歸省之限以彰孝治，帝曰：「舊有九年之法，至徽廟方改作三年。豈有士人九年而不省其親者乎！其從之。」

16 金以尚書左丞完顏勖爲平章政事，殿前都點檢宗憲爲尚書左丞。

17 丁酉，金太皇太后唐古氏（舊作唐括氏。）崩，後謚欽仁，葬恭陵。

18 乙巳，詔臨安府建大社、大稷。

19 丙午，詔臨安府同殿前司修築圜丘於龍華寺之西。壇四成，上成縱廣七丈，下成二十有二丈；分十三陛，陛七十有二級。壇及內壝凡九十步，中壝、外壝共二十五步。以龍華寺爲望祭殿，不築齋宮。

20 己酉，金主封子道濟爲魏王。

21 夏，四月，癸酉，右諫議大夫兼侍講羅汝檝試御史中丞。

22 癸未，懿節皇后撤几筵，帝素服焚香，以太師秦檜爲禮儀使。

23 是月，蒙古復叛，金主命將討之。

初，魯國王昌既誅，其子勝花都郎君者，率其父故部曲以叛，與蒙古通。蒙古由是強，取二十餘團寨，金人不能制。

先是金都元帥越國王宗弼，疑知亳州王彥先至南朝常泄其國中陰事，乃徙彥先知澶州，而調其子保義郎大觀從軍北討，實質之也。大觀年二十餘，驍猛喜騎射，以事劉麟擊鞠得官，宗弼以爲保義校尉。

24 閏四月，己丑，立貴妃吳氏爲皇后。

25 五月，庚申，帝諭大臣曰：「人言南地不宜牧馬，昨朕自創行，雖所養不多，方二三年，已得駒數百，此後不患不蕃。與自川、廣市來，病不堪乘而沿路所費不少計之，一匹省數百千緡。」秦檜曰：「儉以足用，寬以愛民。魯頌專言牧馬。」帝又曰：「國家自有故事，京城門外便有孳生監，每言〔年〕所得甚多。祖宗用意可見也。」

26 甲子，祕書少監秦熺權尙書禮部侍郎。

27 壬申，詔：「國子監置博士，正、錄各一員，學生權以八十人爲額。」

28丁丑，天申節，宰臣率百官上壽，京官任寺監簿已上及行在升朝官並赴，始用樂。近臣進金酒器、銀香合、馬，郡縣錫宴，皆如承平時。

29己卯，大宴集英殿。

30甲申，金初立太廟、社稷。

31六月，戊戌，吏部員外郎周執羔，請戒諸監司巡按檢視簿書，凡財用之出入無簿書押者，必按以不職之罪，又乞命帥臣區別條目，下諸路州軍廣行搜訪徽宗御製，皆從之。李心傳曰：秦檜再當國柄十有八年，自定和策勳之後，士大夫無有敢少違其意者。一時輪對臣僚，但毛舉細務以應詔旨，故自今年以後至紹興二十五年十月已卯以前，執事面對奏劄，見於施行者，共二百二十四事，皆撮其大略書之。其間間有及民間利害者，因是可以考其人也。

32己酉，金初置驍毅軍。

33庚戌，金人遣通問使徽猷閣待制洪皓、直龍圖閣張邵、修武郎朱弁還行在。先是金主大赦，始許皓等南歸。渡江後，奉使幾三十人，生還者三人而已。右文殿修撰崔縱、右武大夫·和州團練使郭元邁與靖康所遣徽猷閣待制張宇發、尙書主客郎中林冲之皆沒，至是以其骨遞還。

34秋，七月，甲子，詔求遺書。

35癸未，奉安至聖文宣王於國子監大成殿，命太師秦檜行禮。時學初成，帝自題賜書閣榜曰首善。

36 八月，丙戌，遣權吏部侍郎江邈奉迎景靈宮萬壽觀神宗神御於溫州，自海道至行在。

37 辛卯，敷文閣直學士、知臨安府王㬇守尚書工部侍郎。

38 金主詔給天水郡王孫及天水（郡）公壻俸祿。

39 丁酉，尚書兵部侍郎兼侍讀、資善堂翊善程瑀試兵部尚書。

40 戊戌，徽猷閣待制洪晧至自金，卽日引見內殿。帝諭晧曰：「卿不忘君，雖蘇武不能過。」賜內庫金幣、鞍馬，黃金三百兩，帛五百匹，象齒、香綿、酒茗甚衆。翌日，見於慈寧殿，帟人設簾，太后曰：「吾故識尚書矣。」命撤之。退，退（校者按：下退字衍。）見秦檜，語連日不止，曰：「張和公敵人所憚，乃不得用。錢塘暫居，而景靈宮、太廟皆極土木之華，豈非示無中原意乎？」檜不悅，謂其子祕書省正字适曰：「尊公信有忠節，得上眷。但官職如讀書，速則易終而無味，須如黃鍾、大呂乃可。」

41 起居郎鄭樸權尚書兵部侍郎，尚書左司郎中王師心權工部侍郎。己亥，以樸爲賀金正旦使，左武大夫、保順軍承宣使、知閤門事何彥良副之；師心爲賀金生辰使，武功大夫、解州防禦使、幹辦皇城司康益副之。時出疆必遣近臣，故並遷二人，自是以爲例。

42 庚子，直龍圖閣張邵自金還。

入見，言：「靖康以來迄於建炎，使金而不反者凡數人，若陳過庭、聶昌、司馬樸、滕茂實、崔縱、魏行可，皆執於北荒，歿於王事，而司馬樸之節尤爲可觀。劉豫既廢，金人取河南地，金帥達蘭（舊作撻懶。）使樸爲尙書左丞，欲以收南人之心，樸辭以病，堅臥不起，達蘭不能奪。陳過庭且死，其卒自割其肋，取肝爲羹以獻。既死，以北俗焚之，其卒又自剮股肉，投之於火，曰：『此肉與相公同焚。』其感人如此。聶昌割河東，絳州人殺之。滕茂實將死，自爲祭文，人憐其忠。崔縱中風，坐廢三年，將死，以後事屬臣。魏行可之死，臣亦見之。去冬，臣請於金尙書省，乞挈縱、行可之櫬以歸，朝命下所屬發遣。而行可之櫬，挈之往中京，乃不果發。縱之櫬，金人差丁役輿致，令臣護之以來，臣謹置之臨安府城外妙行寺。而臣之隨行使臣有呂達者，本婺州人，亦病死於北界。欲望聖慈，以死事之臣如過庭輩七八人，其間恐未有經褒贈者，令有司檢舉，特推䘏典，使縱之親戚迎護其櫬，而官助之葬，下以慰忠義之魂於九原，上以副陛下不忘臣下之心，庶可激勵天下仗節死難之義。」

43 乙巳，修武郎朱弁自金國還行在。

弁奏朱邵、史抗、張忠輔、高景平、孫谷、傅偉文、朱勣、李舟、僧寶眞、婦人丁氏、晏氏、卒閻進節義於朝，乞優䘏。邵，府谷人，靖康初，以秉義郎知震威城，其死節甚偉。抗，濟源人，爲代州沿邊安撫副使；忠輔爲將領，守崞縣；景平，崞縣人，爲隆德府部將；谷，朔寧人，爲益府屬；皆以宣、靖間死事。寶眞，五臺山僧，靖康中嘗召對，俾聚兵謀敵。金人生執，欲降之，寶眞曰：「我旣許宋皇帝以死矣，豈妄言邪！」臨刑，色不變，北人嗟異。丁氏，度五世孫，嘗適人，後爲敵所掠，欲妻之，丁氏罵敵不從，絕於梃下。至是弁裒其事上之，疏入，不報。

44 壬子，禮部言今歲南郊應罷孟冬朝獻景靈宮之禮，從之，自是以爲例。

45 九月，戊午，復寧遠、萬寧、宜倫三縣爲吉陽、萬安、昌化軍，並免隸瓊州，仍以軍使兼知倚郭縣事。

46 甲子，徽猷閣直學士、提舉萬壽觀、權直學士院洪皓出知饒州。

時金人來取趙彬輩三十人家屬，詔歸之。皓曰：「昔韓起謁環於鄭，鄭小國也，能引誼不與。金旣限淮，官屬皆吳人，留不遣，蓋慮知其虛實也。彼方困於蒙古，姑恃強以嘗中國，若遽從之，彼將謂秦無人而輕我矣。若恐以不與之故致渝盟誓，宜謂之曰：『俟淵聖皇帝及皇族歸乃遣。』」秦檜大怒。

皓又言：「王倫輩以身徇國，棄之不取，緩急何以使人？」初，檜在完顏昌軍中，昌圍楚州久不下，欲檜草檄諭降，有實訥（舊作室撚，今改。）者，在軍知狀。皓與檜語及金事，因曰：「憶實訥否？別時托寄聲。」檜色變而罷。

翌日，侍御史李文會即奏：「晧頃事朱勔之壻，貪緣改官，以該討論，乃求奉使。比其歸也，非能自脫，特以和議既定，例得放歸。而貪戀顯列，不求省母。若久在朝，必生事端，望與外任。」檜進呈，因及宇文虛中事。帝曰：「人臣之事君，不可以有二心。爲人臣而二心，在春秋皆所不赦。」乃命黜晧。

47 丁卯，御史中丞兼侍講羅汝檝試吏部尚書。

48 左司諫詹大方論：「祕閣修撰、主管祐神觀張邵，奉使無成，嘗與其副不協，持刃戕之，其辱命爲甚。若置而不問，恐遠人聞之，必謂中國無賞罰，望改授外祠。」乃以邵主管台州崇道觀。

已而邵又遺秦檜書，言金有歸淵聖及宗室諸王意，勸其遣使迎請，於是秦檜益怒之。

49 庚午，詔：「故兵部侍郎司馬樸，忠蹟顯著，特贈兵部尚書，賜其家銀帛三百匹兩。」以洪晧言其死節也。樸後謚忠潔。

50 冬，十月，乙未，奉安祖宗帝后及徽宗皇帝、顯肅皇后神御於景靈宮。

51 庚子，帝詣景靈宮，行款謁之禮。辛丑，亦如之。

52 十一月，戊午，帝服袍履，乘輦，詣景靈宮行朝獻之禮；遂赴太廟，宿齋。

己未，朝饗太廟禮畢，帝服通天冠，絳紗袍，乘玉輅，齋於青城。

庚申，日南至，合祀天地於圜丘，太祖、太宗並配。自天地至從祀諸神，凡七百七十有一，設祭器九千二百有五，鹵簿萬二千二百有二十人，祭器應用銅玉者，權以陶、木，鹵簿應有用文繡者，皆以纈代之。初備五輅，惟玉輅並建旂常與各建所載之旗。青城用蘆席絞屋爲之，飾以青布。不設齋宮，以黑緍爲大裘，蓋元祐禮也。禮官以行在御街狹，故自宮徂廟，不乘輅，權以輦代之。禮畢，上不御樓，內降制書，赦天下。

53 庚午，給事中楊愿假禮部尙書，充金賀正旦接伴使，容州觀察使、知閤門事兼權樞密副都承旨曹勛副之。及還，就充送伴。自是以爲例。

54 癸酉，太常博士劉燦言：「國之大事在祀。昨自南渡草創，未能備物，凡遇大小祠祭，並權用奏告，一籩一豆、酒脯行事。今時方中興，容典寖備，如日、月、五帝且不得血食，神州、感生亦削去牲牢，風、雷、蠶、農盡寢其禮，簡神瀆禮，於是爲甚。望明詔有司講求祀典，凡不可闕者，並先次復舊，其他以次施行。」從之。

55 十二月，癸未朔，日有食之，詔避殿，減膳。是日，陰雨不見，太師秦檜率百官上表稱賀。

56 癸巳，祕書丞嚴抑言：「本省藏祖宗國史、歷代圖籍，有右文殿、祕閣、石渠及三館、四庫。自渡江後，權寓法慧寺，與居民相接，深慮風火不虞，欲望重建，以副右文之意。」於是建省於天井巷之東，以故殿前司寨爲之。帝自書右文殿、祕閣二榜，命將作監米友仁書道山堂榜。且令有司（卽）直祕閣陸宰家錄所藏書來上。

57 己亥，宗正少卿段拂權尙書禮部侍郎。

58 己酉，金賀正旦使·副左金吾衛上將軍·右宣徽使完顏華〔曄〕、祕書少監馬諤，見於紫宸殿。金主遺帝金酒器六事，色綾羅紗縠三百段，馬六匹。自是正旦率如此例。【考異】熊克小紀云：北使之來，館伴張澄頗知舊制，遂爲定式。李心傳云：故事，使人奉書殿下。自通好後，金使每入見，捧書升殿，跪進，上起立受書，以授內侍。金使道其主語，問上起居。上復問其主畢，乃坐。又按初詔戶部尙書張澄館伴北使，是禮久不講。澄知舊制，入國門前一日，班荆館賜宴。既至驛，賜被褥、紗羅〔洗羅〕。翌日，臨安府書送酒食。又翌日，乃朝，客省賜茶酒。垂拱殿宴，退，賜茶器。翌日，賜生餼，從例折博。游上天竺寺，賜香及齋筵，冷泉亭酒果。除夕，賜內中酒食、風藥、化錫〔花錫〕。正旦，殿賜茶酒，大臣就驛，賜御筵。遇立春，賜春盤、幡勝。三日，客省簽賜酒食、內中酒果，江下觀潮。四日，宴射，賜酒果、弓矢例物。五日，大宴集英殿。六日，朝辭，賜衣帶銀器，臨安府書送贐儀，大臣就驛賜宴。密賜金銀。翌日，行，賜龍鳳茶，金鍍銀合。又翌日，班荆賜宴。遂爲定式。其後上以使人市買方物，恐或擾民，每北使至館，卽出內庫錢萬緡付都亭驛，遇使人市物，隨卽取賞，自是以爲例。惟敵使朝謁稱謂及與伴使往來，視京都舊儀則有不同。又詔歲幣銀絹，令淮南漕臣、盱眙軍守臣遣官過淮交割，事畢，取旨推恩。是不盡如舊制矣。

59 是歲，金初頒皇統新律，其法千餘條，大抵依倣南朝，間有創立者。如毆妻至死，非用器刃者不加刑。他率類此。徒自一年至五年，杖自百二十至二百，皆以判決臂，仍拘役之。雜條惟僧尼犯姦及強盜不論得財不得財並處死，與古制異。

60 金主漸悟左丞相希尹之寃，謂左丞宗憲曰：「希尹有大功於國，而死非其罪，朕將錄用其孫，如之何？」宗憲對曰：「陛下深念希尹，錄用其孫，幸甚。若不先明死者無罪，生者何由得仕？」金主曰：「卿言是也。」遂復希尹官，贈儀同三司、邢國公，改葬之；并贈蕭慶爲銀青光祿大夫。以希尹孫守道爲應奉翰林文字。

61 先是虔州有統兵官程師回，奉詔歸北境，而師回有新兵數百人，憚不欲行。守臣薛弼諭之曰：「公從卒多，不可庇，公能遣此屬，朝廷必多公，不遺往北矣。」師回卽承命。既而省符趣師回就道，乃去。師回驍勇，人頗惜之。（校者按：程師回事，亦見於紹興十五年9條。）

紹興十四年 金皇統四年。（甲子、一一四四）

1 春，正月，癸丑朔，燕北使於紫宸殿，權侍郎、正刺史已上預焉。

2 甲寅，金主以去年宋幣賜宗室。

3 戊午，吏部尙書羅汝楫爲大金報謝使，瀛海軍承宣使、知閤門事鄭藻副之。

4 己未，金國賀正旦使完顏華〔曄〕等辭行。李心傳云：自通好後，金使至闕，見、辭、燕射，密賜共白金千四百兩，副使八百八十兩，襲衣、金帶三條。三節人皆襲衣、塗金帶，上節銀四十兩，中下節銀三十兩，自是以爲例。

5 初，太傅、醴泉觀（使韓世忠）俸賜如宰執。丙寅，韓世忠言：「兩國講和，北使朝正恭順，此乃陛下沈機獨斷，廟堂謨謀之力，臣無毫髮少裨中興大計，望將請給截日住支，并將背嵬使臣三十員、官兵七十人撥赴朝廷使用。」詔使臣令殿前司交割，餘不許。（校者按：此條應移後7前。）

6 端明殿學士、同簽書樞密院事王倫爲金人所殺。倫留居河間六年，至是金人欲用爲河間、平、灤三路都轉運使。倫曰：「奉使而來，非降也。大宋之臣，豈受大金爵祿耶！」金遣使來趣，倫又不受。金人杖其使，俾縊殺之；倫冠帶南向，再拜慟哭，乃就死。未幾，其子述使北人訪其骨，得之以歸。其後帝嘗語宰執曰：「倫雖不矜細行，乃能死節，此爲難也。」【考異】熊克小紀及繫年要錄，俱以王倫之死節在七月，今從金史本紀作正月。金史王倫傳云：四年，以倫爲平州路轉運使。倫已受命，復辭遜，上曰：「此反覆之人也。」遂殺之。本紀亦言惡其反覆，誅之。按金史不當爲王倫立傳，前人已有議之者。使王倫已受命，何故復辭！此金人欲加以罪，非實事也。宋史王倫傳云：倫死，河間地震。沈世泊宋史就正編，以金史五行志不言是年地震，以宋史所載爲失實，徐氏後編亦本世泊之意以爲說。今考金史本紀，四年十月，以河朔地震，復百姓一年，則是年固嘗地震，五行志失書耳。但河朔有地震之事，未必因倫一人被殺而致斯變異，宋史究屬傅〔傅〕會之詞，茲爲辨正如此。

7 丁卯，詔上津、豐陽二縣隸金州。

8 辛未，封普安郡王婦郭氏爲咸寧郡夫人，給內中俸。

9 癸酉，侍御史李文會試御史中丞，右司諫詹大方試右諫議大夫。

10 戊寅，內出鎭圭付國子監，以奉文宣王。

11 左朝奉大夫、祕閣修撰趙子偁卒。詔侍從臺諫集議普安郡王當持何服，議者張澄、李文會、秦熺、周三畏、王曮、劉才邵、詹大方、張叔獻、段拂、何若、游操奏：「檢照國朝會要，嘉祐四年九月，詔使臣、內殿崇班、太子率府率以上遭父母喪，並聽解官行服，宗室解官給俸。所有普安郡王持服，乞依故事。」

12 瀛海軍承宣使、知閤門事、充金報謝副使鄭藻，改鎭東軍承宣使。

13 二月，癸未，金主如東京。

14 辛卯，復置教坊，凡樂工四百有十六人，以內侍充鈐轄。按三十一年六月罷。

15 丙申，給事中兼權直學士院楊愿等送伴北使還，入對。自是率如之。

16 金主次春水。

17 丁酉，回鶻遣使於金。

18 丙午，左通奉大夫、參知政事万俟卨，依前官提舉江州太平觀。先是卨使金還，太師秦檜假金人語，以數十言囑卨奏於上，卨不可。他日，奏事退，檜坐殿廬中批上旨，輒除所厚官吏鈐紙尾進，禼拱手曰：「偶不聞聖語。」卻不視。檜大怒，自是不交一語。御史中丞李文會，右諫議大夫詹大方，卽奏禼黷貨營私，窺搖國是，禼再上章求去；帝命以資政殿學士出守。及入謝，問勞甚悉。檜愈怒，給事中楊愿因封還錄黃，乃有是命。

19 同知大宗正事士㒟，請宗學生以百員爲額，大學生五十，小學生四十，職事人各五人，從之。

20 己酉，資政殿學士、新知紹興府樓炤入見，卽日除簽書樞密院事兼權參知政事。

21 軍器監陳康伯權尚書吏部侍郎，尚書左司郎中李若谷權工部侍郎，以將出使也。

22 三月，丁卯，改岷州爲西和州，與階、成、鳳州皆隸利路。

23 己巳，帝幸太學，祗謁先聖，止輦於大成殿門外，步趨升降。退，御敦化堂，命禮部侍郎秦熺執經，國子司業高閌講易泰卦，權侍郎、正刺史已上並與。坐講畢，賜諸生席於廡下，啜茶而退，遂幸養正、持志二齋，觀諸生肄業之所。賜閌三品服，熺與學官皆遷官，諸生授官、免解、賜帛如故事。

壬申，國子司業兼崇政殿說書、資善堂贊讀高閌權尚書禮部侍郎。

24 御史中丞李文會言：「建寧軍承宣使、提舉江州太平觀解潛，本趙鼎之客，不從和議；及和議之效既著，居常不樂。明州觀察使、浙西馬步軍總管辛永宗，好撰造言語，變亂是非。二人者，守官寄居，皆在平江衝要之地，倡爲異說，恐使命往來，傳聞失實，旋致疑惑，誠爲未便。」詔永宗移湖南副總管；潛責濠州團練副使，南安軍安置。

25庚辰，詔：「諸軍應有刻板書籍，並用黃紙印一帙，送祕書省。」

26夏，四月，癸未朔，葬柔福公主。主既死，從梓宮者以其骨歸，至是葬之。

27丙戌，命太師秦檜提舉製造渾儀，詔有司求蘇頌遺法來上。帝謂檜曰：「宮中已製成小範，可以窺測，日以晷度，夜以樞星爲則。蓋樞星，中星也。非久降出，用以爲式，但廣其尺寸爾。」遂命內侍邵諤專主其事。

28將作監丞蘇籀，請取近世儒臣所著經說，集而成編，以補唐之正義闕遺。帝諭秦檜曰：「此論甚當，若取其說之善者頒諸學宮，使學者有所宗師，則爲王安石、程頤之說者不致紛紜矣。」

29戊戌，權吏部侍郎陳康伯爲報金賀生辰接伴使，容州觀察使、知閤門事曹勛副之。自是歲爲例。

30庚子，軍器監丞蘇策，請遠方之民委有孝行者，令州縣以聞，乞行旌表，詔申嚴行下。

31五月，辛亥朔，金主如薰風殿。

32甲寅，將作監米友仁權尚書兵部侍郎。

33 甲子，資政殿學士、簽書樞密院事兼權參知政事樓炤罷。

御史中丞李文會，右諫議大夫詹大方，論炤素無繩檢，交結蔡京，亟改京秩，其帥紹興，不卹國事，溺愛二倡，詔以本職提舉江州太平觀。

34 乙丑，御史中丞兼侍讀李文會言：「權尚書禮部侍郎兼侍講高閌，初爲蔡儵之客，媚蔡京以求進；復錄程頤之學，徇趙鼎以邀名。權工部侍郎王師心，奉使大金，專務嗜利。起居舍人吳秉信，機巧便利，專結樓炤。此三人者，若久在朝，必害至治。」詔以閌知筠州，師心知袁州，秉信知江州。

先是帝在經筵，常謂閌曰：「向來張九成嘗問朕：『左氏傳載一事或千餘言，春秋只一句書之，何也？』朕答之云：『聖言有造化，所以寓無窮之意。若無造化，即容易知，乃常人言耳。』」閌曰：「說春秋者雖多，終不能明，正如窺造化矣。」帝因問九成安否。翌日，謂秦檜曰：「張九成今在何處？」秦檜曰：「九成頃以唱異惑衆，爲臺臣所論，既與郡，乃乞祠，觀其意終不爲陛下用。」帝曰：「九成清貧，不可無祿。」檜疑閌薦之，呼給事中兼侍講楊愿詢其事，文會亦劾閌。

是日，拜文會端明殿學士、簽書樞密院事兼權參知政事。自是執政免，即以言者代之。

35 丙寅，太常謚故觀文殿大學士張商英曰文忠。

36戊辰，權尙書吏部侍郎陳康伯假吏部尙書，充金報謝使，以來歲〔金來〕賀生辰故也。上欲用右武大夫、嘉州防禦使錢愷爲副，方持母喪，乃起復故官，假保信軍承宣使、知閤門事。

37己巳，金主始遣驃騎大將軍·安國軍節度使烏延和、通議大夫·行大理少卿孟浩來賀天申節，遺上珠一囊，金帶一條，衣七對，色綾羅紗縠五百段，馬十匹。自是歲如之。

38辛未，天申節，文武百官、金國人使上壽於紫宸殿。故事，北使上壽畢，同百官殿上賜酒三行，次赴筵於尙書省。至是特就驛宴之，仍以執政官押伴。

癸酉，大宴垂拱殿。

丁丑，北使辭行。自是留館中率不過十日。

39己卯，右諫議大夫詹大方爲御史中丞兼侍講。

40六月，辛巳朔，日有食之。【考異】宋史不書是年日食，今從金史。

41乙未，帝謂大臣曰：「浙東、福建被水災處，可令監司躬往，悉力賑濟，務使實惠及民，毋爲文具。」

時江、浙、福建同日大水。建州水冒城而入，俄頃深數丈，公私廬舍盡壞，溺死數千人。嚴州水暴至，城不沒者數版，右奉議郎、通判州事洪光祖，集舟以援民，且區處山阜，給之薪粥，卒無溺者。衢、信、處、婺等州，民之死者甚衆。

42 丙申，右武大夫、華州觀察使、提舉佑神觀白鍔，特刺面配萬安軍。時閩、浙大水，鍔乃自北方從太后歸者，宣言燮理乖繆，洪皓名聞中外，顧不用！太師秦檜聞之，奏繫鍔大理寺。鍔館客張伯麟嘗題太學壁曰：「夫差，爾忘越王之殺而父乎！」伯麟亦下獄。獄具，鍔坐因伯麟嘗問何故不用廉訪使，鍔答以任內臣作耳目，正是祖宗故事，恐主上不知，因出言指斥，乃有是命。伯麟亦杖脊，刺配吉陽軍。

御史中丞詹大方卽奏皓與鍔爲刎頸交，更相稱譽，誑惑衆聽。時皓以徽猷閣直學士知饒州。丁酉，詔皓提舉江州太平觀。

43 秋，七月，庚戌朔，知濠州李觀民以赴任上殿，帝戒以毋招集流亡，恐金人啓釁也。旋以語宰執，俾申諭之。

44 壬子，祕書省正字吳芾、何逢原並罷。

殿中侍御史汪勃，言芾與潘良能結爲死黨，變亂是非。逢原因藍公佐之回，揣見和議少變，乃公肆異論，求合流俗。二人者不罷黜，緩急之際，必爲國家之害。乃以芾通判處州，逢原通判池州。

45 丁巳，詔：「與國同姓者不得二名。」

46 命有司改作祭器，三年乃成。

47 庚申，復置梅州。

48 先是諸軍請衣賜，所差使臣多以弊朽易取良縑，而諸軍所得皆怯薄者。至是詔戶部委官封記，仍令總領所差官偕本軍使臣同領，以絕其弊。

49 祕書省舊有提舉官，見麟臺故事。少監游操，言肇建新省，望依故事，旋詔以禮部侍郎秦熺兼之。操，建陽人也。

50 辛酉，陞蜀州爲崇慶軍，以帝始封之地故也。

51 庚午，金建原廟於東京。

52 丙子，帝幸祕書省，太師、尚書左僕射、監修國史秦檜，率百官及實錄院（官）奉迎。帝遂幸祕閣，召羣臣觀晉、唐書畫，三代古器。還，御右文殿，賜羣臣茗飲，從官坐於堂上，省官席於廡下。

53 八月，癸未，金主殺其子魏王道濟。

54 庚寅，直顯謨閣、兩浙轉運副使李椿年權尚書戶部侍郎。

55 癸巳，召尚書左司郎中林保、國子司業宋之才入對，以保權尚書吏部侍郎，之才權禮部侍郎。後二日，以保爲賀金正旦使，知閤門事康益副之；之才爲賀生辰使，閤門宣贊舍人趙瓌副之。

56九月，己酉，金主如東京；壬子，畋於沙河。

57乙卯，金遣使祭遼陵。

58辛酉，詔分利州爲東、西兩路，用端明殿學士、四川宣撫副使鄭剛中請也。

時川口屯兵十萬人，分隸三大將，檢校少師、鎮西軍節度使、右護軍都統制、階·成·西和·鳳州經略使吳璘屯興州，檢校少保、武當軍節度使、利州路經略安撫使兼知興元府、宣撫使〔司〕都統制楊政屯興元府，檢校少保、奉國軍節度使、金·房·開·達州經略安撫使兼知金州、樞密院都統制郭浩屯金州，皆建帥府，而統制官知成州王彥、知階州姚仲、知西和州程俊、知鳳州楊從儀亦領沿邊安撫使。剛中請以興元府、利、閬、洋、巴、劍、天安軍七郡爲東路，治興元府；興、階、成、西和、文、龍、鳳七州爲西路，治興州；卽命政、璘爲安撫使，浩爲金、房、開、達州安撫使，諸裨將領安撫使命者皆罷，從之。

時和議方堅，而璘獨嚴備，日爲敵至之虞，故西路兵爲天下最。上覽剛中奏，謂檜曰：「川、陝地遠，爲將尤難得人。如璘統兵有法，肯爲朝廷出死力，諸將所不及也。」政故爲璘兄玠裨將，及分道建帥，而執門下之禮益恭，世頗賢之。

59金主詔：「薰風殿二十里內及巡幸所過五里內，並復一年。」

60辛未，御史中丞詹大方言：「責授清遠軍節度副使、潮州安置趙鼎，輔政累年，不顧國事，邪謀密計，深不可測；與范仲〔沖〕輩咸懷異意，以邀無妄之福；用心如此，不忠孰甚！王文獻，一狂士也，鼎方在貶所，尚啖之以利，使之游說。偶然敗露者，獨文獻耳；其詭計所施，人所不知者，又不知幾十百人。今文獻與守臣龔寬已有行遣，而鼎爲誅首，置之不問，則鼎與其黨轉相惑亂，決無安靜之理，非宗廟社稷之福也。」壬申，秦檜進呈，帝曰：「可遷之遠地，使其門生故吏知不復用，庶無窺伺之謀。」於是移吉陽軍安置。

61 癸酉，金行臺左丞相張孝純卒。

62 冬，十月，庚辰，詔昌化、萬安、吉陽依舊爲軍，置守臣，還屬縣。

63 壬辰，金立借貸飢民酬賞格。

64 庚子，詔：「州縣文臣初至官，詣學祇謁先聖，乃許視事。」用左奉議郎羅長源請也。長源言：「士大夫皆學夫子之道以從政，而不知所自，望令先詣學宮，以彰風化之本。」後遂著爲令。

長源又言：「朝廷通好息民，興崇學校，多士潛心經史，而終歲未有升進之望。乞以諸州進士解額，留七分以備科舉，餘三分歸於學校，稍取大觀三舍之法參酌增損之，務從簡便。」事下禮部。遂以長源知鄂州。

65 甲辰，金以河朔諸郡地震，詔復百姓一年，其壓斃者，官爲斂藏。陝西蒲、解、汝、蔡諸郡縣，飢民質爲奴婢者，官給絹贖爲民，放還其鄉。

66 十一月，戊申朔，御史中丞兼侍讀詹大方試工部尚書。

67 己酉，金主獵於海島，三日之間，親射五虎，獲之。左丞完顏勖獻東狩射虎賦，金主悅，厚賜之。勖能以契丹字爲詩文，凡游宴有可言者，輒作詩以見意。

68 癸丑，給事中兼侍講兼直學士院楊愿試御史中丞。

69 甲子，帝御宮中閱試殿前馬步諸軍，將士藝精者錫賚有差。自是歲以冬月行之，號內教場。

70 乙丑，觀文殿大學士、提舉臨安府洞霄宮朱勝非薨。勝非與秦檜有隙，奉祠八年，寓居湖州僧舍。及薨，贈三官爲特進；後謚忠靖。【考異】李心傳曰：故事，曾任宰相贈七官，而侍從贈官有至開府者。勝非贈三官，非例也，疑秦檜抑之。

71 壬申，秦檜請以軍器監趙子厚兼權吏部侍郎。檜言今日宗室不可不崇獎，令聚於朝；帝曰：「宗室中之賢者，如嘗中科第及不生是非之人，可收置行在，如寺、監、祕書省，皆可以處之。祖宗以來，不用宗室作宰相，其慮思（甚）遠，可用至侍從而止。」

檜又奏請依舊置宗學教育宗子，帝可之。

72 十二月，己卯，詔臨安府及諸郡復置漏澤園。

73 乙酉，端明殿學士、簽書樞密院事李文會罷。

御史中丞楊愿，殿中侍御史汪勃，右正言何若，共劾「文會憸邪害政，自登言路，每論一人，必遣家僕密送於門外曰：『此出上意。』及爲御史，又與王文獻締交，俾游説於外，私養臺吏，伺臺中章疏，梟心虺志，無所不爲。陛下講修鄰好之時，儻使姦險小人尚在政地，獸窮則搏，必致爲國生事。」疏六上。詔文會落職，依前左朝奉郎、提舉江州太平觀。愿等又攻之，詔文會筠州居住。

自秦檜再居相位，每薦執政，必選世無名譽、柔佞易制者，不使預事，備員書姓名而已。百官不敢謁執政，州縣亦不敢通書問。如孫近、劉炤、万俟卨、范同、程克俊及文會等，不一年或半年，必以罪罷。尚疑復用，多使居千里外州軍，且使人伺察之。

74 甲午，金主至自東京。

75 庚子，御史中丞兼侍講楊愿充端明殿學士、簽書樞密院事。辛丑，復詔愿參知政事。

76 壬寅，詔：「自今北使在庭，嘗借官奉使者，並權立借官班。」自是遂爲故事。

77 癸卯，金賀正旦使金吾衞上將軍·殿前右副都點檢布薩溫、（舊作僕散溫。）安遠大將軍·充東上閤門使高慶先，見於紫宸殿。

78 以右正言何若試諫議大夫。

79丙午，祕閣修撰、兩浙轉運副使王鈇權尚書戶部侍郎。權尚書戶部侍郎李椿年，以憂去官。

80金以龍虎衞上將軍亮爲中京留守。亮爲人僄急，殘忍任數。初，金主以太祖嫡孫嗣位，亮意以其父宗幹乃太祖長子，而已亦太祖孫，遂懷覬覦。在中京，專務立威以壓伏小民，與明安(舊作猛安。)蕭裕深相結。

81是歲，右宣教郎、直祕閣、主管佑神觀朱弁卒於行在。秦檜惡洪皓，故弁亦不得遷，踰年卒。

82融州觀察使、行營右護軍選鋒統制、知洋州、節制巴·蓬·洋州屯駐軍馬王俊卒。俊行軍紀律嚴明，退者必誅，軍中號爲「王開山」，言其所向無前也。然性強，好犯上，吳玠亦畏其反復而喜其勇，常厚遇之。

續資治通鑑卷第一百二十七

賜進士及第兵部尚書兼都察院右都御史總督湖北湖南等處地方軍務兼理糧餉世襲二等輕車都尉畢沅編集

宋紀一百二十七 起旃蒙赤奮若（乙丑）正月，盡強圉單閼（丁卯）十二月，凡三年。

高宗受命中興全功至德聖神武文昭仁憲孝皇帝

紹興十五年金皇統五年。（乙丑、一一四五）

1春，正月，丁未朔，初行大朝會禮於大慶殿，黃麾仗三千三百五十人，視東都舊儀損三之一。輦出房，不鳴鞭，以殿狹也。建炎以來，正、至不受朝，但宰臣率百官拜表稱賀而已。及太后還宮，言者以爲請，乃講行焉。

2己未，分經義、詩賦爲二科以取士。

3辛酉，初籍千畝。

4戊辰，命權戶部侍郎王鈇措置兩浙經界。

李椿年既以憂去，秦檜請用鈇。帝因言經界之法，細民多以爲便，檜曰：「不如此，則差役不行，賦稅不均。積弊之久，今已盡革。去年陛下放免積欠，天下便覺少蘇。」鈇言：「本部員外郎李朝正，嘗知溧水縣，均稅不擾，請與共事。」又言：「今當革詭名狹〔挾〕戶，侵耕冒佃，使差有常籍，田有定稅，則差役無爭訴之煩，催科免代納之弊。然須不擾而速辦，則實利及民。欲更不畫圖，又造砧基薄，止令逐保排定，十戶爲一甲，令遞相糾合，從實供帳二本，積年所隱，一切不問。如有不實，致人陳告，卽將所隱田給以充賞。」從之。

5辛未，初命諸路僧道士納免丁錢。時言者論今官尹皆納役錢，而僧道坐享安閑，顯爲僥倖，乃詔：「律僧歲輸五千，禪僧、道士各二千，其住持、長老、法師、紫衣、知事皆遞增之，至十五千，凡九等。」

6二月，戊寅，帝謂大臣曰：「朕觀史册，見古之養士有至二三千人，亦朝廷一盛事。」於是增國學弟子員百人，通舊以七百人爲額。尋命置上舍三十人，內舍百人。

7乙未，金主次濟州春水。

8己亥，保大軍節度使、崇國公璩，加檢校少保，進封恩平郡王，以將出閤故也。其官屬禮儀，並依普安郡王體例。

9（三月），辛酉，武信軍承宣使、添差江南西路兵馬鈐轄兼安撫司統制程師回，陞本路馬步軍副都總管，洪州駐劄。

時師回統兵戍贛上，會詔歸北境人，師回有親兵數百，憚不欲行。守臣祕閣修撰薛弼諭之曰：「公從卒多，不可庇，公能遣此屬，朝廷必多公。」師回承命。既而省符趣師回就道。師回舟行過大孤山，舟人告毋作樂，恐龍怒，師回故命奏樂。少頃，黑雲四合，有物湧波間，師回射中其目，卽還入水，風亦息。人皆服其勇。（校者按：程師回事，已見於紹興十三年61條。）

10 三月，（校者按：二字衍。）甲子，帝謂大臣曰：「交鄰國之道，當以守信爲主。」秦檜曰：「臣觀眞宗皇帝時，雖遠蕃小國如谿峒之類，亦必委曲調護，不欲起兵端，可謂至仁矣。」時金人來索北客之在南者，檜因遣敷文閣待制周襟、馬觀國、史愿北還。

11 戊辰，金主次天開殿。

12 己巳，帝策試南省舉頭林機等於射殿。

13 四月，戊寅夜，彗出東方。

14 癸未，賜正奏名進士劉章等三百人及第、出身、同出身，正奏名張鎡新科明法及第。甲申，特奏名林洵美等二百四十七人，武舉正奏名應褒然等二人，特奏名三人，授官有差。

15 丁亥，赦天下。前四日，帝謂秦檜：「彗星見，朕甚懼焉。卿等可圖所以消弭之道。」檜奏太宗、眞宗朝嘗緣彗星疏決獄囚等事，帝曰：「且降詔以四事爲主，避殿，減膳，寬民力，出滯獄。」於是手詔監司、郡守條具便民事目；憲臣巡行，親決獄事。是月癸未。至是肆赦。「勘會數十年來邊臣邀功生事，今當兼愛內外，期於並生；勘會數十年來學者黨同伐異，今當崇雅黜浮，抑其專門私己；勘會累年以來兵革不息，近者講和罷戰，正以保全生靈，愛惜民力。已降手詔，委諸路監司、郡守措置裕民事目，務要必行，以施實德。」

16 庚寅，成州團練使、知敘州邵隆卒。隆在金州，數以兵出敵境，秦檜恨之。至是因飲酒暴卒，年五十一，或謂檜密使人酖殺之。敘人皆悲哭，爲之罷市。

17 五月，戊午，正侍大夫、忠州防禦使、添差荆湖南路馬步軍副都總管白常，移潭州駐劄。時金人來索在南將士，常亦在遣中。同行者悉爲敵效力，常獨不肯往，曰：「丈夫死則死耳，不能爲反覆士。」每自書頭銜曰「前熙河經略使白常」，右副元帥完顏杲見之，不悅也。後欲強官之，竟託疾以免。常有產在德順，熙河守將惡之，大詈曰：「白常既臣我家，而尚宋官乎！」械繫久之，常不屈而止。

18 金初用御製小字。

19 甲子，金國賀生辰使、龍虎衞上將軍·殿前左副都點檢完顏宗永、副使通議大夫·充翰林待制程寀，見於紫宸殿。初宴垂拱殿，辭，亦如之。

20 丙寅，天申節，百官用樂上壽於紫宸殿。

21 丁卯，賜宗永等宴射於教場，自是遂爲故事。

初，宗永等將至，秦檜言於帝曰：「使人及期而來，蓋由待之以禮，示之以信故也。」帝曰：「大抵爲國之道，既不能強，又不能弱，則兵連禍結，無有已時。朕何惜爲天下生靈少屈耶！」

於是遣吏部侍郎陳康伯接伴，而和州防禦使、知閤門事錢愷副之。宗永甫入疆，帝以端午，遣中使賜扇帕於洪澤，宗永言：「上國是日例賀，當北面再拜，且接伴使副同之，乃敢受。」康伯以舊制卻之。或謂康伯：「此細故，朝廷必不惜。」康伯曰：「今曲從之，後爲例，不復可改，且辱命自我始。況所求無厭，寧能盡從之乎！」宗永卒受賜，因自辨，數曰「接伴慢我」。朝廷聞之，懼生事，侍御史汪勃即劾康伯酬對辱國，請罷之以副惇信睦鄰之意，乃出康伯知泉州，而愷亦降爲舒州團練使。

22 金主日與近臣酣飲，或繼以夜。壬申，平章政事完顏勖上疏諫，金主爲止酒，仍布告廷臣。

23 六月，乙亥朔，日有食之。

24 丁丑，帝幸秦檜新第。後八日，降制，加恩封檜妻魏國夫人王氏爲韓國夫人，熺妻淑人曹氏爲和義郡夫人，孫右承事郎塤、堪、坦並(直)祕閣，賜三品服。時塤年九歲。

25 乙未，命給事中李若谷權戶部侍郎。

26 丙申，刑部侍郎周三畏，進權本部尚書

27 七月，戊午，詔廬、光州上供錢米展一年，用轉運司請也。帝曰：「人皆知取之爲取，而不知予之爲取。若稍與展免，俟其家給人足，稅斂自然易辦。」淮南平時一路上供內藏紬絹九十萬匹有奇，至紹興末年，纔八千匹爾。

28 八月，丙子，尚書右司郎中林乂權吏部侍郎，右司郎中錢時敏權工部侍郎。

29 己卯，詔：「自今太學及州縣釋奠先聖，並令宗子侍祠。」

30 丙戌，左朝散大夫、知南康軍張元禮，乞免牛稅一年。帝曰：「天下之物，不當稅者甚衆，如牛、米、柴、麪之類是也。」秦檜曰：「去歲浙中艱食，陛下令不收米稅，故江西客販俱來，所全活者不可勝計。」

31 戊戌，金主發天開殿。

32 辛丑，增太學弟子員二百人。

時夏人重建太學，親釋奠，弟子員賜予有差。

33 自建炎初，省諸路提舉常平官，併其職於提刑司。次年，朝議復置，且討論其得失，書成未頒，而帝南渡。繼而言者謂常平之法不可行，遂寢。中間常平之職，常隸發運司，亦隸

經制司，已而復隸提刑司。至是王鈇言：「常平一司，錢穀斂散，宜專使領之，請復置諸路提舉官。」九月，詔以諸路提舉茶鹽官爲提舉茶鹽常平公事，川、廣以憲臣兼領。

34 知和州劉將乞展免夏稅一年。帝謂宰執曰：「言事與行事不同，若此行事，便有實利及民。」秦檜曰：「儒者所陳王道，不過愛民。」帝曰：「然。」

35 帝親書「一德格天之閣」賜太師、左僕射秦檜，又金鍍銀洗鑼、唾壺、照匣等物賜之。

36 甲寅，起居舍人錢周材權尚書刑部侍郎，國子司業嚴抑權工部侍郎。時將遣二人出疆，乃有是命。

37 庚申，金主至自東京。

38 辛酉，以錢周材爲賀金國正旦使，閤門祗候俞似副之；嚴抑爲賀生辰使，閤門祗候曹溌〔湲〕副之。

39 時虔、梅及福建劇盜有號管天下者，其徒日衆，攻掠縣鎮，鄉民多結砦自保。先是福建帥臣莫將上言：「漳、泉、汀、劍四州接江西、廣東之境，游手從賊，熟識山路，引其直衝山路，如入無人之境。官軍不習山險，多染瘴癘，艱於掩捕。乞委四州守臣，募強壯游手每州一千人爲效用。」時統制官張淵措置本路盜賊，請逐州先招五百人。既而將改帥廣東，以知虔州、集賢殿修撰〔薛弼〕爲福建帥。是月，弼入福建，沿途盜賊。弼令迓兵列隊伍，揚金鼓，聲言「新帥以虞兵至矣」，賊不敢犯。

40冬，十月，癸未，敷文閣直學士、樞密院都承旨兼侍讀李若谷爲端明殿學士、簽書樞密院事，尋兼參知政事。

41戊子，寶文閣直學士、提舉亳州明道宮晏敦復卒於明州。方議和之始，敦復力抵屈己之非。秦檜使人啗以利曰：「公若曲從，兩地旦夕可至。」敦復曰：「吾終不以身計而誤國家；況薑桂之性，到老愈辣，請勿復言。」檜卒不能屈。帝嘗面諭曰：「卿鯁峭直言，無所間辟，可謂無忝爾祖矣。」

42辛卯，金追贈太祖謚曰應乾興運昭德定功睿神莊孝仁明大聖武元皇帝。

43己亥，命中書舍人段拂權戶部侍郎。

44十一月，甲辰，右朝散大夫、主管台州崇道觀滕膺卒。方臘之反也，膺爲台州司戶參軍。賊徒呂師囊以萬衆圍城，膺率軍民捍之，數月不能拔。台人爲立祠祀之，後名其廟曰義靈。

45丙辰，檢校少保、奉國軍節度使、侍衞步軍都虞候、金·房·開·達州安撫使、知金州兼樞密院都統制郭浩薨，謚恭毅。

46戊午，右諫議大夫何若試御史中丞，侍御史汪勃試右諫議大夫。

47 丙寅，右司員外郎王循友權禮部侍郎。

48 閏十一月，己卯，詔罷新科明法。

49 丙戌，詔提舉祕書省月給公使錢三百緡。

50 丁酉，太學博士王之望，請倣端拱、咸平故事，悉取近郡所開經典釋文，令國子監印千百帙，俾郡縣各市一本，置之於學，帝曰：「古人讀書，須親師友，雖未必盡得聖經妙旨，然亦自有淵源。今士大夫未有自得處，便爲注說，以爲人師，此何理也？」

51 寧國軍節度使、權主奉益王祭祀安時薨，輟朝一日，贈少師，追封清化郡王。

52 十二月，戊申，金增謚始祖以下十帝，增太宗謚曰體元應運世德昭功哲惠仁聖文烈皇帝。

53 丁卯，金驃騎上將軍、殿前右副都點檢蒲察說，正議大夫、尙書刑部侍郎吳磐福，來賀來年正旦。

54 是月，郭仲荀卒於台州。

55 初，建康府御前都統制王德，以清河郡王張俊之姪子蓋及俊親將馬立、顧暉並爲統制官，至是俊解兵柄已久，德寖不禮子蓋等而罷之。俊怒，每訴諸朝，左僕射秦檜亦忌其勇，詔乃罷德爲浙東總管，以統制官王權代之。

56 時福建土寇未平，本路鈐轄李貴，領兵討管天下失利，爲賊所執。轉運司申樞密院，言閩人勇於私鬭，怯於公戰，莫將所招游手，易聚難散，於事不便，詔下安撫司共議。薛弼以爲廣東總管韓京，每出必捷，正以所部多土人，故所向克捷。今本部素無土兵，故連年受弊。弼又謂前守贛上，有武翼郎周虎臣、成德（忠）郎陳敏，各有家丁數百人，皆能戰，比之官軍，一可當十，遂辟虎臣爲本路將官，敏爲汀、漳巡檢。又請揀取二人家丁，日給錢米，責以捕賊，期於必滅，與漕司合奏，號奇兵。自此歲費三萬六千緡，米九千石，而土寇遂平。虎臣，開封人；敏，石城人也。

57 時監司、郡守多獻羨餘以希進。袁州帑廪充溢，或謂知州事王師心，盍獻諸朝。師心不聽，以諸縣民有逋租，悉爲代輸之。

58 福建措置盜賊張淵所部統領官邵宏淵，性質直而喜功，淵惡不用，且銜其嘗對衆相折，杖之百，斥入卒伍。宏淵之客鍾鼎，走行在上書，爲辨曲直，左僕射秦檜怒，始創聽讀之名，羈鼎於福之郡學。鼎求於帥臣薛弼，乞依所親於永福，弼許之。鼎復詣闕上書，弼自劾，降一秩。

紹興十六年　金皇統六年。（丙寅、一一四六）

1 春，正月，壬申，金主封太祖諸孫爲王；以褒爲葛王，尋授兵部尚書。

2乙亥，金主畋於磨棱。舊作謀勒，今改。甲申，金主還京師。

3戊子，太學外舍生以千人爲額。

4庚寅，金以邊地與夏國。

5辛卯，帝致齋於內殿。壬辰，親饗先農於東郊，牲用少牢，配以后稷。帝御通天冠，絳紗袍，詣親耕位親耕，九推乃止。遂登觀耕壇，命宰執、使相、侍從、兩省、臺諫行五推之禮，庶人終千畝焉。

6金主如春水，出獵，誤入大澤中，金主馬陷，因步出，亦不罪導騎。

7二月，壬寅，詔：「諸路淫祠非在祀典者，並日下毀去。」以左司郎中李椿請也。

8丙寅，金右丞相濮王韓企先薨。

企先爲相，每欲爲官擇人，專以培植奬勵後進爲己任，推轂士類，甄別人物。一時臺省多君子，彌縫闕失，議論必歸於正，時稱賢相。後謚簡懿。

9三月，庚子朔，詔有司建武學。先是士人上書者多以爲言，帝數諭大臣以文武之道不可偏廢，祖宗自有故事，至是乃考卜焉。

10壬申，金以譚國公阿里布舊作阿离補，今改。爲行臺右丞相。

阿里布，宗室子也，屢從征伐有功，嘗以左監軍隨宗弼復河南，故有是擢。

11 壬午，復桂陽監臨武洞爲縣。

12 乙未，增建太廟。

時新祭器將成，而太廟殿室狹，至不能陳列。給事中段拂請正殿從西增六間，通舊爲十三間，其中十有一間爲十一室，東西二間爲夾室，又作西神門，册寶殿，祭器庫。

13 己亥，工部奏立淮東、江東、兩浙、湖北諸縣歲較營田賞罰格。其法以紹興七年至十三年所收稞〔課〕利最多，酌中者爲額。每縣令以十分爲率，取二分賞之。歲收增三分至一分以上，並減磨勘年；仍以最虧一縣爲罰。

14 金主以上京宮室太狹，是月，始役五路工匠，撤而新之。規模雖倣汴京，然僅得十之一二而已。

15 夏，四月，庚子朔，金主至自春水。以同判大宗正事宗固爲太保、右丞相兼中書令。

16 戊午，兵部上武士弓馬及選試去留格。初補入學，步射弓一石。若公私試步騎射不中，即不許試程文。其射格，自一石五斗以下至九斗，凡五等。帝可其奏，因諭輔臣曰：「國家武選，所係非輕，今諸將子弟皆恥習弓馬，求換文資，數年之後，將無人習武矣，豈可不勸誘之！」

17 金行臺右丞相阿里布薨。

18五月，辛巳，命權吏部王循友、權戶部侍郎。（李朝正編類諸路監司郡守條上裕民事件。）

19丙戌，詔作景鐘。鐘高九尺，天子親祠上帝則用之，以皇祐黍尺爲準。既成，命秦檜銘之。

20丁亥，金主使金吾衞上將軍·彰德軍節度使烏古論海、昭武大將軍·同知宣徽院事趙興祥來賀天申節。

21辛卯，金以左宣徽使劉筈爲行臺右丞相。

筈以能得皇后意，故擢爲相，仍兼判左宣徽使。留京師時，河南官吏濫雜，或請釐革之，筈曰：「廢齊用兵江表，求一切近效，其所用人不必皆以章程，故有不由科目而爲大吏，不試弓馬而握兵柄者。今撫定未久，姑收人心，柰何爲是紛更也！」遂仍其舊。

22宇文虛中既留金，累官禮部尚書兼承旨。虛中恃才輕肆，好譏訕，貴人達官，往往積不能平。虛中嘗撰宮殿榜署，惡虛中者摘其字以爲謗訕。會有告虛中謀反者，詔有司鞫治，無狀，乃羅織虛中家圖籍爲反具，虛中曰：「死自吾分。至於圖籍，南來士大夫家家有之。高士談圖書尤多於我家，豈亦反耶？」有司承風旨，並逮士談。六月，乙巳，殺虛中及士談，金人冤之。士談，瓊之孫，嘗爲忻州戶曹參軍，降金，官至翰林學士。【考異】繫年要錄云：宇文虛中知東北之士不附金人，密以信義感發之，從者如雲，乃與其翰林學士高士談同謀，欲因郊天刦殺金主。先期，以蠟書來告於朝，欲爲之外應，秦檜拒不納。會事覺，虛中與其子直顯謨（閣）師瑗皆坐誅，闔門無噍類。如要録所載，則金人之殺虛中，不爲冤矣。然金史虛中傳，祇言其恃才好譏訕，爲人所陷而冤死，大金國志與金史略同。是虛中未嘗私通於宋，特惡之者誣以謀反耳。宋淳熙間，贈虛中開府儀同三司，諡肅愍，賜廟仁勇，且爲置後。疑當時南北分界，傳聞異詞，或以金人誣告之言指爲實事，故宋人爲之贈官錄後，要錄亦據傳聞而書之也。宋史虛中傳不載其欲因郊天刦殺及蠟書來告諸事，但云「東北之士，密以信義結約，金人不覺也。」或虛中不忘南向，遂致不免耳。今仍從金史本傳。要録作上年九月虛中被殺，今從金史本紀。

23 丁未，秦檜奏淮東鹽課增羨，乞推賞，帝曰：「推賞之典，尤所當慎。今年有羨，次年必虧，蓋民之食鹽，止如是也。」

24 癸丑，監察御史巫伋，請申嚴有司，所在刑獄，不得爲非法之具，如仁和、錢塘所用浮匣、命繩之類，違者抵罪，詔刑部禁止。

25 己未，分遣醫官循行臨安，療病者，至秋乃止。後以爲例。

26 監察御史陳積中論監司州縣淹留詞訴之弊，請令諸部每季檢舉，劾其尤者，從之。

27 是月，安南獻馴象十。

28 秋，七月，壬申，檢校少傅、保信軍節度使、和國公張浚，落節鉞職名，依舊特進、提舉江州太平觀，連州居住。

先是浚因星變，欲力論時事以悟帝意，以其母計氏年高，言之必被禍，恐不能堪。計氏見其形瘠，浚具言所以，計氏誦其父咸紹興〔聖〕初舉制科策曰：「臣寧言而死於斧鉞，不忍不言而負陛下。」浚意遂決，即上疏言：「當今事勢，如養大疽於頭目心腹之間，不決不止。決遲則禍大而難測，決疾則禍輕而易治。惟陛下謀之於心，斷之以獨，謹察情僞，預備倉卒，庶幾社稷有安全之理。不然，日復一日，後將噬臍，此臣所以食不下咽而一夕不能安也。」秦檜見之，大怒。御史中丞何若即奏：「浚建造大第，強占民田，殊失大夫省愆念咎之禮。居常怨恨，以和議非便，惟欲四方多事，僥倖再進，包藏禍心，爲害實大。望賜降黜，以爲臣子喜亂徇私之戒。」故有是命。

29 戊子，言者乞禁福建民間私藏軍器，帝曰：「此自有法，宜令民通知。若絕其源，則盜自不作矣。」

30 壬辰，提舉祕書省秦熺奉詔立定獻書賞格，詔鏤板行下：應有官人獻祕閣闕書善本及二千卷，與轉官，士人免解，餘比類增減推賞，願給直者聽。諸路監司守臣訪求晉、唐眞蹟及善本書籍準此。

31 八月，辛丑，築高禖壇。

初，監察御史王鉉，以上繼嗣未立，請行親祠高禖之禮。禮官言：「自祖宗以來，惟兩制侍祠，雖大唐月令、政和新禮有天子親饗之儀，而未嘗舉，乞命執政侍祠。」乃改築於圜丘之東，高咫而廣五倍。

32 詔訪遣（遺）書於西蜀，仍委逐路帥臣。

33 壬子，將作監邊知白權尚書戶部侍郎，右司員外郎周執羔權禮部侍郎。甲寅，以邊知白爲賀金國正旦使，武節郎兼閤門宣贊舍人孟思恭副之；周執羔爲賀生辰使，左武大夫、知閤門使宋錢孫副之。先是奉使者得自辟十人以行，賞典既厚，願行者多納金以請，執羔始拒絕之。

34 金以所敎神臂弓弩手八萬人討蒙古，連年不能克。是月，令汴京行臺尚書省事蕭保壽努（舊作奴。）與蒙古議和，割西平河以北二十七團寨與之，歲遺牛羊米豆，且册其長爲蒙古國王，蒙古不受。

35 九月，甲戌，端明殿學士、提舉萬壽觀兼侍讀何鑄爲大金國信使，賓德軍節度使、提舉萬壽觀邢孝揚副之，以迎請宗族故也。

36 丙申，詔：「武成王廟從祀諸將，升趙充國於堂，降韓信於廡下。」用祠部員外郎、權國子司業陳誠之請也。

37是月，劉豫死於金臨潢府。

38冬，十月，丁酉朔，新禮器成。戊戌，帝觀於射殿，宰執、侍從、臺諫、南班宗室、禮官、正刺史以上皆與觀，撞景鐘，奏新樂，用皇祐故事也。

39徽猷閣待制、提舉江州太平觀劉子羽卒，年五十。子羽在泉州，嘗獻時宜八事：論淮甸郡縣不必盡守故城，各隨所在，據險置寨，守以偏將；敵長驅深入，則我綴其後，二三大將浮江上下爲之聲援。論荊、襄宜合爲一路，置帥公安，益兵聚糧，爲戰守計。論三衙寡弱未振，宜益增禁衞。論守江宜輕戍江北，重戍江南。論舟船當講求訓練，使大艦利於控扼，小舟利於走集。論南兵剽悍可用，請別立統帥。論江、淮、陝、蜀之兵當互爲聲援。論募兵，請於荊、粵收集諸盜。後皆不行。

40十一月，庚午，言者論：「近來詩賦、經術，各以舊試人數分取，其間不無輕重。大抵習詩賦者多，故取人常廣；治經術者鮮，故取人常少。今若專以就試之人立定所取分數，則詩賦人常占十之七八，而治經術者止得十之一二，但恐寖廢經術之學矣。望命有司再加討論，如通經之人有餘，聽參以策論，圓融通取，明立分數，庶幾主司各有遵守。」帝曰：「當日行詩賦，爲士人不讀史。今若專用詩賦，士人不讀經。大抵讀書當以經義爲先，所論宜令禮部看詳以聞。」

41 癸酉，帝齋於文德殿。

42 丙子，合祀天地於南郊，始命普安郡王亞獻，恩平郡王璩終獻。是歲，備祭器，設八寶，如政和之儀。太史局令胡平言三台星見。禮畢，帝御行宮，赦天下。

43 庚辰，復置荆門軍當陽縣。

44 自建炎渡江，始廢御書院；癸未，詔復之。

45 癸巳，權尙書工部侍郎錢時敏移兵部侍郎，軍器監徐琛權工部侍郎。

46 十二月，己亥，彗出西南方；詔避殿，減膳。

47 辛酉，金使龍虎衞上將軍·會寧尹盧彥論、定遠大將軍·四方館伴使張仙壽，來賀來年正旦。

48 是歲，西夏尊孔子爲文宣帝。

紹興十七年金皇統七年。(丁卯、一一四七)

1 春，正月，己卯，詔曰：「朕惟軍興二十餘年，黎元騷動，故力圖罷兵以冀休息。今疆場無虞，流徙有歸，四境之內，舉獲安堵，朕心庶幾焉。尙慮監司、郡守不能深體朕意，致或刻削苛細，進獻羨餘，失朕愛民本旨。自今敢有違戾，仰御史臺彈劾，監司各許互察；部內犯而失按，必與併坐。布告中外，咸體朕意。」

2 左朝議大夫李椿年權尚書戶部侍郎。

3 癸未，金以西京鹿囿爲民田。

4 己丑，詔：「近免稅米，而所過尙收力勝錢，其除之，其餘稅則並與裁減。」帝因言：「薪麪亦宜免稅。商旅既通，更平物價，則小民不致失所矣。」

5 辛卯，左迪功郎陳介言：「國家頒降鄉飲酒儀式，而諸郡所行，疎數不同。請令三歲科舉之年，行之於庠序，卽古者三年大比飲酒於序之意也。」國子監言：「唐人亦止行於貢士之歲，宜依介所請；如願每歲舉行者，聽從其便。」從之。

6 壬辰，端明殿學士、簽書樞密院事李若谷參知政事，御史中丞何若爲端明殿學士、簽書樞密院事。

7 二月，乙未朔，右諫議大夫兼侍講汪勃試御史中丞。

8 甲辰，帝齋於內殿。時將祀高禖，乃以太師、尙書左僕射秦檜爲親祠使。

9 乙巳，帝親祠青帝於東郊，以伏羲、高辛配，普安郡王終獻。又祀簡狄、姜嫄於壇下，牲用太牢，玉用青，幣倣其玉之色，樂舞如南郊之制。禮畢，御端誠殿受賀。

10 己酉，封才人劉氏爲婕妤。

11 辛亥，改造殿前司寨爲瓦屋，用領都指揮使職事楊存中奏也。南渡初，諸營皆覆茅，焮火屢驚，故存中以爲請。

12 三月，丁卯，捧日天武四廂都指揮使、寧國軍承宣使、鄂州駐劄御前左軍統制牛皋卒。前一日，都統制田師中大會諸將，皋遇毒而歸，知其必斃，乃呼親吏及家人囑以後事，至是卒。或謂秦檜密令師中毒之，聞者莫不歎恨

13 乙酉，太師、尚書左僕射、魏國公秦檜，以郊恩徙封益國公，自是建旄、封國之在北者皆改命。時有請置益國公官屬者，檜雖不行，亦不加罪焉。

14 戊子，安民靖難功臣、太傅、醴泉觀使、淸河郡王張俊，移節靜江・寧武・靖海軍，揚武翊運功臣、太傅、醴泉觀使、咸安郡王韓世忠，移節鎭南、武安、寧國軍。

15 權尚書戶部侍郎邊知白，移吏部侍郎。

16 是月，金人與蒙古始和，歲遺牛、羊、米、豆、綿、絹之屬甚厚。於是蒙古長鄂羅貝勒（舊作熬羅勃極烈。）自稱祖元皇叔（帝），改元天興。金人用兵連年，卒不能討，但遣精兵分據要害而還

17 夏，四月，己亥，御史中丞兼侍講汪勃爲端明殿學士、簽書樞密院事。

18 甲寅，皇太后朝景靈宮。

19 戊午，金主宴羣臣於便殿。金主醉，以劍逼其弟元，使強飲。元懼而出，命左丞宗憲追

之，宗憲與俱去，乃命戶部宗禮跪於前，手殺之。

20 己未，詔責授清遠軍節度副使、吉陽軍安置趙鼎，遇赦永不檢舉。右修職郎石恎，追毀出身以來文字，除名勒停，特免真決，送潯州編管。

初，鼎貶潮州，守臣徐璋為之治第，且饋餉之。恎時為錄事參軍，數與鼎相見。及是恎代歸，而璋已卒，守臣左朝散大夫翁子禮發其事，下大理，鞫實。鼎坐不自省循，請託州郡借人鈔書，因令幹官顧湜囑恎供給書寫人，於是恎大收人戶鹽錢，節次應副使用，又受璋饋送八百餘緡，璋又盜官錢為鼎蓋造第宅，通計一萬餘緡，綢絹三千六百餘匹，故有是命。

21 五月，己巳，徽猷閣直學士、提舉江州太平觀洪晧，責授濠州團練副使、英州安置。晧丁內艱，既終喪，復丐請祠　於是直徽猷閣王洋知饒州，而左奉議郎陳之淵添差通判，二人與右承議郎、通判州事李勤積不相能。勤倖以訐進，告晧有欺世飛語，洋、之淵皆與聞之。殿中侍御史余堯弼，即奏晧造為不根之言，簧鼓衆聽，幾以動搖國是，請竄退裔，洋、之淵亦宜置之典憲，詔罷洋、之淵，而晧有是命。

22 金中京留守亮，召還京師，同判大宗正事，加特進。

23 辛巳，金主使龍虎衛上將軍・殿前右副都點檢完顏卞、寧遠大將軍・東上閤門使大蛙

〔珪〕，來賀天申節。

24 六月，癸巳朔，帝諭宰執曰：「臨安居民皆汲西湖，近來爲人撲買作田，種菱藕之類，沃以糞穢，豈得爲便！況諸庫引以造酒，用於祭祀，尤非所宜，可禁止之。」又曰：「沿江石岸，令速修之，遲則沖損害民，費工必倍。」

25 丁酉，金主殺横海軍節度使田瑴，左司郎中奚毅，翰林待制邢具瞻及王植、高鳳廷、王敬、趙益興、龔璹鑒等。

26 秋，七月，金以太白經天，曲赦畿內。

27 壬申，武泰軍節度使、知荆南府事劉錡提舉江州太平觀，從所請也。錡鎮江陵凡六年。

28 癸酉，敕令所奏：「諸遭喪應解官，而臨時竄名軍中，規免執喪者，徒三年；所屬知情而爲申請起復者，減二等。」先是帝數論大臣以爲有傷風教者，至是立法。

29 甲申，提舉太平觀張闡請老。帝曰：「此吾初年詞命之臣。」命以敷文閣待制致仕。

30 戊子，行宮〔營〕右護軍都統制吳璘，改充御前諸軍統制兼知興州。

31 八月，乙未，帝謂宰執曰：「朝廷於臨安不免時有所需，如御膳米，初以日供，今則月一取之，庶不緣此擾民也。」

32 癸卯，責授清遠軍節度副使趙鼎卒。

鼎在吉陽三年，故吏門人皆不敢通問。廣西經略使張宗元時遣使渡海，以醪米饋之。秦檜令本軍月具鼎存亡申尚書省，鼎知之，遣人呼其子汾，謂之曰：「檜必欲殺我，我死，汝曹無患，不爾，誅及一家矣！」乃不食而卒，年六十三。四方聞之，有泣下者。

33 乙巳，直祕閣、知臨安府沈該爲尚書禮部侍郎，權工部侍郎趙不棄充敷文閣待制、知臨安府。丙午，召龍圖閣學士、知紹興府詹大方爲工部尚書。戊申，以該爲賀大金正旦使，閤門宣贊舍人蘇曄副之；大方爲賀生辰使，閤門宣贊舍人容肅副之。

34 己未，寶文閣學士王㬇提舉萬壽觀。

㬇知平江府，以疾請奉祠，而兩浙轉運判官湯鵬舉奏其應辦國信，每事豐腆，並無遺闕，乃有是命。㬇至行在數日卒，贈右銀青光祿大夫，賜銀絹五百匹兩，例外官子孫一人，官給葬事。

35 九月，乙丑，戶部具到諸路月椿〔椿〕錢數。帝曰：「科斂之煩，富者猶不能堪，下戶何所從出！若計諸州羨餘以減月椿錢，誠寬民力。」

36 甲戌，右朝散郎、直祕閣呂摭，除名，梧州編管。

秦檜追恨頤浩不已，使台州守臣曹惇求其家陰事。會摭妻姜氏告摭烝其庶弟之母，送獄窮治，摭懼罪陽瘖，乃以衆證定罪，於是一家破矣。

37丙子，資政殿學士、四川宣撫副使鄭剛中罷。
先是殿中侍御史余堯弼，劾「剛中天資凶險，敢爲不義，專與異意之徒合爲死黨。妄用官錢，縱使游士搖脣鼓舌，變亂黑白。四川都轉運司，蓋總四路財計以贍軍須（須）也，俾乘間上書，併歸宣司，則是制軍、制食通而爲一，雖密院、戶部不得如此，祖宗維持諸路之計，於此掃地。不知剛中封靡自植，欲以何爲？總領司建置之意，蓋與諸路一體，剛中怒形於色，不欲總司舉置（職），朝廷不得已爲之易置，則又揚言以爲己能。自古跋扈藩鎮敢如此否？」章未報，堯弼又奏剛中奢僭、貪饕、妄作威福、罔上不忠、敗壞軍政五罪，乃有是命，仍令剛中於鄂州聽旨，其隨行軍實，令湖廣總領所交割，具數中省，軍兵令都統制田師古拘收，押還本司。
38是月，金主出獵至陰山之北，遂至西京。
太保、右丞相宗固薨，以都元帥宗弼爲太師、領三省事，都元帥、領行臺尚書省事如故。以平章政事完顏勖爲左丞相兼侍中，都點檢宗賢爲右丞相兼中書令，行臺右丞相劉筈、左丞蕭仲恭爲平章政事，李德固爲尚書右丞，祕書監蕭肄爲參知政事。
39冬，十月，辛卯朔，日有食之。【考異】金史不書，今從宋史。
40癸卯，詔建太一宮於行在。自駐蹕以來，歲祀十神太一於惠照僧舍。言者以爲未稱欽崇之意，乃作宮焉。

41 甲辰，秦檜進呈殿前、馬、步三司管軍扈衞十年，取旨推恩。帝曰：「往日將帥出戰立功，時有遷轉。今休兵日久，如已建節者，固不較計，其他豈無陞進之望！當有以繫其心，且使後來者知勸。」

42 丁未，詔：「太常少卿歲以春秋二仲薦獻紹興府園陵攢宮，季秋令監察御史按視。」

43 己酉，少保、寧遠軍節度使、領殿前都指揮使職事楊存中爲少傅，以扈衞十年推恩也。

44 壬子，金平章行臺尚書省事奚寶卒。

45 十一月，丁卯，權禮部侍郎周執羔，請復賜新及第進士聞喜宴於禮部貢院，從之。

46 癸酉，金以工部侍郎布薩達蔓舊作僕散大蠻，今改。爲御史大夫。

47 乙亥，左奉議郎洪适、右朝散郎·通判濠州曾恬並罷。适通判台州，與守臣曾惇（恬）不相能。恬，公亮孫也，爲大宗正丞。秦檜專政，士方求媚以取要官，而恬自守無所詘。殿中侍御史余堯弼，論适姦險強暴，得自家傳，在台州貪墨踰濫；恬縱脫不檢，自謂趙鼎門人，常懷怨望，遂黜之。既而恬又坐擅興工役貶秩。

48 己卯，金主命減常膳羊豕五之二。

49癸未，金以尚書左丞宗憲爲行臺平章政事，以同判大宗正事亮爲尚書左丞。

50是月，金主復歸上京。

時右丞亮務攬權柄，用其心腹爲省臺要職，引蕭裕爲兵部侍郎。一日，因召對，語及太祖創業艱難，亮嗚咽流涕，金主以爲忠。

51十二月，丁未，敎武郎、閤門祗候張昂充東南第十四將。

52甲寅，資政殿學士鄭剛中，落職，提舉江州太平興國宮，桂陽監居住。

先是殿中侍御史余堯弼，再論：「剛中抗命偃蹇，遲留不行。四川自建炎之後，惟知宣撫之尊，蓋以去朝廷遠，能自立威福故也。方今中興總攬權綱之時，而剛中乃爾怙權傲慢，請亟賜竄責，以爲臣子不忠之戒。」右正言巫伋復論剛中四罪，以爲：「騶導僭於乘輿，賄賂溢於私帑，暴無名之斂以重困吾民，告不根之謗以恐動遠俗。既被召命，不卽引道，而密遣爪牙，窺伺朝政。」故有是命。

53丙辰，金主使金吾衞上將軍·殿前左副都點檢完顏宗藩、安遠大將軍·充東上閤門使吳前範，來賀來年正旦。

54戊午，金參知政事韓昉罷，以兵部尚書秉德爲參知政事。

55金主未有子嗣，而皇后妒忌，羣臣莫敢言。右丞相宗賢，勸金主選後宮以廣繼嗣，金主乃遣使挾相士，下兩河諸路選民間室女，得四千餘人，皆令入宮。宗賢於皇后爲母黨，后專政，宗賢未嘗依附，論事無顧忌，后以此怨之。

56是歲，夏改元天盛。策舉人，始立唱名法。

續資治通鑑卷第一百二十八

賜進士及第兵部尚書兼都察院右都御史總督湖北湖南等處地方軍務兼理糧餉世襲二等輕車都尉畢沅編集

宋紀一百二十八 起著雍執徐（戊辰）正月，盡上章敦牂（庚午）三月，凡二年有奇。

高宗受命中興全功至德聖神武文昭仁憲孝皇帝

紹興十八年 金皇統八年。（戊辰、一一四八）

1 春，正月，甲子，以永祐陵近在會稽，準先朝故事，春秋二仲以太常少卿薦獻，季秋則御史按視。

2 丁丑，左承議郎張闡添差通判泉州。自秦檜專國，朝士爲所忌者，終身以添倅或帥幕處之，未嘗有爲郡者。

3 二月，乙未，參知政事段拂罷，爲資政殿學士、提舉江州太平興國宮。以殿中侍御史余堯弼、右正言巫伋奏劾之也。章再上，尋落職，興國軍居住。

4 簽書樞密院事汪勃兼權參知政事。

5 壬子，右承事郎、監登聞鼓院徐璉面對，言：「自昔帝王必有佐命之臣，功銘鼎彝，侑食清廟，以勸萬世。國家遠稽三代，肇造原廟，凡在佐命輔弼，皆繪像廟廷，以示報功之意。陛下紹開中興，復崇原廟，如祖宗之制，而累朝配饗輔弼不過十餘人，今其家之子孫，必有繪像存焉，望詔有司訪求，摹於景靈宮廷之兩壁。」詔禮部討論。

6 乙卯，金主如天開殿。

7 三月，壬申，名行宮之南門曰麗正，北門曰和寧。

8 時殿前招軍，多誘致鄉民及負販者。丁丑，命川中大將吳璘、楊政招流民之失所者，遣發以補其額。

9 壬午，資政殿大學士、提舉萬壽觀兼侍讀秦熺知樞密院事。

秦檜問敕令所删定官胡寧曰：「兒子近除，外議如何？」寧曰：「外議以爲相公不必襲蔡京之迹。」寧，安國子也。

10 乙酉，詔：「私擅渡淮及招納叛亡之人，並行軍法。」後詔：「津載及巡防人故縱，與同罪；失察者，減一官。」

11 夏，四月，戊子朔，日有食之。

12 庚寅，策試正奏名進士於射殿，王佐以下三百三十人賜及第、出身。

13庚子，左中大夫、知樞密院事秦熺罷，爲觀文殿學士、左通奉大夫、提舉萬壽觀兼侍讀、提舉祕書省。熺言：「父子共政，理當避嫌。」故有是命。仍詔熺應干請給，並依見任宰臣例，立班左右僕射之次。

14辛丑，金遣參知政事秉德廉察官吏。

15乙巳，特奏名進士俞舜凱等四百五十七人，武舉進士柯燕等七人，特奏名一人，賜第、授官有差。

16庚戌，金主至自天開殿。

17先是金命修遼史，甲寅，告成。

18五月，辛酉，權禮部侍郎兼直學士院沈該言：「國家秉火德之運以王天下，望用故事，卽道宮別立一殿，專奉火德，配以閼伯而祀以夏至。」從之。後建殿於太一宮，名明離。

19甲子，繪配饗功臣像於景靈宮廷之壁，皇武殿趙普、曹彬，大定殿薛居正、石熙載、潘美，熙文殿李沆、王旦、李繼隆，美成殿王曾、呂夷簡、曹瑋，治隆殿韓琦、曾公亮，大明殿富弼，重光殿司馬光，承元殿韓忠彥，凡十有六人。

20丙子，金主使龍虎衞上將軍·會寧尹蕭秉溫、昭武大將軍·充東上閤門使申奉顏，來賀天申節。始宴射於玉津園，自是遂爲故事。

21癸未，保信軍節度使、龍神衞四廂都指揮使、添差兩浙東路馬步軍副都總管李顯忠，落軍職，除〔降〕授平海軍承宣使、提舉台州崇道觀，本州居住。

先是金使嘗言顯忠私遣過界，詔令分析。會顯忠上恢復之策於朝，秦檜怒，乃奏顯忠不遵稟聞，正〔止〕用申狀，故有是命。

22六月，癸巳，帝謂大臣曰：「每歲決獄，聞憲臣第遣屬官代行，徒爲文具。可令親往所部，具所決名申尚書省。」

23詔：「自今嘗於僞楚明受僞命之人，不得輒至國門。」

時左從事郎廉布入都調官，右正言巫伋言：「布乃張邦昌之壻，覆載所不容，而無忌憚若此，望賜處分。」故有是旨。

24庚子，命監司、郡守約束縣令，無使非理擾民。

25甲辰，用太常寺主簿兼權祕書省校勘書籍林大鼐議，始祀九宮貴神於東郊。壇二成，高三尺，方十有二尺。上爲小壇九，縱廣皆八尺，高尺有半。歲春秋二仲祀以少牢，禮如感生帝。

26乙巳，敷文閣待制、知臨安府趙不棄守尚書工部侍郎。

27丙午，賢妃潘氏薨。妃，元懿太子母也。

28 乙卯，金以平章政事蕭仲恭爲行臺左丞相，以左丞亮爲平章政事，以都點檢唐古辨（舊作唐括辨。）爲尚書左丞。

29 秋，七月，乙丑，右朝奉大夫、新江西轉運判官賈直清，請於縣官中以有出身人兼縣學教導，帝謂大臣曰：「州縣選官教導，乃教化本原，將來三年科場，亦有人材可備采擇。」乃令禮部參酌，如所請。

30 知臨安府湯鵬舉請修淮、浙沿流皇華使館，從之。

31 乙亥，金御史大夫布薩達曼（舊作僕散大鸞。）罷，以侍衛親軍都指揮使阿魯岱（舊作阿魯帶，今改。）爲御史大夫。

戊寅，以尚書左丞唐古辨奉職不謹，杖之。

32 八月，癸巳，權禮部侍郎沈該，乞四川類省試合格不赴殿試人，第一等並賜進士出身，餘人同出身，從之。

33 丙申，端明殿學士、簽書樞密事汪勃罷。

勃爲言者所攻，以親老，乞歸養。詔依舊職，提舉江州太平興國宮。

34 丁酉，工部尚書詹大方爲端明殿學士、簽書樞密院事，尋權參知政事。

35 戊戌，金監修國史、太師宗弼等進太祖實錄。

36 庚子，金以尚書左丞相勖領行臺尚書省事，以右丞相宗賢爲太保、尚書右丞相。丙午，以行臺左丞相蕭仲恭爲尚書左丞相。

37 癸丑，刑部尚書兼權吏部尚書周三畏罷。以侍御史余堯弼論其兼領二曹，一切要譽，歸怨朝廷也。

38 甲寅，國子司業陳誠之權尚書吏部侍郎。

39 大理寺〔卿〕韓仲通權刑部侍郎。

40 閏月，庚申，親衞大夫、忠州刺史、鄂州駐劄御前選鋒軍同副統制梁興卒。興自太行山率其徒奔岳飛於江夏，從軍凡十年。

41 金宰臣以西林多鹿，請金主出獵，金主恐害稼，不允。

42 丙寅，金太廟成。

43 戊辰，權禮部侍郎陳誠之，請太學生入學五年不與薦及公試不入等者，除其籍，從之。

44 壬申，命起居舍人王墨卿、武經大夫・惠州刺史・閤門宣贊舍人蘇華賀金主正旦，權尚書禮部侍郎陳誠之、武經大夫・吉州刺史・權知閤門事孟思恭賀生辰。

45 乙酉，詔：「自今奉使下三節人過界，與北人博易者，徒二年；使、副不覺察，與同罪。」

46 初，福建路自創奇兵，虔、梅草寇不敢復入境，至是悉平。詔以巡檢陳敏以所部奇兵四百及汀、漳戍兵之在閩者並爲殿前司左翼軍，卽以敏爲統制官，留戍其地。

神武中軍，舊止三部，自楊存中職殿前，始增爲五軍，又置護聖、踏白、選鋒、策選鋒、游奕、神勇、馬步凡十二軍。時江海之間，盜賊間作，乃分置諸軍以控制之，如泉之左翼，循之擢鋒，明之水軍，皆隸本司，總七萬餘人。由是殿前司兵籍爲天下冠。存中又制諸軍戎仗，以克敵弓雖勁，而士病蹶張之難，乃增損舊制，造馬黃弩，制度精密，彼一矢未竟而此三發矣。

47 九月，甲辰，侍御史兼崇政殿說書余堯弼試御史中丞。

48 丙午，端明殿學士、簽書樞密院事詹大方薨。

49 丁未，右司諫兼崇政殿說書巫伋試右諫議大夫。

50 丙申，金尚書左丞唐古辨罷；以左宣徽使稟爲尚書左丞。

51 冬，十月，丙辰，御史中丞兼侍講余堯弼爲端明殿學士、簽書樞密院事兼權參知政事。

52 辛酉，金太保、領三省事、都元帥、越國王宗弼薨，後謚忠烈。【考異】宗弼之歿，繫年要錄作皇統五年，今從金史紀、傳。

53 十一月，乙酉朔，祕書少監張杞，言感生帝之祀，尚寓招提，祭以酒脯，請復用牲、玉，升爲上祀，從之。

54乙未，金左丞相宗賢、左丞禀等，言州縣長吏當並用本國人，金主曰：「四海之內，皆朕臣子，若分別待之，豈能致一！諺不云乎：『疑人勿使，使人勿疑。』自今本國及諸色人，量才通用之。」

55己亥，新州編管人胡銓移吉陽軍編管。

先是秦檜嘗於一德格天閣下書趙鼎、李光、胡銓三人姓名。時鼎、光皆在海南，廣東經略使王鐵問右承議郎、知新州張棣曰：「胡銓何故未過海？」銓嘗賦詞云：「駕巾車歸去，有豺狼當轍。」棣即奏銓不自省循，與見任寄居官往來唱和，怨望朝廷，鼓唱前說，殊無忌憚，於是送過海編管。

棣選使臣游崇部送，封小項筒過海。銓健步赴貶，人皆憐之。至雷州，守臣王趯，廉得崇以私茗自隨，械送獄，且厚餉銓。時諸道望風捃摭流人，以爲奇貨，惟趯能與流人調護，海上無薪粲百物，趯輒津置之，其後卒以此得罪。

56辛丑，金以尙書左丞相宗賢爲左副元帥，以平章政事亮爲尙書左丞相兼侍中，以參知政事秉德爲平章政事。

57丁未，龍神衞四廂都指揮使、邕州觀察使董先，添差兩浙西路馬步軍副都總管，平江府駐劄。

初，岳飛既死，先自武昌召還，爲步軍司統制。先與管軍趙密不協，於是離軍，領（殿）前都指揮使職事。（楊存中憐其才，賮遺甚厚。）

58 庚戌，金左副元帥宗賢，復太保、左丞相，左副元帥如故。

59 十二月，乙卯朔，復連州連山鎮爲縣。

60 金以右丞相蕭仲恭爲太傅、領三省事，以左丞相亮爲尚書右丞相。

61 丁卯，布衣孫堯佐上書，乞嗣安定郡王與濮王之封，詔大宗正司具名聞奏。

62 己巳，大理評事莫濛，言四方之民，雲集二浙，百倍常時，而河渠爲甚急，宜命守臣因農之隙，濬其堙塞。庚午，帝諭大臣曰：「可使漕臣募夫濬治，因以濟接飢民，則公私兩利矣。」

63 壬申，宰執進呈經界事訖。帝曰：「諸州月樁錢，昨已例減，要當盡行除罷。」秦檜即諭戶部侍郎李椿年、宋貺以經總錢措置贍軍。

64 乙亥，金以左丞相宗賢爲太師、領三省事、兼都元帥。

65 庚辰，金遣金吾衞上將軍·殿前右副都點檢召守忠、昭武大將軍·同知宣徽院事劉君詔，來賀來年正旦。

66 先是金左丞相亮之爲中京留守也，與明安（舊作猛安。）蕭裕善。裕傾險敢決，亮每與論天下事，裕揣亮有覬覦心，密謂亮曰：「先太師（謂宗幹。）爲太祖長子，德望如此，人心天意，宜有所屬。公誠有志舉大事，願竭力以從。」亮喜之，數相薦引，由兵部侍郎遷同知南京留守，改北京同知留守事。

時金舊臣宗弼既歿，皇后益攬事權。奚人蕭肄，有寵於金主，復諂事皇后，恣行不法。亮內蓄逆謀，無所顧畏。尚書省令史高懷貞素與亮狎昵，亮嘗與各言所志，亮曰：「吾志有三：國家大事，皆自我出，一也；帥師伐國，執其君長，問罪於前，二也；得天下絕色而妻之，三也。」由是小夫、佞人皆知其志。

67 是歲，夏復建內學，選名儒主之。增修律成，賜名曰新律。

紹興十九年 金皇統九年；十二月，改天德元年。（己巳、一一四九）

1 春，正月，甲申朔，帝以太后年七十，卽宮中行慶壽禮。

2 丁亥，詔信陽軍撥隸淮西。

3 己丑，北使召守忠等辭行，置酒垂拱殿。時在上辛祈穀致齋之內，禮官援治平故事請用樂，從之。自是以爲例。

4 戊戌，金太師、領三省事、都元帥宗賢罷。以領行臺尚書省事勖爲太師、領三省事，以同判大宗正事充爲尚書左丞相，亮兼元帥。

亮生日，金主使近侍大興國賜物，皇后亦有所附賜，金主知之，不悅，杖興國百，追還其賜物。亮由此愈不自安。充，宗幹長子也，尋薨。

5丙午，金以右丞相亮爲左丞相，以判大宗正事宗本爲尚書右丞相，以左副元帥宗敏爲都元帥，以南京留守宗賢爲左副元帥兼西京留守。己酉，宗賢復爲太保、領三省事。

6二月，甲寅，金以會寧牧唐古辨復爲尚書左丞，以尚書左丞稾爲行臺平章政事。

7甲子，復置雷州遂溪縣。

8庚辰，帝謂輔臣曰：「每歲市馬，悉付鎭江王勝軍而未見孳生之數；宜分送諸軍，仍立賞罰。」於是歲發川馬二百匹進御，而以四千匹付江上諸軍，鎭江、建康、荆、鄂軍七百五十，江、池軍各五百，又以秦馬三千五百付三衙，殿前司千五百，馬、步各千。自是歲爲定例。

9三月，癸未朔，日有食之，陰雲不見。帝不視事，百官守職，過時乃罷。

10甲申，詔：「皇太后慶壽，親屬各進官一等，慈寧殿官推恩有差。」

11庚子，帝諭大臣曰：「淮甸久平，宜加經理。民復業者，令守令多方卹之，使盡力田畒，數年後方可起稅。」

12辛丑，金以尚書右丞相宗本兼中書令，以左丞相亮爲太保、領三省事。亮益求名譽，引用勢望子孫，結其歡心，金主不悟。

13甲辰，詔責授濠州團練副使、復州安置鄭剛中，許用議減，特免禁錮，移封州安置。

初，秦檜怒剛中不已，捕其子右承務郎良嗣，與將吏賓客卽江州同繫，遣大理寺丞湯允恭、太府寺丞宋仲堪往鞫其事，掠治無全膚。獄成，剛中坐任四川宣撫副使日，被旨收捉過界偸馬盜賊，全不遵奉，凡事干邊界，常是懷姦異議，陰與見罪籍人符合交通，沮害國事；又，輒違朝命，出賣度牒，收錢五十五萬餘緡；又，專輒起置錢監鑄錢，擅便支使；及違法請過供給廚食等錢一萬三千餘緡入己；剛中欲併都轉運司入宣司，遂將錢物贈移士人，令赴行在上書開陳，既併運司，違法私使過錢十二萬餘緡；及有詔置總領錢糧官，剛中不喜，豫作緣故，收樁隱匿，計四千餘萬緡；又欲歸怨朝廷，乃說諭統兵官，令爲總領，盡數交併錢物，無可送遣；及被旨令赴行在，乃忿怒遷延，收匿劄子，不卽起發，多帶官物，在路妄用；法當死，特有是命。良嗣貸死，送柳州。右朝請郎張漢之，嘗主管宣撫司機宜文字，坐依隨剛中，亦除名，送賓州編管。右奉議郎趙士禡，嘗通判荆南府，坐不卽拘收剛中隨軍錢物，特除名。右武大夫、開州刺史、御前中部統領官張仲，亦坐依隨剛中，追橫行一官，勒停，送本軍自効。卽日擢充（允）恭尚書刑部員外郎，仲堪倉部員外郎。

剛中至貶所，守臣左朝請郎趙成之希檜意，每窘辱之，剛中竟卒於貶所。

14夏，四月，乙卯，權禮部陳誠之，權知閤門事孟思恭，賀金主生辰還。秦檜白帝曰：「大金書詞丁寧，盟好甚切。」帝曰：「此番待奉使愈周至，館舍極宏壯，思恭等所得馬亦皆士駟，可知其永好之意也。」

15戊辰，日左右生青赤黃珥，太白犯月。金國太史言不利於君，大臣將作亂。壬申，金京師大風雨，雷雹震壞寢殿鴟尾。有火入金主寢殿，燒幃幔，金主趨別殿避之。丁丑，有龍鬭於利州楡林河水上，大風壞民居、官舍，瓦木人畜皆飄十數里，死傷者數百人。

16五月，甲申，創太廟齋殿。

17乙酉，戶部員外郎周莊仲請復蜡祭之禮。其禮，東西方百神視感生帝，南北方視岳瀆，皆以臘前一日祭之。

18戊子，金殺翰林學士張鈞。

時金主以天變，欲下詔罪己，命鈞視草。鈞意謂奉答天戒，當深自貶損，其文有曰「惟德弗類，上干天戒」及「顧茲寡昧，眇予小子」等語。參知政事蕭肄素惡鈞，乃譯奏曰：「弗類，是大無道。寡者，孤獨無親；昧者，弗曉人事；眇者，目無所見；小子，嬰孩之稱。此漢人託文字以詈主上也。」金主大怒，命衞士拽鈞下殿，搒之百，不死，以手劍𢿫（剺）其口而醢之。賜肄通天犀帶。

是日，曲赦上京囚。

金主問羣臣曰：「張鈞誹訕，誰使爲之？」左丞相宗賢曰：「太保實然。」金主不悅。庚寅，出太保亮領行臺尚書省事。

亮道過北京，謂同知留守事蕭裕曰：「我欲就河南建立位號，先定兩河，舉兵而北，君爲我結諸明安以應我。」定約而去。

19 庚子，金主使龍虎衞上將軍·殿前左副都點檢唐括德溫、昭武大將軍·四方館使高居安，來賀天申節。

20 六月，辛亥朔。故事，宗廟時祀，以宗室觀察使以上充初獻，刺史以上充亞獻、終獻。其後以宗室數少，乃請初獻以防禦使以上，亞、終獻以遙刺以上。至是正任止三人，壬子，大宗正司請權以遙團以上充初獻，將軍以上充亞獻，許之。

21 己未，金以都元帥宗敏爲太保、領三省事兼左副都元帥，左丞相宗賢兼都元帥。

22 辛酉，右朝奉郎朱同知南雄州，代還，言嶺南無醫，凡有疾病，但求巫祝鬼，束手待斃，請取古今名方治瘴氣者集爲一書，頒下本路，從之。

23 秋，七月，辛巳，左中奉大夫楊愿知舒州，代還，請戒監司、守臣修水利，詔付戶部。帝曰：「平江隄堰不修，歲輸米比舊虧十萬斛。臨安西湖，民間灌溉所資，其利不細，歲久亦壞汙，宜悉令修治。」

24 八月，庚戌朔，昭信軍承宣使、鎭江府駐劄御前諸軍統制王勝卒，謚毅武。

25 癸丑，復泰州興化鎮爲縣。

26 庚申，金以劉筈爲司空，行臺右丞相如故。

宰臣議徙遼陽、渤海之民於燕南，從之。侍從高壽星等當遷，訴於皇后，后以白金主。金主怒議者，杖平章政事秉德，殺郎中蕭哈。（舊作三合。）

27 辛酉，宗正寺丞王葆言：「國家設法，應女戶、單丁與夫得解舉人、太學生並免丁役，蓋本先王仁先孤寡，貴肄多士之意。頃議者歷陳丁役之弊，遂有募人充役指揮。臣謂進納雜流之人，物力高強，雖係單丁，自應僱募，至若前項三色亦令僱募，似爲矯枉之過。且女戶而無子孫，與雖有子孫而年在幼弱，皆窮民之無告者，若遽使當力役之事，則公私所費，必倍於豪強。故昨來指揮，寡婦有男爲僧、道成丁者，並許募人充役，正恐姦民旋行規避爾。今州縣之間，舞文以虐無告，則或指（遠適之緇黃爲某氏之子孫，初不以存亡爲別也，因使）寡婦守志者，不免於執役困悴之患，其勢迫而行者，家貲產業或破壞於役（後）夫之手，是豈朝廷勤恤民隱之本心乎！得解舉人名已登於天府，今乃同籍於役人；太學生身已隸於上庠，今乃心累於執役。是二者，其家或有兼丁，則力役自不妨充募，若乃單孑一身而奮身庠序者，不得自別於齊民，甚非陛下仁先孤寡、貴肄多士之意。望特詔有司重加省定，庶幾孤寡得所而士知愛重。」帝曰：「單丁、女戶，舊法免差役，後以許免者多，有司遂有僱募之請。

宜令戶部詳其的確利害來上。」葆，崑山人也。既而本部請女戶無子及得解舉人、太學生單丁，並免身役，即特旨及因恩免解人，聽募人充役，官司毋得追正身，從之。

28丙寅，太常少卿張杞充大金賀正旦使，武節大夫、和州團練使、知閤門事趙述副之；直祕閣、知臨安府湯鵬舉守司農卿，充賀生辰使，右武大夫、吉州刺史、帶御器械石清副之。通好後，以庶官出疆自此始。

29甲戌，詔以景靈宮繪像功臣之副藏於天章及祕閣，復故事也。

30九月，辛卯，惠州刺史、知閤門事宋鑁充大金賀正旦副使，以趙述疾告也。

31丙申，金復以領行臺尚書省事亮爲平章政事。

亮行至良鄉，召還，未測金主意，大恐。既至，金主復任之，而亮逆謀益切。

初，左丞唐古辨，右丞相秉德，以被杖怨金主，與大理卿烏達舊作烏帶，今改。謀廢立，烏達以告亮。他日，亮與辨語及廢立事，曰：「若舉大事，誰可立者？」辨曰：「其胙王元乎？」問其次，曰：「鄧王子阿林。」舊作阿楞，今改。亮曰：「阿林屬疎，安得立！」辨曰：「公豈有意耶？」亮曰：「果不得已，舍我其誰！」於是日夕相與密謀。

護（左）衞將軍特斯舊作特思，今改。疑之，以告皇后曰：「辨等每竊竊私議，竊疑之。」后以告金主。金主怒，召辨謂曰：「爾與亮謀何事？將如朕何！」杖之，餘釋不問。

32戊戌，金以右丞相宗本爲太保、領三省事，以左副（元）帥宗敏領行臺尚書省事，以平章政事秉德爲尚書左丞相兼中書令，以司空劉筈爲平章政事。

33庚子，金以御史大夫宗甫參知政事。

34金平章政事亮，以胙王元有人望，欲除之。會河南軍士孫勝（進）自稱皇弟阿禪舊作按察，今改。大王，金主疑皇弟二字或在元也，使特斯鞫之，無狀。亮怨特斯泄其謀，而知金主有疑元心，乃上言：「孫進反有端，不稱他人，乃稱皇弟大王。陛下弟止有元及扎拉舊作查剌，今改。耳，特斯鞫不以實，故出之。」金主以爲然，使唐古辨、蕭肄按問特斯，特斯自誣服故出元罪。十月，金主殺其弟北京留守胙王元、安武軍節度使扎拉及左衞將軍特斯。亮乘此擠阿林，殺之。阿林弟達蘭，舊作撻楞，今改。金主本無意誅之，亮曰：「其兄既已伏誅，其弟安得獨存！」又殺之。金主以亮爲忠，益信任之。遂降詔大赦。

35丙辰，右承議郎、知新州張棣提舉荆湖北（路）常平茶鹽公事，以其再劾胡銓也。至官一日卒。

時責授濠州團練副使洪皓在英州，閩人右承務郎倪謍爲守。謍老矣，內無奧主，聞棣以巧中遷客取使節，欲效之，即使兵馬都監伺其隙，捕皓家奴置獄中，醸成其罪。未及發而謍死，事乃解。

36降授文州刺史辛永宗，勒停，送肇慶府編管。永宗爲湖南馬步軍副總管，居郃州。永宗以嘗立軍功，給眞俸。守臣右朝散郎石稽中，知永宗爲秦檜所惡，劾其冒請全俸，當計以贓，請下守臣閱實。稽中先以計取永宗所受御劄送檜矣，永宗由是不能自明，詔稽中依條追理。稽中選郡僚之苛刻者籍其家，一簪不得留。既而稽中語其僚曰：「前赴其家宴集，以一器酌壽，今此器不見，豈隱之耶？」其殘刻如此。

37己巳，初復諸陵殲宮薦新之禮，用太常博士晉陵丁婁明請也。

38癸酉，金以翰林學士完顏京爲御史大夫。

39金皇后費摩舊作裴滿，今改。氏專政，性妬忌，挾制金主，故金主多以忿怒殺人。十一月，金主以積忿殺后，召胙王妃薩摩舊作撒卯，今改。入宮。既而又殺德妃烏庫哩舊作烏古論，今改。氏、瓜勒佳舊作夾谷，今改。氏、張氏，於是宮中近侍皆懼矣。

40辛卯，帝親饗太廟，至櫺星門，降輦，步趨齋殿，虛小次不入。壬辰，合祀天地於南郊，大赦。

41甲辰，詔諸郡行鄉飲酒之禮以取士。

先是司農卿湯鵬舉言：「舉人多冒貫求試，請于未下科詔前，令州縣長吏籍定來歲當應舉人名，州縣學職事覆實，申教授預先引保，委無僞冒，然後許赴鄉飲酒。若臨時投狀射保者，並不收試。」事下禮部。至是頒行焉。

42 金主出獵。　十二月，己酉朔，還京。

43 壬子，軍器監王會權尚書兵部侍郎。

44 金平章政事亮，與其黨既定逆謀，欲得護衞圖克坦額埒楚克、舊作徒單阿里出虎，今改。布薩思恭、布薩，舊作僕散，今改。思恭，一名呼圖，舊作忽土。近侍局直長大興國爲內應。亮先以女許字額埒楚克之子，而思恭微賤時爲宗幹所周卹，擢置宿衞，亮知其懷舊恩，密謂之曰：「我有一言欲告君久矣，恐洩於人，未敢也。」思恭曰：「肌肉之外，皆先太師所賜。苟有補於大王，死不敢辭。」亮曰：「主上失道，吾將行廢立，必得君爲助乃可。」思恭許之。亮復以告額埒楚克，額埒楚克素凶暴，聞之甚喜，曰：「何不早告我！廢立之事，亦男子所爲。主上不能保天下，人望所屬，惟在阿家。今日之謀，乃我素志也。」

亮既結護衞，而金主所親信惟大興國，未嘗輕去左右，每逮夜，金主就寢，興國時從主者取符鑰歸家，主者卽以付之，聽其出入以爲常。先時興國嘗薦羅卜藏舊作李老僧，今改。於亮，亮用爲令史，乃使羅卜藏結興國。既而知其可與謀，乃邀至臥內，令解衣，欲與之俱臥，意有所屬者。興國固辭不敢，曰：「卽有使，惟大王之命。」亮曰：「主上無故殺胙王元，又殺皇后，乃以元財賜阿蘭，既又殺阿蘭，遂以賜我，我深以爲憂。」興國曰：「是固可慮也。」亮曰：「朝臣且〔旦〕夕危懼，皆不自保。向者我生日，因皇后附賜物，君遂被杖，我亦見疑，主上嘗言會須殺君，我與君皆將不免。寧坐待死，何如舉大事？我與大臣數人計已定矣。」興國曰：「如大王言，事不可緩也。」乃約以初九日起事。

丁巳夜，布薩思恭、圖克坦額埒楚克內直，亮及其妹夫圖克坦貞（舊作徒單。）及秉德、烏達、（已見16頁。）等會於唐古辨家。辨因置饌，衆皆恇懼不能食，辨獨飽食自若。二鼓，興國竊符，矯詔開宮門召唐古辨，守門者以辨爲金主之駙馬，不疑，內之，亮等懷刃隨入。及殿門，衞士覺其異，辨等抽刃劫之，莫敢動。至寢殿，金主聞步履聲，咄之，衆皆卻立。思恭曰：「事至此，不進得乎！」乃相與排闥而入。金主索榻上常所置佩刀，已爲興國先取投榻下矣。額埒楚克先持刃進弒，思恭次之，金主仆，亮復刃之，血濺其面及衣。

秉德意尙未有所屬，思恭曰：「始者議立平章，今復何疑！」乃奉亮坐衆前，稱萬歲。詐以金主將立后召諸王、大臣，曹國王宗敏聞召，懼不敢往，葛王褎曰：「叔父今不及往，明日如何相見？」宗敏入宮，亮欲殺之，尙猶豫，以問左右，烏達曰：「彼，太祖子也，不殺之，衆人必有異議。」乃使思恭刃擊宗敏，左右走避，膚髮血肉，狼籍徧地。葛王見宗敏見殺，問曰：「曹王何罪而死？」烏達曰：「天許大事，尙已行之，此蟣蝨爾，何足道哉！」宗賢聞召，謂人曰：「主上必欲立胙王妻爲后，我當力爭之。」既至，被執，猶以爲立后事，曰：「誰能爲我言者？我死固不足惜，獨念主上左右無助耳。」

亮既卽位，廢前主爲東昏王，以秉德爲左丞相兼侍中，以左副元帥唐古辨爲右丞相兼中書令，以烏達爲平章政事，布薩思恭爲左副點檢，以圖克坦額埒楚克爲右副點檢，圖克坦貞爲左衞將軍，大興國爲廣寧尹。於是自太師、領三省事完顏勖等二十人，進爵增職各有差。

45 己未，金大赦，改皇統九年爲天德元年。賜秉德等錢、絹、牲畜有差。

46 金主召參知政事蕭肄，詰之曰：「學士張鈞何罪被誅？爾何功受賞？」肄不能對。金主曰：「朕殺汝不難，人或以爲報私怨也。」於是除名禁錮。

47 壬戌，帝恭謝景靈宮。

48 甲子，金主謁太祖廟，召秉德、辨、烏達、思恭、額埒楚克、興國六人，賜以誓券。

金主將謁廟，以芮王亨爲右衞將軍，密諭之曰：「朕以太宗諸子過強，以卿材武，備左右耳。」亨，宗弼子也。

49 丙寅，金以燕京路都轉運使劉麟爲參知政事。

50 癸酉，金太傅、領三省事蕭仲恭、尚書右丞禀罷，以行臺尚書左丞溫都思恭〔忠〕爲右丞。

51 乙亥，金主追尊其父宗幹爲皇帝，廟號德宗，名其故居曰興聖宮。

52 是月，責授濠州團練副使解潛卒。

潛以不附和議爲秦檜所斥，既歿，喪不得歸；後檜死，乃得歸葬。

紹興二十年 金天德二年。（庚午、一一五〇）

1 春，正月，辛巳，金以同知中京留守事蕭裕爲祕書監。

2 甲申，金賀正旦國信副使西上閤門使劉箴辭行，國信使殿前右副都點檢完顏袞以病不能入見，命醫官趙琦送至境上，金主亦遣使趣之。

3 丁亥，軍校施全刼秦檜於道，執得，詰之，曰：「舉國與金爲讐，爾獨欲事金，我所以欲殺爾也！」壬辰，磔全於市。由是檜出，列兵五十，持長梃以自衞。

4 癸巳，金主尊嫡母圖克坦氏及母大氏俱爲皇太后。

金主之弒東昏也，圖克坦聞之愕然，與太祖妃蕭氏歎曰：「帝雖失德，人臣豈可如此！」及迎入宮，見金主，不賀，金主銜之。至是並加尊號，圖克坦居東宮，號永壽宮；大氏居西京〔宮〕，號永寧宮。其後圖克坦太后生日，酒酣，大氏起爲壽。圖克坦太后方與坐客語，大氏跽者久之，金主怒而出。明日，召諸公主、宗婦與太后語者，皆杖之，大氏以爲不可，金主曰：「今日之事，豈能尙如前日耶？」

5 先是金主之父宗幹，從其國俗納齊國公宗雄之妻，而宗雄妻與金主不相能。金主既篡位，囚宗雄妻於府署，旋幷其子及宗雄孫七人殺而焚之，棄其骨於濠水。

6 甲午，以普安郡王第三子惇爲右內率府副率。

7 癸卯，少傅、寧遠軍節度使、領殿前都指揮使職事楊存中，封恭國公。

8 乙巳，金主以勵官守、務農時、愼刑罰、揚側陋、卹窮民、節財用、審才實七事詔中外。

9 丙午，兩浙轉運判官曹泳，言右承務郎李孟堅省記父光所作小史，語涉譏謗，詔送大理寺。光在貶所，常作私史，孟堅間爲所親左奉議郎、新王宮大小學教授陸升之言之。升之訐其事，遂命泳究實。帝曰：「光初進用時，以和議爲是，及得執政，遂以和議爲非，其反覆如此。」

10 先是金烏達之妻唐古鼎格舊作唐古〔括〕定哥，今改。有淫行，秉德嘗顯斥之，烏達銜之，未發。金主既篡位，多忌，會有疾，少間，烏達譖之曰：「秉德見主上數日不視朝，語臣曰：『若有不諱，誰當繼者？』臣曰：『主上有皇子。』秉德曰：『孺子豈能勝任！必也葛王乎！』」金主信之，遂出秉德領行臺尙書省事，限十日內發行。

11 二月，戊申朔，金封皇子宗壽爲崇王。

12庚戌，軍器監丞齊旦請春月禁民采捕，秦檜曰：「正爲孳育之時。」帝曰：「此係利害。」乃下之刑部。既而本部言春月在法不許采捕。

13金主命給天水郡公孫女二人月俸。

14丙寅，初作玉牒所。

15戊辰，金羣臣上金主尊號曰應天廣運睿武宣文大明聖孝皇帝，詔中外。永壽（永寧）兩太后祖父，俱贈官有差。以唐古辨爲左丞相，烏達爲右丞相。

金主心忌辨，嘗與辨觀太祖像，指示辨曰：「此眼與爾相似。」辨色動，金主由是益忌之。

16丁丑，閤門請自今北使在庭，非侍從而嘗借官出使，免起居，如見充接伴，即依所借官敍位，從之。

17是月，安南進馴象十。

18三月，庚辰，金主使龍虎衞上將軍·侍衞親軍馬（校者按：馬字衍。）步軍都指揮使完顏思恭、翰林直學士·通議大夫·知制誥翟永固來報登位，遺帝金注椀二，綾羅三百，良馬六。

19癸未，端明殿學士、簽書樞密院事余堯弼參知政事，給事中兼侍講、權直學士院巫伋爲端明殿學士、簽書樞密院事。

20丙戌，參知政事余堯弼爲賀大金登位使，鎮東軍承宣使、知閤門事鄭藻假保信節度使，副之。

21 金主以其弟袞爲司徒兼都元帥。

22 丙申，詔責受建寧軍節度副使、昌化軍安置李光，永不檢舉，右承務郎李孟堅，除名，峽州編管。

先是孟堅以小史事繫獄，至是獄成。光坐主和議反覆，在貶所常出怨言，妄著私史，譏謗朝廷，意在僥倖復用，及與趙子㒟於罷政後往來交結；孟堅亦爲父被罪責降，怨望朝廷，記念所撰小史，對人揚說，故有是命。

於是前從官及朝士連坐者八人：徽猷閣直學士、提舉、（校者按：提舉二字衍。）致仕胡寅，坐與光通書，朋附交結，譏訕朝政；龍圖閣學士、提舉江州太平興國宮程瑀，坐初除兵部侍郎日以縑帛遺光，且貽書云「比來無知愚皆以視前爲戒，可爲歎息」；徽猷閣待制、提舉江州太平興國宮潘良貴，坐嘗以團茶寄光，光遺良貴書，其別紙云：「仲暉不敢與書，患難至，能出一隻手乎？」仲暉，樓炤字也。良貴答書曰：「參政患難至極矣，要以道自處。仲暉別紙已付之，但恐時未可耳。」直祕閣宗穎，坐嘗寄光書云：「孤寒寡援，方賴鈞庇，忽聞遠適，本欲追路一見，失於探伺，不果如願。」寶文閣學士、提舉江州太平興國宮張燾，左承議郎、新知邵州許忻，左朝奉大夫、新福建路安撫使參議官賀允中，左奉議郎、福建路安撫主管機宜文字吳元美，坐各與光相知密熟，書劄往來，委曲存問，意光再用，更相薦引。詔：「寅落職，瑀、良貴、穎並降三官，霦、忻、允中、元美並降二官。」

23 庚子，余堯弼辭行，詔巫伋兼權參知政事。

24 壬寅，右正言章廈奏：「右承議郎致仕胡寅，天資凶悖，敢爲不義。寅爲胡安國之子，不肯爲親母持服，士論沸騰，此其不孝之大罪也。寅初傅會李綱，後又從趙鼎，建明不通鄰國之問，其視兩宮播遷，如越人視秦人之肥瘠。後來梓宮既還，皇太后獲就孝養，寅自知前言狂率，乃陰結異意之人，相與睥睨，作爲記文，以爲今日仕進之人，將赤族而不悟，此其不忠之大罪也。望特賜威斷。」詔：「寅責授果州團練副使，新州安置。」

25 金主召見賀登極使，出徽宗玉帶，使持以賜帝，且曰：「此天水郡王故物，今以賜汝主，俾汝主如見其父。幷諭汝主，當不忘朕意也。」使退，祕書郎張仲軻曰：「希世之寶，輕賜可惜。」金主曰：「江南之地，他日當爲我有，此置之外府耳。」由是臣下皆知金主有南伐意矣。仲軻本市井無賴，能說傳奇小說，雜以俳優詼諧語爲業，金主舊引致左右以資戲笑，及篡位，遂擢用之，俄遷祕書丞，轉少監。【考異】金海陵對宋使語，金史列傳作宋史（使）余康弼還，附賜宋帝。按是年余康弼辭行，金史列傳誤也。其賜帶年月，仍從金史本紀。

26 金主以良弓賜右衞將軍芮王亨。亨性直，材勇絕人，喜自負，辭曰：「所賜弓弱，不可用。」金主遂忌之，出爲眞定尹，謂亨曰：「太宗諸子方強，多在河朔、山東、眞定據衝要，如有變，倚卿爲重矣。」其實心忌亨也。

27 金主欲以勤政爲名，召近臣講論，每至夜分。嘗問起居注楊伯雄曰：「人君治天下，其道何貴？」對曰：「貴靜。」金主默然。明日，復謂曰：「我遷諸部明安分屯邊戍，前夕之對，豈指是爲非靜耶？」對曰：「徙兵分屯，良策也。所謂靜者，乃不擾之耳。」乙夜，復問鬼神事，伯雄進曰：「漢文帝召見賈誼，夜半前席，不問百姓而問鬼神，後世猶譏之。陛下不以臣愚陋，幸及天下大計，鬼神之事，未之學也。」金主曰：「但言之，以釋永夜倦思。」伯雄不得已乃曰：「臣家有一卷書，記人死復生。或問：『冥官何以免罪？』答曰：『汝置一册，白日所爲，暮夜書之。不可書者，不可爲也。』」金主爲之改容。

續資治通鑑卷第一百二十九

賜進士及第兵部尚書兼都察院右都御史總督湖北湖南等處地方軍務兼理糧餉世襲二等輕車都尉 畢沅 編集

宋紀一百二十九 起上章敦牂(庚子)四月，盡玄黓涒灘(壬申)十二月，凡二年有奇。

高宗受命中興全功至德聖神武文昭仁憲孝皇帝

紹興二十年 金天德二年。(庚午、一一五〇)

1 夏，四月，戊午，金殺太傅、領三省事宗本及尚書左丞相唐古辨，(舊作唐括辨。)遣使殺領行臺尚書省事秉德。

初，金主爲宰相，卽患太宗諸子強盛，嘗與辨、秉德言之。既簒位，幷惡辨、秉德，乃與祕書監蕭裕密謀，欲盡殺太宗諸子，而未有以文致其罪，裕曰：「尚書省令史蕭玉，素爲宗本所厚，人所共知。今託爲玉告變狀，以取信於人，可按籍誅也。」謀既定，使人召宗本等擊鞠，金主先登樓，宗本及判大宗正事宗美至，卽殺之。宗本既死，蕭裕使人召蕭玉。是日，玉送客出城，醉酒，露髮披衣，以車載至裕第。逮日暮，玉酒醒，見軍士守之，意爲人所陷，以頭觸屋壁，號曰：「臣未嘗犯罪，母年七十，幸哀憐之。」裕附耳告之曰：「主上以宗本諸人不可留，今已誅之，欲加以反罪，令汝上告其事，款狀已具矣。」其狀略曰：「秉德出領行臺，與宗本別，因會飲，約內外相應。唐古辨言內侍張彥善相，相太傅有天子分，宗本曰：『我有兄東京留守在，我何能爲！』是時宗美言太傅正是太宗主家子，北京留守卞，臨行與宗本言，事不可遲。宗本等將以日近圍場內，決計行之云。」裕引蕭玉見金主，具如款狀所言。金主大喜，以款狀宣示中外，遂殺東京留守宗懿、北京留守卞等，凡殺太宗子孫七十餘人，太宗後遂絕。

烏達（舊作烏帶。）亦言：「秉德飲酒宗本家，相者言其貌類趙太祖，秉德偃仰笑受其言。臣妻言秉德妻嘗指斥主上，秉德與宗本別，指斥尤甚，且謂運數有歸。其逆狀甚明。」金主遂遣人殺秉德於行臺。秉德，宗翰孫也。宗翰子孫被殺者三十餘人，宗翰後亦絕。

金主又殺諸宗室五十餘人。

2 辛酉，金以尙書省令史蕭玉爲禮部尙書，祕書監蕭裕爲尙書左丞，右丞相烏達爲司空、左丞相兼侍中，賞告變功也。以劉筈爲尙書右丞相，宗義、溫都思忠爲平章政事，以劉麟爲尙書右丞，以布薩（舊作僕散。）思恭爲殿前都點檢。

3 癸酉，左朝奉大夫、新知廬州吳逵言：「兩淮之間，平原沃壤，土皆膏腴，宜穀易墾，稍施夫力，歲則有收，而茅葦翳塞，莫之加功。望置力田之科，募民就耕，賞以官資，闢田以廣官莊。宜令江、浙、福建委監司、守臣，勸誘土豪大姓赴淮南從便開墾。田地歸官莊者，歲收穀五百石免本戶差役一次，七百石補進義副尉，至四千石補進武校尉，並作力田出身。其被賞後再開墾及元數許參選如法，理名次在武舉特奏名出身之上，遇科場並得赴轉運司應舉。」從之。

4 五月，戊子，金以平章行臺尚書省事、右副元帥大托卜嘉舊作撻不也，今改。爲行臺尚書右丞相，元帥如故。壬辰，以左副元帥完顏杲爲行臺尚書左丞相，元帥如故；同判大宗正事宗安爲御史大夫。

時杲自陝西入朝，因從容言曰：「唐建成不道，太宗以義除之，卽位之後，力行善政，後世稱賢。陛下以前主失德，大義廢絕，力行善政，則如唐太宗矣。」金主聞言色變，杲亦自悔其言。金主念杲久握兵在外，頗得士心，忌之，陽尊以殊禮，使係屬籍，以玉帶璽書賜之。杲至汴，詔諭托卜嘉無使杲豫軍事，杲不知，每事輒爭之。托卜嘉詭曰：「太師梁王以陝西事屬公，以河南事屬托卜嘉，今未嘗別奉詔命；若陝西之事，托卜嘉固不敢干涉也。」托卜嘉久在河南，將士畏而附之，杲始至勢孤，爭之不得，白於朝，大臣知金主旨，報曰：「如梁王教。」及詔使至汴，諭旨於托卜嘉，使還，托卜嘉獨有附奏，杲不得與聞，人皆知金主使托卜嘉圖之矣。

5 甲午，金國賀生辰使、副侍衞馬（校者按：馬字衍。）步軍都指揮使完顔思恭、翰林直學士翟永固，見於紫宸殿。思恭等來報金主代立，旣出境，就遣來賀。

6 六月，甲寅，徽猷閣待制、知台州蕭振始至官。初，海寇聚衆連年，其勢益熾，至是犯台之臨門寨、章安鎭，故命振爲守。

振抵官，奏乞殿前司水軍統制王交同捕，許之。交至，振謂之曰：「濱海之民，數年苦賊，若能剷除，願悉兵力戰以寧一方；倘敗事，振當奏劾。」交卽具艦入海，大敗賊衆，餘黨散去。振以數千緡犒交士卒，爲之奏功，郡境遂寧。

7 庚申，捧日天武四廂都指揮使、武信軍承宣使、浙江、（校者按：二字衍。）（新）江南西路兵馬鈐轄李橫移東路。

橫寓信州，適貴溪魔賊竊發，守臣左朝散大夫季樫檄橫統兵以備策應，遂獲安堵。樫又遣離軍人拱衞大夫、果州團練使、添差東南第五副將孫青統兵出戰，旋卽撲滅，乃詔青務。而帥臣王昫劾樫及知縣事·左奉議郎葉顒（顒）、右朝散大夫·提舉常平茶鹽公事·權提刑張昌，不能覺察，致賊嘯聚，並免官，仍削二秩。

8 癸亥，特進、觀文殿大學士、萬壽觀使兼侍讀秦熺，以進書恩遷少保。

9是夏，故相趙鼎之子右承事郎汾，奉鼎喪歸葬於衢州常山縣。時李光之獄始竟，而守臣左中奉大夫章傑，與鼎有宿憾，傑知中外士大夫平時與鼎有簡牘往來，至是又攜酒會葬，意可爲奇貨。乃遣兵官同邑尉翁蒙之，以搜私釀爲名，馳往掩取；復疑蒙之漏言，潛戒左右伺察之。蒙之書片紙，遣僕自後垣出，密以告汾，趣令盡焚篋中書及弓刀之屬。比官兵至，一無所得，傑怒，方深治蒙之，而追汾與故侍讀范沖之子仲彪，拘於官兵之所。蒙之母訴於朝，秦檜咎傑已甚，詔移蒙之蘭溪尉，下其事於浙東安撫司，事遂息。

傑客魏掞之，慨然以書譙傑，長揖而歸，傑亦不害。掞之，建陽人，少有大志，師事籍溪胡憲。

10秋，七月，癸未，安德軍承宣使司、（校者按：司字衍。）知大宗正事士會〔夽〕爲昭信軍節度使。

11金左丞相烏達早朝，以陰晦將雨，意金主不視朝，先趨出，百官皆隨之去。已而金主御殿，知烏達率百官出朝，惡之，己丑，出爲崇義軍節度使。以平章政事溫都思忠爲左丞相，以尚書左丞蕭裕爲平章政事，以右丞劉麟爲左丞，以侍衞親軍步軍都指揮使完顏思恭爲右丞，參知政事張浩丁憂，起復如故。

12八月，甲辰朔，詔特進、提舉江州太平興國宮、連州居住張浚移永州。

13 辛酉，權尙書禮部侍郎兼侍講陳誠之、均州觀察使·知閤門事錢愷，爲大金賀正旦使（副）；起居舍人兼權直學士院王曮、副之（校者按：二字衍。）武節大夫·和州團練使·權知閤門事趙逑，爲生辰使副。逑嘗在遣中，以疾免，至是復命之。

初，東昏王之世，皇太后歲遺裴磨申（舊作裴滿。前卷改費摩。）后禮物巨萬，及代立，遂削此禮。誠之比入境，預爲遜詞諭之，金人竟不敢言。及還，帝嘉之。

14 九月，丙戌，詔：「金國人使，自今於淮陰縣取接，令本路轉運判官沈調如法修蓋館舍。」以金人言，人使合於近便處山東邳州路取接往來故也。

15 自建炎初，劇盜范汝爲竊發於建之甌寧縣，朝廷命大軍討平之。然其民悍而習爲暴，小遇歲饑，卽羣起剽掠。去歲因旱凶，民杜八子者，乘時嘯聚，遂破建陽。是夏，民張大一、李大二，復於回源洞中作亂，安撫使仍歲調兵擊之。

16 庚午，參知政事余堯弼，簽書樞密院事巫伋，請自今參退，依典故權赴太師秦檜府第聚議，從之。時檜以疾在告故也。

17 甲午，金立惠妃圖克坦（舊作徒單，今改。）氏爲皇后。金主喜飾詐，初爲宰相，妾媵不過數人，及篡位，圖克坦氏以岐國妃進位皇后，妾大氏、蕭氏、耶律氏以次進封。其後逞欲無厭，淫肆蠱惑，不能自制矣。

18 十月，癸卯，金太師、領三省事勖致仕。

勖見宗本以無罪見誅，髭鬚頓白，因上表請老。金主初不許，賜以玉帶，優詔諭之，有大事，令宰相就第商議，入朝不拜。勖遂稱病篤，表請益切，金主不懌，從之。後與宗室俱遷中都。

19 辛未，金殺太皇太妃蕭氏，太祖妃也。

金主之母大氏既尊爲太后，每有宴集，太妃坐上坐，大氏執婦禮，金主積不能平，乃誣太妃以隱惡，殺之，幷及其所生子任王。

20 金主欲殺遼王舍音（舊作斜也。）子孫及平章政事宗義等，元帥令史約索舊作遥設，今改。希金主旨，誣左副元帥杲父子謀反。約索先學杲手署及印文，詐爲契丹小字家書，與其子宗安；從左都監渾都舊作奔都，今改。上變，封題作已經開拆者，書紙隱隱有白字，作曾經水浸致字畫分明者，稱御史大夫宗安於宮門外遺下，約索拾得之，其書多怨望謀逆語。有司鞫問，宗安不服，曰：「使眞有此書，我剖肌血藏之猶恐洩漏，安得於朝門下遺之！」掠笞楚毒，宗安神色不變。宗義不勝搒掠，自誣服。宗安曰：「今雖無以自明，九泉之下，當有冤對，吾終不能引屈。」竟不服而死。金主使人殺杲於汴，宗義等論死，皆滅其族。以魏王之孫呼爾察舊作活里甲，今改。好修飾，亦族之。杲既死，金之宿將盡矣。

21 十一月，癸未，國子監李琳言本監經史未備，請下諸州有本處起發，從之。

22 金尚書左丞相劉筈罷，以會寧牧圖克坦恭爲平章政事。尚書左丞劉麟、右丞完顏思恭罷，以參知政事張浩爲尚書右丞。乙酉，以行臺尚書左丞張通古爲尚書左丞。

23 戊子，金主戒約官吏。

24 己丑，金主命庶官許置次室二人，百姓亦許置妾。

25 十二月，癸卯朔，金詔去羣臣所上尊號。

26 丙午，金初定襲封衍聖公俸格。

27 癸丑，金立太祖射碑於吉迪勒（舊作紇石烈。）部，金主及皇后致奠於碑下。命外官去所屬百里外者，不許參謁；百里內者，往還不得過三日。

28 乙卯，金有司奏慶雲見，金主曰：「自今瑞應毋得上聞。」

29 己未，金罷行臺尚書省事，改都元帥府爲樞密院。以左副元帥大托卜嘉爲尚書右丞相兼中書令，參知行臺省事張中孚爲參知政事，都元帥宗弼爲樞密使、太尉，領三省如故，元帥左監軍昂爲樞密副使，刑部尚書趙資福爲御史大夫。

30 己巳，金賀正旦使正奉大夫、祕書監兼左諫議大夫蕭頤等，入見於紫宸殿。

紹興二十一年（金天德三年。）（辛未、一一五一）

1春，正月，乙亥，金參知政事蕭玉丁憂，起復如故。

2丁亥，金初造燈山於宮中。

3甲午，左宣義郎曹筠知衢州。筠自御史斥去，會衢州闕守，帝諭秦檜曰：「臺諫無大過惡，當優假之以來言者。」

4金初置國子監。

5金主謂御史大夫趙資福曰：「汝等多徇私情，未聞有所彈劾，朕甚不取。自今舉劾無憚權貴。」

6乙未，帝曰：「布衣步孝友上書，言丹陽練湖堙塞，艱於漕運，可諭漕臣修治。」

7金主出獵，宰相以下辭於近郊，金主駐馬戒之曰：「朕不惜高爵厚祿以任汝等，比聞事多留滯，豈汝等苟圖自安，不以民事爲念耶！自今朕將察其勤惰以爲賞罰，其各勉之。」

8丁酉，白虹貫日。

9丁未，直祕閣、知靜江府方滋，陞直敷文閣、知廣州；左朝散郎、廣南西路轉運判官陳璹知靜江府。

初，朝廷命廣西帥臣即橫山寨市馬於大理諸蠻，歲捐黃金五十鎰，白金三百斤，綿絁四千，廉州鹽二百萬斤，而得馬千有五百匹。良馬高五尺，率直中金五鎰，他以是爲差。每五十四爲綱，選使臣部送至行在及建康、鎭江府、太平、池州諸軍。先是廉州之鹽，分令欽、橫、賓、貴、潯、梧、藤、象、柳、容等州轉至橫山倉，然諸州科民則苦富民，差吏則雜私販，往往陷沒留滯；至璹，始令官支脚錢，選使臣運鹽，若及十萬斤，卽與部良馬一綱至行在。

10 丁巳，金主還京。

11 己未，詔諸州各置惠民局。

初，軍器監丞齊旦，請令州縣合藥散民，上恐不能徧及，故命戶部舉舊法行之，仍命毋多取利。

12 大理少卿李如岡權尙書吏部侍郎。

13 壬戌，詔端明殿學士、簽書樞密院事巫伋充大金祈請使，保信軍節度使、領閤門事鄭藻副之，請歸宗族等。

14 是月，集英殿修撰、提舉江州太平興國宮魏矼卒於衢州。

自秦檜用事，士大夫少失其意，禍輒不測。當始議和時，矼與檜異論。檜嘗欲除近郡，矼遜辭不就，奉祠十餘年，寓居常山僧舍，一室蕭然，卒免於禍焉。

初，趙鼎旣謫居，嘗謂其客左奉議郎方疇曰：「自鼎在相，除正府外，所引從官如常同、胡寅、張致遠、張九成、潘良貴、呂本中、魏矼，皆有士望，異日決可保其無他。」疇曰：「願公徐觀之。」其後諸人各久流落，雖死不變，疇乃信服。

15 三月，丁亥，帝曰：「州縣多催理積欠，民間重困，朕頃在京東親覩其害，可令戶部照年分蠲放。」既而戶部請自紹興十一年至十七年，諸色拖欠錢物，除形勢及公吏、鄉司與上上有力之家未納數外，並與放免，從之。

16 壬辰，金廣燕京城，建宮室。

17 夏，四月，甲辰，起居舍人、權直學士院王曮權尚書禮部侍郎，以使還遷也。

18 丙午，金主詔遷都燕京。【考異】繫年要錄載金主詔曰：「昨因綏撫南服，分置行臺。時則邊防未寧，法令未具，本非永計，只是從權。既而人拘道路之遙，事有歲時之滯，凡申款而待報，乃欲速而愈遲。今既庶政惟和，四方無侮，用併尚書之亞省，會歸機政於朝廷。又以京師粵在一隅，而方彊（疆）廣於萬里，以北則民淸而事簡，以南則地遠而事繁。深慮州府申陳，或至半年而往復，閭閻疾苦，何由期月而周知！供饋困於轉輸，使命苦於驛頓，未可時巡於四裔，莫如經營於兩都。眷惟全燕，實爲要會，將因宮廟而創官府之署，廣阡陌以展西南之城，勿憚暫時之艱，以就得中之制。所貴兩京一體，保宗社於萬年；四海一家，安黎元於九府。咨爾中外，體予至懷。將軍等每名各支賞銀帛九匹兩。」詔後宰執列銜者九人，其稱皇弟太尉、領三省事、樞密使、秦國王則金主之弟亢，起復特進、參知政事、滕國公則蕭裕也。又按金翰林直學士趙可文集載其所撰都人進義何公墓碣云：「天德三年，展都城，或薦公於用事者，於是東阡西陌，線引棋市〔布〕，其制蓋皆出於公焉。」天德三年，則今年也。按要錄祇據傳聞之詞，繫於歲末，誤也，今從金史載在四月。

辛酉，金有司圖上燕城宮室制度，營建陰陽，五姓所宜。金主曰：「國家吉凶，在德不在地。使桀、紂居之，雖卜善地何益！使堯、舜居之，何用卜爲！」金主與侍臣燕語，輒引古賢君以自況云。

19 丙寅，金罷歲貢鷹隼。

20 閏月，辛未朔，金命尚書右丞張浩、右丞蔡松年調諸路夫匠築燕京宮室。【考異】宇文懋昭大金國志云：天德二年七月，除大使梁漢臣爲右丞相。一日，宮中宴閒，謂漢臣曰：「朕栽蓮二百本俱死，何也？」漢臣曰：「自古江南爲橘，江北爲枳，非種者不能栽，蓋地勢然也。上京地寒，唯燕京地暖，可栽蓮。」主曰：「依卿所請，擇日而遷。」漢臣曰：「且未可遽遷，待臣起諸州工役，修整內院，然後還都。」金主從其言。按梁漢臣未嘗爲右丞相，又，起諸州夫匠亦非漢臣事，國志誤也。金史云：命尚書右丞張浩調選燕京，仍諭浩無私徇。據國志，則蔡松年實與浩共事，今補入。

21 丙子，金主命大臣常膳唯進魚肉，舊貢鵝鴨等悉罷之。金主欲示人以儉，故有是命。然游獵頓次，不時需索，一鵝一鶉，民間或用數萬售之，有以一牛易一鶉者。

22 帝親試南省舉人，擢趙逵等四百四人及第、出身，特奏名進士昌永等五百三十一人，武舉進士湯鶯等六人，授官有差。帝親書大學篇賜新及第進士。

23 金主既殺諸宗室，釋其婦女，皆欲納之宮中，使圖克坦貞諷蕭裕曰：「朕嗣續未廣，此黨人婦女，有朕中外親，納之宮中，何如？」裕曰：「近殺宗室，中外異議紛紜，柰何復爲此耶？」金主曰：「吾固知裕不肯從。」乃使貞自以己意諷裕，必欲裕等請其事。貞謂裕曰：「上意已有所屬，公固止之，將成疾矣。」裕曰：「必不肯已，唯上擇焉。」貞曰：「必欲公等白之。」裕不得已乃具奏。五月，納宗本、宗固之子婦，秉德之弟妻，俱入宮中。

24戊午，金主使翰林學士·崇政大夫·知制誥兼太子少詹事劉長言、昭毅大將軍·殿前右衞充龍翔軍都指揮使耶律夔，來賀天申節。

25檢校少師、奉國軍節度使、御前諸軍都統制、知興州吳璘，檢校少保、武當軍節度使、御前諸軍都統制、知興元府楊政，定江軍節度使、殿前都虞候、鄂州駐劄御前諸軍都統制、提領營田田師中，並爲太尉。璘等建節皆十年，以其守邊安靜，故有是命。

26乙丑，秦檜請令國子監復刻五經、三史，帝曰：「其他闕書，亦令次第雕板，雖重有所費，亦不惜也。」

27六月，辛巳，詔：「大理寺、三衙及州縣，歲支官錢合藥以療病囚。」

28秋，七月，丁未，秦檜請勿稅商販柴米，帝曰：「甚善。臨安自減定物價之後，盜賊消矣。」

29己未，安德軍節度使、開府儀同三司、權主奉濮安懿王祠事士棣薨，追封通化郡王，謚孝敏。

30 庚申，修天章閣神御殿成。

31 八月，壬申，揚武翊運功臣、太傅、鎮南·武安·寧國軍節度使、充醴泉觀使、咸安郡王韓世忠爲太師，致仕。是日，世忠薨於賜第，年六十三。

始，世忠得疾，帝飭太醫馳視，問訪之使，相屬於道。將吏問疾臥內，世忠曰：「吾以布衣百戰致位公王，賴天之靈，得全首領，臥家而沒，諸君尙哀其死邪！」

世忠少時，慓悍絕人，不用鞭轡，能騎生馬駒。其制兵器，凡（令）跳澗以習騎，洞貫以習射，狻猊之鍪，連鎖之甲，斧之有掠陣，弓之有克敵，皆世忠遺法。嘗中毒矢洞骨，則以強弩拔之，十指僅全，四不能動，身被金瘡如刻畫。

晚奉朝請，絕口不言功名。自罷政居都城，高臥十年，若未嘗有權位者。而偏裨部曲，往往致身通顯，節鉞相望，歲時造門，類皆謝遣。獨好浮圖法，自號淸涼居士。于時舉朝憚檜權力，皆附麗爲自全計，世忠於班列一揖之外，不復與親。逮薨，有詔選日臨奠，檜遣中書吏韓瑊以危語脅其家，辭而止。追封通義郡王。其子直敷文閣彥直、直祕閣彥樸、彥質、彥古，皆進職一等，又命睿思殿祗候徐伸護葬事。

32 乙亥，寶文閣學士、提舉江州太平興國宮梁揚祖卒，贈特進、龍圖閣學士，賜其家銀帛三百匹兩。

33甲申，中書門下省校正諸房公事陳夔、武功大夫、惠州刺史、權知閤門事蘇華，充賀金國正旦使副；樞密院檢詳諸房文字陳相、武節大夫、吉州刺史、權知閤門事孟思恭，充賀生辰使副。

34辛卯，詔昭信軍節度使、知大宗正事士㒟權主奉濮安懿王祠事。

35時有言贍學公田多爲權勢之家所占，九月，戊戌朔，帝諭宰執曰：「緣不度僧，常住多絕產，令戶部撥以贍學。」

36庚戌，金賜燕京役夫帛一匹。

37丁巳，增築景靈宮，用韓世忠賜第爲之。前殿五楹，中殿七楹，後殿十有七楹，齋殿、進食殿皆備焉，期年而畢。

38庚申，右正言章廈試右諫議大夫。

39是月，簽書樞密院事巫伋自金使還。【考異】徐夢莘北盟會編云：巫伋、鄭藻以祈請使於金國，引見內殿奏公事，惟正使巫伋得入。金主問所請者何事，伋首言乞修奉陵寢，金主令譯者傳言：「自有看墳人。」第二言乞迎請靖康帝歸國，又令譯者言：「不知歸後甚處頓放。」第三言本朝稱皇帝二字，又令譯者傳言：「此是你國中事，當自理會。」伋唯唯而退，待辭而歸。趙甡之遺史曰：巫伋作祈請使，而無祈請之辭，投書而已，議者謂不識字之承旨可優爲也。按金史云：宋遣使祈請山陵，是當時祈請山陵而金人不許耳。

40甲戌，帝幸太傅、醴泉觀使、清河郡王張俊第。壬午，制拜俊太師，以其姪龍神衞四廂都指揮使、清海軍承宣使、添差兩浙西路馬步軍副都總管子蓋爲德安軍節度使，餘子弟遷官進職者十有三人。幹辦府武功大夫尙準，制轉行右武大夫，管轄親兵濠州團練使顧暉，除防禦使，皆異數也。

41是月，加封吳將甘寧爲昭毅武惠遺愛靈顯王。

42十一月，戊寅〔庚戌〕，參知政事余堯弼罷。右諫議大夫章廈，殿中侍御史林大鼐，共劾堯弼傾邪貪鄙，交通三衙，結諸州將，朝廷有大議論則閔默無言，請貶之以淸政府。詔堯弼充資政殿學士、提舉江州太平興國宮；尋落職。

43斬有蔭人惠俊，以指斥乘輿，法寺鞫實故也。

44十二月，己丑，親衞大夫、利州觀察使馬廣卒。

45癸巳，金主使驃騎上將軍·殿前右副都點檢魯定方、大中大夫·右諫議大夫·祕書少監蕭永祺，來賀來年正旦。

紹興二十二年金天德四年。(壬申、一一五二)

1春，正月，丁酉朔，金羣臣請立皇太子，從之。戊戌，初定東宮官屬。立捕盜賞格。

2丁未，少師、昭慶軍節度使、萬壽觀使、平樂郡王韋淵爲太保。

3癸卯，太白經天。

4癸亥，金主朝謁世祖、太祖、太宗、德宗陵；甲子，還宮。

5二月，丁卯，金立皇子光英爲皇太子；庚午，詔中外。

6甲戌，金主如燕京。

昭義軍節度使蕭仲宣家奴告其主怨謗，金主曰：「仲宣之姪拱，近以謗誅，故妄訴。」命殺告者。

7庚辰，軍器監丞黃然，論：「沿江一帶稅務，比來非理邀取，商旅患之，於是號蘄之蘄陽、江之湖口、池之鴈汊爲大小法場，咸謂利歸公家無幾而爲吏竊取大半，宜令所隸州縣選官檢察收放，漕臣考察。」從之。

8壬午，詔建祚德廟於臨安府，用殿中侍御史林大鼐請也。

先是毀其廟以爲大理寺，而大鼐言：「三人者有大功德於聖朝，今神靈不安，士庶悲嗟，宜進爵加獎。」尋進封程嬰爲強濟公，公孫杵臼爲英略公，韓厥爲啓佑公，陞爲中祀。

9戊子，金主次泰州。

10三月，庚戌，徽猷閣直學士致仕向子諲卒於臨江軍。

子諲既告老，歸玉笥之舊隱，號曰薌林，凡十五年而卒。

11 丁巳，詔新除司農寺丞鍾世明往福建路措置寺觀常住絕產。時鬻度僧道牒已久停，其徒寖少，而福建官自運鹽直頗貴，於是民多私販。議者以爲客販可行，遂命世明往本路措置。凡僧道之見存者，計口給食，餘則爲寬剩之數，籍歸於官。其後世明言，自租賦及常住歲用外，歲得羨錢二十四萬緡，詔付左藏庫。

12 戊午，資政殿學士、提舉江州太平興國宮何鑄薨，後謚忠敏。

13 己未，祕書省校書郎董德元，論：「高禖名爲大祀，而禖神乃位於壇下，酌用一獻，恐非所宜，請與青帝分爲二壇。」詔禮部看詳。

14 癸酉，右諫議大夫章廈試御史中丞，殿中侍御史林大鼐試右諫議大夫。

15 夏，四月，丙寅朔，金有司請今歲河南、北選人並赴中京銓注，從之。

16 丙子，端明殿學士、簽書樞密院事巫伋罷。

伋與秦檜居同鄉，一日，檜在都堂，偶問伋云：「里中有何新事？」伋不敢對，徐云：「近有一術士自鄉里來，頗能論命。」其意恐輒及時事，或觸檜怒，故泛舉不切之事以塞責。檜遽變色謂伋曰：「是人言公何日拜相？」伋惶恐而罷。章廈聞之，卽劾伋陰懷異意以搖國是，林大鼐亦奏伋黷貨營私，於是並遷二人，而伋以本職提舉江州太平興國宮；章再上，遂落職。

辛巳，章廈拜端明殿學士、簽書樞密院事。

17 丙戌，孟饗景靈宮，令宰執分詣。時新宮未成，祖宗神御皆寓於西齋殿故也。

18 壬辰，秦檜奏利州觀察使王俊，往在岳飛軍中彈壓有勞，以爲浙東馬步軍副都總管。

19 庚戌，封婕妤劉氏爲婉容，新興郡夫人吳氏，宜春郡夫人劉氏，並爲才人。宮中號婉容爲大劉娘子，才人爲小劉娘子。

20 癸丑，金主使宣奉大夫·刑部尚書·行大理卿田秀穎、安遠大將軍·充客省使兼四方館副使大允，來賀天申節。

21 襄陽大水，平地丈五尺，漢水冒城而入。右朝奉大夫、知府事榮薿乘桴得免，於是與轉運判官魏安行，議請復環城石隄以捍水，許之。次年冬，按四縣之籍，計田出力，百畝一夫，得三千餘人，減其田畝十之二，凡五旬有七日而畢，計用工二十五萬有奇，其長四十餘里。

22 是月，金主自泰州如涼陘。

23 五月，丁酉，金主出獵；甲寅，賜獵士人一羊。

24 乙卯，金主次臨潢府。

25 丁巳，太白經天。

26 六月，甲子朔，金主駐綿山。

27 乙酉，奉安祖宗帝后神御於景靈宮。

28 戊子，大理少卿章燾請申嚴暑月浣濯獄具之令，從之。

29 壬辰，起居舍人、權直學士院湯思退權尚書禮部侍郎。

30 金從〔崇〕義軍節度使烏達既外出，其妻唐古鼎格（舊作唐括定哥。）舊與金主通，金主念之。秋，七月，癸卯，使鼎格縊殺烏達，而納鼎格於宮中，尋封貴妃。

31 乙卯，詔：「仲冬薦獻永佑陵等攢宮及檢察禁地，就差大宗正丞馮至游。」故事，太常少卿以春、秋二仲行園陵，至是太常官全闕，但以祕書省著作佐郎丁婁明兼權。婁明請於朝，至游供職紹興，就遣之也。

32 丁巳，虔州軍亂。

初，江西多盜，而虔州尤甚，故命殿前司統制吳進以所部戍之。虔之禁卒嘗捕寇有勞，江西安撫司統領馬晟將之，與進軍素不相下。會步軍司遣將揀州之禁軍，而衆不欲行。有齊逃者，以賂結所司，選其徒之強壯者，以捕盜爲名，分往諸縣。夜，兩軍交鬬，州兵因攻城作亂，殺進、晟，遂焚居民，逐官吏守臣。

33 八月，癸亥，金主獵於圖彌山。（舊作途彌山。）

34 己卯，江西安撫使張澄言虔州兵亂，詔鄂州諸軍統制田師中速遣兵，仍合澄集本路兵擒捕；後二日，又遣殿前司遊奕軍統制李耕將所部千六百人往討之。

35 丙戌，尙書司封員外郎兼權國子司業孫仲鼇爲大金賀正旦使，閤門宣贊舍人陳靖副之；吏部員外郎李琳爲賀生辰使，忠州防禦使、帶御器械石靖副之。

36 乙未，詔殿前司左翼軍統制陳敏以所部討虔州叛兵。

先是叛兵突出，徑走南康軍，而寓居左朝奉郎田如鼇爲其所得，遂復還據虔城。時李耕纔至江東，而敏駐溫陵，被本路安撫司檄，以所部千五百人護閩境。於是領殿前都指揮使楊存中，言敏本虔人，且嘗於江西捕寇有功，望令進攻，與耕併力討賊，乃以如鼇權江西提點刑獄公事，令卽城中撫定之。

37 九月，甲午，金主如中京，獨留圖克坦（舊作徒單。）太后於上京。圖克坦太后常憂懼，每中使至，必易衣以俟命。皇太后大氏在中京，常思念圖克坦太后，謂金主曰：「永壽宮待我母子甚厚，愼無相忘也！」

38 癸卯，右諫議大夫林大鼐言：「兵弛久佚，主將輒移其力而他役之。今有伐山爲薪炭，聚木爲箄筏，行商坐賈，開酒坊，解質庫，名爲贍軍回易，而實役人以自利，甚至有差借白直，爲廝隸之賤，供土木之工。請詔中外將帥遵守祖宗條法，仍取約束未盡者增廣行之。」

詔：「刑部檢見行條法，行下諸軍遵守。內借人一節，借者與借之者並同罪。」

39 丙午，升廣州香山鎮爲縣。

40 金尚書右丞相大托卜嘉罷。

41 戊申，升桂陽監爲縣。

42 己酉，殿中侍御史兼崇政殿說書宋樸爲侍御史。

樸甫受命，即劾「端明殿學士、簽書樞密院事張〔章〕廈，多納賄賂，引致市井小人以爲肘腋。平居備位充數，未見有害，一旦臨大利害，內懷姦邪，外肆譎險，必致敗事而後已。」右諫議大夫林大鼐，亦論「廈斗筲小器，一旦致身宥密之地，議論喧然，皆曰章新婦也作兩府，言廈爲人踧踖無儀矩也。況又背公營私，附下罔上，朝廷機密，無不洩漏。宜亟加黜責，以爲貪懦素餐之戒。」癸丑，詔章廈以本職提舉江州太平興國宮。章再上，遂奪職。廈入樞府才九十三日。

43 己未，右諫議大夫林大鼐試吏部尚書。

44 尚書左司員外郎陳相權吏部侍郎。

45 冬，十月，壬戌朔，侍御史兼崇政殿說書宋樸試御史中丞。

46 金遣使奉遷太廟神主。

47初，殿前司游奕軍統制李耕，左翼軍統制陳敏，副將周成，鄂州副統制張訓通，池州統領崔定，殿前司摧鋒軍統制兼知循州張寧，皆以兵至虔州城下，而敏所部統領官元玘戰死。既而權江西提點刑獄公事田如鼇在城中，與賊黨齊述謀誅首亂者蕭顒等四十餘人，即以撫定聞於朝；耕往受其降，述等列拜城上，而終不肯出。有詔：「如鼇果是撫定，令素隊(赴)軍前，與免究。」詔耕諭述等速出降，即不進兵。述欲聽命，爲其子所制，但列衆於城上，聲喏而拜，終不肯出。是日，如鼇自出城與耕相見，耕遂留之。有父老數十人詣耕，乞令如鼇復入，耕叱之去，因密言賊已穴地道，欲出犯官軍，宜防之，耕即以其兵二百人送如鼇還南康軍。甲子，如鼇及左朝請郎施鉅並赴行在。

48甲戌，御史中丞兼侍講宋樸爲端明殿學士、簽書樞密院事。

49忠州團練使、殿前司遊奕軍統制李耕爲龍神衞四廂都指揮使、知虔州。

50庚辰，詔責授建寧軍節度副使、昌化軍安置李光，依已降指揮，永不檢舉。徽猷閣待制、知台州蕭振，落職，池州居住。從政郎楊煒，特貸命，追毁出身以來文字，除名勒停，永不收叙，送萬安軍編管。

初，光既參大政，煒以和議爲非，作書欲獻光，先見振言其意，光不答。及是振知台州，煒爲黃巖令，政頗有聲。振每聞煒大言無顧畏，則擊節稱善，遂薦煒改秩，又移書浙東提點刑獄公事秦昌時，俾同薦之。昌時，檜之姪也，因囑吏密語振曰：「煒當以書責光及太師，昌時其姪，義不當舉，如待制亦不可舉也。」振曰：「吾業已許之，豈可中輟！」煒在官，鉏治凶惡無所貸；俄縣吏得煒書，有詆檜語，昌時聞於朝，詔送大理寺，仍下所司發卒大索煒家，得所草萬言書，語益切。煒具伏：「紹興八年在臨安府，聞朝廷講和隣國，煒以爲非是，欲撰造語言，作書上光，言更改講和之意，以規進用。時振任侍御史，煒因見振先說書意。振答云：『亦恐敵人難信，公書意甚好。』遂作書上光，光覽書，遣人傳語煒，諭以不及答之意。」刑寺奏煒當死，上特宥之。其兄左從政郎炬，亦連坐除名。煒徒步赴貶所，至撫州，病，士人鄒陶見之，舁致其家，出白金以賻，乃得去。

51 甲申，金主殺太祖女長公主烏魯（舊作兀魯。），以侍婢譖訴於皇后也，並杖其夫圖克坦恭，罷其平章政事。

52 是月，李耕始受知虔州之命。

耕既往攻城，猶冀就招安，賊曰：「健兒輩初只緣與吳統制下人爭，今作過已至此，縱招安，朝廷亦不赦也。」時城中細民皆絕食，每日爲賊役者，才得一二升，間有出投官軍，又爲賊所殺。帝謂宰執曰：「前日差耕知虔州，甚當，使百姓知已有知州，心有所歸也。」

53 十一月，戊戌，金以咸平尹李德固爲平章事。

54辛丑，金買珠於烏爾古德埒勒舊作烏古敵烈，今改。部及富楚，舊作蒲與，今改。禁百姓私相貿易，仍諭兩路民夫采珠。

55戊申，合祀天地於南郊，赦天下。

56金以前平章政事圖克坦恭爲司徒。

57乙卯，吏部尚書兼侍講林大鼐言：「武林江山之會，大江潮信，一日再至。頃者江流失道，灘磧山積，潮與洲鬭，怒號激烈，一城爲之不安枕。雖詔守臣、漕司專意隄埽，日計營繕，纔成卽決，不支年歲。臣以爲南至龍山，北至紅亭，二十里間，乃潮勢奔衝之下流，正迎敵受患之處，雖繕治無益也。望選歷練諳曉之士，專置一司，博詢故老，講究上流利病，古今脈絡，而後興工。或者謂錢塘之潮，應有神物主之。葺廟貌，建浮屠，付之有司，此亦易事。」時六和塔壞，又伍員祠以火廢，故大鼐及之。帝曰：「恐浸淫爲害，可令乘冬月水不泛溢時，治之爲易。又，舊有塔廟，陰以相之，雖出小說，亦不可廢，宜付禮部看詳。」

58丁巳，太常卿徐宗說權尚書戶部侍郎。【考異】宗說頗有心計，吏不能欺。然附秦檜以致從官，常爲檜營田產，時人因目宗說爲莊客。

59是日，忠州團練使、知虔州李耕引兵入城，虔州平。

時諸軍既集，而江西馬步軍副總管劉綱，右宣敎郎、統押池州土豪鄉兵鄧酢，皆在兵間，耕招降，不聽，率諸軍登城收叛卒，盡誅之。

帝曰：「朕思虔賊閉城已四十日，城中乏食，可諭楊存中速令濟師，庶幾良民得免困苦。」於是遣（前）軍統制苗定等率兵五千，馬四百，往聽耕節制。定等未至，聞賊平，乃還。

賊之始作也，其徒侵軼旁郡，或勸左朝散郎、南安軍居住張九成徙避之，九成曰：「吾謫此邦，死分也，何避焉！」守貳拒賊未得計，請於九成曰：「此爲廣南要衝，失守，則郡以南皆賊區，策將安在？」九成曰：「僻小寡弱，難與爭鋒。今聞賊寨水南，夜募善泅者火攻之，俾其衆驚擾，則宵遁必矣。」用其策，賊果散走。

賊之未平也，右宣教郎、知醴陵縣鮮于廣曰：「是五日可至吾邑。」告於府，請以所部兵列境上，留民租於縣以爲食。提點刑獄司命五里建一樓，民持更其上，廣曰：「是當爲六十八樓，重費民，不可。且盜必從官道來耶？」獨取鄉保伍之壯者，選其豪六十領之，他盜亦不敢犯。

60 十二月，己巳，大尉、安慶軍節度使、提舉萬壽觀邢孝揚薨，謚忠靖。

61 戊子，金主使太子詹事張利用、廣威將軍·尙書兵部郎中兼四方館副使耨盌溫都（舊作溫敦。）子敬，來賀明年正旦。

62 庚寅，金太尉、領三省事、樞密使兗卒。兗，金主弟也。

續資治通鑑卷第一百三十

賜進士及第兵部尚書兼都察院右都御史總督湖北湖南等處地方軍務兼理糧餉世襲二等輕車都尉 畢 沅 編集

宋紀一百三十 起昭陽作噩(癸酉)正月，盡旃蒙大淵獻(乙亥)十二月，凡三年。

高宗受命中興全功至德聖神武文昭仁憲孝皇帝

紹興二十三年 金貞元元年。(癸酉、一一五三)

1春，正月，辛卯朔，金主以弟兗歿於除夕，不視朝。

2丙午，金以中京留守高禎爲御史大夫。

3己酉，降授平海軍承宣使、提舉台州崇道觀、台州居住李顯忠，復寧國軍節度使，以赦敍也。

4是月，昭信軍節度使士夽薨，追封安化郡王，錄其子右宣教郎不謟三人爲直祕閣，他子弟選官改秩除官者七人，卹典如執政。

5二月，庚申朔，詔岳陽軍節度使、開府儀同三司、萬壽觀使士樽權主奉濮安懿王祠事。

6金主自中京如燕京。

7庚午，斬虔州軍賊黄明等八人於市。明等據州城凡百有十二日。

8辛未，改虔州爲贛州，改虔化縣爲寧都。

9癸未，龍神衞四廂都指揮（使）、忠州團練使、殿前司遊奕軍統制、措置盜賊、節制軍馬、知贛州李耕，以功爲金州觀察使，於是諸將劉綱等九人各遷二官，將士受賞者萬三千百二十有四人。

10三月，丙午，光山軍節度使、開府儀同三司、提舉西京嵩山崇福宫齊安郡（王）士㒟薨於建州，贈太傅，追封循王，六子皆進官二等，女封郡主，諸妾受封者五人。

11辛亥，金主至燕京，備法駕。

12壬子，故武功大夫、貴州刺史楊宗閔，賜謚忠介；故敦武郎、知麟州建寧寨楊震，賜謚恭毅。二人，楊存中祖、父，皆以死事故，用存中請也。

13甲寅，金主親選良家子百三十餘人充後宫。

14乙卯，金以遷都詔中外，改元貞元，内外文武皆進官一等。改燕京爲大興府，號中都；爲（校者按：爲字衍。）中京會寧（大定）府爲北京，汴京開封府爲南京，而舊遼陽府爲東京，大同府爲西京如故。（削上京之名，止稱會寧府。）分蕃、漢地爲十四路，置總管府。名都城門十二，命近臣書之。名太府（校者按：府字衍。）廟曰衍慶宮，以奉太祖、太宗、德宗神主；又作原廟於其東，以奉太祖已上。

舊取士無殿試，金主始復之。凡鄉試三人而取一，府試四人而取一。府試分六路：河北及燕人於大興，遼之東北於會寧，山後及河東人於大同，山東人於東平，河南人於開封，關中人於河中，通以五百人爲合格，殿試又黜之，榜首卽授奉直大夫、翰林應奉文字。後又罷經義、神童等科，惟以詞賦、法律而已。

金之用刑，舊有沙袋，熙宗立，始去之，金主立，又去杖脊，凡徒刑，止以荊決臀，爲其近人心故也。徒刑五等，自五年至一年，皆使之雜作，滿則釋之。

金主又定車蓋之式，后妃車飾以金，三品以上飾以銀；自后妃至五品皆朱輪，六品以下，黑、綠而已。舊親王、宰執用紫蓋，金主使削之，惟太子用紅，諸妃用紫，三品以上用青，皆以羅；四品、五品用青，皆以絹；餘不得用。

15 丙辰，金以司徒圖克坦（舊作徒單。）恭爲太保、領三省事，平章政事蕭裕爲尚書右丞相兼中書令，右丞張浩、左丞張通古爲平章政事，參知政事張中孚爲左丞，蕭玉爲右丞，平章政事李德固爲司空，左宣徽使劉蕚爲參知政事，樞密副使昂爲樞密使，工部尚書布薩（舊作僕散。）思恭爲樞密副使。

16夏，四月，戊寅，金皇太后大氏崩。大氏病篤，以不得一見圖克坦太后爲恨，臨終，謂金主曰：「汝以我之故，不令永壽宮偕來中都。我死，必迎致之，事永壽宮當如我。」金主不聽。

17辛巳，詔：「諸州編管、羈管人，在法止許月赴長吏呈驗。聞比來囚禁鎖閉，甚於配隸，可令遵守成憲。如走失捉獲人，即具名申尚書省別遣。」

18五月，庚子，右朝奉郎、就權利州東路安撫司主管書寫機宜文字楊庭言：「興元府褒斜谷有古六堰，溉民田甚廣。兵火後，修不以時，水至輒壞。若全以食水戶修葺，恐民力重困，請每遇夏月水泛，於見屯將兵內，差不入隊兵卒併手修葺。」興元自兵亂以來，城內生荆棘，官民皆茅屋，而帑藏寓僧舍。自太尉楊政再爲帥，以次繕治，至是一新，戶口浸盛，如承平時矣。政嘗葺學舍，府學教授青神唐迪請增學田以廣養士，政從之。時有欲以學田饋軍，迪言：「大軍歲費四千萬，而欲取學田以當賦，何啻九牛一毛，又豈愛禮存羊之意邪！」論者乃止。

19辛亥，金國賀生辰使副中奉大夫·祕書監兼右諫議大夫赫舍哩（舊作紇石烈。）大雅、廣威將軍·尚書兵部郎中兼四方館副使蕭簡，見於紫宸殿。

20 金主以其弟袞名聲彰著，忌之。袞不自安，嘗召日者問休咎；家奴希旨，乃上急變，言袞召日者問天命。金主使高禎等就鞫之，無狀。金主怒，械袞至中都，不復究問，斬于市，牽連者皆磔之。

21 六月，己卯，潼川大水，涪江漲。

22 庚辰，沅江武陵漲水壞城，人爭保城西牛頭山，（山）趾大溪橋壞，水大至，平地丈五尺，死者甚衆。

23 金主以京城多隙地，夏間以賜朝官及衞士等，秋，七月，戊子朔，仍命徵錢有差。

24 庚寅，右正言兼崇政殿説書史才試右諫議大夫。

25 戊申，將作監主簿孫壽祖言：「湖、廣、夔、峽，多殺人以祭鬼，近又寖行於他路，浙路有殺人而祭海神，川路有殺人而祭鹽井者，請飭監司、州縣嚴行禁止，犯者鄉保連坐，仍毀巫鬼淫祠以絶永害。」從之。

26 是月，少保、昭化軍節度使、醴泉觀使、駙馬都尉、和國公潘正夫薨於婺州，贈太傅，官給葬事。

27 八月，壬戌，金司空李德固卒。

28 金禁中都路捕射麞、兔。

29 乙丑，岳陽軍節度使、開府儀同三司、權主奉濮安懿王祠事士㒟薨，贈太傅，追封韶王。其弟降授郢州防禦使士㒒，特復潭州觀察使；諸子遷官除職者九人。後謚恭靖。

30 丙寅，左宣教郎王孝廉，謀據成都以叛，伏誅。

初，孝廉之父輔，以左朝請大夫守合州，輔，蔡州人，初見十二年正月。所爲不法，左朝奉大夫史聿，時爲潼川府路轉運判官，置獄遂寧府，窮治之，孝廉與其兄孝忠俱就逮，輔憂懼死。聿移夔州路轉運判官，獄遂不竟。孝廉兄弟知不免，陰懷異志，卽歸所寓成都府，破產招集亡命，多市弓劍，離軍使臣之無賴者，靡然從之。會敷文閣待制、四川安撫制置使兼知成都府曹筠，當以是夕詣府學齋宿，孝忠與其徒謀夜襲殺筠，然後舉事。忠訓郎王立知其謀，與孝忠家婢潛以告本路兵馬鈐轄、左武大夫、英州刺史柳佾，佾率兵，以素隊往捕，孝忠與其徒相拒敵，官軍死者三人，佾走趨府治。筠臥閤不出，都鈐轄司幹辦公事張行成排闥入告，始授甲討之。孝忠等徐步至府門縱火，人皆驚散。孝忠等馳出衙西門，官軍躡其後，孝忠、孝廉登樓自刎死。孝忠子大正與其黨樊常等五人爲官軍所殺，餘黨二十八人走郫縣，後四日，皆伏誅。詔劾孝忠反狀，餘者悉原之。官軍以次受賞，凡爲錢萬七千餘緡。

31 戊寅，金賜營建宮室工匠及役夫帛。

32 己卯，侍衞親軍步軍副都指揮使、武安軍承宣使、充福建路馬步軍副都總管王貴卒。

33甲申，武功大夫、吉州團練使、新江南西路馬步軍副總管丁禩，移江南東路副總管，建康府駐劄。

34九月，甲午，帝謂大臣曰：「聞潼川路水災，可令轉運、常平司將被災州縣檢放賑濟。」

35冬，十月，丁巳，金主獵於良鄉，封料石岡神爲靈應王。金主自言曩時嘗過此祠，持杯珓禱曰：「使吾有天命，當得吉卜。」投之，吉。又禱曰：「果如所卜，他日當有報，否則毁爾祠。」投之，又吉，故封之。金主託言神道，欲掩其弑逆也。戊午，還京。

36以御史施鉅爲大金賀正旦使，帶御器械冀彦明副之；行尚書左司郎中吳𡌴爲賀生辰使，閤門宣贊舍人張彦攸副之。

37壬戌，金有司言太后園陵未畢，合停冬饗及祫祭，從之。

38戊辰，端明殿學士、簽書樞密院事兼權參知政事宋樸罷。

右諫議大夫史才，論樸執政無狀，樸聞，求去；章四上，詔以本職提舉江州太平興國宮。才言：「樸爲士而不自愛，乃從道罔俗，與丐者爲伍，其欺誕罔俗，罪不在少正卯之下，請重行竄逐。」詔樸落職。

39壬申，右諫議大夫兼侍講史才充端明殿學士兼簽書樞密院事。

40安遠軍承宣使、同知大宗正事士街，權主奉濮安懿王祠事。

41 丙子，金詔：「內外官聞大功以上喪，止給當日假；若父母喪，聽給假三月。著爲令。」

42 丁丑，侍御史兼崇政殿說書魏師遜試御史中丞。

43 十一月，丙戌朔，定州獻嘉禾，金主命自今不得復進。

44 己丑，金瑤池殿成。

45 戊戌，金左丞相溫都思忠致仕。

46 壬寅，詔爲張叔夜立廟於信州永豐縣墓側，賜名旌忠。叔夜之死也，其家葬衣冠於縣境，至是乃請建祠焉。

47 乙巳，以經筵徹章，賜宰執、講讀、說書、修注官御筵於祕書省，自是以爲故事。

48 庚戌，金以樞密使昂爲左丞相，以樞密副使布薩思恭爲樞密使。

49 十二月，戊午，金主特賜貴妃唐古鼎格舊作唐括定哥，今改。家奴孫梅進士及第。

50 壬戌，金以簽書樞密院事寧薩舊作南撒，今改。爲樞密副使。

51 癸亥，太傅、昭慶軍節度使、萬壽觀使、平樂郡王韋淵薨，贈太師，命睿思殿祗候王晉行護喪事。

52 辛未，金主封所納皇叔曹國王宗敏之妃阿蘭舊作阿懶，今改。爲昭妃。既而大臣奏宗敏屬近行尊，不可，乃令出宮。

53 丙子，金貴妃唐古鼎格坐與舊奴姦，賜死。
54 癸未，禁民車服踰制。
55 閏月，癸巳，金定社稷制度。
56 丙申，命檢正都司官詳定郡守所上利病以聞。
57 癸卯，金以太保、領三省事圖克坦恭爲太師，領三省如故。命西京路統軍達蘭、舊作撻懶，今改。西北路招討使蕭懷忠等巡邊。
58 庚戌，金使宣奉大夫、尚書左丞蔡松年等來賀正旦。

紹興二十四年 金貞元二年。（甲戌、一一五四）

1 春，正月，甲寅朔，金主不豫，不視朝。
2 庚申，金尚書右丞相蕭裕，以謀反誅。

金主待裕甚厚，而裕自以專擅權勢，慮金主疑己，又以金主嗜殺，恐及禍，乃與前眞定尹蕭馮嘉努、舊作馮家奴，今改。博州同知約索舊作遙設，今改。謀立亡遼豫王延禧之孫。遣人結西北路招討使蕭懷忠。懷忠依違其間，既而上變，金主使宰相問裕，裕卽款伏。金主甚驚愕，猶未盡信，自引問之，裕曰：「大丈夫爲事至此，又豈可諱！」金主曰：「汝何怨於朕而作此事？」裕曰：「陛下與唐古（舊作唐括。）辨及臣約同生死，辨以強忍果敢致之死，臣皆知之，恐不得死，所以謀反，幸求苟免耳。太宗子孫無罪，皆死臣手，臣之死亦晚矣。」金主曰：「殺太宗諸子，豈獨在汝，朕爲國家計也。」又曰：「自來與汝相好，今令汝守祖墓。」裕固請死，金主遂以刀割左臂，取血塗裕面，謂之曰：「汝死之後，當知朕本無疑汝心。」裕曰：「久蒙陛下非常眷遇，自知錯謬，雖悔何及！」金主哭送裕出門，殺之，并誅約索等。

3 癸酉，初詔郡國同以中秋日試舉人。舊諸州皆自選日舉士，故士子或有就數州取解者，至是禁之。

4 丙子，封婉容劉氏爲貴妃。

5 二月，甲申朔，金以平章政事張浩爲尚書右丞相。甲午，以尚書右丞蕭玉爲平章政事，前河南路統軍使張暉爲尚書右丞，西北路招討使蕭懷忠爲樞密副使。

6 三月，己未，詔：「太尉、御前諸軍都統制吳璘、楊政郊恩蔭補，特依楊存中例於文資內安排。」

7 辛酉，帝御射殿，策試正奏名進士，策問諸生以師友之淵源，志所欣慕，行何修而無僞，心何治而克誠。進張孝祥爲第一，以下三百五十六人及第至同出身。

8 壬申，鄂州駐劄御前諸軍都統制田師中奏武岡軍傜人楊再興已就擒。劉旦之帥潭也，再興既還建炎初所侵省地，至是八年，猶抄掠不已，師中遣前軍統制李道討之。帝覽奏曰：「方國家閒暇之時，寇盜竊發，擒之足以靖民可如所請，令檻赴行在。」時再興已老，諸子惟正修聚人最多，頗姦猾，而正拱者最凶悍。於是再興與正拱兄弟皆得，正修繼就擒。

先是吉州盜胡邦寧攻劫郴、桂二州之間，破安仁縣，提刑司遣土兵射士捕之，爲所敗，未敢進。

9 丙子，特奏名進士呂克成以下四百三十四人，武舉進士鄭砿等十六人，特奏名二人，授官有差。

10 丙戌，金主幸大興府及都轉運使司，薦含桃於衍慶宮。

11 夏，四月，己丑，帝詣景靈宮朝獻。

12 乙巳，進士孔搢爲右承奉郎，襲封衍聖公。先是搢之父右宣教郎衍聖公玠卒，衢州守臣以聞，故有是命。

13 五月，癸丑朔，日有食之。

14 丁卯，金始置交鈔庫。

15 戊辰，中書門下省檢正諸房公事施鉅權尚書吏部侍郎。

16 辛未，金主遣金吾衞上將軍·工部尚書耶律安禮、正議大夫·尚書吏部侍郎許霖，來賀天申節。

17金太原尹圖克坦額埒楚克，舊作徒單阿里出虎，今改。自謂有佐命功，受鐵券，凶很益甚，奴視僚屬，動加箠楚。嘗問休咎於人，譽者言其當有天命，額埒楚克喜，以語卜者王鼎。鼎上變，額埒楚克伏誅。金主復命其子乘傳焚其骨，擲水中。

18六月，癸巳，端明殿學士、簽書樞密院事史才罷。

御史中丞魏師遜，劾才：「受李光薦得改秩，迨今陰相交通，謀爲國害，屢遺書問，不憚數千里之遠，凡光所厚者悉與結託，包藏禍心，自爲不靖。」右正言鄭仲熊亦言：「李光曩知温州，孫仲鼇掌其表章，才用其薦書以改秩。及今得路，遂與仲鼇及光所厚者互相交結，密通光書於萬里之外，蓋欲陰連死黨以搖國是，請亟行竄除。」才聞，乃再章求去。初命以舊職提舉江州太平興國宮，師遜等再論，遂落職。

19甲午，御史中丞兼侍講魏師遜充端明殿學士、簽書樞密院事，尋兼權（參）知政事。

20甲辰，保寧軍承宣使、主管侍衞馬軍司公事成閔爲慶遠軍節度使，以積閥遷也。

21秋，七月，癸丑，安民靖難功臣、太師、靖江·寧武·靖海軍節度使、醴泉觀使、清河郡王張俊薨於行在，年六十九。帝曰：「張俊遽亡。曩者張通古來，俊極宣力，與韓世忠等不同，恩數宜從優厚。」遂賜貂冠、朝服、刀劍，命內侍省押班張去爲護葬事。

俊晚年主和議，與秦檜意合，帝厚眷之。其麾下將佐，若楊存中、田師中、王德、趙密、劉寶，皆建節鉞，或至公師，幕府諸僚爲侍從、帥守者甚衆。

22 庚申，金初設鹽鈔香茶文引印造庫使副。

23 乙亥，帝謂大臣曰：「莫公晟以丹州歸順及進馬，可檢擬取旨施行。」

先是公晟自宣和以來，屢爲邊患，歲調官軍防守。至是直祕閣、知靖江府兼主管廣西經略司公事呂愿中言：「公晟獻馬三十四，且遣其部落七百餘人至靖江府，與經略司屬官歃血而盟，諸蠻願以二十七州、一百三十五縣爲本路羈縻，實爲熙朝盛事。」丙子，帝謂大臣曰：「得丹州，非以廣地，但徭人不作過，百姓安業可喜。」乃詔公晟以南丹州防禦使致仕，其子延沈爲銀青光祿大夫、檢校太子賓客、使持節南丹州諸軍事、南丹州刺史、知南丹州公事、武騎尉，其餘首領並推恩。愿中又畫圖進呈，帝曰：「且喜一方寧靜。」秦檜曰：「陛下兼懷南北，定計休兵，小寇豈敢不服！」帝曰：「若非休兵，安能致此！」於是鑄羈縻州縣印一百六十二，給之。

24 先是賀金國正旦使施臣〔鉅〕將歸，金主使左宣徽使敬嗣暉問之曰：「宋國幾科取士？」對曰：「詩賦、經義、策論兼行。」又曰：「秦檜作何官？年幾何？」對曰：「檜爲尚書左僕射、中書門下平章事，年六十五矣。」金主復使人謂之曰：「我聞秦檜賢，故問之。」檜陰挾金人爲重，帝墮其術中，終不悟。

25丙子，金參知政事耶律恕罷。

26戊寅，帝幸張俊第臨奠。詔：「俊姪右宣教郎子安等五人，各進一官，諸壻直徽猷閣韓彥樸，直祕閣劉堯勛，楊偰，並進一官，陞一職。」

27八月，丙午，禮部擬定故太師、清河郡王張俊贈典，乞依韓世忠例。

先是帝諭秦檜曰：「武臣中無如張俊者，比韓世忠相去萬萬，贈典宜令有司檢討祖宗故事，務從優厚。」及是進呈，帝曰：「俊在明受間有兵八千，屯吳江，朱勝非降授指揮，與秦州差遣，俊不受。進兵破賊，實爲有功，可與贈小國一字王。」於是封循王。自淳化以後，異姓不封眞王，其追封自俊始。俊葬無錫縣，比葬，自行朝至無錫，將相、州郡祭之者接迹，江左以爲榮。後謚忠烈。

28戊申，金以御史大夫高楨爲司空，御史大夫如故。

29九月，己未，金主擊鞠於常武殿，令百姓縱觀。

30辛酉，金以吏部尚書蕭頤（賾）爲參知政事。

31癸亥，金主獵於近郊。

32乙丑，大理寺丞環周言：「臨安、平江、湖、秀四州，低下之田多爲積水浸灌。蓋緣溪山諸水，接連併歸太湖，自太湖水分爲二派：由松江入海，東北由諸浦注之江。其松江泄水，諸浦中惟白茅一浦最大，今爲泥沙淤塞，每歲遇暑雨稍多，則東北一派，水必壅溢，遂至積浸，有傷農田。請令有司相視，於農隙開決白茅浦水道，俾水勢分派流暢，實四州無窮之利。」詔轉運司措置。

33 丁卯，金太師、領三省事圖克坦恭卒。

34 乙亥，詔建天章等六閣。

35 冬，十月，庚辰朔，金廣寧尹韓正（王）亨見殺。

亨之赴廣寧也，金主使羅卜藏舊作李老僧，今改。爲同知，使伺動靜，且搆成其罪。亨待之厚，羅卜藏不忍發，金主使人促之，羅卜藏乃誘亨之家奴言亨怨望，且欲刺金主，鞫之，不服。羅卜藏夜至囚所，使人蹴其陰，殺之。

亨材武似其父宗弼，擊鞠爲天下第一，馬無良惡皆如意，持鐵鎚擊野獸，洞中其腹，積爲金主所忌，故不免。

36 國子司業沈虛中爲賀金國正旦使，敦武郎張掄副之；尙書左司郎中張士襄爲賀生辰使，閤門宣贊舍人張說副之。

37 庚子，金左丞相致仕溫都思忠起爲太傅，領三省事。

38 十一月，甲寅，權尚書刑部侍郎韓仲通權刑部尚書，權戶部侍郎徐宗說試兵部侍郎，右〔左〕正言兼崇政殿說書鄭仲熊權吏部侍郎，直顯謨閣、知臨安府曹泳（權）戶部侍郎兼權知臨安府。時徐宗說久病，故以泳代之。

39 乙丑，端明殿學士、簽書樞密院事兼權參知政事魏師遜仍舊職，提舉江州太平興國宮。殿中侍御史董德元劾師遜嗜利懷姦，不卹國事，師遜乃抗章求去，遂罷之。

40 丁卯，權尚書吏部侍郎施鉅參知政事，權尚書吏部侍郎鄭仲熊爲端明殿學士、簽書樞密院事。

自秦檜專國，士大夫之有名望者，悉屏之遠方。凡齷齪委靡不振之徒，一言契合，率由庶僚一二年卽登政府，乃〔仍〕止除一廳，謂之伴拜。稍出一語，斥而去之，不異奴隸，皆褫其職名，閣其恩數，猶庶官云。故万俟卨罷至此十年，參預政事之臣才四人而已。

41 戊辰，少保、觀文殿大學士、充萬壽觀使兼侍讀、提舉祕書省秦熺，加恩遷少傅，封嘉國公。

42 辛未，敷文閣待制、提舉佑神觀兼實錄院修撰秦塤試尚書工部侍郎。

43 是月，金初置惠民局。

44 十二月，己卯朔，淸遠軍節度使、侍衞親軍馬軍都虞候、荆湖北路馬步軍副都總管王德薨於荆南府，贈檢校少保。後謚威定。

45 乙酉，金以太傅溫都思忠爲太師，領三省事如故；平章政事張通古爲司徒，平章政事如故。

46 丁亥，降授右朝奉郎勒停人王趯，追三官，依舊勒停，特除名，送辰州編管，以趯前知雷州與李光通書及差兵級應副使喚也。

鄭仲熊之爲諫官也，論光海外罪人，擅離受責之地，逃匿趯家。時趯坐與光通書，停官未敍。事見紹興二十年八月甲辰。乃詔湖南、廣西憲臣親往捕光，押還地分，仍逮趯赴大理獄。既而究治，事皆虛，特有是命。

47 乙巳，金主使驃騎上將軍·簽書樞密院事白彥恭、中散大夫·守右諫議大夫·充翰林待制、同知制誥胡勵，來賀來年正旦。

48 是歲，金主命諸從姊妹皆分屬妃位。宗本之女出入貴妃位，宗望之女、宗磐之女孫出入昭妃位，宗弼、宗雋之女出入淑妃位。臥內徧設地衣，裸逐爲戲。嘗對其嬖倖張仲軻與妃嬪褻瀆，仲軻但稱死罪，不敢仰視。又嘗令仲軻裸形以觀之，侍臣往往令裸裼，雖圖克坦貞亦不免。故事，凡宮人在外有夫者，皆聽其出入，金主欲率意幸之，盡遣其夫往上京，婦人皆不聽出。

又雜置伶人及唐古辨、烏達等之家奴，皆列宿衞，有僥倖至一品者。左右或無官職人，或以名呼之，卽授以顯職，金主謂其人曰：「爾復能名之乎？」嘗置黃金裀褥間，喜之者令自取之，其濫賜如此。

49 金濟南尹葛王褒妃烏陵阿氏，事舅姑孝謹，治家有敍，甚得婦道，金主使人召赴中都。妃念若身死濟南，金主必殺葛王，或奉詔去濟南而死，王可以免，謂王曰：「我當自勉，不可累大王也。」妃既離濟南，從行者皆知妃必不肯見金主，防護甚謹。行至良鄉，去中都七十里，防者稍緩，妃得間卽自殺。金主猶疑褒教之，旋改褒爲西京留守。

紹興二十五年金貞元三年。（乙亥、一一五五）

1 春，正月，辛酉，金以判東京留守大托卜嘉（舊作撻不也。）爲太傅、領三省事。

2 辛未，中侍大夫、保寧軍承宣使、鄂州駐劄御前軍統制李道，落階官，加龍神衞四廂都指揮使，將士遷官者五千七百七十有二人，以收捕傜人楊再興之勞也。

3 二月，壬午，金以左丞相昂爲太尉、樞密使，以右丞相張浩爲左丞相兼侍中，樞密使布薩思恭爲右丞相兼中書令。尙書左丞張中孚罷，以右丞張暉爲平章政事，（參知政事）劉萼爲左丞，參知政事蕭頤（賾）爲右丞，吏部尙書蔡松年爲參知政事。

4 乙未，捧日天武四廂都指揮使、鎭江府駐劄御前諸軍都統制劉寶爲安慶軍節度使，龍神衛四廂都指揮使、建康府駐劄御前諸軍都統制王權爲淸遠軍節度使，皆以總戎十年故也。

5 金主御下嚴厲，親王大臣，未嘗假以顏色。會磁州僧法寶欲去，張浩、張暉欲留之，金主聞其事。三月，壬子，詔三品以上官上殿，責之曰：「聞卿等到寺，僧法寶正坐，卿等皆坐其側，殊失大臣體。」召法寶詰之，法寶戰懼不知所爲，金主曰：「長老當有定力，乃畏死耶？」杖法寶二百，浩、暉各二十。

6 乙卯，金以大房山雲峯寺爲山陵，建行宮其麓。

7 夏，四月，丁丑朔，金境昏霧四塞，日無光，凡十有七日。

8 甲申，安南入貢，詔廣西帥臣差熟事近上使臣伴送赴行在。

9 乙未，參知政事施鉅罷。

先是侍御史董德元，右正言王珉，共劾鉅罪，德元言：「臣聞國朝趙普有佐命之功，而盧多遜陰陷之；寇準有澶淵之功，而丁謂陰陷之。後來事體雖終歸於正，當時不能無傷於國體。鉅頃爲小官，常與李光遊，後爲何鑄引用，鑄既被斥，鉅嘗怏怏。鉅嘗與一猾僧往還，及居府第，頻以書簡傳人，不知所謀何事，深恐傾陷君子有如盧多遜、丁謂之所爲。」珉劾鉅慢易宗廟，與僧宗喜往來，共爲姦謀，有不可測。鉅再章求去，初罷爲資政殿學士、提舉江州太平興國宫；章再上，遂奪職。

10丁亥，鄂州駐劄御前諸軍都統制田思〔師〕中等言武岡軍徭人已平，請於其所侵省地置一縣，以新寧爲名，從之。

11己丑，右通直郎、通判廣州劉景知台州。景，旦弟也。

時台州闕守，州人詣御史臺舉右朝請大夫、通判州事管鎬。鎬，師仁兄孫也。師仁，龍泉人，大觀間執政。侍御史董德元奏：「罪人李光之子名孟津者，其繼母乃鎬之妹，故鼓率士民，舉鎬爲知州，鎬縱而不禁。請將鎬先次放罷，以破其奸計，并議孟津鼓煽之罪。」辛卯，詔鎬放罷，孟津紹興府羈管。

李光之得罪也，其弟寬亦被羅織，除名勒停。長子孟傳、中子孟醇皆侍行，死貶所。仲子孟堅以私史事對獄，掠治百餘日，除名，編管。孟津，其季也，至是亦抵罪，田園居第悉籍沒，一家殘破矣。

12辛丑，敷文閣直學士王會復爲尙書兵部侍郎。

13五月，丁未朔，日有食之。

14癸丑，金南京大内火。

15乙卯，金主命判大宗正事如上京，奉遷太祖、太宗梓宫。

16乙丑，金主使正議大夫·守祕書監兼右諫議大夫李通、廣威將軍·充羣牧副使耶律隆，來賀天申節。

17丙寅，金主如大房山，營山陵。

18六月，庚辰，端明殿學士、簽書樞密院兼權參知政事鄭仲熊罷。侍御史董德元言：「仲熊素行貪穢，衆所共聞。舊在李光門下，贓汙狼籍，密令姪時中與背馳之黨日夕相通，招權納貨，幾無虛日。近者沈長卿以謗訕被鄉人訟送棘寺，而陳祖安最爲長卿密交，仲熊令時中營救祖安，故言語文字，州縣並爲隱匿，及至棘寺，得以脫免。」右正言王珉言：「李光，誤國之大姦也，仲熊未第時，嘗託其門，光與之定交，沈長卿與光庶婢之子陳祖安爲狎邪之友。如謗訕之事，仲熊特爲救免，深恐啓後來狂言妄語之弊。」德元等又言：「近日大金遣使慶賀生辰，南北敦好已久，陛下屢降詔旨，館遇使客，務加周旋。仲熊既被旨押宴，對客蹇傲，略無和顔，酒行忽遽，頃刻而罷。誤國之深，莫甚於此，請即行罷黜，屏之遠方。」疏六上，仲熊亦求去，乃詔仲熊提舉江州太平興國宮，職名依舊。

19辛巳，尙書禮部侍郎兼權直學士院湯思退爲端明殿學士、簽書樞密院事兼權參知政事。丁亥，侍御史兼侍講董德元試尙書吏部侍郎，右正言兼侍講王珉試禮部侍郎。

20丙戌，金主登寶昌門觀角觝，百姓縱觀。

21 乙未，金主命右丞相布薩思恭等奉遷山陵及迎永壽宮太后。

22 癸卯，詔改岳州爲純州，岳陽軍爲華容軍。

先是左朝散郎姚岳言：「亂臣賊子侵叛，州郡不幸汙染其間，則當與之惟新。今岳飛躬爲叛亂以干天誅，湖、湘、漢、沔，皆其生時提封之地，而巴陵郡獨爲岳州，以叛臣故地，又與姓同，顧莫之或改。」事下本路諸司。於是直祕閣、知荆南府孫汝翼等言：「按水經，汨水西逕羅縣，與純水合。羅縣，即今巴陵郡是也。純之爲字，有純臣之義焉，其言純粹、純白、純常，皆靜一不雜之義，足以洗叛臣之汚。」故有是命。

岳嘗爲飛幕屬，至是自謂非飛之客，且乞改州名，士論鄙之。

23 秋，七月，戊申，宰執進呈疏決文字。帝曰：「行在刑獄，皆已蕃充，外路須令憲臣躬詣州縣，庶無冤濫。」

24 辛酉，金主如大房山，杖提舉營造官吏部尚書耶律安禮等。

25 甲戌，靜海軍節度使、安南都護交趾郡王李天祚，進封南平王。

26 乙亥，金主還京。八月，壬午，復之大房山。甲申，啓土，賜役夫人絹一匹；是日，還宮。

27 國子司業兼權直學士院沈虛中權兵部侍郎。

28大理卿張柄權刑部侍郎。

29丙戌，尚書吏部侍郎兼侍講董德元參知政事。德元登第七年而執政，自呂蒙正以後所未有。

30壬辰，權尚書刑部侍郎張柄充敷文閣待制、知潭州。柄，秦檜死黨也。時張浚謫居永州，檜猶忌浚，故俾柄與王召錫共察之。

31甲午，金遣平章政事蕭玉迎祭祖宗梓宮於廣寧。

32乙未，金增置教坊人數。

33庚子，金主杖左宣徽使敬嗣暉、同知宣徽事馬〔烏〕居仁及尚食官。

34九月，戊申，金平章政事張暉迎祭梓宮於宗州。

35乙卯，金主謂宰臣及左司官曰：「朝廷之事，尤在愼密。昨授張中孚、趙慶襲官，除書未到，先已知之，皆汝等泄之也。敢復爾者，殺無赦！」

36己未，金主如大房山；庚申，還宮。

37丁卯，敷文閣直學士、提舉佑神觀秦塤試尚書禮部侍郎。

38金主親迎梓宮及皇太后於沙流河，命左右持杖二束，跽太后前曰：「亮不孝，久失溫凊，願痛笞之，不然，不自安。」太后掖起之，曰：「凡民間有子克家猶愛之，況我有子如此。」叱持杖者退。

39 庚午，金主獵，親射麞以薦梓宮。壬申，金主至自沙流河。

40 冬，十月，金太后至中都，居壽康宮。

41 己卯，金以梓宮至中都，以大安殿爲丕承殿安置。

42 壬午，以禮部侍郎王珉爲賀大金正旦使，閤門宣贊舍人王漢臣副之；宗正丞鄭枏爲賀生辰使，閤門宣贊舍人李大授副之。

43 金主命省部諸司便服治事，不奏死刑一月。

44 辛卯，尚書左僕射秦檜言：「衰老交侵，日就危殆，望許臣同男熺致仕，」二孫塤、堪改差在外宮觀。」帝賜詔曰：「卿比失調護，日冀勿藥之喜，遽覽封奏，深駭聽聞。加意保攝，以遂平復，副朕所望。」

檜久擅大權，富貴已極，老病日侵，將除異己者，故使徐嚞、張扶論趙汾、張祁交結，先捕汾下大理寺，拷掠無全膚，令汾自誣與特進永州居住張浚、責授建寧軍節度副使・昌化軍安置李光、責授果州團練副使致仕・新州安置胡寅謀大逆。凡一時賢士五十三人，檜所惡者皆與。獄方欲上，而檜已病不能書矣。

45 壬辰，少傅、觀文殿大學士秦熺言：「父久病未安，乞謝事納祿，望許臣守本官致仕，庶幾父子俱退，追迹二疏。」帝賜詔曰：「朕方賴卿父子同心合謀，共安天下，豈可遽欲捨朕而去，效漢二疏哉！」癸巳，檜再請，詔答曰：「卿獨運廟堂，再安社稷，朝廷恃以爲輕重，天下賴以爲安危。勿藥之喜，中外所期；納祿有陳，豈朕所望！」甲午，熺再奏：「臣已與臣父議定，蓋是素志，乞同降處分。」詔曰：「宗社再安，卿與有力，方將同德之求，遽有納祿之請，非朕所望，勿復有陳。」是時檜病已篤，而熺祕不以聞，但以滿盈求退爲請而已。

乙未，帝幸秦檜第問病。檜朝服拖紳，無一語，惟流涕淋浪，帝亦爲之揮涕，就解紅帕賜檜拭淚。熺奏請代居宰相爲誰，帝曰：「此事卿不當與。」是夕，召權兵部侍郎兼權直學士院沈虛中草檜父子致仕制。

夜，熺遣其子禮部侍郎塤，與其黨右司員外郎林一飛、宗正丞鄭楙等見殿中侍御史徐嚞、右正言張扶謀奏請除熺爲宰相。

46 左朝奉郎、主管台州崇道觀洪晧卒於南雄州，年六十八。

47 丙申，太師、尚書左僕射、同中書門下平章事兼樞密院使益國公秦檜，進封建康郡王，少傅、觀文殿大學士、充萬壽觀使兼侍讀、提舉祕書省秦熺爲少師，並致仕。詔：「秦熺已降制，其孫試尚書禮部侍郎兼實錄院修撰塤，敷文閣待制、提舉佑神觀堪，並提舉江州太平興國宮，塤仍充敷文閣直學士。」

初，檜病篤，招參知政事董德元、簽書樞密院事湯思退至臥內，以後事囑之，且贈黃金各千兩。德元以爲若不受，則他時病愈，疑我二心，乃受之。思退以爲檜多疑，他時病愈，必曰：「我以金試之，便待我以必死邪？」乃不敢受。帝聞之，以思退爲非檜黨，乃以思退兼權參知政事。

是夜，檜死，年六十六，遺表略曰：「願陛下益固鄰國之歡盟，深思宗社之大計，謹國是之搖動，杜邪黨之窺覦。」【考異】林泉野記云：熺尤恣横不學，聞檜死，置酒，大喜，今不取。

初，靖康末，檜在中司，以抗議請存趙氏，爲金所執而去，天下高之。及歸，驟用爲相，力引一時仁賢如胡安國、程瑀、張燾之徒，布在臺省，士大夫亟稱之。未幾，爲呂頤浩、朱勝非所排，遂不復用。檜以張浚與趙鼎有隙，因薦樞密使張浚，浚罷，鼎復相，諸執政盡逐而檜獨留。既而與鼎並居宰相，卒傾鼎去之。金人渝盟，軍民皆歸咎於檜，檜傲然不肯退，又使王次翁奏留之。韓世忠、張俊、岳飛方持兵權，檜與張俊密約和議，而以兵權歸張俊。飛既誅，世忠亦罷，俊居位不去，檜乃使江邈論罷之。由是中外大權盡歸於檜，非檜親黨及昏庸諛佞者，則不得仕宦，忠正之士，多避山林間。紹興十二年科舉，諭考試官以其子熺爲狀元，二十四年科舉，又令考試官以其孫塤爲狀元。彗星見，檜不退，頻使臣僚州縣奏祥瑞，以爲檜秉政所致。帝見江左小安爲檜力，任之不疑。檜因結內侍及醫師王繼先希微旨，動靜必具知之。日進珍寶、珠玉、書畫、奇玩、羨餘，帝寵眷無比，命中使陳腆、續瑾賜珍玩、酒食無虛日。兩居相位，凡十九年，薦執政，必選無名譽柔佞易制者，不使預事，備員書姓名而已，其任將帥，必選駑才。初見財用不足，密諭江、浙監司暗增民稅七八，故民力重困，飢死者衆。又命察事卒數百游市間，聞言其姦惡者，卽捕送大理獄殺之；上書言朝政者，例貶萬里外。日使士人歌誦太平中興聖治之美，士人稍有政聲名譽者，必斥逐之，固寵市權，諫官略無敢言其非者。自劉光世薨，其建康園第併以賜檜，及張俊歿，其房地宅緡日二百千，其家獻於國，檜盡得之。性陰險如崖穽，深阻不可測，喜贓吏，惡廉士，略不用祖宗法。每入省，已漏卽出，文案壅滯皆不省。貪墨無厭，監司、帥守到闕，例要珍寶，必數萬貫乃得差遣，及其贓汚不法爲民所訟，檜復力保之，故贓吏恣橫，百姓愈困。臘月生日，州縣獻香送物爲壽，歲數十萬，其家富於左藏數倍。士大夫投書啓者，臯、夔、稷、契以爲不足比擬，必曰元聖，或曰聖相，至有請加檜九錫及置益國官屬者。至於忘讐逆理，陷害忠良，陰沮宗資之議，其罪尤大。帝漸知檜跋扈，憚之，不敢發，至是首勒熺致仕，欲以次斥逐其黨，而國勢已不振矣。

48 丁酉，金大房山行宮成，名曰磐寧。

49 庚子，殿中侍御史兼崇政殿說書徐嘉權尚書吏部侍郎。

50 十一月，己巳朔，金奉梓宮發丕承殿。

51 戊申，右承事郎趙汾，特降二官，制曰：「汝大臣子，不自愛重，言者謂交通宗室，窺伺機事。朕於汝究其始末，亦既有狀。從有司議，姑削二官，尚體寬恩，毋重後戾。」

52 金山陵禮成。

53 壬子，敷文閣直學士魏良臣參知政事。

54 甲寅，金詔：「內外大小官覃遷一重；貞元四年租稅並與放免；軍士久於屯戍不經替換者，人賜絹三匹，銀三兩。」羣臣稱賀。

55 乙卯，賜秦檜謚忠獻。

56 丙辰，金燕百官於泰和殿。

57 丁巳，占城進奉使薩達麻等入見，貢沈箋等香萬餘斤，烏里香五萬五千餘斤，犀角、象牙、翠羽、玳瑁等，賜酒食殿門外。後三日，即懷遠驛宴之。其後交趾、三佛齊使人，率如此例。時占城國王陽卜麻蕘，其子鄒時蘭巳嗣立，故遣入貢。

58 乙未，宗正丞、充金賀生辰使鄭枏罷，權尚書吏部侍郎徐嘉充金賀生辰使。

59 癸亥，冬至日，合祀天地於南郊，赦天下。

60 乙丑，左朝奉郎、主管台州崇道觀、袁州居住洪晧，復敷文閣直學士。

皓謫英州九年，至是已卒。魏良臣等言皓在貶所病甚，欲復舊職宮觀，任便居住，帝曰：「皓頃在敵中，屢有文字到朝廷，甚忠於國。中間以言語得罪，事理曖昧，可依所奏。」

61丁卯，詔曰：「廷尉爲天下平，而年來法寺惟探大臣旨意，輕重其罪，致民無所措手足，舞文弄法，莫此爲甚。所冀端方之士，詳覈審復，一切以法而不以心，俾無冤濫，副朕丁寧之諭。」

62庚午，詔：「近歲以來，士風澆薄，恃告訐爲進取之計，致莫敢耳語族談，深害風教。可戒飭在位及內外之臣，咸悉此意。有不悛者，令御史臺彈奏，當置於法。」

63右監門衛大將軍、和州防禦使士㑦，和僖穆王宗樸孫，榮國公仲閔之子也。自秦檜當國，二王不襲封者十餘年，至是始命之。時令衿當封，而方坐累拘管，乃封令譞。安懿王曾孫五百五十有三人，得紹封者自士㑦始。

64直祕閣、兩浙轉運副使鍾世明，守尚書右司員外郎兼權戶部侍郎。

65辛未，三省樞密院言：「士大夫當修行義以敦風俗。頃者輕儇之子，輒發親戚箱篋私書，訟於朝廷，遂興大獄，因得美官。緣是相習成風，雖朋舊骨肉，亦相傾陷，取書牘於往來之間，錄戲語於醉飽之後，況其間固有曖昧而傳致其罪者，薄惡之風，莫此爲甚。願令刑部開具其後告訐姓名，議加黜罰。庶幾士風丕變，人知循省。」詔刑部開具，申省取旨。

66十二月，甲戌朔，右正言張修言：「資政殿大學士鄭億年，以宰相子，身爲近臣，不能捐軀報國，乃甘事逆臣劉豫。既還朝，大臣力爲之地，高爵重祿，坐享累年。端明殿學士鄭仲熊，與大臣連姻，不一二年致身右府，賄賂狼籍。」詔坐（並）落職，億年南安軍安置，仲熊依舊提舉江州太平興國宮。

67特進、提舉江州太平興國宮、永州居住張浚，降授左朝請大夫・提舉臨安府洞霄宮、郴州居住。（折彥質，降授左中大夫，提舉江州太平興國宮、沅州居住。）万俟禼，左中大夫、提舉江州太平興國宮、南康軍居住。（段拂，並令任便居住。）建寧軍節度副使、昌化軍安置李光，移郴州安置；光年八十矣。

68庚辰，安豐軍進鯎鮓、白魚，詔以「朕不欲以口腹勞人，可下本軍，自今免進。」翼日，帝曰：「溫州柑橘，福建荔枝，去年皆令罷進，獨鯎鮮（鮓）、淮白，皆祖宗歲進之物，朕恐勞百姓，所以再降指揮住罷。」

69壬午，刑部開具到前後告訐人：「右朝奉郎張常先任江西運判，告訐知洪州張宗元與張浚書並壽詩；右通直郎、直祕閣汪召錫，左從政郎莫汲，並告訐衢州寄居官趙令衿有謗訕言語；（右）朝散郎范洵，告訐和州教授盧傅霖作雪詩，稱是怨望；左朝奉郎、提舉兩浙路市舶陸升之，告訐親戚李孟堅將父光所作文籍告人及有譏謗語言；左從政郎、福建鎮（路）

安撫司幹辦公事王洧，任兩浙轉運司〔使〕催綱日，告訐知常州黃敏行不法等事；追官勒停人前右通直郎、明州鄞縣丞王肇，誣告程緯慢上無人臣之禮等語言；降授承信郎雍端行，任監潭州湘潭縣酒稅，告訐本縣丞鄭玘、主簿賈子展，因筵會酒後有譏訕語言；福建進士鄭煒，告吳元美譏謗等事。」帝曰：「此等須重與懲艾，近日如此行遣，想見人情歡悅，感召和氣。」於是並除名勒停，常先送循州，召錫容州，汲化州，洵梅州，升之、煒雷州，洧南恩州，肇高州，端行賓州，並編管。洧，鐵子。端行，蜀人，祖孝聞，崇寧舉進士南省第一，坐上書詆斥(廢)死。父子純，建炎間爲右職，隸趙哲軍，哲誅，子純亦編置，張俊憐之，復授端行一官，至是抵罪，後不知所終。

70 詔：「除名勒停前左朝請郎、荆門軍編營〔管〕人范彥揮，坐作夏日久陰詩。前右朝奉大夫、辰州編營〔管〕人王趯，坐書與李光通。前右朝散大夫、夔州編管人元不伐，坐撰造行在言語。特勒停前右承議郎、徽州編管人蘇思德，坐其子撰常同祭文稱姦人在位。除名勒停前右承務郎、峽州編營〔管〕人李孟堅，坐父光所撰小史皆非實事。右承務郎、紹興府羈管人李孟津，坐鼓唱台州人乞管鎬爲知州。除名勒停前右承務郎、峽州編管人王之奇，前右承務郎、容州編管人王之荀，坐怨望謗訕。特勒停前右朝散大夫、鼎州編管人冒大鈞，坐依隨鄭剛中。並放令逐便。」

71 甲申，左朝散郎周葵復直祕閣、知紹興府。

72詔：「除名勒停前左朝請郎、處州編管人邵〔郎〕大受，坐朋附范同，浮言無稽。前左從政郎、武岡軍編管人芮曄，坐賦牡丹花詩怨望。前右從政郎、萬安軍編管人楊煒，坐上李光書詆和議。前左迪功郎、橫州編管人鄭玘，前右迪功郎、肇慶府編管人賈子展，坐酒後有嘲訕語言。並放令逐便，仍與復原官。」煒度海而卒。

73乙酉，參知政事董德元罷，爲資政殿學士、提舉江州太平興國宮。

先是殿中侍御史湯鵬舉言：「德元器能淺陋，徒以巧言令色取媚權貴，叨竊進取；既參大政，又以承乏得權宰執。興利除害，豈能任其責乎？進賢退不肖，豈能任其怨乎？是眞伴食備員者也。請將德元罷黜，以爲貪進無恥之戒。」右正言張修言：「參知政事董德元，以猥瑣之才，偶中巍科，大臣當軸，欲其附會，遂啖以要官。至如臺諫，人主耳目之寄，尤非他官比，而德元爲侍御史，與之交通，令憸人往來，傳道密意，所喜者卽驟進之，所怒者卽擠排之，羣小得計，相爲黨與，善類惴慄，若無所容，此實臺諫附會，以至此極。近者聖詔初頒，在位之臣，敢不精白一心，仰承休德！如德元自宜告退，猶洋洋然不以爲恥，處廟堂，舉機政，士論切齒。若不急行罷斥，深慮有誤國事。」鵬舉又言：「去歲省闈，德元爲參詳官，於謄錄處取號得秦塤卷子，對衆曰：『吾曹可以富貴矣！』今房中以得塤之試卷更自相慶，而德元對衆又曰：『此卷子高妙，魁等有餘。』近日又接引鄉人之浮浪者，公然鼓譟於市肆中，乞朝廷除德元爲相。宜早賜罷斥，以爲諂奉權貴妄意進用之戒。」詔德元落職。

74 癸巳，責授果州團練副使、致仕胡寅爲徽猷閣直學士、致仕。

75 甲午，以敷文閣待制沈該參知政事。

該自蜀召還，入見。帝曰：「秦檜何忌卿之深？」該曰：「臣始用檜薦；及登從列，聖知益深，檜稍相猜。」帝笑曰：「然。」遂有是命。該首進曰：「朝廷機務至煩，所賴以同力協濟者，惟二三執政。比歲大臣怙權，參、樞皆取充位，政事例不關決。宜特詔三省，務各盡誠以贊國事。」時上復親庶政，躬攬權綱，首詔該及万俟卨還朝。已而二人共政，無所建明，益不厭人望云。

76 乙未，金主朝太后於壽寧宮。

77 丙申，吉陽軍編管人胡銓，量移衡州。

78 丁酉，特進、提舉江州太平興國宮、和國公張浚復觀文殿大學士。

79 己亥，金國賀正旦使·奉國上將軍、太子詹事耶律歸一，副使左中大夫、行大理少卿馬楓，見於紫宸殿。

80 特進、觀文殿大學士、和國公張浚判洪州，寶文閣學士張燾知建康府。浚以母憂不赴。

81 金太傅、領三省事大托卜嘉卒。

托卜嘉先世仕遼，代膺顯秩。托卜嘉旣降金，金人使伺察反側，有聞必達，太祖以爲忠。嘗從棟摩舊作闍母，今改。取中、西兩京，遼軍二十萬來戰，棟摩使托卜嘉守營，托卜嘉堅請出戰。或止之，托卜嘉曰：「丈夫不得一決勝負，尙何爲！苟臨陣不捷，雖死猶生也。」及戰，棟摩軍少郤，托卜嘉率本部兵橫擊之，殺遼軍數百人，由是顯名。屢從南伐，累功至行臺右丞相。搆陷完顏杲，遂得金主意，故金主擢用之。及卒，金主親臨哭之，命有司廢務及禁樂三日。後贈太師、晉國王，謚傑忠。

82是歲，金以西京留守葛王褎爲東京留守。金主猜忌宗室，以褎恭愼畏己，忌刻之心頗懈，進封趙王。